心灵的暗物质：
文化表达的无意识

Dark Matter of the Mind:
The Culturally Articulated Unconscious

（美）丹尼尔·L.埃弗里特 著
涂湘莹 孙业圣 李莉 译

江苏人民出版社

图书在版编目(CIP)数据

心灵的暗物质：文化表达的无意识/(美)丹尼尔
·L.埃弗里特著；涂湘莹,孙业圣,李莉译.—南京：
江苏人民出版社,2025.9
书名原文：Dark Matter of the Mind：The
Culturally Articulated Unconscious
ISBN 978-7-214-24522-9

Ⅰ.①心… Ⅱ.①丹…②涂…③孙…④李… Ⅲ.
①思维科学 Ⅳ.①B80

中国版本图书馆 CIP 数据核字(2020)第 075767 号

Dark Matter of the Mind: The Culturally Articulated Unconscious by Daniel L. Everett
Originally published in English by The University of Chicago Press
Copyright © 2016 Daniel L. Everett
Licensed by The University of Chicago Press, Chicago, Illinois, U.S.A.
Simplified Chinese edition copyright © 2025 by Jiangsu People's Publishing House
All rights reserved
江苏省版权局著作权合同登记号：图字 10-2017-544 号

书　　名	心灵的暗物质：文化表达的无意识
著　　者	[美]丹尼尔·L.埃弗里特
译　　者	涂湘莹　孙业圣　李　莉
责任编辑	张　凉
装帧设计	黄　炜
责任监制	王　娟
出版发行	江苏人民出版社
地　　址	南京市湖南路 1 号 A 楼,邮编:210009
照　　排	江苏凤凰制版有限公司
印　　刷	南京新洲印刷有限公司
开　　本	652 毫米×960 毫米　1/16
印　　张	25.25　插页 2
字　　数	327 千字
版　　次	2025 年 9 月第 1 版　2025 年 9 月第 1 次印刷
标准书号	ISBN 978-7-214-24522-9
定　　价	80.00 元

(江苏人民出版社图书凡印装错误可向承印厂调换)

致香农、克里斯汀和卡莱布:
在亚马孙的夜晚,我曾借着煤油灯为你们朗读。
同时致琳达:
我的森林伙伴。

真正的乐队源自特定社区,存在短暂时间后会改变并消失。这些乐队由共同的环境、需求、渴望和文化组成。

——布鲁斯·斯普林斯汀(美国著名摇滚歌手、词曲创作人、吉他手),东大街街乐队(the E. Street Band,1973年组建)

入驻摇滚名人堂时的演讲

目 录

前言 *1*

致谢 *1*

引言 *1*

第一部分　暗物质与文化

第一章　暗物质的性质与谱系　*3*
第二章　文化的等级价值理论　*43*
第三章　暗物质的个体形成和构造　*106*
第四章　暗物质作为诠释学　*127*

第二部分　暗物质与语言

第五章　文本中预设的暗物质　*153*
第六章　语法中的暗物质　*202*

第七章　手势、文化和手语　*236*

第八章　翻译中的暗物质冲突　*269*

第三部分　含义

第九章　超越本能　*295*

第十章　超越人性　*335*

结论　*345*

参考文献　*348*

译后记　*369*

前　言

　　在刺激与反应之间，存在着一个空间，在这个空间中，我们有能力选择如何回应。我们的成长和自由正是体现在我们的反应方式中。

——维克多·弗兰克尔《人类对意义的探索》①

　　1959年，爱德华·T.霍尔首次出版了《无声的语言》。②

　　正如他所说："不仅是人们在不使用言语的情况下相互交流，还存在一个未被探索、未被审视且被视为理所当然的行为宇宙。它在意识之外

---

① 译者注：《人类对意义的探索》是奥地利心理学家维克多·弗兰克尔(Viktor E. Frankl)所著。这本书基于弗兰克尔在纳粹集中营中的亲身经历，探讨了人类在极端困境中寻找生命意义的能力。他提出了"意义疗法"(Logotherapy)的概念，这是一种心理治疗方法，强调帮助人们发现生命的意义是治疗心理问题的关键。
② 译者注：《无声的语言》中提出了五个核心概念：(1) 非言语交流：人们通过非言语行为进行交流，如肢体语言、面部表情等。(2) 文化隐性知识：文化中的许多知识和价值观是隐性的，不易察觉，但对行为有深远影响。(3) 未知的已知：我们有许多未意识到的知识，这些知识在潜意识中起作用。(4) 心灵的暗物质：类似于物理学中的暗物质，这些隐性知识和行为模式构成了我们心理活动的重要部分。(5) 结构化知识与角色：文化塑造了我们的知识结构和角色，这些结构和角色在日常生活中指导我们的行为。霍尔的研究强调了文化对人类行为的深刻影响，特别是那些未被明确表达的部分。他的工作为理解人类行为提供了新的视角，并推动了跨学科的研究，结合心理学、人类学和语言学等领域，以更好地理解这些隐性知识如何影响我们的日常生活。

发挥作用……很难接受的事实是,我们自己的文化模式确实是独特的,因此并不普遍适用。"(霍尔[1959]1973,第7页)霍尔不仅提出了无意识存在的观点,他还讨论了文化隐性知识——一个更明确的概念。这本书探讨了那些未明言的或难以言喻的价值观、知识和角色的文化表达。

自霍尔写下这些话以来,已经发生了很多事。但他对"未知的已知"的先科学探索,最早将"心灵的暗物质"明确纳入知识议程的研究之中,使我们能够构建关于它的理论。

我对这些问题的思考可以追溯到40年前在墨西哥和巴西的最初实地研究,那时我第一次面对未曾想象过的思维方式的替代选择。随着思维发展,我决定写这本书,以阐述关于无意识、难以言喻、未明言的事物、我们的文化以及个人的结构化知识、价值观和角色的观点。我当然意识到,心理学家(以及大多数人)认识到并承认无意识的重要性,就像人类学家了解文化、语言学家了解语言一样。然而,这本书的贡献不仅仅在于"文化""语言"或"无意识"这些术语,而是关于这些事物如何共同作用的新理论。

尤其值得特别关注的是,它探讨了我们的无意识如何通过个人经历和社会生活构建并赋予意义。在两千多年东西方关于心灵、社会和个人的著述中,个人的观点可能并不新颖,关键在于它们的组合方式。任何在不同文化中生活过的人,学习在不同语言或价值观、知识、食物、社会互动、气味、景象等线索中适应,都会因新环境的陌生而感到兴奋、疲惫、挫折和挑战。实际上,他们需要重新学习生活。那么,我们如何做到这一点?我们如何理解周围世界的线索?

例如,如果你做一场讲座,你如何通过观察听众的表情判断他们是否理解你?当你使用某个概念时,你为何确信自己理解了它?你为何喜欢某种音乐?你怎么知道哭声是自己孩子的?人们如何不用眼睛看来区分楼上还是楼下的脚步声?你怎么知道母亲的样子?豆腐的味道是什么?你为何说"红、白、蓝"而不是"白、蓝、红"?

我们了解这些事情，尽管常常难以言表。事实上，有许多我们知道却难以有效表达的事物，即使能够表达也相当困难。这种无意识的表达在哲学、心理学、计算机科学、语言学等领域被称为"隐性知识"。然而，我将其称为"暗物质"，因为我认为这种现象比通常术语所暗示的更具结构和微妙。无论称谓如何，理解这种隐性知识对我们理解自己和他人至关重要。这是我的研究目标。

尽管我成长于距离加利福尼亚州和墨西哥边境不到十英里的地方，几乎浸润在两种文化中，但作为基督教福音派传教士，我与威克里夫圣经翻译会在巴西亚马孙地区开始了对新奇文化世界的首次深入探索。在这个角色中，我与被分配给我的皮拉哈人之间存在着一道无形的鸿沟。从我的美国中产阶级、工业化、福音派背景，到地球上最茂密雨林中的一个狩猎采集部落，我带着"使命"去翻译圣经，期望在接收者中产生与古代巴勒斯坦初次听闻此信息时相同的反应。我天真地以为能够将 1 世纪中东文化的圣经故事有效翻译成皮拉哈人的语言和文化。然而，我未能充分意识到，这个和平的、半游牧的亚马孙社区与 1 世纪中东的暴力沙漠牧民几乎没有相似之处。以色列在第 1 世纪的文化与 20 世纪亚马孙地区的地理、气候、地形、语言和社会文化存在巨大差异。这种差异使得我在向亚马孙地区的人们传达圣经信息时，感觉就像是通过一个早期版本的谷歌翻译从火星发送了一封信一样，这种传达永远伴随着核心信息失真的风险。

理论渊源最终由人类学家、语言学家、认知科学家或哲学家根据他们对生活体验的理解以及对周围世界的认识而产生，这会影响他们的专业兴趣。有些人构建宏大的理论，另一些人则创建少量理论集合，还有一些人仅凭直觉。有人喜欢广泛概括，而另一些人则满足于将自己经验细节的理解联系起来，形成较少的叙述。

接下来，我将基于对细节的获取和组织，提出一个关于我们作为个体和社会成员如何成为现在的模型。然而，这些细节并不涉及一些宏大理论的基础——我不直接关注人类学中的常见主题,如图腾崇拜、万物有灵论、伦理、宗教、关于健康和生殖的民间理论等。我认为这些都不是基础,而是基于更原始基石的衍生。相反,这些细节不需要人类的心理统一性,也不需要天赋论,尤其是先天内容或概念。这是一个大胆的提议,因此我们应该立即开始探讨。

致　谢

我在墨西哥(与泽尔塔尔人共处 4 个月)和巴西(主要与皮拉哈人生活,也与其他十几个群体的专家合作,包括萨特雷人、巴纳瓦人、瓦里人、贾拉瓦拉人、贾马马迪人、苏鲁伊人、德尼人、卡里提亚纳人和基塞杰人等)进行了长达 35 年的田野研究。白天潮湿、炎热且充满虫害。我患过伤寒、阿米巴痢疾、未确诊的肠道寄生虫病、疟疾,甚至多次感染疟疾;从毒蛇的袭击、河中蟒蛇的攻击、狼蛛和捕食狼蛛的胡蜂、巨型蜈蚣、美洲豹、美洲狮和豹猫的攻击中死里逃生;还在丛林小棚屋中独自度过夜晚,听到周围有重物移动的声音。我目睹过我的孩子几乎因疟疾丧命。我的生命还曾受到醉酒巴西人和原住民的威胁。我时常疑惑为何如此坚持。我珍视舒适,但更重视理解。这些年唯一让我留在丛林的原因是对理解他人的渴望。

我从未独自获得任何理解。多年来,我从与众多人士的交流、他们对我观点的口头和书面反馈、他们的事例中以及各文化和语言成员提供的建议、帮助和出色指导中,获益良多。除了巴西的土著社区,我还特别感谢一些人。

因此,我非常感谢杰弗里·普勒姆、亚龙·森德罗维茨、萨沙·格里菲思、布莱恩·麦克温尼、迦勒·埃弗里特、罗伯特·范·瓦林、特德·吉布森、理查德·富特雷尔、史蒂夫·丕安塔多西、克伦·马多拉、大卫·麦克尼尔、尼克·恩菲尔德、丹尼尔·以斯拉·约翰逊、菲尔·利伯曼以及芝加哥大学出版社的一位匿名审稿人,特别是芝加哥大学编辑T.大卫·布伦特,感谢他们在该项目中的指导、深刻见解和鼓励。

引　言

> 在作出不太重要的决定时,我一直发现考虑所有的利弊是有利的。然而,在重大事情上,比如选择伴侣或职业,决定应该来自潜意识,来自我们内心的某个地方。在个人生活的重要决定中,我认为,我们应该受我们本性的深层内在需求所支配。
>
> ——西格蒙德·弗洛伊德

为何选择这本书

本导论概述了基本规则,并为后续讨论提供了框架。本书的三重论点如下:(1) 每个人的无意识分为未明言的和难以言说的两类;(2) 人类无意识由个体感知和基于语言的文化价值模式共同塑造;(3) 无意识在认知和自我意识中的作用并非本能或人性的结果,而是通过文化学习体现的。我将这种对无意识的深入理解称为"暗物质",其定义如下:

> 心灵的暗物质是指通常未明言的知识和技能,即使对我们自己也是如此。它可能但不一定是难以言说的。它源于行动、语言和文化,当我们学习惯例、知识组织并采纳价值属性和排序时形成。它

是共享的,也是个人的。它源自具象化、感知和记忆,从而构成我们的"自我"感。

在自然界中,有时看不见的事物比看得见的更为重要。原子和空间浮现于脑海。天文学家指出,我们可见的宇宙物质仅占总物质的约5%,而"暗能量"占68%,"暗物质"占27%。"我们对暗物质的了解更多在于它不是什么,而非它是什么。首先,它是暗的,意味着它不是我们所见的恒星和行星形式。"(埃里克森,2015)因此,在物理学中,存在一种解释涉及本质上不可见事物的方法。

作为一名在皮拉哈人中的年轻传教士,我从周围的文化和社会活动中吸收了许多未明言的价值观和信仰。当时,我对上帝的信仰和传教使命深信不疑,认为"对于敬业的传教士来说,没有什么是太难的"。现在回想,我发现许多问题花了多年才意识到,这些问题源于皮拉哈人与我之间一系列截然不同的隐性假设。其中一个典型的例子:

1. 皮拉哈人没有上帝的概念——当然也没有"至高无上的存在"。
2. 皮拉哈人不喜欢任何人告诉另一个人如何生活。
3. 皮拉哈人不会感到精神上的迷失。
4. 皮拉哈人的精神概念与我所熟悉的任何其他概念都不匹配。
5. 皮拉哈人不害怕(或寻求)死亡或"来世"。
6. 皮拉哈人认为外国文化的信息并不相关。
7. 皮拉哈人不会谈论或相信他们没有见过或没有第一手见证的事情。
8. 皮拉哈人的丛林文化很难为基于沙漠、干燥、沙子、骆驼和圣经文化的其他地理方面的比喻和类比腾出空间。
9. 皮拉哈人通常不会列出死者的名字,也不会从死者过去的行为中找到持久的教训,除非在他们将文化从他们这一代传递给新一代的角色中。

10. 皮拉哈人认为他们的生活方式对他们来说是最好的,而非皮拉哈人的信仰和生活方式对非皮拉哈人来说是最好的。

11. 皮拉哈人不实行酷刑或死刑;例如,钉十字架而死对他们来说是陌生的。此外,一个社会对其成员进行惩罚(尤其是死刑)的概念对他们来说是不可理解的。

12. 尽管大多数美国传教士认为上帝已经"准备"了每一种文化来理解"福音"(好消息,即理解上帝的儿子耶稣为他们的罪死在十字架上),但皮拉哈人发现救世主、罪和救赎的概念是不可理解的。

13. 尽管美国传教士认为像皮拉哈人这样的人害怕一个黑暗、威胁性的邪恶精神世界,而且他们中的许多人会因为传教士带着耶稣已经将他们从这种恐惧中解放出来的消息到来而欣喜若狂,但皮拉哈人什么都不害怕,对传教士的信息也不感兴趣。

14. 美国传教士认为,所有语言都能够理解表达完整《新约》信息所必需的所有概念。翻译者的工作是在目标语言中找到合适的单词和短语,然后将它们与适当的希腊语、亚拉姆语或希伯来语概念相匹配。这是错误的。(有关翻译的一些实际问题的扩展讨论,请参见第八章)

15. 美国传教士认为,他们的目标人群会(并且应该)尊重他们,甚至可能因为他们放弃自己的家园和家人来告诉他们关于耶稣的事情而爱他们。然而,皮拉哈人从不使自己与家人之间有很大的距离或很长的时间间隔,并且很难理解为什么有人会这样做。

16. 美国传教士认为,所有人都会或应该相信《圣经》中记载的奇迹,但皮拉哈人不相信超自然现象,因为他们没有这方面的经验。

然而,皮拉哈人与我之间的差异比这些差异更重要的是,它们是未明言的。在接触中,我们都被相互冲突的文化价值观这双无形之手所引导。后来我明白,皮拉哈人未明言的信仰和知识不仅与普通美国传教士的信仰不一致，而且与我的传教目标中许多至关重要的价值观、信仰和知识直接冲突。这些考虑或许可以解释为什么从某种意义上说我作为传教士是失败的，因为我没有劝化任何人。这最终导致我完全放弃了基督教。相互冲突的信仰和价值观也可以解释为什么在我的经历中，很少有传教士能在他们"传教"的群体中带来持久的改变（如在他们离开或去世后这种改变依然存在）。皮拉哈人的价值观在我从基督徒转变为无神论者的过程中也起到了作用。

另一组让我难以与皮拉哈人交流的现象是我们身体的发展以及由此产生的不同恐惧。我们的身体因不同的饮食、活动、基因等而异。我的气味不同。皮拉哈人难以理解一个整天坐着写作的人。他们不明白为何我不把所有罐头食品送给他们，为何我不像其他男人那样通过捕鱼和狩猎来满足家人的需求。他们更能忍受一直叮咬我们的虫子，熟悉丛林的道路。他们并不害怕丛林中的猫、蛇等，尽管对他们怀有适当敬畏。因此，他们认为我没什么可说的，因为我的行为、恐惧、饮食及思维方式显然与他们无关。

虽然我和皮拉哈人之间的这些差异只是触及了我若要与他们就价值观、《圣经》、我自己的生活等进行交流就必须跨越的巨大鸿沟的表面，但请注意，这些差异并不属于单一类别。我们也不能说这些差异主要是由于对比鲜明的一系列"模因"或观念造成的。仅模因和观念无法解释这些差异，原因很简单，并非所有这些或其他差异都能够明确表达出来；我所遇到的并非所有差异都能归结为命题；而且许多差异是负面的，而非正面的——学到的是不该做什么，而非该做什么。我们的许多不同观念来自不同的身体和身体体验。所以，无论文化对比是什么，它都超出了一系列明确的观念。

也许我学到的最重要的一点是，虽然我能够总结一些皮拉哈人的信仰和价值观，就像我在上面部分所做的那样，但个体之间存在巨大差异。那么，个体是如何与其社会互动的呢？一个人以特定方式行事是因为他或她的文化还是因为他的个人心理呢？文化在解释个体行为方面起什么作用？或者个体心理方面呢？每个皮拉哈人是否都参与了一种集体意图，即"按照皮拉哈人的价值观生活"？文化到底是如何可能的？或者它根本就可能吗？一个遵循特定文化生活的社会是像一支足球队吗？还是像一支管弦乐队那样和谐地演奏音符？如果文化确实能够凝聚在一起，那它们是如何做到的呢？

因为我对这些问题没有答案，所以我没有能力去做我原本打算做的事情。而且在很大程度上（回顾起来也很幸运），我失败了。我早年在皮拉哈人中的时光绝不是浪费的。从这些经历中，我产生了了解个人心理与文化知识和价值观交点的愿望，并开始了我的第一批实证研究。

最终，我想要对文化和心理的隐性本质——萨丕尔所说的社会的"无意识模式"，或者霍尔（[1959]1973）所说的"无声的语言"——达到一种理论上的理解。这本书是长期探索的结果。我的观点来自对十几个亚马孙地区和其他社会的实地研究，也来自阅读肯尼斯·派克、爱德华·萨丕尔、亚里士多德、克利福德·格尔茨、罗伯特·布兰顿、迈克尔·波兰尼以及无数其他人类学家、语言学家、心理学家、哲学家和生物学家的著作。

尽管我知道我想写什么，但当我写到这本书的结尾时，我还是很惊讶地发现，我在这里发展出的关于自我的理论，有点让人想起佛教的"无我"概念，即人类除了在记忆中结合在一起的经历之外，没有本质，也没有自我。正如弗拉纳根（2013）和阿尔巴哈里（2006）所表明的，佛教建立并发展了一种对西方关于人类自我和人性哲学观念的严肃替代方案。然而，我的结论远非精神层面的。"非我"是脆弱的，因为它跟随经验，是后天的而非先天的，因此可能会出现许多意想不到的曲折。

本研究的另一关键部分在于，心灵既不体验，也不知晓，它也不是隐性信息的储存库，个体才是。我的意思是，我们的大脑只是身体的一部分。（我将交替使用"心灵"和"大脑"，但需注意，心灵只是谈论大脑的一种方式。)大脑无法脱离饮食、睡眠模式、环境、荷尔蒙或身体而独立存在。我们的身体从大脑到指尖都在学习(例如,通过肌肉记忆;例如,布鲁斯加德[Bruusgaard]等人,2010)。未能将这一事实纳入理论化一直是认知科学的重大缺陷之一。重复强调:心灵不学习,大脑不学习,社会不学习,文化不学习,只有个体学习。而个体所学的内容在很大程度上以文化表达的暗物质形式存在。大脑作为身体的一部分,在整个身体的学习能力中发挥重要作用。从这个意义上讲,是身体在学习。

考虑引导人类活动的各种暗物质。盖拉特利(Gellatly, 1986)提供了一个例子,涉及家禽养殖。人们早就注意到,如果能在小鸡孵化时确定其性别,将带来经济效益。据盖拉特利(1986,第4页)所述,20世纪20年代,日本科学家发现了一种方法,可根据微妙的感知线索及适当持握的小鸡来区分性别。然而,这是一项需要通过实践发展出的高超技能。经过四到六周的练习,一名新手小鸡性别鉴定员可能在25分钟内确定200只小鸡的性别,准确率达95%,随着多年实践,准确率可提升至每小时1000—1400只小鸡,准确率达98%。

或者再考虑波兰尼(Polanyi)类似的言论:

> 效仿1949年拉撒路(Lazarus)和麦克利里(McCleary)树立的榜样,心理学家将这种能力的应用称为"潜意识感知"。他们向一个人展示大量无意义的音节,并在展示某些音节后给予电击。不久,这个人表现出对"电击音节"位置的预期反应;然而,当被询问时,他无法识别这些音节。他获得了一种类似于通过无法明确描述的迹象认识一个人的知识。([1966]2009,8开本)

在这种情况下,一些心理学家认为,我们的许多思想和行为在很大程度上受制于我们未察觉或难以表达的因素。例如,弗洛伊德指出,许多心理活动是由无意识驱动的,而乔姆斯基则提到人类天生具备一种隐性的普遍语法知识。

在研究中，长期以来，我一直将影响我们心理的无形力量称为"心灵暗物质"。最近，我高兴地看到一些心理学家，如乔尔·戈尔德（Gold，2012；另见 Gold 和 Gold，2014）也使用了这一术语。

> 意识就像宇宙的可见部分一样，只是精神世界的一小部分。心灵的暗物质，即潜意识，具有最大的心理引力。忽视宇宙的暗物质，就会出现异常。忽略心灵的暗物质，我们的非理性就无法解释。

我的暗物质观念与弗洛伊德、波兰尼、乔姆斯基或戈尔德的观点有显著差异，尽管有些许重叠。戈尔德认为暗物质本质上是心理层面的，但我认为暗物质存在于个体、个体所处的文化环境及其相互作用中，仅从心理学角度分析是不够的。

所有研究人类的人，无论方式如何，都会意识到暗物质的存在。实际上，从某种程度上讲，所有心理学都是对心灵暗物质的持续探索。例如，苏珊·凯里（2009）对概念的研究、伊丽莎白·斯佩尔克（2013）对先天知识的研究，以及艾莉森·高普尼克（2010）对儿童学习看似先天但实际并非如此的事物能力的研究，都是其中的例子。爱德华·萨丕尔（1884—1939）是暗物质研究的先驱者之一，我们将多次提及他的成果，他一生致力于研究个体心理与文化模式之间的联系。遗憾的是，现代心理学实践中很大程度上忽视了萨丕尔最关注的暗物质部分，即文化导向的隐性知识，以及感知组织（我们处理、理解和同化经验的方式）、显性学习和身体记忆如何结合塑造个体。萨丕尔可能对文化导向心理学进行了最深入的探讨，而佛教则阐述了个体的形成过程。

哲学家们对隐性知识（与我的暗物质概念相似但不完全相同）进行了大量论述，至少可以追溯到迈克尔·波兰尼的开创性著作。相关著作包括：塞尔（1978）对"背景"的讨论、约翰·麦克道威尔（2013）和罗伯特·布兰顿（1998）关于概念形成中隐性与显性的论述、布尔迪厄（1977）提出的"惯习"，以及其他在本书中讨论的作品。

我再次强调,暗物质不应与隐性知识混淆。随着讨论深入,这一点将更加重要。一些哲学著作可能认为隐性知识不存在。例如,科斯特(1992)解释维特根斯坦的观点时指出,知识不是头脑中的表征,而是行动——我们"知道"的是我们所做的事。我认为这种观点有其优点,但不足以构成完整理论,因为它未能充分认识统觉和记忆之间的连续性(将在下文进一步讨论),并且似乎未解释行为者的动机和行为方式。

在我自己的专业领域语言学中,诺姆·乔姆斯基——认知科学和生成语言学的奠基人之一——是最早提出暗物质结构、意义和重要性理论的知识分子之一,因为他引入了深层结构和普遍语法的理论。另一位有影响力的语言学家是肯尼斯·派克。虽然乔姆斯基在更广泛的知识领域更具影响力,但语言学家肯尼斯·派克(1967)关于未明言的知识的观点更接近本文所探讨的暗物质。对这项研究至关重要的是派克的"主位化"(emicization)概念。①

"主位化"源于派克(Pike)在主位观与客位观方面的研究。他根据广泛使用的语言学术语"语音的"与"音位的"创造了这些词。语音学(发音的、声学的或听觉的)是从非母语者(比如物理学家或语言学家)的角度对语音进行的研究。音位学是对母语使用者视为单个语音的一组语音的研究——也就是说,从母语使用者、内部人士的角度来看很重要的声音。例如,说英语的人在"park""spark"和"carp"这些词中都有一个音/p/,而实际上至少有三个音,在这些词中都写作 p,即$[p^h][p]$和$[\phi]$。因此,母语使用者对自己语言中的声音的明确了解少于他们隐含的了解的内容,因为一般来说,说话者永远不会感知单独的客位音,而只会感知与客位音相关联的单个主位音。然而,他们在使用中永远不会混淆客位音。因此,尽管母语使用者对自己语言的客位音的分布缺乏明显的了解——例如,刚才给出的例子中/p/的三种不同表现形式(从技术上讲是

---

① 译者注:是指从内部视角理解文化现象的过程。

音位变体)——但他们自己的主位知识产生的行为可以描述为:"在音节中间位置使用[p],在(某些)音节开头位置使用[pt],在短语结尾位置使用[s]。"

将这种客位观/主位观的对比扩展到文化领域,派克(1967)提出了一个论点——在本书中我们将反复引用这个论点——即文化事件、感知以及人类行为的无数其他方面的内部人士(主位)与外部人士(客位)的观点之所以可能,仅仅是因为隐含知识的关键使用,正如这里将对这个术语进行阐述的那样。

在接下来的研究尝试中,所需要的是一个持续的论证,以支持这样一个假设:我们的行动、信仰、欲望、价值观以及自我的其他行为或心理标志,源自我们作为特定社会群体成员所获得的隐性知识和统觉,从我们的家庭和部落到我们的社会和国家。与霍尔的无声语言或塞尔的"背景"不同,暗物质是多层次的、有差异地表现出来的,并且从生活经验中以各种方式衍生而来。

我们在这里的讨论本身就是一种微观文化——一种知识和统觉的安排,与其他任何讨论都不太一样。从这个微观文化中,我希望能为认知科学家感兴趣的几个问题找到答案。也许它试图回答的最广泛的问题是文化和个人如何相互塑造。这是一个古老的问题,但在我看来,仍然值得去努力理解。显然,如果你或我在完全不同的国家由同样的父母所生,或者在同一个国家由不同的父母所生,我们就不会是"你"或"我",而是完全不同的人。在前一种情况下,我可能仍然是红头发、白皮肤,但也许我会比现在更高或更矮、更胖或更瘦、更强壮或更虚弱、更聪明或更笨、更宽容或更不宽容等等。我很可能会喜欢不同的食物,对疼痛有不同的反应,不同的事情会让我厌恶或高兴。大多数人都会承认,如果在另一种文化中长大,我们在身体、心理或道德上都不会和现在一样。关键问题是,我们会有多大的不同呢?

我们对心灵暗物质的研究旨在从作为顶级社会灵长类动物的角度

探讨"做人意味着什么"。它质疑人类是否因本能或物理限制而使自由成为幻觉,以及文化、社会和心灵的概念。有些人(如文中提到的托比)认为文化只是线索、价值观和知识碎片的集合,如果剥离这些,我们会发现人类普遍具有相同的认知和情感结构。我不同意这一观点,认为人类的相似之处多于不同之处。在探讨这些问题时,会涉及文化差异如何与情感、身体发育、道德、死亡率、认知等因素相互作用。爱德华·萨丕尔是心灵与文化相互作用研究的先驱者。他在1939年的过早去世导致了此类研究中断了长达数十年。

回顾20世纪50年代出现的后萨丕尔时期关于认知的研究,人们部分回归到对心灵的研究,但此时将其视为计算机而非更大文化的一部分。与这次新的"心灵转向"联系最紧密的是1956年9月11日。那天,麻省理工学院的一群研究者聚焦于人类心灵的本质,这一事件被称为"认知革命"的诞生(博登[2006]对认知科学提供了全面的历史记载)。然而,我认为这种评价并不完全正确。首先,尽管这种说法流行,但它并非真正的革命。萨丕尔早在几十年前就深入研究了认知和文化,其深度不亚于1956年及随后几年的研究。其次,"革命"本身问错了问题,将心灵视为脱离身体的认知者(延续了笛卡尔的传统)。然而,1956年无疑是心灵研究的一个转折点,至少在美国是如此。与麻省理工学院会议相关的人物和作品重新激发了对心灵的兴趣。出席者包括乔治·米勒、诺姆·乔姆斯基、诺贝尔奖得主赫伯特·西蒙和艾伦·纽厄尔。许多哲学家、人类学家、心理学家、计算机科学家和语言学家随后认同新兴的认知科学。

1956年会议后,开始有资金用于心灵研究,或用新术语说,用于"认知科学"研究。20世纪70年代中期,阿尔弗雷德·P. 斯隆基金会开始提供资金,加州大学圣地亚哥分校、德克萨斯大学奥斯汀分校、麻省理工学院、耶鲁大学、布朗大学和斯坦福大学获得资助。后来,卡内基梅隆大学、宾夕法尼亚大学、芝加哥大学、加州大学伯克利分校、罗切斯特大学和认知神经科学研究所也获得了资助。在这些早期资助和努力中（与我作为学生进入语言学领域的时间相吻合），对认知科学的定义存在争议。什么是认知科学？它是单数还是复数（几种认知科学还是一门单一的认知科学）？谁在真正进行应该进行的认知科学研究？

我的观点是，没有人这样做。在所有资助的研究、新能源和创新想法中，认知科学领域并未显示出对心灵形成背景的关注——即特定个体在特定文化中的情况。通常，文化被视为心灵的表现，即使在所谓的认知人类学中也是如此。遗憾的是，这些研究大多单向地关注心灵与文化的关系，并且过于专注于计算和将心灵比作计算机的隐喻。回顾过去，由于当时计算机的新颖性，这些原本出色的研究忽略了人类情感以及个体作为一个整体（包括身体和文化）在认知中的作用，而仅关注他们认为的思维"计算"方面。实际上，情感、肌肉、激素，甚至细菌和身体——即个体（如果认为个体仅限于自己的身体）——都是推理和认知的起点。没有一种认知理论能在不关注整个个体的情况下取得成功——不仅仅是他们的"心灵"及其在社会中的位置。认知科学家从未深入研究文化与心灵的根本关系，即心灵是文化的产物。这种误解源于一个错误的观点，即心灵是一台数字计算机，是目前（但不一定）在神经硬件上运行的进化软件。然而，这个隐喻是脆弱的。例如，与大脑和身体不同，计算机软件并非从其硬件中生物性地生长出来（详见德雷福斯 1965 年、1994 年的著作；豪格兰德 1998 年的著作等）。计算机也没有情感——这是人类认知的主要驱动力之一。此外，我们不能忽视这样一个事实，即心灵即使在不主动关注其环境时也会受到环境的影响，这是目前任何计算机都无法实现的能力。这些只是数字计算机心灵理论的一些严重缺陷——或者至少，我将在下面尝试证明它们的缺陷。因此，从这个角度来看，整个认知科学"革命"走错了方向，就像哲学家有时使用的术语那样。

我预计这本书可能会让一些读者感到困惑，因为它指出标准认知心理学在理解人类思维方面存在局限。虽然研究暗物质对于理解心灵运作至关重要,但所有知识本质上都是生活的一部分,围绕着具有等级但关键是可以打破的价值观、经验和感知等构建,这些都是作为社会成员学习并偶尔传授的。

在过去的60年里,与隐性知识最相关且最突出的两位人物是迈克尔·波兰尼和诺姆·乔姆斯基。他们的作品提供了关于这种知识性质和来源的不同观点。波兰尼的传统强调隐性知识,这种知识通过学习和内化,在需要时被回忆起来,例如,如何在吉他上演奏歌曲或骑自行车。与此相对的是与乔姆斯基紧密相连的先天论,实际上,先天论贯穿了从柏拉图到巴斯蒂安的"人类心理统一"的整个西方思想。先天论认为,人类共享某些知识,因为这些知识天生就编程在我们每个人身上:本能、道德原则、语法规则,以及一些先天概念。其他显著的先天隐性知识例子包括:弗洛伊德的无意识概念、坎贝尔的普遍神话结构"单一神话"概念、荣格的原型理论,以及科斯米德斯、托比、福多尔和平克的作品——一些人称之为进化心理学的"大规模模块性"。当然,后天习得的隐性知识和先天论的理论并不一定相互排斥。后天习得和先天形式的隐性知识都可能在人类认知和行为中发挥重要作用。我们真正关注的不是极端的二分法,而是各种可能性——最重要甚至最被忽视的知识贡献来自何处?

然而,我特别关注的是我们物种成员之间的差异而非相似性,是变化而非稳态。这是因为,不同社会的暗物质变化对人类生存至关重要,它源自并维持我们物种的生态多样性。这种变化产生了多种"人类本性"(参见欧利希,2001)。关键视角是概念与统觉连续体。概念可以明确表达,而统觉较难描述。统觉源于文化引导的经验记忆(包括有意识、无意识或身体上的)。这类记忆不仅难以描述,而且常常无法用语言表达(参见马吉德和莱文森,2011;莱文森和马吉德,2014)。统觉和概念知识都由文化、个人历史和生理学决定,对个体心理和身体形成至关重要。暗物质来自生活在文化中的个体,突显了人类大脑的灵活性。本能与灵活性不兼容。因此，在评估支持本能的论点时需谨慎（参见布隆伯格，2006，其对许多所谓本能例子及该术语的滥用进行了有力批评）。如果某种行为是本能，它会阻碍我们学习其他方式。因此，若高级生物如你我并非拥有更少而是更多的本能，我会感到惊讶。与蟑螂和老鼠等动物王国中另外两个成功成员不同，人类整体适应他们所处的世界，能够跨环境生态位学习、解决问题，并传授和反思这些解决方案。文化对人类这种适应性、灵活性至关重要——最重要的是，认知问题不是"大脑中有什么"而是"大脑在什么之中"（即这个特定的大脑存在于哪个文化中的哪个个体中）。

按照这种观点，大脑被设计成尽可能接近一块空白石板，以确保生存。换句话说，亚里士多德、萨丕尔、洛克、休谟等人的观点比柏拉图、巴斯蒂安、弗洛伊德、乔姆斯基、托比、平克等人的观点更符合我们对大脑本质和人类进化的认识。亚里士多德的"白板说"似乎比目前流行的假设更接近正确，尤其是当我们回答这个尖锐的问题时：当文化被移除时，大脑/心灵中还剩下什么？

这本书的大部分教训都源于这样一个观点，即我们的大脑（包括我们的情绪）和我们的文化通过个体共生相关，并且两者都不凌驾于对方之上。在这个框架中，先天论的观点往往是多余的。当然，我坚持认为（D. 埃弗里特，2012）为了理解这一点，我们必须了解人类认知的平台（普遍性）、人类必须执行的任务的性质，以及人类在文化中生活并最终获得塑造他们的是谁以及他们如何思考和与周围世界联系的大脑暗物质的方式。这些论点将 D. 埃弗里特（2012a）中关于语言的文化衍生隐性知识的案例扩展到更广泛的文化和认知决定个体身份的范围。

人类的灵活性和认知资源最集中在暗物质中。这种物质本身来自许多来源。文化只是其中之一。受情感驱动的目标是另一个。物质环境是另一个。要执行的任务的性质是另一个。但是，认识到文化在即使曾经被认为无关的领域中也发挥作用，对于理解我们自己和我们的物种至关重要。所以在这里,我们要考虑这样一种情况,即我们所做的和我们所了解的主要是由我们物种的最大独特特征——文化所塑造的。

为了理解什么处于危险之中,让我们再次思考"人性"这一概念。人性有多种定义和解释,我们在最后一章中会更深入地探讨。从生物学(威尔逊,1978;艾希,1999)、哲学(柏拉图)、心理学(弗洛伊德,[1916] 2009;平克,1997)、主要宗教、神经科学(保罗·丘奇兰德,2013;帕特里夏·丘奇兰德,2013)、生态学(卡什丹,2013)、神学(加尔文,[1536] 2013)到文学(马克·吐温,[1916]1995),我们都能找到关于人性的各种观点。对一些有神论者来说,人性表现为反抗上帝和犯错的倾向,因原罪而受损。在印度教中,每个人由阿特曼定义,阿特曼是人的真正灵魂或本质,需要自我认知,即"解脱"。在佛教中,"无我"意味着个人没有固定本质,只有其经历的体验序列,即五蕴:色、受、想、行、识。

人类社会产生了一些看不见的力量,这些力量塑造了我们的生活方式,包括我们思考、交流、作出道德判断、进行科学研究和寻找幸福的方式,这些力量是通过一些人类学家称之为"文化"的活动形成的,他们在一个社会中行动,受制于他人的价值观和观念(拉图尔,1986、2007)。塑造我们的力量被称为价值观、隐含信息、文化、背景等。我称之为"暗物质"的,就是这些力量。虽然我的暗物质概念与迈克尔·波兰尼的隐性知识"个人知识"相关,但波兰尼更关注大型有意行为的子程序和组成部分,而非文化(例如,骑自行车需要先学会平衡、踩踏、刹车等,这些子程序最终在"骑自行车"这一单一成熟意图中被遗忘,但仍存在)。相比之下,我的暗物质概念——稍微改写乔治·哈里森的同名歌曲——是"在我们之内和之外",既体现在个体人类身上,也作为特定社会成员之间的无形连接力量。它包括我们维持文化联系的隐性集体意图和文化价值观。如果这个观点正确,它将对认知科学近年来的研究提出挑战,因为这些研究未能解释这种暗文化物质对人类身份形成的影响。

例如,一些进化心理学家用特定的倾向来定义人类的先天本性。一个常见例子是,许多人认为冒险行为具有"性感"特质。然而,对冒险行为的反应并不适用于所有类型的风险。根据相关研究(威尔克等人),最能吸引女性的冒险行为与人类大脑进化历史中的风险有关。因此,女性可能会对在摩天大楼上擦窗户或在深水中游泳的男人产生兴趣,因为高处和深水是我们物种进化过程中原始恐惧的一部分——也许整个智人属都是如此。如果这是正确的,那么我们都会对在原始风险面前表现出进化优势的人产生生物学决定的吸引力。因此,一个女人不会因为看到霍默·辛普森在核电站工作而兴奋,因为放射性活动并非她这个物种进化的一部分,尽管放射性比高处危险得多(放射性可以杀死更多的人)。在这种观点下,人类本性是由我们进化倾向的总和形成的,它可能有不同的名称——最常见的一个被称为先天的"心理模块",或者简单地称为"先天心灵"(卡卢瑟斯[Carruthers]、劳伦斯[Laurence]和斯蒂奇[Stich],2005、2007、2008)。

我们在此讨论中审视并摒弃了这一观点。以文化知识为例,心理学家和人类学家常常忽视它,或许因为它被认为过于显而易见。假设你在亚马孙雨林中行走,有一位在当地长大的同伴陪同,他依靠对动植物的了解生存。当你在茂密的雨林中行走时,你注意到一根树枝在动,你的同伴也注意到了。你们所看到的现象是可以测量的——树枝移动的速度、距离、高度、颜色以及是否有果实或坚果等。这些可测量的因素对你们两人来说都是客观的,无论是在认识论还是本体论上(塞尔,1997)。

另一方面,你对这种运动的解释是内在的,无法衡量。它在本体论上是主观的。但是——至少从局部的角度来看——这种体验在认识论上是客观的。因此,它可以被研究,即使它是一种本体论上主观的体验。它本质上是只有你自己才能知道的东西(即你自己的解释)。但是这种体验是别人可以客观拥有的——别人可以看到你所看到的。虽然你可能对自己所看到的除了"树枝动了"之外没有任何解释,但也许你想知道树枝为什么会动,或者你认为它是被动物、风或掉落的物体移动的。你缺乏关于树枝运动背后原因的特定假设或知识。这是可以理解的。你的感知和解释都因缺乏背景知识而受到影响。你有没有注意到同一棵树或不同树上的其他树枝是否也在移动？你有没有注意到那棵树枝在动的树相对于你的有利位置在哪个方向（北、南、东、西；顺流而下、逆流而上；上坡、下坡等）？你有没有注意到那根树枝在动的树的种类？也许你注意到了。不过，很可能你没有注意到。另一方面，你的同伴很可能对你俩刚刚看到的东西有一个解释，这个解释基于一种自动的、隐含的环境解释学——他的本土化文化。并且这种解释及其文化基础在一定程度上都可以被研究，满足认识论客观性的条件。

你的同伴可以立即告诉你是风移动了树枝（其他树上的其他树枝是否同时在移动），还是动物或掉落的果实引起了树枝的移动。他或她知道那棵树上生活着什么动物，它们是否可能在那根树枝的位置附近（如果是一棵非常高的树，比如一棵巴西坚果树），它们是在进食、躲藏、狩猎等。你的同伴的隐性知识——就像你对自己的本土环境的了解一样——来之不易，并且在很大程度上独立于明确的教导。

作为另一个例子，想象一下你正在教你的女儿如何在一条蜿蜒的河流中驾驶摩托艇。你们都坐在船尾；她的手放在控制杆上。你告诉她，她必须通过开始稍微转向弯道来预测转弯，然后稍微修正——永远不要等到最后一秒，永远不要突然转弯。然而，当你们接近弯道时，你发现船的尾部开始比应该的速度转得更快，使你们沿着河流横向移动，有翻船的危险。你忘了告诉她，当船在水中的位置越低，或者当重量在船中分布不均匀时，动作必须更加缓慢。你所知道的一些东西可以很容易地说出来。但是对于你正在解释的动作，有一种"感觉"，你找不到合适的词语来形容。这种动作的"感觉"是你知道的东西吗？它与知识有关还是完全不同的东西？对某些人而言，这就好比询问一个人是否"懂得"欣赏柠檬。在这种观点中，品味至少包含两个方面。首先，品味是通过实践获得的知识。其次，品味是一种偏好，它源于对味道的内在排序，对你而言排名靠前的"味道更佳"。

许多哲学家,追溯到苏格拉底,将知识称为"有保证的真信念"。在大多数文化中,品味不被认为是知识——因为它在任何客观意义上都不是"真的",并且因为它没有外部保证——你喜欢你所喜欢的。因此,我对墨西哥食物的喜爱也许不能最好地被描述为有保证的真信念。但如果它在我们的文化中不是知识,我们需要问它是什么。也许它是一种直觉形式。但是,然后我们需要(正如我们在这里尝试的那样)努力理解我们所说的直觉是什么意思。如果我们说知识是使用概念,并接受罗伯特·布兰顿(1998)的概念,那么我们同意,除非我们能在推理中使用它——也就是说,使它明确,否则没有什么在概念上是已知的。然而,一些在认知上塑造我们的东西,比如品味,不能被明确表达。因此,我们用"尝起来像鸡肉"这个短语来描述许多异国肉类,即使我们知道它们实际上并不像鸡肉。我们在我们的感知集合中缺乏足够的比较,我们的词汇中也没有这个词。

在大众媒体上可以找到一篇关于表达食物的隐性知识的困难的近期文章,其中一位作者(弗莱明,2014)断言:"英语没有提供描述食物香气的特定词汇。尽管气味是味道感知中的主导力量,但说英语的人用它们最常与之相关联的食物的名称来指代香气。例如,八角、柑橘或坚果味。"这是因为感知有时来自知识或感知,我们不期望从后一个来源为所有情况找到词汇,因为一些感知本身是不可言说的。因此,我们会遇到一些人类共有的经历,而任何文化中都没有相应的词汇来描述它们。

我们对味道的体验和欣赏是经过分类的感知的总和,也是味觉传感器的生物学特性。我们如何产生味觉体验,以及这些体验最终如何赋予我们对喜欢吃的东西的感觉,从而有助于我们的"自我"感和个性,这说明我们在这里想要表达的意思。换句话说,自我在很大程度上是一堆蕴集(感知)的记忆,这些蕴集形成了自我或"非我"(无我),因为它们是由我们的情景记忆和短期记忆进行排序和选择性回忆/存储的。这与休谟的名言"所有的经验都是一系列概念"并非毫无关系。这里的说法是,所有的自我都是一系列经验。所以如果这是正确的,那将是对自我的一个递归定义。

然而,有趣的是,在巴西亚马孙地区的皮拉哈人中,对某种东西的喜好似乎确实被归类为一种知识。因此,当他们给陌生人食物时,他们会问:"你知道怎么吃这个吗?"如果食物看起来没有吸引力,人们可以简单地回答:"我不知道怎么吃这个。"这样会让人丢脸,而一个人的无能被归因于一种基于经验的无知。

构建暗物质存在证据的一种方法是通过探索我们对语言的认识来构建我们对它的理解。通过这种方式,我们可以利用我们对最重要和最大的直觉和专业知识体系的了解来提供跨领域的直觉、经验和隐性知识的解释。这不是一种新方法。克劳德·列维-斯特劳斯利用从费迪南·德·索绪尔和罗曼·雅各布森那里学到的语言学原理,创立了"结构主义人类学",而马文·哈里斯、克利福德·格尔茨和其他人则借鉴派克的"非位的"与"位的"概念,构建了非常不同的文化研究方法。萨丕尔、博厄斯和早期的美国人类学家当然将语言学视为人类学的一个分支,所以文化思考对语言思考以及反之亦然的相互影响并不令人惊讶,尽管历史在一段时间内出于某种原因显示出相当单向的趋势,从语言到文化。在《语言:文化的工具》(D. 埃弗里特,2012a)中,我试图展示文化反思可能影响语言理论化和语言理解的新方式,认为文化价值观影响并作用于某些语言结构。当然,在现代,也许没有人比迈克尔·西尔弗斯坦在分析文化与语言之间的联系方面更有洞察力(在参考文献和正文中多处提及他),尽管还有许多其他杰出的研究人员。

肯尼斯·派克为人类学家和语言学家提供了基本的概念对立,这一对立深刻地影响了文化和语言的研究。派克的"非位的"与"位的"二分法在本研究中至关重要。

正如派克所说:

客位方法能够同时处理所有文化或语言,或者是一组选定的文化或语言。如果不是因为"比较语言学"这个短语在语言学领域已有完全不同的含义,它在人类学意义上可能会被称为"比较的"(参见 M. 米德,1952,第 344 页)。相反,主位方法具有特定的文化属性,每次只针对一种语言或文化。(1967,37 开本)

但是他指出,主位—客位关系是一个棘手的实证问题:无论一个人接受过多少训练……一种语言的主位单位必须在对该语言的分析过程中确定;它们必须被发现而不是被预测(强调为我所加)——尽管语言成分的各种类型在一定程度上受到人类生理机能的限制(37 开本)。

那么,从某种意义上说,我们在这里所从事的是探索我们每个人身上的"主位"如何塑造我们的语言、我们的文化以及我们对个人身份的构建。它主张"主位化"——构建一种内部视角,特别是构成我们以及我们的社会之所以成为现在这个样子的"暗物质"。暗物质是通过聚合的感知(对经验的个人解读)、习得的概念及其文化内部的解释而实现的主位化。它在一定程度上是身体(至少是大脑和手指——在某种意义上,我的手指知道如何弹吉他)和文化的一种功能。暗物质对于每一个个体都是独特的,就像每一种文化对于拥有它的群体来说都是独特的。这就是主位化概念所固有的内容。

在我看来,"心灵"是一种间接的指代,在很大程度上并不准确,它指的是个人认识事物以及整理其所知的能力。我有一种独特的观点,即知识不仅仅是一种心灵状态,而且是至少部分地通过行动、经验、记忆、关系和取向来存储和创造的。我所说的"文化"大致是指(见第二章)我们所知道的东西、我们的价值观以及我们作为特定社会成员的价值观、知识和认知的系统化。换句话说,文化是社会的系统化,是术语的上位化;是将事实与个人角色以及文化目标相联系。文化系统化常常在上述所有心理层面为知识带来递归的、层次化的结构。它不仅仅是我们所有的知识。相反,它是我们的知识、价值观和角色的排列组合。

这一切引出了这部作品的主要论点:"人性"这个概念没有任何用处。人不受"人性"控制,而是受暗物质控制,通过文化、生物学和个体心理学获得并塑造。这导致用"个人关系网"或建构的自我这一替代概念来取代人性的概念。

让我指出我认为这本书的新颖贡献:从中产生了一种受语言学启发的哲学、心理学、人类学和语言学的新综合,以在没有先天主义咒语的情况下理解自我。这一观点是,隐性知识以及文化—心理—物理关系网的构建正是我们所知道的"自我"。如果我们所说的"人性"是指一种所有且仅为人类所共有的先验知识,那么就不存在人性。

这些章节分别构建了故事的不同层次。在前四章(第一部分)中,我们详细介绍了我的暗物质模型的三个核心部分:作为价值观的文化、作为内化价值观的文化以及作为语法的文化。第一章在介绍这些要点之前,对暗物质的本质进行了定义和讨论,并探讨了其在柏拉图和亚里士多德两大脉络中的起源。第二章讨论了一种新颖的、具有层级结构的文化价值理论。为此,我们回顾了过去一个多世纪以来一些著名且被广泛接受的文化定义,发现这些定义都不够完善,并提出了一个更简单、更全面且令人满意的定义,该定义明确指出文化既是暗物质的来源,也是其对象。第三章解释了文化和暗物质如何被获取,我们将特别聚焦于亚马孙地区的皮拉哈人,深入探究他们别具一格的同心圆依恋发展模式。而在第四章中,我们会着重探讨暗物质对于我们理解周遭世界以及在其中进行有效导航所起到的重要作用。

从第二部分的第五章开始,我们探讨了语法、文本、手势、翻译、个人价值观以及对生活情境的解释中的暗物质。第五章重点讨论话语如何由暗物质构建并充满暗物质,隐性信息反映了文化价值观、知识和角色。第六章通过主位化考察了语法如何从文化和个人感知中出现。第七章回顾了手势在连接文化和语法方面的作用,并提供了一个与韵律结合的单独组织层次,帮助听众和说话者更好地理解或传达主题、语篇流和内容。本章还指出,尽管有相反的观点,手势支持亚里士多德的经验主义语言观,而非先天的柏拉图式暗物质概念。本章批评了戈尔丁-梅多即将出版的作品《手势与学习》,该作品认为没有语言输入的儿童会发明手势,以供听力正常的父母的聋儿交流使用。在第八章中,我们在翻译的实际领域继续探讨这一主题,深入研究暗物质如何帮助我们重新解释文本、个人和周围的世界,并在文化和跨文化之间传达我们的解释。

接下来进入第三部分,我们讨论之前发展出的理论对两个关键问题的影响,这些问题对于理解人类心理学和人类进化至关重要。第九章提出,在我们的高级认知能力(如语言)中不存在类似于本能或模块的东西,解释了世界的原则包括巴斯蒂安的基本思想、弗洛伊德的三重心灵、坎贝尔的单一神话等。本章考虑并拒绝了几种提议的本能,特别是详细分析了近期关于"语音本能"的工作为何可能是错误的。第十章认为,人性可以归结为对我们身体、记忆、智力和感知的理解。除此之外,没有所谓的"人类心理统一性"——没有单一的人性。

第一部分
暗物质与文化

第一章　暗物质的性质与谱系

> 坚持一种认识论并不仅仅是"个人的体验",它实际上反映了一部分道德成长。在某种程度上,个人负有道德责任去选择一种认识论,即便这种选择无法使反对者完全满意地进行证明或反驳。
>
> ——肯尼斯·派克《用心与用脑:学术与奉献的个人综合》

这一章提供了暗物质概念的定义和起源,追溯了两大分支——柏拉图式和亚里士多德式。我将自己的工作与亚里士多德的经验主义路线联系起来,在本书的其余部分都支持这一传统。

本章的第一部分着眼于语言哲学家、心理学家和人类学家提出的与我们当前关注的问题相关的各类知识。我给出了暗物质的定义,它主要分为未明言的和不可言说的,以及它与其他类型的知识(包括隐性知识)的区别。例如,我们考察"技能知识"即显性知识[①],与其他人一起论证在这些知识之间不存在明确的分界线。在这方面,我还从肯尼斯·派克的作品中借用了知识作为"粒子、波和场"这三种观点进行讨论。我考察了语音单位(音素和音位变体,即音素的地方变体)的语言知识,以举例说

---

① 译者注:"knowledge-how"常见释义为专门知识、技能、实际经验,"knowledge-that"命题性知识即隐性知识。

明这些认识论观点。

接下来,我们转向对先天知识的柏拉图传统的讨论,从柏拉图经由许多其他人一直到乔姆斯基及以后。这一部分还仔细考察了阿道夫·巴斯蒂安首先提出的"人类心理"这一论点的影响。在此之后,我们考察了暗物质的亚里士多德传统中的不同作品。最后,我们得出这一章的结论,也对这里学到的主要教训进行了综述。

知识的种类

如我们所见,在过去几十年中,隐性知识的两个最大支持者可以说是迈克尔·波兰尼和诺姆·乔姆斯基,尽管他们对这种知识的性质和来源有着截然不同的概念。乔姆斯基的隐性知识概念源自柏拉图;波兰尼则更接近亚里士多德的思想。在当代研究中,隐性知识的形式可以在进化心理学与具身认知的对比中找到,可以在关于计算机是否能在任何重要意义上复制人类认知的问题中找到,可以在关于概念的本质(拥有一个概念意味着什么)中找到,可以在翻译理论中找到,可以在专家系统中找到,可以在驱动商业决策的假设中找到,可以在人群和个人的行为中找到,等等。人类天生就拥有基本概念和其他知识的信念在西方思想史上一直很流行。除了刚才提到的两个例子之外,一些更突出的例子包括:弗洛伊德关于驱动人类心理学的无意识力量的概念;荣格的"集体无意识"理论;约瑟夫·坎贝尔的"单一神话";科斯米德斯、托比和平克在进化心理学方面的工作;以及杰里·福多尔关于心理模块的工作。

相反,我想提出的观点是,人类被设计成具有灵活性,"人性"——当被描述为天生的不质、硬连线信息和本能时——与灵活性不相容。人类适应的方式就像直立的灵长类动物在他们所生活的世界中可能会做的那样。我们能够在相似的环境中改变行为,并有效地应对环境变化,也就是说,他们的心理和文化可以解决全球范围内该物种遇到的各种类型的问题。文化是进化对提供适应性、灵活性问题的最终解决方案——以至于最重要的认知问题,正如其他人所说,不再是"大脑中有什么"而是"大脑处于什么(文化/社会/环境)之中"。

我们的思想和文化是相互构建的。文化与心理学的关系并非简单的附属,而是相互影响、塑造并强化。因此,我认为,当我们认识到人类认知的普遍基础、人类必须完成的任务性质,以及人类"在文化中生活"并获取思想"暗物质"的方式时,先天论在理解人类认知方面显得多余。这种暗物质最终决定了他们是怎样的人,以及他们如何思考和与世界互动。

人类的灵活性和认知资源主要体现在思想的暗物质中——即我们从生活经验中获得的隐性知识。这种知识有多种来源,包括文化、物质环境和任务性质。然而,文化在以前被认为不重要的领域中的作用,对于理解我们自己和我们的物种至关重要。

我特别关注的是那些通常未明言的知识——如技能知识或伦理知识,即使对我们自己也不明确表达,甚至在极端情况下无法言说(莱文森和马吉德,2014)。这种知识来源于个人观察和社会期望(标准、价值观等),既共享又个人化,通过情感和感知获得。自我意识包括这些加上记忆。

在理解我们自己、我们的意识状态以及整个物种时,变化是关键。我们不应急于寻找不变的事物或抽象的概括,而应首先尝试充分描述(格尔茨,1973)并反思特殊性(詹姆斯,[1906]1996)。在理解我们自身、我们的具体情况以及我们整个物种时,变化才是关键所在。当我们试图理解人类的认知和行为时,我们并不是在做物理学研究,不期待无例外的定律。相反,我们期望看到动态且不断变化的特性。答案往往复杂,更注重变化而非恒定。我对普遍性兴趣不大,更关注理解,且不认为前者总是后者的基础。

实际上,理解通常表现为列表式和描述性,而非抽象和一般性(参见詹姆斯［1906］1996年的著作以及福多尔1998年40开本《词汇语义学》）。评估我们提议成功与否的最佳方法是看它们是否与我们对世界的普遍理解一致，以及对于那些希望深入理解智人认知生活的人，它们的包容性和实用性如何。

我不是第一个提出在理解人类和其他动物的思想和行为时后天培养至少与先天遗传同等重要观点的人。相关书籍包括保罗·埃利希（2001）的《人性》（生物学方面）、艾莉森·高普尼克（2010）的《婴儿之心》（儿童发展方面）、杰西·普林茨（2014）的《超越人性》（哲学方面）以及菲利普·利伯曼（2013）的《不可预测的物种》（神经科学和语言学方面）。然而，本研究的方法有所不同。首先，它基于对一些非常有趣且明显非西方文化的人类学和语言学实地研究。其次，这项研究的主要且独特关注点在于对文化的新理解，以及文化与个体心理学的相互作用。如前所述，这种互动在本工作中被称为"主位化"（或"内化"），借鉴自派克（1967）。

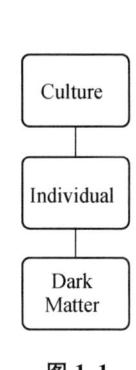

图 1.1

心灵的暗物质是任何在正常情况下未明言的知识技能或知识体系，通常甚至我们自己也无法明确表达出来。它可能是（但不一定是）不可言说的。它在我们学习惯例和知识组织、采纳价值属性和排序的行动、"语言化"和"文化化"中产生。它是共享的，也是个人的。它通过主位化、知觉和记忆而混合，并由此产生"自我"。

为了说明后面的观点，让我们考虑骑自行车从学习到精通的各个要素。赖尔（［1949］2002）区分了技能知识（"knowing-how"）和理论知识（"knowing-that"）①。正如波兰尼（［1966］2009）对赖尔的解读，技能知

---

① 译者注："knowing-how"指的是个体所具备的关于如何完成某项任务或活动的实践知识或技能，它等同于 knowledge-how（程序性知识）。这种知识通常是通过经验获得的，与理论知识（knowing-that）相对，它等同于 knowledge-that（陈述性知识）。

识属于行动能力。据称，这种能力无法完全明晰表达。正如波兰尼在骑自行车方面所观察到的，我们通过做某事获得理论知识。明确的指导不如例子有用。

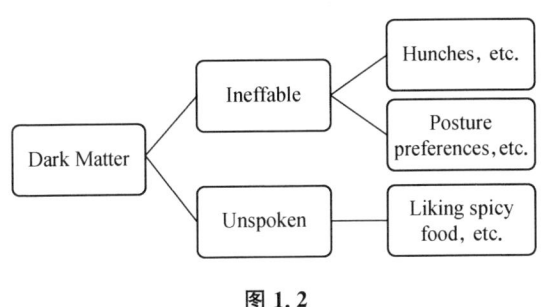

图1.2

（"ineffable"未明言的；"unspoken"不可言说的）

许多哲学家、心理学家、生理学家和其他人都写过关于理论知识的文章。梅洛-庞蒂、海德格尔和尼采只是更著名的讨论知道技能知识的三位哲学家。格式塔心理学家也写过关于一个习得的行为的整体大于其部分之和。例如，滑雪不仅仅是将膝盖向一个方向或另一个方向移动，将身体保持在某个位置，等等。相反，它是学习在滑雪行为中如何"流畅"。用派克的话说，一个行动不仅仅有静态的存在；它也有动态的存在（它是如何被执行的）以及"场"的存在（它在给定的文化系统中与其他行动的关系）。

对于任何理论知识，都有一个主要通过实践来学习的过程，通常是分部分学习的。骑自行车需要学习上车、转向、转弯、下车、刹车等，而不会摔倒。我们不能通过阅读或听关于这些的讲座来学习这些事情。我们需要（痛苦的）练习，并且我们从例子中受益（部分是由于镜像神经元与我们的肌肉交流，以便在我们感知到他人的行动时准备让它们行动）。

随着时间的推移，我们的基底神经节、突触连接，甚至我们的肌肉，通过特定的使用和兴奋模式，有时还会产生新的纤维通道（布鲁斯加德等人，2010）记录下这些行为。我们通过将对行动部分的个体感知整合为一个整体来积累这样的记忆。于是,我们学会了骑自行车。这已成为一种主位行动,而不仅仅是客位行动。肌肉、神经以及身体更广泛的参与,加上命题知识似乎无关紧要,使得骑自行车成为一种"技能知识"的知识的典型案例——人们更有效地"展示"而不是"讲述"。

然而,这些要素在所谓的"技能知识"的知识中完全缺失吗?考虑一个简单的命题,如"约翰知道苹果是一种水果"。我们如何确定约翰实际上是否知道苹果的水果性质呢?我们只能通过他的断言、他对环境中苹果的反应、他如何根据自己的知识推断苹果的属性等来了解。还有一个问题:约翰是如何获得关于苹果的知识的呢?同样,是通过行动和观察所做的行动。当约翰行动时,他会影响他的突触、他的身体(如流涎、嗅觉、饥饿感),以及他的生理和认知状态。换句话说,要说约翰知道 x,我们必须知道约翰对 x 的反应、如何在句子中使用 x、从 x 中得出推论等。我们必须知道约翰是如何知道技能知识这些事情的。然而,如果是这样,那么"技能知识"与"理论知识"之间的区别充其量是微弱的,最坏的情况是不存在。

在另一种意义上,"技能知识"与"理论知识"之间的区别是微弱的。"技能知识"可以转化为"理论知识"。例如,开发一种骑自行车算法,使机器能够尝试骑自行车是可能的(并且经常这样做)。

当我开始学习骑自行车时,我记得在每次尝试中都专注于我认为重要的步骤——从我故意紧紧握住车把的发白指关节,到保持维持前进运动所需的最低速度而不至于突然冲向十字路口,再到通过充分向前看以规划转向来避开障碍物。有意识地专注于"骑车"这一更大行为的每个子流程让我筋疲力尽。但随着我通过身体运用将知识内化,不久之后,我"掌握了"——我的大脑的平衡感知系统适应了这种新的运动方式,我开始用"技能知识"骑自行车。骑自行车是一种技能知识的典型例子。但这种技能知识与理论知识完全不同吗?为了回答这个问题,让我们考虑另一个表面上看起来像知道技能知识的问题:语言学家的语音系统知识,即音系学。母语使用者的音系知识同时既是技能知识又是理论知识。然而,在研究音系学之前,我们需要更好地理解"技能知识"。

理论知识通常被认为与技能知识有很大不同。前者是命题知识,而后者包括技能。因此,一些哲学家和心理学家认为技能知识根本不是知识,而只是通过实践、重复和模仿——主要是肌肉记忆——随着时间发展而来的习惯、技能或能力;而理论知识被认为是适当认知的一部分。再次以这种观点来看,知道如何骑自行车严格来说不是认知,而仅仅是肌肉习惯。然而,如果像布兰顿(1998)所主张的那样,知道一个命题意味着 x 需要我们知道如何在与 x 相关的推理中使用它,那么这种如何/是什么的区别再次被削弱,如果不是被消除的话。

因为很明显,我已经"内化"或"从内部理解了"骑自行车的过程,但当我这样做的时候,我仍然无法对我正在做的事情给出一个完全充分的明确描述,所以可能无法将技能知识简化为知道是什么。所有知识中都有一部分是不能简化为命题的。但你可能会回答:"已经证明我们可以为骑自行车设计一套算法,当输入到机器人中时,能使它实际上骑自行车。这难道不证明骑自行车最终是一种理论知识而不是技能知识,从而知识在原则上不是不可言说的吗?"

不。原因在于,这与说谷歌翻译会说一种语言或塞尔(1980,第 2 卷)的"中文房间"会说中文是一样的。① 无论机器人遵循什么算法,当我骑自行车时,并不是在使用这些算法。我怎么知道呢? 首先,因为它们永远不会具有意识,而且对于普通人来说,不可能让它们有意识。其次,对我大脑进行任何扫描或其他成像都不会发现它们。它们实际上并不在我的大脑中。但最重要的是,这些算法对我们理解人类骑自行车没有任何帮助。要理解这一点,我们需要研究人体、了解肌肉的作用、大脑在

---

① 译者注:"中文房间"是美国哲学家约翰·塞尔(John Searle)在 1980 年提出的一个思想实验,用于反驳强人工智能观点。实验设想一个不懂中文的人被关在一个房间里,房间里有一本英文的规则手册,它详细说明了如何根据中文符号的形状来处理和回复中文信息。

骑自行车时如何控制它们，以及整个身体如何适应角度、风等因素，从而在没有明显指令的情况下保持平衡、速度和方向。我们并不是用语言来表征所有问题；我们与许多问题"产生共鸣"（吉布森，1966、1979）。我们的身体会适应自行车的运动、地球的轮廓、路面上的坑洼等。也许共鸣的概念甚至可以帮助我们理解为什么在骑自行车时试图明确我们正在做的事情实际上会干扰我们的骑行并可能使我们摔倒。可以说，这些算法描述了骑自行车的物理学原理，但不是我的内容，也不是我实际完成身体任务的方式。当然，我无法逃避物理限制——速度、轨迹、能量、重力等。但是，如果你问我正在做什么，或者如果你看一个图像（功能性磁共振成像、计算机断层扫描等），你不会看到这些算法。它们与我正在做的事情没有因果关系。它们可能抽象地描述了我正在做的事情，但当我们从外部描述完成一种行为的步骤时，我们并不是在描述这种行为的主位化。当然，只要我们不混淆这两者，就没有问题。一个骑自行车的机器人并没有将骑自行车主位化。它没有概念上的选择，也没有"这就是我们做这件事的方式"的感觉。

为了更清楚地看到这一点，考虑一下描述骑自行车和"非常好地骑自行车"之间的区别（稍后我将对比语法和语言的描述）。我可以对我的骑自行车行为给出一些解释，无论多么不充分，说明我在做什么，我希望做什么，我认为我的腿、眼睛、手臂、手等在做什么，但我无法解释如何完美地骑自行车，除了禁止不良骑行的某些影响："慢下来！""骑快点！""转得更急一点！"

然而，问题依然存在——即"为什么我们假定技能知识和理论知识之间的界限如此分明"。我认为答案很简单：这源于语言的使用。过去大约60年间，认知科学家普遍认为，大脑以某种方式表示知识，最可能的方式是通过命题。理论知识是可以用命题形式归因于认知主体的知识。而技能知识则是一种行为，难以用这种方式概括，因此通常不被视为知识。但如果这只是表面上的区别，实际上并无差异，仅仅是反映了我们能够描述的事物,而非个体内部有意义的区分呢？骑自行车和证明一个定理或许最能代表这种所谓的知识区分的两个极端。

暂且搁置这一争议,这两种知识类型在文化活动分类中具有一致性。一旦我们学会了某样东西,无论是技能知识还是理论知识,学到的内容在我们的文化矩阵中占据一个"位置",位于一个包含类似事物的网格中。这个矩阵和位置的概念源自派克(1967)对语言(及其延伸至文化)的"粒子、波和场"的分析观点。

知识作为粒子、波和场

在派克的理论中,一个粒子可以是语言和行为的一个单位,也可以同时是两者。一个简单的例子是声音的一个独特特征,比如[＋浊音],这表明在所说声音的某个时刻,母语使用者注意到声带在振动。这个例子将起到作用,强化了"技能知识"和"理论知识"即使有区别也不容易区分的观点,并证实了派克意义上一个单位的性质。语言学家对粒子[＋浊音]的部分理解是它的一组积极或活跃的属性——"声带振动；声带松弛；声门上方的气压小于声门下方的气压；伯努利效应使声带快速运动"等。普通说话者的认识没那么专业,只知道/b/不是/p/,/t/不是/d/等。和普通说话者一样,科学家对一个粒子理解的一个关键部分也是它不是什么。例如,如果一种语言中的每个声音都是[＋浊音]——比如/b/ /g/ /a/ /i/ /m/——这个特征就不会有独特性,因此也就没有必要把它作为该语言的一个粒子来学习。这样做是多余的,对我们理解这种语言没有任何帮助。另一方面,如果一种语言既有[＋浊音]又有[－浊音]的声音——后者由/p/ /t/ /k/ /s/ /h/等声音表示——那么作为学习这种语言的一部分,我们就需要了解一个声音是＋浊音还是－浊音。粒子是通过它们是什么和不是什么从正反两方面被理解的。粒子的属性不能脱离语言中的其他粒子而孤立地被认识,而是作为一个系统的一部分。

语言或文化中的每个粒子也必须作为一个"波"来研究。这是动态的视角,即使用中的粒子视角。因此,当我们在不同的使用语境中说出包含/b/或/p/的内容时——例如,ba、ab和aba;pa、ap和apa——根据辅音和元音在单词和短语中的相对位置,它们的发声和发音在声谱图上看起来会不同。因此,在实际行动中,关于粒子的细节被揭示出来,而这些细节在孤立的情况下是看不到的。特别是,声带在不同的语境中会开始以不同的方式振动。这种不同的发声起始被称为发声起始时间(VOT),几十年来,它在我们理解不同语言内部和跨语言的声音语音差异方面发挥了基础作用。

例如,在英语中,发声起始时间比在西班牙语中晚。在西班牙语中,元音从始至终大体上都是完全浊音的。但在英语中,字母"b"的VOT较晚。送气音(一个音之后的一股气流)在像英语这样的语言中很常见,因为这使得——尤其是在单词或音节的开头位置——更容易区分,比如说,"p"和"b"。英语中有送气化的清塞音(发声时声门更广泛地张开,标记为:[—浊音,+声门张开]),而西班牙语中没有。同样,这种送气音在很大程度上有助于区分[—浊音]和[+浊音]的音段。只有看到英语和西班牙语中单个音在语境中的使用,从动态的角度出发,我们才能理解它们的这些特征。仅仅孤立地研究它们是远远不够的。

骑自行车的波动视角是指骑自行车在不同的骑行场合中如何变化,无论是不同的文化或个人的骑行方式有何不同,还是转弯方式可能有何变化,或者骑行者的相对速度如何,它是关于实际骑行中的知识。

然而,即使我们将一个单位理解为粒子和波,在我们看到它如何融入整个语言或文化之前,我们仍然没有掌握任何行为粒子的意义。它是如何被安置的呢?安置单位需要从场的视角来看。说明场的视角的最简单方法是展示一个文化或语言矩阵。就单个音而言,我们有结构主义语言学家所说的"音位特征表"(表1.1)。音位特征表是图像式的。从左到右,它们代表口腔的位置从嘴的前部向后移动。垂直阅读,我们可以看到发音方式的差异(浊音、清音、塞音、擦音等)。因此,在图表中,"p"在发音上与"b"形成对比,在发音位置上与"f"形成对比。所有元音都是浊音,所以"i""a"和"u"在嘴唇的圆展度以及它们在口腔中的位置——从前(1)到后(1),从上到下(a)——上形成对比。

表 1.1　皮拉哈语的辅音、元音音位系统

consonants()= missing from women's speech

p	t	k	?
b		g	p
	(s)		h

Vowels

i		u
	a	

考虑每个图表中的每个位置都是一个"槽位"。虽然幻方本身并不是文化槽位,但整个图表本身(至少部分)是一种文化选择——一种语言在某个时间点"决定"使用的声音。也可以将给定语境中的每个位置视为一个槽位。因此,每个行为粒子必须适应两种槽位——矩阵槽位(即在音素表中)和使用语境槽位(即它在单词中的位置)。这两种槽位也被分别称为聚合关系槽位和组合关系槽位。通过这种方式将行为或语言单位放入槽位中,我们可以更有效地理解它在特定文化或语言中的应用以及跨文化和跨语言的情况。例如,皮拉哈语的音节结构利用这些音素,只允许包含单个初始辅音后跟一个或两个元音的音节(附加条件是一个音节必须至少有一个辅音和一个元音或两个元音),如以下韵律音位结构限制所示:

　　皮拉哈语的音系结构:IV(V)。韵律限制:皮拉哈语的音节必

须大于一个音拍("mora"是音拍)。其中,浊辅音有半个音拍;清辅音长度为一个音拍,元音为一个半音拍(都是相对时长,不含绝对时间)。

同样,英语单词沿着[[前缀—[[词根]词干]—后缀]单词]的线条进行组合排列,如[[en[[light]en]]]。自行车骑行或任何其他非语言行为与粒子、场和波的这些概念有何关系?作为一个粒子,自行车骑行可以被描述为"通过一种两轮、手动驱动的车辆进行的移动,人坐在上面,需要保持平衡"。但它也被理解为不是"骑摩托车""骑独轮车""骑女孩的自行车与男孩的自行车相对""骑送货车""骑三轮车""步行"或"驾驶"。当根据特定文化的分类被视为单个行为时,它是行为粒子。

同样,骑自行车应至少出现在"交通工具"和"娱乐形式"图表中。只有通过将行为单元与其他同类行为单元进行比较,我们才能更好地理解自己或他人。当然,核心问题在于领域本身是文化构建——文化不仅包括知识、价值观和行动等,还包括这些元素的组合方式。

因此,我们的隐性知识包括知识结构。如果我们的"暗物质"在很大程度上是由我们作为个体通过参与特定文化所学到的东西组成的,那么还有其他种类的"暗物质"吗?例如,我们是否生来就具有先天的"暗物质"以及我们从生活中收集到的那些想法和教训呢?历史上占主导地位的隐性知识概念是什么?在回到我的实证提议之前,有必要对影响当前讨论和辩论的隐性知识概念进行一次简短的历史考察,以便将本书其余部分的讨论置于背景中,从而更好地理解。我将在后面论证,这些事实使我们得出结论,某些形式的知识,如音系学,同时是"技能知识"和"理论知识",这种能力体现了动态和静态认知(D. 埃弗里特,1994)。

柏拉图式的先天知识传统

在接下来的内容中,我们将探讨隐性知识的不同概念。这项调查表明，概念差异如此之大，以至于需要引入另一个术语，即我所说的"心灵暗物质"：与我们的环境相关的知识和价值观，涵盖了难以言说的和无法表达的、身体的和心理的，涉及完整的个体。

在迈向暗物质的简要历史时，我们需要提及一个潜在假设，即所有人类都拥有基本心灵的信念，这是许多关于人类知识理论的基础。阿道夫·巴斯蒂安提出的"人类心理统一性"观点，深刻影响了卡尔·荣格、约瑟夫·坎贝尔、弗朗兹·博厄斯等人的思想。这种"统一性"是本土主义的最早现代提议之一，即存在对所有人类通用的概念。在现代语言学中，这一观点强烈影响了安娜·维尔兹比卡（1996）及其同事的自然语义元语言理论的发展，并在乔姆斯基的普遍语法中找到共鸣，以及在最近文献中提出的各种本能概念（如口头本能[豪泽，2006]、宗教本能[海特，2013]、艺术本能[达顿，2010]和语言本能[平克，1995]）。

基于巴斯蒂安提出的"每个人都天生具备隐性知识"的观点，从20世纪50年代起，诺姆·乔姆斯基复兴了几乎消失的理性主义思想，认为人类天生拥有母语规则的隐性知识。这种知识非常丰富，使得人们并非"学习"母语，而是"习得"母语。乔姆斯基的理论指出，这种隐性知识——普遍语法（UG）——是通过调整普遍语法的可变部分来适应各种本土语言而产生的，这种"调整"的范围和能力源自人类基因组。普遍语法理论认为，人类思维中的"暗物质"反映了我们的思维在系统发育上的构建方式，这种构建方式要么通过自然选择，要么通过图灵的自组织理论等原理实现。

同样具有影响力且在一定程度上与乔姆斯基的先天论观点①形成对比的是迈克尔·波兰尼的观点，这体现在他的《隐性维度》（[1966]2009年）和《个人知识》（1974）等著作中，这些著作在哲学、心理学甚至商业领

---

① 译者注：nativist work 通常指的是那些强调或支持原生论观点的学术作品或文学创作。先天论（nativism）是一种理论或观点，认为某些特征或能力是天生的，即与生俱来的，而不是通过后天学习获得的。

域产生了巨大影响。与乔姆斯基不同,波兰尼不太关注这种知识的来源,而更关注它对我们日常活动的影响。

回顾更早期的著作,"隐性知识"的概念以各种形式存在已久,其存在时间远远早于乔姆斯基和波兰尼的时代。由于其历史与理解"暗物质"的本质密切相关,接下来我想沿着两条主要脉络追溯它的发展历程。当然,像往常一样,起点是柏拉图。(不过,我想在这个简短的概述一开始说明,我并不是在总结这些哲学家的全部著作,也不是在总结他们关于"自我"等方面的观点。相反,我只是专门探讨他们是否假设了先验概念。)

在西方世界,隐性知识的基础性讨论源于柏拉图的《美诺篇》①。该对话发生在一场晚宴上,苏格拉底与公元前5世纪的美诺展开讨论。美诺和其他选择与苏格拉底辩论的人一样,在对话结束前意识到自己已超出了能力范围。讨论的焦点是未学得的知识。晚宴上,主人询问苏格拉底,美德是通过教导、实践还是其他方式获得的。苏格拉底回答美德并非通过学习获得,这令美诺困惑。美诺追问苏格拉底,他所说的学习只是回忆过程是什么意思。苏格拉底通过引导一个未受教育的仆人男孩解答几何问题,展示了男孩对毕达哥拉斯定理的惊人了解。

柏拉图提出的哲学问题是,人们如何能对未曾教导或直接经验的事物有如此深刻的理解?这种知识称为先验知识。苏格拉底的提问证明了其存在,若按柏拉图观点,奴隶在未受教的情况下懂得几何学。柏拉图的对话引发了两千多年的关注,几乎因为此对话,其他思想家探讨了先验知识的存在。实际上,几乎所有关于人类语言性质和起源的理论都基于柏拉图的辩论,即我们的世界知识至少部分是先验的还是后验的。

柏拉图关于理念的思想之所以重要,还因为理念在天国中是永恒不

---

① 译者注:《美诺篇》是古希腊哲学家柏拉图的一部对话录,通过苏格拉底与美诺的对话,探讨了关于知识、美德和教育等重要哲学问题。

变的,超越时间,纯粹且不受肉体和尘世玷污。笛卡尔的二元论在柏拉图的思想中已见端倪。然而,从现代角度看,《美诺篇》并不太令人信服。苏格拉底提出诱导性问题("你知道像那样的图形是正方形吗"),利用希腊人互动结构和文化认知,限制回答可能性和提问形式。这表明,并未真正发掘出先验知识。然而,柏拉图提出的每个人都拥有天赋的普遍理念概念,至今仍具吸引力。我们能在笛卡尔和康德等哲学家的作品中看到这一概念的影响,尽管它遭到洛克和休谟等人的质疑。乔姆斯基甚至称这种超越经验知识的来源为"柏拉图问题"。

对柏拉图而言,所有真实知识存在于天国。受其影响的使徒保罗认为,我们在尘世看到的只是"真理的影子",如保罗所说:"对着镜子观看,模糊不清。"但与保罗不同,柏拉图认为我们可通过反思接触与生俱来的真理。因此,所谓"学习"实际上是回忆。若所有人天生拥有相同先验理念,即便这些理念与柏拉图设想不同,所有人共享一种普遍的认识论意义上的心灵或人性。因其趣味性和柏拉图在西方历史中的地位,多个哲学传统源于此概念。接下来,我将按时间顺序追溯柏拉图主要思想继承者的观点。

在追随柏拉图、相信天赋先验知识的人中,勒内·笛卡尔(1596—1650)最具影响力。笛卡尔不仅支持柏拉图开创的某种理性主义,还提出了后来称为"二元论"的观点——认为心灵和肉体是需分别理解的不同实体。这一观点并非笛卡尔首创,但他在著作中为其命名,在西方哲学中更突出。

在许多宗教中,从佛教到基督教再到伊斯兰教,身体常被视为与心灵(及灵魂)对立的存在,是一种腐蚀心灵的因素。因此,苦行主义者应运而生,他们刻意违背身体的基本生理需求,通过克制对饥饿、性需求、身体舒适等方面的满足,追求一颗"纯净"的心和"纯净"的思想。这种观念也渗透到哲学领域,像笛卡尔、柏拉图这样的哲学家,阿兰·图灵这样的数学家,赫伯特·西蒙这样的计算机科学家,以及诺姆·乔姆斯基这样的语言学家,都认为在研究心灵时应排除身体的影响。

笛卡尔通过将自我视为精神层面的概念,并将身体视为心灵的外壳来实践这一观点。尽管笛卡尔的二元论广为人知,但我认为它是哲学领域中最有害的错误之一。这种误解极大地阻碍了我们对个体和认知的理解,或许只有康德的先验论证是个例外(见下文)。二元论之所以有害,是因为它将心灵错误地类比为在物理硬件上运行的软件,从而在研究人类认知时排除了情感和生理特性,科幻小说对此有生动描绘(例如,在电影《2001太空漫游》中,心灵被"上传"到互联网并掌控了世界)。

笛卡尔的二元论还明显体现在他对动物的看法上。他认为动物不过是无意识、无思想、无感觉的机器。此外,他认为人类心灵是特殊的,与身体经验脱节,这一观点自然催生了一种基于语言的认知理论。

保罗·丘奇兰德恰当地指出:

> 我将论证,这两种经典的解释(句法解释和语义解释)都是不充分的,特别是更古老的句法/语句/命题解释(关于解释性理解的解释)。在许多其他缺陷中,它否认非人类动物有任何理论理解,因为它们不涉及语句或命题态度。(2013,第22页)

任何忽视非人类动物认知的观点都忽略了进化事实。无论是探讨知识的本质,还是其他认知或身体能力,若要使论述具有充分解释力,必须基于比较生物学,并适用于该领域。动物认知有助于我们理解进化理论及比较生物学在认识人类自身认知中的重要性。同时,它也揭示了人类与其他动物的身体如何在因果关系上与认知相互关联。

由于二元论导致的对动物认知的忽视,产生了保罗·丘奇兰德(2013)提到的"语言形式化"的知识与认知模型。然而,因为动物没有语言,其认知被武断地(而非通过科学方法)认为与人类认知无关。例如,如果信念和欲望基于命题性和语言形式化的表示,那么动物便不可能拥有信念和欲望,这是错误的(参见塞尔1983年的著作、帕特里夏·丘奇兰德 2013 年的著作、潘克塞普和比文 2012 年的著作等大量文献)。

在他的《沉思录》第五部分(第 5 卷 7 章 64 节)中,笛卡尔关于真理说道:"在最初发现它们时,似乎我不是在学习一些新东西,而是在回忆我之前就知道的。"他还说,我们通过天生的智慧的力量来认识真理,无需任何感官经验。

所有几何真理都是这种类型——不仅仅是那些最显而易见的,而是所有其他真理,无论它们看起来多么晦涩难懂。因此,根据柏拉图的观点,苏格拉底向一个奴隶男孩询问了几何学的基本元素,从而使得这个男孩能够从自己的心灵中挖掘出某些他之前没有认识到存在的真理,从而试图建立回忆说的教义。我们对上帝的知识也是这种类型。(同上)

对于笛卡尔而言,如果观念无需通过感觉经验就能被理解,那么这些观念就是天赋的。我认为这种观点具有误导性,因为他没有区分不同类型的感官经验——从"直接相关的"到"起促进作用的"感官经验。如果一个人在所有感官经验层面(如适当的饮食、情感等)缺乏先天因素,他将难以学会"回忆",或者学得非常差,甚至可能会严重误解(例如对经验的错误认知)。先验的经验推理,只有在经验背景下才能成立。

许多追随柏拉图的学者也认同"人性是人类共有的先验知识之产物"这一观点,其中最具影响力的人物当属普鲁士哲学家伊曼努尔·康德(1724—1804)。康德的生平和著作广为人知,为多数当代哲学家所熟悉。他的哲学体系紧凑、逻辑严密且极具洞见,很难想象西方知识界有学者未曾以某种形式受其影响。康德显然受笛卡尔启发,不过部分哲学家将他视作(近乎)弥合经验主义与理性主义鸿沟的人,我并不认同这一评价。在我看来,康德是富有创新精神的理性主义者,本质上仍属理性主义阵营——如同贝多芬之于古典传统,康德之于理性主义,亦有同等地位。此外,与其他理性主义者一样,康德哲学对文化、生理学、心理学和语言学缺乏足够认知。这并非脱离时代的批判：康德哲学在许多关键领域难以立足，这些认知缺失便是主因。例如，康德主张"感性（我们对世界的感知与经验）是与知性（理智或智力）根本不同的认知能力"，但现代研究（吉布斯，2005；夏丕罗，2010；潘克塞普与比文，2012；包括本书研究）表明，这种割裂并不存在。我们的智力与经验在自我认知的连续体上大多处于同一层级，皆为"暗物质"的体现。

康德是启蒙运动的代表人物。这一人类思想史上的重要时期，几乎由艾萨克·牛顿开启，欧洲各地学者（尤其是莱布尼茨等）均作出了基础性贡献。康德在《纯粹理性批判》中的一段话，精妙地诠释了启蒙运动的精神：

> 我们所处的时代是一个充满批判的时代，所有事物都必须接受审视。宗教依赖其神圣性，法律依靠其权威性，常常试图避免受到批判。然而，这种做法只会引起人们对它们合理性的质疑，并无法要求得到理性的真正尊重——因为只有能够经受住理性自由且公开的审视的事物，才能赢得这份尊重。（1903年初版，2007年引用，第11页）

这些令人钦佩的观点改变了我们的思维模式，从广义而言的启蒙运动到作为该文化（Kultur）一部分的康德著作皆受其影响。尽管康德一直是无数研究的主题，我们在此关注的是康德关于理解"暗物质"谱系的思想。康德主张，若我们的心灵不具备先天的先验概念，便无法诠释自身所处的世界。也就是说，心灵既不可能是亚里士多德式的"白板"，还必须自带与我们对世界的体验相匹配的"预装"概念，这类概念被康德称为"范畴"。

有趣的是，这些范畴在原则上既无法也不能引导我们理解事物"本身"。相反，它们让我们得以梳理感知并赋予其意义。抛开康德的本体论立场，我认为这一视角颇具吸引力。事实上，从康德的著作中很容易看到美国实用主义的思想根源——尤其是他对实在论的看法与人类知识局限性的思考。用我的话来说,康德的先验范畴概念或许可以最贴切地转化为"人类与生俱来的、通过任何方式进行归纳与学习的能力"。康德正确指出:没有学习者,就没有学习。因此,人类生来就必然是学习者——个体天生具备适应所遇世界的能力(所有生物均如此)。他认为,这种学习部分依赖于应用高度特定的范畴来塑造感知。但统计学习甚至计算机模拟都表明,并非所有学习都需要明确的概念。

此外,正如我们后文将看到的,康德对于经验与智力之间相互关系的观点未能考虑外部世界与心灵之间的其他中介因素。首先,与在他之前的许多人(以及在他之后的大多数人)一样,康德将心灵而非个体视为学习的焦点(这就解释了为何他很少谈及推理、情感和生理学之间的相互作用)。其次,康德忽视了人在一生中获得的潜在潜意识隐性知识的丰富性,没有认识到大量潜移默化的学习(即罗格在 1961 年所说的"潜意识学习")。第三,康德对主客观知识的讨论,似乎最好从情感与感知的角度重新阐释——也就是说,(主客观知识)是与某一对象建立联系的两种互补模式,这种对象可能是客观的,也可能是主观的,其属性并非由对象自身决定,而是由我们与所生活并作为其中一部分的世界之间的经验关系所决定。例如,以他在评论莱布尼茨时对"房屋感知"的阐释①为例(康德,第 162 页):

> 我思必须能够伴随我的一切表象;否则,在我里面就会有某种根本不能被思维的东西被表象,这就等于说,表象要么是不可能的,要么至少对我来说什么也不是。

因此,康德直接将心灵的"暗物质"视为"完全无意义的东西",因为它不是——且往往可能不是,甚至不可能是——"我思"的对象,也不是

---

① 译者注:康德引用的"我思"伴随表象,说明对房屋的感知需要主体意识参与。没有"我思",感知无意义。

单纯的表象概念。显然,"技能知识"(即实践知识)因此也不属于康德对统觉的理解范畴。但幼儿对语法规则的认知、对衣服的品味感知、对食物的喜好、前语言阶段的体验,以及肌肉记忆等,都不在其列。因此,康德的统觉观点看似敏锐,实则片面。

康德也受到戈特弗里德·莱布尼茨(1646—1716)的影响,后者是另一位重要的认识论柏拉图主义者。前文多次提到的"统觉"这一新颖概念便归功于莱布尼茨。依据莱布尼茨对该术语的定义,它指被我们的意识记录下来,随后储存起来以构建未来知识的感知——因此,这与康德对该概念的阐释并无太大差异。威廉·詹姆斯(1900[2001],第14章)在谈及统觉时表示,"其含义不过是将某事物纳入心灵的行为"。我们所有的统觉,一旦被记录,便会"被抽取……与我们心灵/记忆中已有的其他素材建立联系"。"(任何印象)所形成的特定联系,取决于我们过去的经历以及当前这类印象的'联想'。"

因此,我对莱布尼茨最初提出、后经康德与詹姆斯发展的"统觉"概念的理解(及重新阐释)为:我们一生都在体验事物,从受孕(而非仅从出生)到死亡,历经疾病、健康,甚至完全的认知崩溃,这些体验有意识地进入我们的记忆,使我们得以对其进行反思(莱布尼茨与康德对"统觉"的理解是,有些体验有意识地进入我们的生活,而有些则是无意识的,比如生病时对某种特定颜色的视觉、我们在子宫内时母亲对巨大噪音的反应,等等)。尽管莱布尼茨将后者这类体验称为"微知觉",且康德认为它们在认知层面不算数,但我的理解恰恰相反,认为这两类体验都属于统觉。将所有这些统觉联系在一起的,是长期记忆或情景记忆。这些统觉的统一,形成了我们在第十章中谈到的自我概念中的意志、智力及其他自我组成部分。因此,在我看来,康德并未解决关于先验知识的理性主义与经验主义之争,而是坚定地站在理性主义一边。

评估哲学发展至此,我倾向于认同昂格尔(2014)的观点:没有科学支撑的哲学,在很大程度上是"空洞的观念"。缺乏科学时,对人类知识、推理、情感或认知本质的一般性思索往往毫无成效。我们不能苛责先前的伟大哲学家未能运用当时尚未出现的知识,但如今,我们掌握了更多知识,便不能再将他们的著作奉为权威(甚至在许多情形中,不再视其为有参考价值)。

循着柏拉图传统,探讨其他有影响力的"先天隐性知识"概念,我们得出了愈发大胆的理论。其中最明确且具影响力的提议之一来自阿道夫·巴斯蒂安(1826—1905),他主张存在普遍共享的隐性知识,构成了"人类心理统一性"。巴斯蒂安的"心理统一论",实则是一组基于"人类文化与意识源于物种层面生理机制"的假设。他预见了具身认知领域的现代研究者(如吉布森,1966、1979;拉考夫与约翰逊,1980;拉考夫与努涅斯,2001;夏丕罗,2010;吉布斯,2005;斯基珀等人,2009 等)的思路,提出从人类基本生理特征中会衍生出一组"基本观念"。若如此,所有智人的心灵都受相同先天观念的制约,形成所谓的"人性"。这些文化观念受当地环境与文化影响而塑造,最终产生基于文化的"民间观念",而它们正源于先天、普遍的基本观念。

由于这些假设,巴斯蒂安成为人性辩论中重要的历史人物。他在 19 世纪围绕"心理统一性"提出的理论,源于其 19 世纪中后期多年的旅行经历。在这些旅行与研究中,巴斯蒂安专注于民族志,最终汇集成六卷本著作《东亚民族》,于 1861 年出版。他将旅行中的收藏捐赠给德国多家博物馆,还与人共同创立了世界上最早的民族学协会之一——柏林民族学协会。柏林民俗艺术博物馆以巴斯蒂安的收藏为基础建立,他的一位助手正是年轻的弗朗茨·博厄斯,后者后来成为美国人类学的奠基人。

巴斯蒂安的"人类心理统一性"理论在多个领域颇具影响力。根据这一假设,个体心灵嵌入更宏大的"社会心灵"或"社会灵魂"中。因此,巴斯蒂安主张,若要理解智人的心理本质,首先需分析当地民间观念,以实现对基本观念(即这些民间观念的源头)的认知。依照巴斯蒂安的理论,将民间观念解构为基本观念需五个分析步骤:

第一步：完成巴斯蒂安所称的"田野调查"。他强调，理解人类本质并非单纯哲学反思，而是需要实证研究。跨文化民族志田野调查对评估与阐释心理统一论至关重要。

第二步：从田野调查中推导"集体表征"。田野调查与基本观念理论结合，为从特定社会的集体表征中推导这些观念提供信息。这些集体表征——源自普遍基本观念的变体——是基本观念在当地的呈现形式，即"民间观念"。

第三步：分析民间观念，这一步基于前两步。通过研究集体表征如何分解为组成它们的民间观念来实现。当在相邻或相近语言区域发现相似的民间观念模式时（类似语言学家所说的"语言区域"概念），就可划定"观念圈"。

在此之后，第四步是推导基本观念，这通过识别个体民间观念以及跨区域民间观念模式之间的相似性来完成，这些相似性揭示了潜在的基本观念。

最后，我们进入巴斯蒂安的第五步："科学心理学"的应用。这直接源于上述研究，引领我们理解人类物种的心理统一性——它根植于我们深层的心理生理结构，进而催生一门科学的、基于跨文化研究的心理学。

普遍共识认为，巴斯蒂安在无意中取得了成功。他不被视为伟大的作家，此外，其许多理论表述模糊。尽管他渴望被视作严谨的科学家，但其观点常因缺乏可验证性或清晰度，难以服务于科学研究。尽管如此，他的理论启发了后来的研究者与学者，甚至可能比单纯可验证的观点更具价值。他的心理统一性理论成了评判标准。

后续研究者之一是西格蒙德·弗洛伊德（1856—1939）。如人们所知，"无意识"是弗洛伊德精神分析理论与临床工作的核心、新颖且关键的部分。无意识心理——包括隐性知识——部分源于对弗洛伊德称为"压抑"现象的反应。当我们经历某些消极事件、状态或实体时，会试图"压抑"它们，即避免有意识地回忆或反思，这在某些方面让我们的心理更健康。但这些消极事件始终存在于我们的意识中,被"压抑"进无意识层面。弗洛伊德认为,被压抑的隐性记忆可通过催眠唤起,一旦唤起,就能让患者消除这些隐性知识的消极影响。这些临床愿景被誉为弗洛伊德的重大贡献。

根据弗洛伊德的理论,压抑与统觉对人类心理的影响发展为更成熟的隐性观念。例如"俄狄浦斯情结"(亦称"恋母情结"或"弑父情结",这是一种所谓先天的、男性普遍存在的欲望,即渴望在性方面占有母亲并摧毁父亲)。通过拓展对隐性知识与范畴的梳理,弗洛伊德提出将人类心灵划分为三部分,以解释人类心理中隐藏的、无意识的先天概念、驱动力与运作机制。本我(id):代表心灵完全无意识的部分,是所有冲动与驱动力的源头,寻求快速满足情感需求(尤其是追求愉悦与满足)。从这层意义上看,本我包含隐性的等级化价值观,即属于它的"迷你文化"。超我(superego):被弗洛伊德假设为心灵中"天使"的部分(对应本我"恶魔"的一面),是道德绝对主义的执行者,毫无例外地维护良心对"正确"的感知——这是另一组隐性的等级化价值观,另一种"迷你文化"。自我(ego):心灵的理性部分,负责管理与协调本我和超我(详见第十章)。弗洛伊德认为,若能将过去无意识中被压抑的记忆带入意识层面,这些记忆就能与由三部分构成的无意识达成明确调和,恢复心理健康。因此,弗洛伊德的"自我"概念,以隐性知识(即一套价值观、文化知识、边缘规则)的形式,也属于"暗物质"。

对精神分析基本信条的简要回顾,揭示了巴斯蒂安"人类心理统一性"概念对弗洛伊德理论的根本重要性。若无这一统一性,普遍的人类心理基础便不存在,精神分析疗法也无法成立。弗洛伊德几乎肯定知晓巴斯蒂安的理论,并受其影响。在此后的岁月里,弗洛伊德的理论遭到格伦鲍姆(1985)、韦伯斯特(1996)等人的经典批判——这些批判指出,弗洛伊德虚构了一些不存在的"机密"临床案例(韦伯斯特,1996)。尽管如此,他的理论仍是心灵研究史上最具影响力的理论之一。或许没有更早的理论能如此生动地运用"先天先验暗物质"概念。弗洛伊德与巴斯蒂安的研究也极大影响了其学生卡尔·荣格,后者的声望与重要性最终可与其导师比肩。

荣格(1875—1961)是"分析心理学"(荣格 1916 年著作《无意识心理学》中提出)这一前沿理论的另一位奠基人。这一疗法形式及其背后理论的核心,依然是巴斯蒂安的"基本观念",荣格将其重新构想为"集体无意识",即全人类共有的先天隐性信息。与弗洛伊德一样,荣格认为,理解并管理我们的各种隐性知识及无意识状态,对健康心理的发展至关重要。他将两种无意识状态/层次的管理或调和称为"个性化"。荣格与弗洛伊德一样,渴望发展一门心灵科学。当然,他们二人基于隐性经验与知识,围绕世界提出了许多引人注目的假设。但几十年来,这些假设因可证伪性不足、术语模糊,以及理论与其他科学缺乏连贯性而受到诟病,这些都是严重缺陷。随着我们与其他受巴斯蒂安深刻影响的研究者的距离越来越近,我们将更清晰地认识到这一点。

或许,在构建暗物质科学的早期进程中,最关键的一步来自巴斯蒂安一位早期助手的研究。19 世纪后期,巴斯蒂安担任柏林民俗艺术博物馆馆长时,聘用了年轻的弗朗茨·博厄斯(1858—1942)。尽管博厄斯的研究最终致力于探索世界文化的丰富性与多样性,但他深受巴斯蒂安影响,相信这类研究能揭示基于全人类文化基础统一性的"文化发展规律"。博厄斯([1940]1982)提出,尽管情感是人类共有的体验,但它们深受当地文化的影响。因此,可以认为文化在很大程度上塑造了我们的情感表达(尽管潘克塞普和比文在 2012 年的研究中似乎提出了不同的观点,除非我们将他们的研究解读为关于情感的解释或分类的差异,这种差异在不同文化背景下确实存在)。关键在于,博厄斯认为世界文化的多样性都建立在普遍基础之上,这在某种程度上类似乔姆斯基的语言观。然而,博厄斯与乔姆斯基的不同之处在于,博厄斯通过其在哥伦比亚大学的同事约翰·杜威(1859—1952)接触到实用主义。博厄斯不可避免地受到巴斯蒂安"人类心理统一性"概念的影响,同时,他的实用主义(及其对情感的解读)使他成为先天论与非先天论边界的"跨界者"。

最后一位我想探讨的、受巴斯蒂安影响的重要人物,在人文科学、社会科学以及大众文学领域都影响深远——此人便是约瑟夫·坎贝尔(1904—1987)。这位神话研究者与收集者,和巴斯蒂安一样,信奉"人类心理统一性"理论。坎贝尔是柏拉图传统的又一典范,也诠释了西方文化中"学者"的典型形象:他热爱书籍与思想,享受文雅的都市生活与智识活动,对人文领域的主要学科有着近乎百科全书式的知识储备。他因对世界范围内神话的了解与收集而广受认可。但在此,我们关注的是其神话理论、在理性主义传统中的位置,以及对公众思维的影响。

坎贝尔的核心观点是"单一神话",即所有人类神话都源于我们物种的单一原始故事。坎贝尔在著作中明确提及巴斯蒂安,提出"单一神话"对应巴斯蒂安的"基本观念",而单一神话的地方变体则对应巴斯蒂安的"民间观念"。有人可能会调侃:若删去相异之处,许多故事看起来就会相似——而这往往正是坎贝尔所做的。但另一方面,全球众多人对坎贝尔的理论极为重视,其思想值得更深入的探讨,而非被轻忽对待。对坎贝尔而言,如同巴斯蒂安与柏拉图的其他继承者,"心理统一性"的概念毫不模糊。显然,心理统一性并非仅仅是先天能力,而是先天内容的结果,正如洛克、休谟、贝克莱、塞里普等人所认为的那样。

坎贝尔认为,神话在人类心理中发挥作用,让人类得以谈论早于人类存在、早于语言产生、早于文化形成的永恒生命本源。因此,多数文化都有英雄人物,使人们能借由英雄表达对永恒的敬畏。这些英雄会踏上前往冥界的旅程,如赫拉克勒斯前往哈迪斯的领地,耶稣走向地狱。如同其所属传统中的理性主义者,坎贝尔更青睐一种原始的、全物种共有的神话假设,即许多人能独立构想的概念——比如超人、索尔、吸血鬼、僵尸(或我们在梦境中的自我)等形象。不出所料,普通大众更偏爱坎贝尔与巴斯蒂安那种生动的、带有先天色彩的观念和神秘主义(这恰是科学思维中较少令人满足的谨慎与沉默状态,包括科学主张中恼人的模糊措辞、刻意的不确定性、科学争议、缺乏一致性等)。

例如,坎贝尔曾说:

> 上帝是一种隐喻,指向一个完全超越人类所有思维范畴的奥秘,甚至超越"存在"与"非存在"的范畴。这些只是思维的范畴。我的意思就这么简单。所以这取决于你想如何谈论它……一半人认为世界上的宗教信徒觉得他们的隐喻就是事实。这些人就是我们所说的有神论者。另一半人知道这些隐喻不是事实。所以,它们是谎言。那些人就是无神论者。(2003,第135页)

这段话在很多方面都存在问题。但在我看来,对坎贝尔"单一神话"理论的评价,没有比罗伯特·埃勒伍德(1999,x)的评论更贴切的了:"用笼统的'民族、种族……'来思考,这在神话思维中无疑是一个深刻的缺陷。"例如,在我对南美洲数十种土著语言和文化的研究中,从未观察到任何类似坎贝尔"单一神话"或"英雄形象"的内容。然而,确实存在一些神话,若是我有此意愿,或许可以将其融入他的框架。

坎贝尔的观点在许多福音派基督徒中引发共鸣。例如,传教士唐·理查森1981年的著作《永恒在他们心中》,或帕斯卡尔提出的"所有人心中都有上帝塑造的空虚",都是广为流传的基督教理论的不同版本——该理论认为上帝已为每种文化和每个个体预备了关于永恒生命与救赎的信息。然而,这些"理论"与观念,尽管生动多彩且显然吸引数百万人,却缺乏事实支撑。它们更像是作者个人经历的映射,而非严谨、可复现的田野调查结果。

有人认为,所有人类生来基因中就携带着复杂原始故事的相同框架,这似乎十分荒谬,毕竟人类这个物种的基因数量比玉米还少(梅辛,2001)。然而,市面上有远比这复杂得多的先天论假设。或许其中最复杂、在许多方面最奇特的,是乔姆斯基的普遍语法理论,或在当前语境中我们可称之为"单一语法理论"。我们稍后会再次探讨"单一语法理论",在关于心灵暗物质的观念史中,它值得更深入的讨论,毕竟这对理解语言的本质至关重要。不过,在此需要将这项工作置于历史背景中。

通过诺姆·乔姆斯基,柏拉图理性主义在 20 世纪 50 年代末得以复兴并获得巨大推动。乔姆斯基长期支持柏拉图的观点,即人类无需经验或感官输入即可获取知识。我们仅凭反思与直觉,就能从心灵中"检索"知识,因为我们生来便与这些知识(或在天堂、前世等其他层面,依特定哲学家的神学理论而定)存在某种内在联系。正如柏拉图所主张的,乔姆斯基似乎认为,人类区别于其他动物的关键,在于拥有先天暗物质。这种暗物质可能是进化、物理规律、上帝或其他因素的产物,但它被视为智人的遗传特征。

乔姆斯基独特的理性主义诠释最初在众多学科中极具说服力,因其看似有丰富的实证支撑。乔姆斯基有力且精彩地论证(见约翰·塞尔[1972]对"乔姆斯基革命"的总结):语言领域的诸多事实让我们不可避免地得出结论——人类生来就拥有关于复杂语法细节的隐性知识,这一假设最终被称为"普遍语法(UG)"。从历史角度看,乔姆斯基的研究让语言研究成为认识论、心理学、人类学、心灵哲学和计算机科学等领域的核心。毫不夸张地说,其思想的丰富性是他一生中最重要的知识贡献,也是知识史上最具影响力的成果之一。

自 20 世纪 50 年代起,乔姆斯基的研究为大量原则、规则、转换、限制和语法操作提供了理论支撑,这些皆属隐性且先天的,是人类基因型的一部分(遗憾的是,从他的一个理论到另一个理论,这些内容均未得到验证)。不过,他对隐性知识的观点显然承袭理性主义传统:

> 语言能力被理解为与语言结构的隐性知识相关,即通常并非有意识或可自发表述的知识,但对(理想的)说话—倾听者而言,必然隐含于其知识体系中。基于此类知识,个体能够生成并理解无限的句子,且语言能如"创造性"般被运用(如希腊语"energeia"所表达的

"实现"之意)。(乔姆斯基,1965,19)

此外:

> 在我们头脑中形成的知识体系会产生特定结果(而非其他结果),它将语音与意义关联,并以特定方式赋予物理事件结构属性(而非其他方式)。(乔姆斯基,1986,12)

他还明确指出,这种隐性知识在儿童习得母语时会被频繁调用,这解释了他们为何能快速掌握母语。

乔姆斯基最令人瞩目的成果,当属数学层面的语法层级研究,即如今熟知的"乔姆斯基层级"。当他的转换语法模型(一种语境敏感语法)分析在学术领域占据重要地位时,他提出了更具影响力的观点:人类具备快速学习语言的能力(这一能力在青少年前期被认为达到完美掌握状态),且所有人类语言的结构原则即便不完全相同,也明显极为相似。这种现象只有从人类共有的语言能力角度才能理解,而这一能力在所有人类行为中均有体现。尤其在 1959 年对 B. F. 斯金纳《言语行为》的评论中,作为行为主义语言学习理论的批判者,他被认为推翻了"儿童仅通过刺激—反应条件作用学习语言"的观点。儿童在语言习得过程中所涉及的不仅仅是行为上的复杂性,正如乔姆斯基所指出的,儿童的思维必然拥有某种先天的"解决方案空间"。若没有先天的知识(即不了解自己试图学习的内容),他们又如何能够知道从何处开始寻找解决方案呢?乔姆斯基最终提出的普遍语法(UG)相当详细且结构清晰。其"先天普遍语法"的观点,至今仍是关于隐性知识、大脑暗物质最具影响力的理论之一。

乔姆斯基对语言先天隐性知识的论证,因极具专业性而让许多人更觉其有说服力,这一点从丕亚泰利-帕尔马里尼(1980)记录的辩论中各方对话者的评论便可看出。在极短的时间内,乔姆斯基堪称史无前例地主导了其研究领域,即便物理学界的爱因斯坦、进化研究领域的达尔文,此前也未曾达到如此统治地位。乔姆斯基之后,对众多研究者而言,理性主义被视作既定且已被证实的理论,而经验主义则逐渐被视为过时。然而,尽管时代思潮如此,当下仍存在一个重要的经验主义传统,为"暗物质"提供了不同解释。

在后文部分,我们将探讨若概念并非先天或彼此先验,它们是如何被习得的。我在此仅简要梳理先天隐性知识这一观念的简史。值得铭记的是,几十年来,通过罗素、奎因、詹姆斯、丕尔士等人的哲学,以及B. F. 斯金纳的心理学研究可见,理性主义并非特别流行的观点。在我看来,经验主义的优点在于拒绝"心理统一性"假设,因为该假设似乎强行将人类文化的多样性塞进"普罗克汝斯忒斯之床"①(隐喻"强求一致做法")。重申一下,我不认同心理统一性,因为它将人类平等的核心置于所谓"共享概念"而非生物遗传与能力上,还因为它将人类知识的焦点置于被教化的个体而非单纯的心灵。

对人性的深入洞察,尤其是通过暗物质的起源、本质和应用所揭示的内容,科学比哲学更能阐明。哲学在从更高视角审视问题时有用,但古代哲学家更擅长提问而非解答。如同保罗·丘奇兰德(2013)、帕特里夏·丘奇兰德(2013)和昂格尔(2014)的观点,我认为心灵科学应优先于或至少与心灵/大脑哲学并行,以促进对人类学习和思考的理解。这些作者属于西方文献中庞大且分支的认识论研究传统。这一传统至少引出两种关于隐性知识本质的不同观点:一种认为存在先天的隐性知识,即天赋观念;另一种则认为所有人类通过经验形成隐性记忆、知识和倾向,而非源自普遍观念、共享的无意识或共同的基本观念。迄今为止讨论的所有人都属于柏拉图主义,因为他们基于普遍的、先天的隐性知识构建理论,尽管他们有其他差异。

---

① 译者注:"普罗克汝斯忒斯之床"源于希腊神话:强盗普罗克汝斯忒斯拥有一张铁床,他强迫路人躺卧,若身体比床长,便砍去多余部分;若比床短,就暴力拉伸身体,使其与床的长度吻合。文中批判"心理统一性"假设时提到,它如同"普罗克汝斯忒斯之床",试图将丰富多样的人类文化生硬塞入统一的预设框架中,忽视文化本身的独特性。

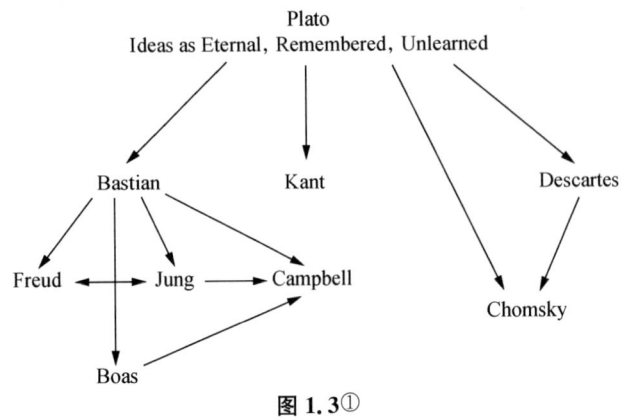

图 1.3①

我们一直在探讨的理性主义分支可如图1.3所示进行总结。这张图在许多方面并不完整,显然遗漏了一些重要的思想家;它仅突出了此处重点讨论的作者。当然,除柏拉图之外,康德、笛卡尔、乔姆斯基等人还受到其他思想的影响。但正如图中的直接脉络所呈现的,柏拉图的影响是基础性的。然而,如我在图中试图表明的,巴斯蒂安对某些作家(弗洛伊德、荣格、坎贝尔、博厄斯)的影响似乎更为直接。

亚里士多德的知识观

同样,对于解释亚里士多德传统,箭头表示智力影响的方向,这些影响与我们关注的暗物质参数相关。图1.4(简要地)展示了经验主义传统可追溯至亚里士多德(公元前384—前322年),他是柏拉图最著名的弟子。

亚里士多德在《后分析篇》等著作中奠定了经验主义的基础,并指出:

> 由此可见,这些三段论推理的前提并非天生具备;如果我们完全没有相关认知,就不会形成这些完善的前提。因此,我们必然拥

---

① 译者注:柏拉图思想是永恒的、可记忆的且不可学习的。

有某种能力,只是这种能力的准确性并不超过已经形成的完善状态。(2007d,第 136 页)

在第一个论述中,亚里士多德明确区分了他对"先天先验隐性知识"的理解(他认为此类知识不存在)与柏拉图的相关观点。尽管亚里士多德和柏拉图都非常重视先验知识,但他们对此有不同的看法。柏拉图认为这种知识是与生俱来的,而亚里士多德则认为我们解决问题的能力依赖于通过经验获得的知识,因此对他来说,"先验"意味着"在遇到具体问题之前已获取的知识"。虽然亚里士多德认为我们天生具备学习能力,但他强调这种能力不应与具体知识混淆。

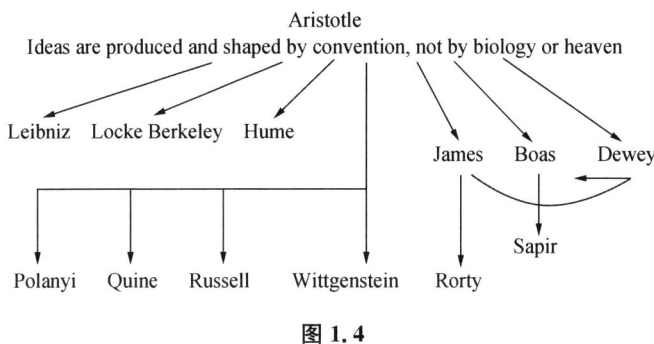

图 1.4

亚里士多德因此与老师分道扬镳,基于"灵活的大脑"这一概念,提出了关于"一般能力"的理论。显然,柏拉图在《美诺篇》中的观点未能令他信服,尽管作为弟子,他有时仍会以传统弟子应有的尊敬态度引用其观点。亚里士多德区分了"天性"与"习俗":从天性来看,智人具备"社会本能"(在《政治学》第一卷中,他称"社会本能由自然赋予所有人"),但具体的社会形态和语言则源于习俗。由此,亚里士多德开创了一种新的思想传统。尽管亚里士多德的著作(如同多数古代哲学家及许多现代哲学家的作品)中,许多段落初读时似乎自相矛盾或令人困惑,但其哲学中微妙而深刻的特质,催生出一条不同于柏拉图的独特思想路径。在两千多年的思想传承中,这条路径对知识的探讨方式已与其老师的路径截然不同,尤其是在我所说的"暗物质"(深层哲学议题)层面。

以下是《形而上学》中两则具有代表性的引文(2007a,第1页):

> 如今,对人类而言,经验源于记忆;对同一事物的多次记忆,最终形成获得单一经验的能力。科学与技艺正是通过经验为人类所掌握。

同时:

> 倘若一个人空有理论而缺乏经验,虽能认知共相,却不了解共相所涵盖的具体事物,那么他往往会失败。

我们得出结论:

> 这些知识状态(如"工匠的技艺"与"学者的知识")既非天生具备,也非从其他更高层次的知识状态发展而来,而是源于感官知觉。

我们还得出结论:

> 因此,我们所谓的记忆,源自感官知觉;对同一事物频繁重复的记忆,发展为经验;因为多次记忆构成了单一的经验。

最具争议的是,亚里士多德将心灵描述为"白板"(即 tabula rasa):"从某种意义上说,心灵在潜在层面可以成为任何可思考之物,但实际上,在它展开思考之前,它什么都不是。"(2007b,第662页)"再者,"他问道:

> 我们如何能学习万物的基本要素呢?显然,我们无法从事先知晓任何事物开始。因为,就像一个学习几何学的人,尽管他可能事先了解其他事物,但对这门科学所研究的、他必须学习的内容却一无所知。(2007a,第511页)

这与柏拉图《美诺篇》的观点形成鲜明的对比。

亚里士多德的继承者的观点,其影响力与说服力并不逊于柏拉图的继承者。接下来,我将探讨图1.4中的几个观点,因为它们与我后续讨论的人类认知及自然观密切相关。首先,与经验主义相关的三位哲学家——约翰·洛克、乔治·贝克莱和大卫·休谟——至关重要。其次,人类学家兼语言学家爱德华·萨丕尔的思想难以完全归入任何学派。

约翰·洛克(1632—1704)强烈反对笛卡尔的理性主义与二元论。他反驳了笛卡尔关于知识由心灵清晰且独特构想的观念构成的观点,认为我们的观念是通过生活与思考获得的。洛克认为,知识源于事实与观念的互动,即我们对观念与事实契合度的判断(如哲学家约翰·塞尔在1983年所述,它们的"心灵→世界"契合)。洛克追随亚里士多德,拒绝先天隐性知识。

与亚里士多德一样,洛克认为,"白板"没有知识,并不意味着它不具备其他属性。它具备接收、存储信息等能力。两位哲学家都认为,"白板"并不缺乏被书写的能力,甚至不缺乏自我书写的能力。在我看来,他们所说的"白板",并非指不存在先天能力,而是指不存在先天的特定概念。洛克认为,心灵不会拥有类似普遍语法的特定先天隐性知识、巴斯蒂安的基本观念、弗洛伊德的无意识,或坎贝尔的"单一神话"。

洛克曾因诸多问题受到批评,其中之一是如果我们的心灵在出生时是空白的,人类如何分类或学习任何事物?他并未给出明确解释。责难之声质疑,使人将 x 和 y 归为一类,却将 c 归为不同类别的"同一性"概念从何而来?在我看来,这种批评缺乏说服力。它似乎源于一种常见的混淆——将知识与能力混为一谈。动物(比如我的狗)显然具备分类能力。我的狗能识别人类、猫和狗、树之间的差异,也能认出我和其他任何男性。然而,无论对我的狗还是对人类而言,都不需要假设存在先验知识。我们的身体拥有视觉系统、触觉系统、嗅觉系统、听觉系统等,这些系统能够独立于颜色、味道等具体对象,识别外在物理属性。(后文对比具身认知与进化心理学时,我会进一步探讨这一点。)因此,针对洛克的这类批评并未构成实质性问题。我们只需明确区分先天能力和先天知识。

洛克认为,心灵从经验中构建观念。心灵在我们的意识中联结并塑造经验,这些经验并非预先被解读、分类或设定。洛克认同亚里士多德"心灵是白板"的观点。他宣称,自我是意识的延续,建立在个体经验与感官体验之上,与其说是命运的产物,不如说是后天构建的产物。

接下来是乔治·贝克莱(1685—1753),他的观点激进,甚至会提出(如果我的皮拉哈族朋友对西方哲学感兴趣,他们可能也会这么主张)抽象观念是虚构的。贝克莱是一位极具打破传统精神的杰出思想家。他在《论运动》(1721[1990])中对牛顿物理学的批判,比马赫和爱因斯坦后来的相关论述早了近两百年。他的著作《视觉新论》(1709[2011])最初引发争议,如今却被广泛接受。贝克莱发展出主观唯心主义哲学,主张只存在精神与观念。先暂且不谈精神,他对观念的看法是,尽管显然存在对象,但这些对象只存在于我们的心灵中;若没有心灵,就不会有关于它们的事实。或许心灵之外存在事物,但我们永远无法知晓,因为心灵是唯一的认知主体。

贝克莱的观点与如今流行的取消式唯物主义大相径庭。取消式唯物主义认为不存在任何形式的心灵(除非是一种不精确的、描述大脑的说法),只存在身体以及身体活动的世界(文化、生物、生态等层面的世界)。

不过,贝克莱推进亚里士多德式经验主义的主要方式,在于否定人类有能力脱离直接经验进行抽象,以探讨脱离此类经验的属性——也就是说,他批判抽象与概括的概念本身。正如他在著作中(1710[1990],第10页)所述:"我否认自己能将[某一属性]从其他属性中抽离,或单独构想那些本就无法单独存在的特质;我也否认自己能以如上方式,从具体事物中抽象出普遍观念。"

有趣的是,一些文化,如皮拉哈文化(D. 埃弗里特,2005a、2008),因相似(虽非完全相同)的原因,认同贝克莱关于抽象概念存在问题的观点。在贝克莱之前,有人单纯贬斥概括,但贝克莱表明,这种否定实际上可以是一种深刻且精妙的立场。此外,美国实用主义者,尤其是威廉·詹姆斯,对概括也表现出类似(尽管程度较弱)的质疑。

接下来是大卫·休谟(1711—1776),他基于受牛顿启发构建的人性理论,批判我们对因果关系的轻率解读。休谟的影响在哲学与科学的历史及实践中广泛存在,涉及达尔文、康德等众多学者。大多数学者承认受惠于休谟,其思想脉络延续至现代认知科学。福多尔(2003,第234页)称,休谟1739年的《人性论》是"认知科学的奠基文献"。

休谟的著名著作《人性论》的副标题为"尝试将实验方法引入道德主题"。他认为,观念仅通过经验获得意义或存在。在探讨经验时,他详细阐述了"印象"与"观念"的概念,与我们在此提及的"统觉"高度契合:"观念是[感觉、欲望、情感、激情与情绪]在思考和推理中的模糊影像。"([1739—1740]1978,第一卷,第一部分,第四节)

休谟与我们当前讨论相关的最重要观点之一是,我们的先验推理无法成为因果观念的来源。这是因为——倘若缺乏经验——我们可以脱离结果来推理原因,也可以脱离原因来推理结果,然而在经验中,因果必须共同出现。因此,因果推论属于经验范畴,而非先验推理。用我的话来说,原因在我们的统觉中被记录,并且是我们"暗物质"的构成形式,无论后者以何种形式呈现。

亚里士多德思想脉络的下一位继承者是威廉·詹姆斯(1842—1910)。詹姆斯对经验主义的独特见解后来被称为"激进的经验主义"。他声称,我们的经验必然构成了我们辩论的基础,并且只有我们的经验才具有连续结构的感觉(通过记忆)。因此,无需理论支撑我们自身的经验。

激进的经验主义主张通过个体独特经验构建认知。詹姆斯在此受到了超验主义者拉尔夫·沃尔多·爱默生(其父亲的友人)和亨利·戴维·梭罗(爱默生的助手)的影响。詹姆斯的著作内容丰富,与查尔斯·桑德斯·皮尔士、约翰·杜威等人共同推动了美国实用主义的发展(尽管皮尔士对威廉·詹姆斯及其影响下的瓦姆波诺亚格印第安人持保留态度,但这一思想在美国哲学中的独特贡献依然显著)。实用主义者皮尔士和詹姆斯的思想不仅在哲学领域产生深远影响,还扩展到早期的语言学和人类学研究。哥伦比亚大学的博厄斯及其同事（皮尔士的符号学研究对索绪尔产生了影响），在博厄斯和萨丕尔对特殊性的强调、对归纳和溯因推理的偏好，以及各种研究方法中，都能看到实用主义的影响。

从这一传统中涌现出了可能是历史上最伟大的语言人类学家——爱德华·萨丕尔（1884—1939）。萨丕尔指出，人类心理与文化以微妙、复杂且独特的方式交织，因此，对隐性知识来源本质的概括往往具有误导性。相反，作为实用主义者的萨丕尔认为，特殊和可变的事物——而非普遍和恒常的事物——才是知识探索的真正宝藏。

萨丕尔关于北美印第安语言、历史语言学、音系学、描写语言学、心理语言学等领域的开创性研究、论文、书籍和文章，是20世纪最重要的学术成果之一。然而，由于个人、文化和历史因素——颇具讽刺意味的是，这些因素正是萨丕尔研究的核心——削弱了他的影响力，使得他的思想未能对后来的人类学家和语言学家产生应有的影响。

萨丕尔投身北美人类学与语言学研究，恰逢历史发展的有利时机。与康德一样，萨丕尔出生于普鲁士。他迁至美国，带着多语言背景，在哥伦比亚大学完成了德国哲学的本科与硕士学位。最初，他凭借一项享有盛誉的普利策奖学金进入哥伦比亚大学，这是当时少数几所对犹太学生入学不加限制的研究型大学之一。他决定在哥伦比亚大学攻读博士学位，彼时美国历史上最重要且具影响力的两位学者——约翰·杜威与弗朗茨·博厄斯——就在同一栋楼里办公，而博厄斯也成了他的导师。

如前文所述，博厄斯相信人类心理统一性，这至少部分受到其前导师阿道夫·巴斯蒂安的影响。博厄斯的观点远不及巴斯蒂安极端，但其收集的北美文本显示，他渴望探究基本观念如何被地方文化演绎。博厄斯还受到实用主义影响，其同事杜威，以及更早的皮尔士等作家皆对他有所启发。萨丕尔最终虽与博厄斯分道扬镳，却也认同人类差异背后隐含着对"人性"的共同理解。他摒弃"心理统一性"这一表述，代之以"普遍能力"，而非"普遍信仰或知识"。对萨丕尔而言，文化虽千差万别，却由我们共有的核心知识、概念、价值观等构建。对他来说,文化是"暗物质"的缩影——它通过个体践行自身未察觉的模式与活动得以显现,而个体对这些模式的无意识,恰恰最深刻地体现了文化对我们的掌控。正如萨丕尔所言:"'我们'越是没有意识到控制我们的模式,行动就越稳妥。"(1985,第549页;着重号为作者所加)

这适用于我们所有人。当我撰写这一章时,我尽力将个人的想法转化为文字。然而,我知道这些想法之所以对我有重要意义,很大程度上是因为它们受到我所属的文化影响,这种文化也承载着独特的个人历史。正如萨丕尔所说:"人们总是无意识地追求那些无意识控制他们的东西。"(1985,第549页;着重号为作者所加)基于这一观点,我们可以分析纳粹主义、曼森家族的谋杀案、科学范式的演变、服装店的营销策略、时代精神以及"国民舆论"。

因此,在后天与先天隐性知识的问题上,萨丕尔与博厄斯的观点存在显著差异。随着萨丕尔对文化和心理学思想的深入研究,他的见解至今在认知科学领域仍具有前瞻性。例如,在他去世后出版的《文化心理学》中,他提出了"个体与心理作为文化的工具、体现和创造者"的概念:

> 任何行为形式,无论显性或隐性、公开或隐秘,若无法直接从生理必要性解释,却能从特定群体的整体意义维度加以诠释,且可被证明是严格历史进程的产物,其本质很可能属于文化范畴。(萨丕尔,1993,37开本)

在这段文字中,萨丕尔将隐含的和明确的、个体的和社会的融合成一个单一的文化定义(更像是描述)。他对隐含的提及源于他与土著说话者的直觉体验。1908年,他在博厄斯的指导下完成了博士论文《研究塔克尔马语》。南派尤特族语的发音人托尼·蒂洛哈什与他合作,深入研究了音位的心理现实,这项工作进一步深化了萨丕尔对心理学与文化之间联系的理解,无论是这种关系中显而易见的,还是微妙难察的(参见华莱士,1970)。

1931年,萨丕尔受邀加入耶鲁大学的教职团队,部分职责是研究文化对个性的影响。但他自己也面临着偏见的黑暗物质问题。在总共569名教员中,他是4名犹太教员之一,他被匿名投票拒绝其加入教员俱乐部,实际上被封杀了。教员俱乐部是教员投票和辩论行政政策的地方——用今天的术语来说,更像是教员参议院。

无论如何,萨丕尔的工作是那个时代最好的。他对文化和文化与心理学之间联系的研究和著作的卓越质量在他去世后结束,他的学生中没有人以与他们老师一样的雄辩或洞察力发展这些主题。

从萨丕尔转向这次讨论亚里士多德传统中暗物质的中心代表人物是迈克尔·波兰尼(1891—1976),他是隐性知识思想的先驱贡献者。波兰尼是物理化学、经济学和哲学的重要贡献者。尽管他的著作范围、质量和意义令人印象深刻,但这里关注的是他的隐性知识工作。波兰尼出生于奥匈帝国,1926年移民到德国,在柏林的威廉皇帝研究所被任命为化学教授。1933年,他离开了希特勒的帝国,前往曼彻斯特大学,最初是化学教授,时间超过十年,后来成为社会科学教授。(波兰尼的家显然是一个智慧的孵化器:一个儿子,约翰·波兰尼,于1986年获得了化学诺贝尔奖;另一个儿子,乔治,是一位备受尊敬的英国经济学家。)

波兰尼不同意其曼彻斯特大学同事阿兰·图灵的观点,后者认为心灵是一台计算机,思维在很大程度上可简化为规则。波兰尼的观点更细腻且富有人文主义色彩。他反对对科学和个人知识的实证主义解读(即拒绝"真理与人类知识可通过算法揭示或发现"的观念)。相反,在阿伯丁大学的系列讲座(1951—1952年,后文稿作为其代表作《个人知识》出版)中,他主张所有知识都是个人判断与信念的结果。他认为我们所知远超所能表达,且所知之事往往无法完全证明。同样,我们知晓的比能言说的更多。

依波兰尼之见,我们的发现受价值观、信念与激情驱动。科学家选择研究问题,从中提取观点,并确定社会价值。我们对世界、思想及与现实关系的认知,皆源于隐性知识。波兰尼认为"发现隐性知识的结构"是其在所有研究领域中的最重要发现。

他是"涌现"概念的早期倡导者之一,认为并非所有人类能力、世界属性、生命现象等,都能简化为更低层次的属性,因高层次现象与低层次属性间存在交互。他对个人知识与突现的关注,促使其研究专业知识(如鉴赏力、音乐能力、视觉艺术)而非标准认识论所聚焦的内容。这种关注间接反映在迈克尔·西尔弗斯坦(2003)关于"索引性"[①]的现代研究中。波兰尼对认识论的影响也体现在托马斯·库恩的研究中。与弗里德曼作品(如弗里曼2007年的研究)中对因果关系和统计过程的关注不同,他对专业知识的研究也影响了伊芙特·弗里曼等学者的工作。

然而,波兰尼对个人知识与隐性知识最引人注目的应用和拓展,体现在他对动物推理、动物个人知识和动物隐性知识的论述中。这既与他的非二元论的知识研究方法一致,也契合本研究的论点。

其他重要人物包括罗素、维特根斯坦、罗蒂和奎因。本节将以对奎因的简要概述结束。如果目的是阐述对经验主义的独特观点,奎因显然是核心人物。然而,他关于隐性知识或暗物质的论述,并未直接影响本书内容。不过,他为经验主义提出的论点至今未被成功反驳。他与我们探究相关的主要观点包括自然主义、外延主义、经验主义、自然化认识论、分析性、整体论、不充分决定论、彻底翻译、不确定性和不可测知性(见哈曼与莱波雷,2014,第2页及后续内容)。在此不深入细节探讨,核心要点:奎因认为,我们视为"无可置疑"的内容(一些人称为"分析真理"),源自我们的生活、信念和其他"暗物质"形式,是我们不愿质疑的真理,例如"单身汉是未婚男子"和"2+2=4"。除此之外,这些内容并无经

---

① 译者注:indexicality是语言学、符号学等领域的一个重要概念。索引性指符号与所指对象之间通过某种实际的、情境性的联系建立起来的关系,这种联系往往基于时空、因果、社会文化等背景因素。

验获取或验证之外的特殊真理主张——它们是分析句而非综合句(奎因,1951)。我们所知的一切,都通过感官及其解读(即统觉)获得,不存在先验知识。此外,个体与文化间的交流始终受"不充分决定论"影响:要么同一陈述被译为另一主体的"暗物质"时存在多种版本,难以抉择;要么就是纯粹的"不确定性"——无法在不同译法间选择。对同一语言的母语者而言,这种"不充分决定性/不确定性"是人类语言的特征之一(总体有益,见 D. 埃弗里特即将发表的内容),也是理解人类交流演变的关键。

因此,奎因的作品是本书的基础,但由于他仅在少数地方间接提及"未知的已知",直到第八章讨论"激进翻译"时,才会再次出现在我们的论述中。

总　结

本章概述了"暗物质"的谱系,追溯了两大传统:柏拉图传统与亚里士多德传统。本书的论点属于亚里士多德经验主义的传承脉络。本章第一部分审视了语言学家、哲学家、心理学家和人类学家提出的多种知识类型及知识来源,定义了"暗物质"这一术语的内涵,探讨其"不可言说"与"难以名状"的主要分类,并强调它与包括"隐性知识"在内的其他知识类型的区别。例如,文中探讨了"技能知识"(know-how)与"理论知识"(know-that),并认同此类知识间的界限至多是模糊的。

此外,本章还思考了"知识作为粒子、波和场",以语音单位、音素和音位变体的语言知识为例阐释这一观点;讨论了柏拉图的先天知识传统(经众多学者,从柏拉图延续至乔姆斯基等),并深入审视了阿道夫·巴斯蒂安最初提出的"人类心理统一性"对暗物质思想的影响。

在梳理"暗物质"的谱系及相关概念的细微差别后,我们已准备好进入下一章,探讨"暗物质"形成过程中的两大主要影响因素之一:文化。

第二章　文化的等级价值理论

"人际关系"研究是未来的重要课题。我们需要认真且严谨地探讨：不仅仅是 A 与 B 相遇时发生了什么——因为他们不仅有生理层面的区别，还有各自的记忆、情感和认知；更重要的是研究在任何特定场景中，两人交谈时如何构建文化结构。作为人类学家，我们的任务是揭示这些人际互动所形成的文化中蕴含的潜在意义。

爱德华·萨丕尔《文化心理学》

本章从语言学角度探讨了文化概念，并借鉴了最优化理论和标记语中的"槽位：填充物"概念等。它试图回答引言中提出的问题：文化 X 的每个成员是否都参与了"按照文化 X 价值观生活"的集体意图？无论答案如何（例如"偶尔"），本章将深入探讨文化的存在方式。社会是否类似于足球队？抑或是管弦乐队？或者，文化仅仅是个人在价值观、角色和知识上的交集？这些问题旨在探究文化如何作为一个整体得以维系。在何种程度上，"合众为一"能够描述文化？我认为文化是一种抽象概念，它只能在个体中得以体现，是文化成员个体内心中内化并感知到的整体性结果。这一观点将在后续的讨论中得到进一步阐释。

为解答这些问题，笔者提出一种文化模型：个体是文化的承载者与知识的贮藏所，而非将社会整体视为文化载体。本章考察文化的核心理念及其对社会与个体本质的影响，通过荷兰人身高、课堂中的教师、商业活动等实例展开分析。

具体而言，本章提出一套价值理论——这在认识论层面（非时间先后层面）是文化理论的必要前提。我们将审视克洛孔（Kluckhohn）研究小组在新墨西哥州林罗克（Rimrock）开展的、颇具影响力的价值研究，也会探讨罗基奇（Rokeach）的价值理论，阐明其如何构建文化理论。

个体对文化概念的重要性引向对"文化作为认知核心"的讨论，这要求我们思考：机器是否具备思维能力（如麦卡锡 1979 年的观点），或不具备（如德雷福斯 1965、1994 年及当前讨论所主张的观点）。核心论点是，机器无法思考，因其缺乏文化；没有文化，便没有语义理解、背景支撑，也没有思维得以发生的"暗物质"。

本章解决的其他问题包括从文本分析中"挖掘"暗物质，以及社会规范和习俗的出现及其性质。本章以对其发现的总结作为结束。

个体知识与社会知识

暗物质并非文化的简单同义词。但在个体、其所属社群，以及个体暗物质的形成之间，存在清晰的关联。与语言一样，文化是一个抽象概念，我们永远无法在现实世界中找到"一种文化"或"一门语言"。相反，我们看到的是彼此互动的人——人们通过言语和行动相互影响。他们相互塑造着"构建语言"与"构建文化"的行为，在每个人身上构筑起相似的价值观、概念、社会角色、语言结构等。语言同时兼具行动与知识的属性，文化亦是如此。

例如，不妨思考以下两位语言学家之间的互动：

    A. 无色的绿色思想在狂怒地沉睡。

    B. 它们确实如此。

普通大众可能完全不明白 A 的话是什么意思。但 A 和 B 都知道,这是乔姆斯基早期著作中的著名例句,旨在表明一个句子可能符合语法规则却毫无意义。对这两位语言学家而言,A 的句子是圈内笑话,而 B 的回应是幽默的反驳(rejoinder)。这一互动的功能很简单,不过是通过夸张的语音说:"嘿,我们都是语言学家。"但除此之外,B 的回复还表明,A 的话并非真的无意义,因为它暗示:无论"绿色思想"是什么,它们确实"沉睡"得很彻底。

现在看下面这个例子。C 和 D 在看新英格兰爱国者队与迈阿密海豚队的比赛。C 和 D 都大喊:"好球!"然后互相击掌。在这个共同行动中,他们展现了一系列知识:关于橄榄球比赛如何计分的知识,关于爱国者队与海豚队排名的知识,关于击掌的形式与意义的知识,关于他们支持同一球队的知识,以及对上述所有内容的强化。

从这类活动中,衍生出"技能知识""理论知识"、社群归属感、共享的交流等,进而形成各种暗物质——先验与后验的隐性知识。本章提出,正是这些简单的配对行为,体现了"构建文化"与"构建语言"作为暗物质及形成暗物质的作用。个体从主位的(emic)体验中创造的每一个行动,都在塑造社会。

第一章梳理了暗物质理论的不同历史来源,提出存在两大传统,构成了隐性知识研究中主要的认识论分野。柏拉图传统认为,人类生来就具备知识,这些知识由非常简单的配对行为引出、强化和塑造。乔姆斯基便是这一柏拉图主义传统的代表,他在过去约 60 年里致力于研究普遍语法理论,即"所有人类生来就具备先天语言知识"的观点。

另一方面是亚里士多德传统,该传统认为知识通过人类能力习得与完善。这一传统涵盖从萨丕尔到当代许多学者的研究。

人类学的语言学转向?

在展开这部分的详细论述时,我想先提出一个可能让人震惊或直接被认为错误的观点:在文化与语言研究中,语言学方法大体上优于现代人类学的方法。因此,语言学不仅是人类学的一个分支,更是民族志研究的典范性分支。尽管我已评价过"语言学作为人类学"这一悠久传统,但此刻暂不对此观点展开论证——毕竟"事实胜于雄辩",拭目以待便知。

基于这一价值论前提,我计划延续讨论:依托亚里士多德对隐性知识的概念(该概念通常被理解得过于狭窄,需被我的"暗物质"观点取代),构建一种文化理论。暗物质由个体思考、言说的暗物质塑造,并在后续互动中持续成型。

一段历史事件——1867年阿拉帕霍人、基奥瓦人与科曼奇人等部落同美国政府在堪萨斯州梅迪辛洛奇河畔签署的著名《梅迪辛洛奇条约》①——构成了本节讨论的起点。考察这份条约的意义,不在于其内容,而在于双方签署条约后,因对隐性知识与认知视角的理解差异而产生的沟通破裂。

基于此,我们将梳理人类学家多年来提出的几个具有影响力的文化定义,继而探讨文化定义的必要条件,并给出一个新提议。该提议主要基于知识结构、等级化价值观与社会角色。需要说明:文化并非暗物质的同义词,但"文化性生存"(即我定义中"在共享文化的社群中生活")构成了每个个体暗物质的重要部分。

从对文化的讨论出发,我们将探索这一理论的多元应用,及其如何阐释、调和那些被认为彼此对立或矛盾的概念。本章结尾,我们会讨论文化理论在现代商业中的应用案例。

整个理论的核心是语言学人类学中的主位化("emicization")概念(派克,1967),它描述了所有语言与文化学习的轨迹和核心——即从内

---

① 译者注:《梅迪辛洛奇条约》是1867年10月21日在美国堪萨斯州梅迪辛洛奇河畔签订的一系列条约,涉及美国政府与北美大平原上的几个美洲原住民部落,包括基奥瓦、科曼奇、部分平原阿帕奇和夏延人。条约的主要目的是为了结束美国与这些部落之间的冲突,并为美洲原住民部落在保留地内定居提供条件。

部视角实现的成就。由于暗物质是由特定社会中的行动、观察、对话以及个人生活史的其他要素共同构建的,我们必须理解:这一抽象的文化概念,正是在暗物质构建中发挥关键作用的要素。

一个多世纪以来,人类学家一直围绕"文化的定义"争论不休(库珀,2000)。但从未有人主张彻底抛弃"文化"这一概念,也没有人类学家认真考虑过"摒弃文化,且无需用新事物替代"的想法。原因在于:某个家庭、社区、社会或民族的成员,显然共享着特定的知识、价值观,以及不同社会角色中的关系;他们对知识的掌握层次、价值观的排序方式明显相似,对相似事物表现出相同的厌恶,等等。接下来,我将考察支撑"文化存在"的证据,以及它如何构成暗物质的一部分,继而思考一位有影响力的批评者对这一观点的反驳。

假设你想说服他人相信"文化"存在,会借助哪些事实作为论据?或许你会提及社会角色、价值观、知识的传波播与学习,或技能及行为方式。任何能用"文化"解释的现象,都可成为论证的依据。

我既是父亲、教师、管理者,也是丈夫、购物者、病人和咨询师。这些角色显然都由文化塑造——即便某些角色看似具有普遍性,仿佛与文化无关,但实际上,文化差异会悄然影响甚至重塑这些角色。

例如,某些社会可能秉持(更准确地说,"重视这样的观念")父亲应供养家庭的观念。在这样的社会中,人们默认父亲有责任提供食物、衣物,照料孩子。在西方社会,至少部分成员及许多父亲自身都认为,父亲帮助孩子完成作业、承担繁重劳动以及处理孩子难以应对的任务是有益的。可见,不同文化中父亲的这类价值观虽有联系,却并非完全一致。以皮拉哈部落的父亲为例:除非极少数情况,孩子受伤时他不会惩罚孩子,反而期望孩子努力做事,不在丛林长途跋涉中抱怨,他也不会在多数情形下主动提供帮助。美国父亲的个人价值观,部分源于其所处社会其他成员的价值观。

但同一社会中,不同代际的父亲价值观也可能差异极大。比如,我父亲那一代的价值观包含体罚,认为女性应承担大部分家务,坚信自身愿望与命令无需解释便应被执行,还认为孩子在家庭事务中不值得被尊重或没有发言权。这些父亲在孩子与老师发生争执时,常站在老师一方,将孩子视为自身的延伸,认为孩子是他们的"所属物"。而我的孩子这一代的父亲,通常避免体罚,将家庭视为平等单位,明白孩子不必对命令全盘接受,认为孩子(至少是主要的那个孩子)听话、常帮忙打扫房间,在学校争执中可能站在孩子一边等是可取的。作为20世纪50年代的父亲,这种差异尤为明显。当然,此处说"差异显著"并非"完全不同",因为文化角色是由文化价值观的"流动"所界定与塑造的。

如果这种解释方向正确,即明确的群体价值观和角色期望确实存在,那么有证据显示,价值观在个体之间共享,并可能部分定义一种文化:这就是文化(部分)的意义,即一个群体拥有共享的价值观。所有文化角色在历史、地理、经济等维度上,随着时间、空间或人群的变化而表现出相似的变迁。若从角色转向信仰,或从信仰转向共享概念、共享表型、共享食物、共享音乐等,我们可以发现许多共享隐性知识的例子,这些知识催生了重叠的文化群体。

在某种程度上,这些共享的心理项目之所以出现,是因为在我们的一生中,我们每个人都会积累经验、教训(无论是正式的还是非正式的)以及关系,这些都被我们的身心所吸收,部分是通过感知。在同一个社区(一个相对的术语,在我的使用中可以指家庭、村庄、国家等)长大的人有类似的经历——气候、电视、食物、法律和价值观(例如,脂肪是错误的,诚实是对的,勤奋是神圣的)。他们的经历经过统觉和记忆的加工,包括肌肉记忆和心理记忆。偶然的肌肉记忆和心理记忆,通过文化引导的统觉,内化为我们自身的一部分。可以说,我们的"自我"——或者至少"自我认知"——不过是这些记忆和统觉的累积。

这说明,文化暗物质在思维中广泛存在。然而,我们希望更深入地探讨:依恋和主位化在暗物质形成中的作用,以及这种暗物质如何构成个体心理学与文化的基石。

文化的本质概念

多年来,在人类学文献中提出了许多关于文化的定义。在接下来的讨论中,我们将讨论其中的几个,但我想从我自己的定义开始:

> 文化是一个抽象网络,塑造并联结着社会角色、等级化知识领域与分层价值观。它具有动态性,不断变化且时刻被重塑。文化仅存于其成员的身体(大脑作为身体的一部分)及行为之中,维系着个体、社群、行为与思维的延续。

从这一定义可推知,人们可能共享文化要素,却未必属于某个独立界定的社会群体。

尽管这一定义源自某种文化理论,它也审视了"文化理论"的构建方式。那么,一个"文化理论"究竟该如何发挥作用?首先,它应帮助我们理解事物,减少(或极大减少)我们对人类社会行为与指示值(indexical values)的困惑;应预测(或至少解释)个体在特定文化背景下的行为;应助力我们理解社会的主要制度;还应为研究特定文化提供指导与方法论。为理解这一点,让我们回到先前提及的《梅迪辛洛奇条约》案例。

1867年10月,堪萨斯州梅迪辛洛奇河畔签署的著名的《梅迪辛洛奇条约》,是美国政府与北美原住民部落签署的众多条约之一。一方是美国印第安和平委员会的代表,另一方聚集了科曼奇、夏安、阿拉帕霍、基奥瓦和阿帕奇部落成员。双方代表出席会议并发表了讲话,同时进行展演活动:美国军方炫耀了色彩鲜艳的制服、榴弹炮及其他武器装备,印第安人则展现了精湛的骑术——这些骑术是美国骑兵难以企及的。雅帕里卡的科曼奇部落首领"十熊"发表了慷慨激昂的演讲,最终条约签署,各方达成一致。

然而,这个条约从一开始就是无效的。至少有一次,与印第安人的官方条约失效,并非由于美国政府的不诚实,而是因为签署者未能理解语言——无论是口头还是书面的条约——只是个体社区价值观、知识和经验——即文化——所构建的理解宇宙的可见部分。尽管文字可能相同,但我们的解释受背景信念和知识的影响,文字的字面意义很少能传达全部含义。

在此案例中,条约要求美国政府向印第安人提供食物,使其家庭能过冬。美国印第安事务局负责提供食物,美国国会负责批准已签署的条约。各方依次依赖其他文化制度,每个都有自身的截止日期和优先级。印第安人根本不在乎批准流程,因为当他们来领取物资时,粮仓已空,印第安人感到被背叛了。

美国政府预期:印第安人同意居住在保留地,就会认为自己有义务永远遵守"法律"。永久义务的概念,以及除自己家庭外对其他任何人的义务,对印第安人的价值观和对世界运作的理解而言,是陌生的。他们永远不会认可美国政府期待的那种承诺,这毫无意义。尽管美国官员本可以不必对印第安人基于不同文化的解读缺乏关注,但他们本该如此。

出席这场不幸聚会的科曼奇首领夸纳·帕克,至少从经历中吸取了教训。在未来与白人的交涉中,他学会了尊重未明言的暗物质的重要性。随后,在签署未来条约前,他会探究自己认为白人可能持有的每一个潜在假设(尽管文化之外的人无法问出所有恰当问题)。

条约反映了暗物质的自然影响。然而,我们不必在文化层面的高处寻找暗物质的作用,在日常交流中就能找到许多例子。例如,你对朋友说:"好了,我们准备去吃饭了。"根据你们的关系,这句话可能意味着"你该回家了"或"你该洗漱后过来和我们一起用餐"。客人的理解会基于双方的关系、对主人文化和期望的了解,以及对其他家庭成员的观察,而不仅仅(甚至主要是)基于字面意思。

关键在于,人类语言并非简单的计算机代码,公式翻译①也算不上真正的语言。语言与人类认知能力源于文化,也在文化中发展。若脱离文化背景,人类语言或社会中"暗物质"相关的现象便无法理解。这正是人类行为研究比所谓"硬科学"更具挑战性的原因——人类互动的变量不仅近乎无限,且大部分难以直接观察。理解这种"暗物质"在人类行为、语言与思维中的本质和作用,对与他人和谐共处、协作至关重要。

尽管有明显的文化证据,仍有人否认文化的存在。例如,进化心理学创始人约翰·图比在回答 Edge.org 网站②关于"哪些科学理念应该废止"的问题时,认为"文化"是一个无用的术语,应被淘汰。他称"文化"及其相关术语"学习"是一对根深蒂固且具有误导性的理论,尽管看似显而易见。他解释说,"文化"所指的不过是某些信息状态在一个人大脑中产生,通过未解释的机制,在另一个人大脑中重建类似的信息状态。

图比的质疑直击要害,值得认真对待。例如,按他的夸张描述,在拥挤剧院喊"着火了"就是"文化"的体现。此外,他认为语言仅是"文化",通过独特概念传递思想,毕竟语言作为核心媒介,其运作必须基于个体间共享的思想。按图比的逻辑,电影内容之所以是"文化",是因为所有观众对电影的理解,无论何时、何地观看,或属于何种社会,都共享着某种解读信息。当等式被解出,或某种理解通过语言实现,"文化"便如幽灵般一闪而过。

图比进一步宣称,所谓"文化科学"与"通过建筑风格研究一栋建筑如何影响相邻建筑"或"研究电力线路"之类的学科一样,都是无稽之谈。他主张,应研究具体的孤立现象(如"线路"),而非将文化视为整体并拆解其特定组成部分。对物质进行组成部分分析,固然是科学家值得为之

---

① 译者注:Fortran 是世界上第一个被正式推广使用的高级编程语言,英文全称为 Formula Translation,意为"公式翻译"。它由美国 IBM 公司的约翰·巴科斯(John Backus)等人于 1954 年开始研发,1957 年正式投入使用。
② 译者注:在科技领域常指微软的浏览器 Microsoft Edge;"org"是互联网通用顶级域名之一,通常用于非营利组织。

努力的分析尝试，但依据分析深度不同，结论也会有别。然而，宣称摒弃"文化"这一总体概念而转向其组成部分，实则重蹈语言学中乔姆斯基悖论的覆辙——忽视对话，孤立研究组成部分，实为"对无知的排他性研究"——研究组成部分时，忽略它们在更大整体中的分布。图比称，文化这一概念，并不比"原生质"（将其与"他者"相较时，不过是赋予其更多"强大且幽默"的属性）更有用。"文化与学习是黑箱，被赋予不可能的属性，充当社会行为科学的解释……它们是拉布雷亚沥青坑①，让社会行为科学深陷其中。"图比的评论不过是再次体现：因未能从恰当的比例尺度考量现象，导致对学术研究的误解。

如果像进化心理学奠基人这样的著名科学家都不认同"文化"这一术语的实用性，那么可能它确实无用，或是他对该概念的理解不够充分，或是他在反对这一概念时缺乏真正的探究兴趣，又或是缺少一个更清晰、经过验证/界定的文化定义——甚至以上情况兼而有之。我认为，确实需要一个更精准、更确切的文化定义。然而，图比试图采用的定义并不足以支撑他摒弃该概念的主张，正如他强行灌输给我们的观点那样。

图比对文化概念的一些论述，明显透露出对这一概念的困惑。首先，他显然执着于自己的理论模型（我们将在第九章详细探讨）。进化心理学（EP）驳斥了"存在一种'文化'力量塑造心灵，且心灵通过它学习事物"的观点；若这一观点成立，便会让进化心理学所强调的"先天论"显得多余，因为进化心理学关注的是"个体的心灵"，而非"心灵中的文化"。其次，图比的困惑源于对一个多世纪人类学研究的忽视——这些研究表明，文化是解释人类认知、行为、社会关系等众多现象的有力依据。图比的评论完全未提及这一学术脉络。这并非文章本身的缺陷，尤其当文章并非旨在全面批判进化心理学时。更值得注意的是，这些评论暴露了对

---

① 译者注：拉布雷亚沥青坑（La Brea TarPits）是位于美国加利福尼亚州洛杉矶的一个自然历史地点。这个地点因其含有大量的天然沥青（俗称焦油）而著名，这些沥青坑在过去的数千年里保存了大量史前生物的遗骸。

描述文化(信息传递的模式与类型)的文献的无知与轻视,尽管图比的言论表明,文化概念(尽管他理解得并不准确)在人类学家对文化的定义中普遍存在且影响深远。

文化确实被用于阐释许多看似无关的现象。它既能解释对话甚至一个词语等细微事物,也能合理地用于解读群体(乃至整个国家)的共性。例如,在《富足的尴尬:黄金时代荷兰文化解读》(沙玛,1997)一书中,作者探讨了荷兰人的"格言"("我奋斗,我崛起")及其在刻画荷兰人"奋斗"意识——从海洋中夺回土地、建设国家(当时只有水,需提供淡水以种植谷物)——过程中的作用,最终归纳出荷兰民族独特的坚韧特质。

从这个角度看,我们应如何理解这句话?表面上,国家格言似乎并无深意。立法者有权宣布国家格言,他们选择这句话可能是由于公众逐渐认同,如同选择国花、国歌一样。但这并不意味着这种选择必然反映文化价值,也不表示立法行为具有明确的目的。另一方面,沙玛(Schama)有力地证明,"我奋斗,我崛起"(Lector et Emergo)不仅捕捉了荷兰历史和荷兰艺术家的共性,还揭示了一个深刻的文化价值:这一表述一旦被创造,本身就可激发独特的文化价值。沙玛提出的问题非常重要——公共宣扬的理念与价值如何通过广告、公开宣言、标语、警句、旗帜等影响群体内部的变革。当群体宣扬的内容成为个体的价值观时,个体与群体价值观的关联会引导行为,最终塑造或强化文化价值,这也让我们理解:当我们说一个民族形成了特定文化时,实际上是在说"我们以特定的方式生活"。

因此,尽管图比可能完全正确地认为,为了有意义,"文化"必须在个体心灵中体现,但这并不构成对该概念的批评。事实上,这一要求长期以来一直被像萨丕尔这样的文化研究者所强调。然而,与萨丕尔不同,图比并未解释个体心灵——类似于蚁群中的蚂蚁、大脑中的神经元或身体中的细胞——如何能形成一个更大的实体,这个实体是由多人的知识、价值观和角色集合中涌现出来的。他的天赋论观点对于理解独特的

"社会无意识模式"(借用萨丕尔的说法)几乎没有帮助,这种模式构成了个体所属的"社会集合"。

文化的核心在于,某些特定的行为模式——如饮食、睡眠、思考、信仰——确实存在,且在不同"场域"中培育出的心灵各不相同。荷兰个体的心灵与比利时人、英国人、日本人或纳瓦霍人不同,因为其心灵的培育方式——受其在特定价值群体中扮演的角色、身体在思想与社会参与中承担的角色等影响——存在差异。

当然,我们必须明确:这里所说的"培育"不仅关乎个体的心灵,更涉及身体。例如,美国早期人类学家博厄斯的研究表明,文化甚至会影响体型,而体型正是文化影响的一种体现——它不仅涉及认知,还包括情感、感官及社会参与。经历、情感、感官与社会参与共同塑造心灵,身体的记忆可能消逝,但心灵的记忆会留存。

在这个意义上,否认文化作为研究对象的重要性,甚至否认文化的存在,而只研究其组成部分(知识、行为、信念、角色等),就像一位语言学家只研究音素而不是单词、单词而不是句子、句子而不是故事或故事而不是对话。在这种情况下,只看局部而不看整体,会导致对整体的理解有缺陷。说文化只是一个人的思想影响着另一个人的思想,就像说语言只是一个人的声音影响着另一个人的耳朵,或者说语言传递的声学是语言学研究的唯一合适对象。我们不应该忘记,准确定义语言和文化一样困难。然而,我们不能没有语言这个术语。人们拥有共同的语言,即使我们知道没有两个人说得完全一样。一方面,语言是抽象的,就像文化一样。另一方面,语言就像文化一样,是个体的属性,而不是群体属性。然而,这并没有使语言或文化作为多人同时拥有的东西而变得不那么真实。人类学家可能对存在于个人头脑中的文化甚至没有那么乐观的看法,但我认为正是在这里,语言学提供了一个更好的模型。

在探索理解这种语言可以帮助我们理解文化的这一观点时,请考虑语言学家如何解释语言、方言和所有其他本地语言变体的崛起。他们的一部分解释是在语言真理中捕获的,"你说话就像你跟谁说话"。而且,我认为,这个原则实际上影响了所有人的行为。我们不仅谈论与我们交谈的人,而且我们也像吃饭的人一样吃,想想我们想的那些,等等。我们具有广泛的共同属性;我们的协会塑造了我们的生活和行为并显现我们的表型。文化可以影响我们的姿态以及我们谈话的许多其他方面。博厄斯(1912a、1912b)讨论了环境、文化和身体形态的问题。他提供了大量证据表明人体表型具有高度可塑性,并且受到非遗传性局部环境因素(无论是饮食、气候还是社会)的影响。如果博厄斯活得更长久些,他可能会研究一个非常明确和戏剧性的案例,即第二次世界大战前后荷兰公民的身高。这个例子值得仔细研究,因为它表明身体的行为和信仰一样——同时是文化产品物和塑造者。

荷兰人的奇事使我着迷。荷兰人在一个多世纪的时间里从欧洲最矮的民族之一变成了世界上最高的民族。有一种说法简单地将荷兰身高的增长与政治制度的变化联系在一起(奥尔森,2014):19世纪中期,荷兰的身高增长突增与第一个自由民主政体的建立相吻合。在此之前,荷兰靠殖民地致富,但财富一直掌握在精英手中。从那时起,财富开始慢慢地流向社会的各个阶层,平均收入上升了,身高也上升了。尽管这个单一的解释可能很诱人,但毫无疑问,还有其他因素参与其中,包括基因流动和荷兰人与其他(主要是欧洲人)人群之间的性别选择,这些因素有助于解释欧洲人相对于荷兰人的体型。但是民主,一种从强化和强制的文化价值观而来的新的政治变革,是荷兰人平均身高变化的一个关键因素,尽管荷兰人的基因型在过去200年里没有发生显著变化。例如,考虑图2.1、2.2。1825年,美国男性的平均身高大约比荷兰人的平均身高高出10厘米(约4英寸)。在19世纪50年代,欧洲和美国大多数男性的平均身高有所下降。但在1900年左右,又开始上升。直到20世纪50年

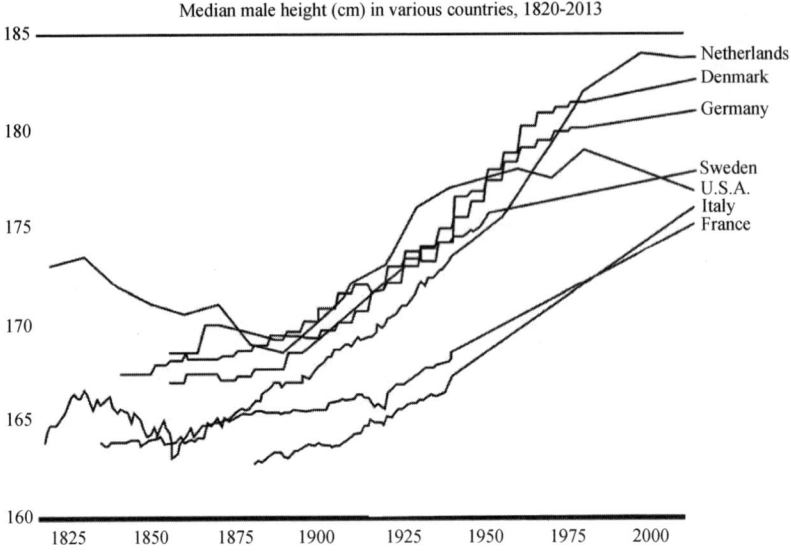

图 2.1

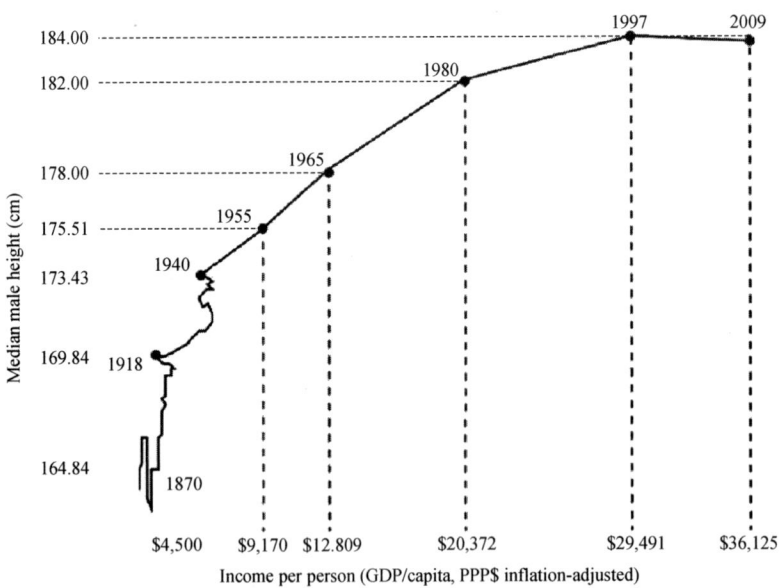

图 2.2

代末和60年代初,荷兰男性的平均身高才开始落后于世界上大多数国家,那时,荷兰男性的平均身高开始以高于图表中其他所有国家的速度增长。到1975年,荷兰人的身高已经超过了美国人。今天,荷兰男性中等身高(183厘米,或大约略高于6英尺)比美国男性中等身高(177厘米,或大约5英尺10英寸)高出约3英寸。因此,一个明显的生物变化在很大程度上被证明是一种文化现象。

要更清楚地看到这种文化与身体的联系,请考虑图2.2。在这张图中,财富和身高之间的相关性清晰可见(不要忘记身高的主要决定因素是基因组)。随着财富的增长,男人(和女人)的身高也在增长。然而,尽管美国的财富也在增长(不需要精确的数字),但美国的情况却并非如此。由此得出的结论是,荷兰人的基因与荷兰人的身高变化有关,从低于平均身高的人变成了世界上最高的人。然而,这些基因必须等待合适的文化条件才能得到显著表达。导致身高增加的其他文化差异包括:(1)经济背景(如"白领");(2)家庭规模(子女较多,子女较矮);(3)儿童母亲识字(识字的母亲提供更好的饮食);(4)居住地点(农业地区的居民往往比工业环境的居民高——食物更好和更丰富);以此类推(哈赞,2014)。显然,这些因素都与食物获取有关。但从更广泛的角度来看,食品获取显然是价值、知识和社会角色的功能——即文化的一种功能。

与荷兰一样,工业化程度较低的文化也表现出文化与身体的联系。例如,皮拉哈人的表型①也会发生变化。皮拉哈人的面部特征从轻微的黑人到东亚人,再到美洲印第安人(用身体人类学的术语来说),都是印象派的。村庄或家庭之间的表型差异似乎有生物学基础(尽管没有进行基因测试)。这在一定程度上是由于皮拉哈妇女与各种非皮拉哈访客(主要是河流商人和他们的工作人员,但也有政府工作人员和从事保健

---

① 译者注:"phenotype"表型,指生物体在基因和环境共同作用下表现出的外部特征和生理特征。

援助任务的合同工、划定皮拉哈保留区的人等)发生了性关系。基因差异在一定程度上也有历史原因。一个相当大的皮拉哈人群体(大约30—40人)通常居住在一个村庄里,他们是托拉人(Tora)的后代。托拉人是早在200年前就移民到马梅洛斯河的讲查帕库拉语的群体。即使在今天,巴西人仍称这群人为托拉人,尽管皮拉哈人也称他们为皮拉哈人。他们在文化和语言上完全融入了皮拉哈。他们的面部特征有些不同——鼻子更宽;有些具有外眦赘皮;大额头——给人整体印象与柬埔寨人相似。这一证据和其他证据表明,皮拉哈人基因库并没有关闭。然而,所有皮拉哈人的身体尺寸都是恒定的。男性的腰围平均83厘米(约32.5英寸),平均身高157.5厘米(5英尺2英寸),平均体重55公斤(约121磅)。

在过去的几十年里,我带着皮拉哈男人、女人和孩子去附近城镇的商店购买西方服装,当他们走出村庄寻求医疗帮助时,我了解到这些测量数据的一致性。(皮拉哈人总是要求我为他们购买巴西服装,这样他们就不会招来不必要的目光和安慰。)因此,我了解到男性的尺寸几乎是相同的。生物学本身不能解释身体形态的这种同质性;文化也是其中原因之一。例如,从小在村外长大的皮拉哈人比在他们的文化和社区中长大的皮拉哈人要高一些、重一些。甚至身体也逃不过我们早先的观察,即对文化和人类社会行为的研究可以用"你像和你说话的人一样说话"或"像和你一起成长的人一样成长"的语言来概括。

我们无意识地(我们最初可能偶尔地意识到这一点)学习那些与我们交谈最多的人的发音、语法模式、词汇和会话风格。例如,如果你住在南加州,你可能会说,"我的车需要清洗"(my car needs washing)或"我的车需要被清洗了"(my car needs to be washed)。但是在匹兹堡,你更可能会说"我的车需要清洗"(my car needs washed)或者"我的车需要被洗了"(my car needs to be washed)。这两种方言之间存在语法上的差异,其中一种(南加州)要求动词的现在分词形式用于形容词结构,而匹兹堡方言要求使用过去分词形式。两种文化在"to be"结构上是一致的。另一个例子,如果你和我这一代的人交谈,你可能会说,"他是为你和我买的"(he bought it for you and me),而如果你主要和更近一代的人交谈,你可能会说,"他是为你和我买的"(he bought it for you and I)。

问题是,除了"本土模仿"这一社会语言学原则之外,文化的概念是否还有其他内涵?如果没有,我们就不需要文化本身的理论,而只需要一个关于模仿在文化中的作用的理论。如果是这样的话,托比的批评很可能是正确的。尽管有很好的模仿理论(博伊德和里彻森,1988、2005;里彻森和博伊德,2005;阿尔比布,2012),但文化远不止是模仿。

尽管模仿(更准确地说是共同影响)可能确实是进入文化的一个切入点——与我们人类的情感和基本生存的需求一样——构成文化的结构和价值观需要时间来进化。这些结构和价值部分是通过会话互动产生的,即形式—意义的交流,包括演讲的内容、对正确和错误的行为或想法的看法、可接受的新颖程度或表现形式,以及一致性的程度和标志。当人们像与他们交谈的人那样说话时,这种情况就会发生。

换句话说,人们会变得越来越相似。一起抚养两个孩子,他们会比分开抚养时更相像。他们会分享孩子们在分开的环境中所没有的价值观,而且他们(至少在早期)会分享比他们在分开的环境中更相似的知识结构。人们在一起说得越多,他们就越像。他们在一起吃得越多,就会以同样的方式吃得越多——吃的方式越像。他们在一起思考得越多,他们的想法就越相似,等等。

文化作为角色、价值和知识

多年来,文化对不同的人意味着很多东西。这是有道理的。观点的多样性表明,文化不是一个简单的概念,不是一般的具体名词,如书籍、亲戚、炸玉米饼或番茄。相反,它是一个抽象的名词,如爱、抱负或教化。关于什么是文化,没有(近乎)普遍的共识。事实上,正如我们一直在讨论的那样,这种缺乏共识导致一些人甚至宣称文化的概念已经死亡,对科学或仅仅是对智人的更广泛理解毫无用处。我自己的观点是,文化很难定义,不仅因为它是一种抽象概念,而且还因为它是一个涵盖在一个语言社区内联合起来的"集合"的事物术语。为了更好地理解之前提出的文化定义,首先从人类学文献中调查一些更为人所知的定义是有帮助的。根据我们对这一点的讨论,要记住的一点是这些定义是否可以改进。

在所有关于文化的定义中,最著名的或许是爱德华·泰勒[1](1920[1871],第 1 页)所下的定义:"文化或文明,在其广泛的、人类学的意义上说,是复杂的整体,其中包括知识、信仰、艺术、道德、法律、习俗及人类作为社会成员:任何其他的能力与习惯。"

虽然泰勒对文化的定义广为人知,并仍被一些人所使用,但远远不够。对于开始讨论文化的本质来说,这并不是一个坏的出发点,但它远远没有给出一个完整的定义。一方面,它太过于粗略。例如,它并没有提到知识的种类和结构之间的关系,而这些关系几乎和知识本身一样塑造了一种文化。它省略了对角色的引用,人们在各自的文化中扮演着不同的角色,在各种关系中扮演着不同的角色。这些都是当代人类学研究中重要的研究课题,因此对文化的定义应该让这些概念易于理解。然而,泰勒的定义最关键的缺点是它缺乏对意义、知识层次或价值的参考。文化是,我们如何构造我们的知识、我们如何赋予世界意义、我们如何评价我们周围的人和物等等,它不仅仅是多个个体的认识论上的结合。

所以,也许我们需要考虑文化的另一个经典定义。托尔科特·帕森斯(1970,8)提出了另一种观点:"文化是由那些与行为和人类行为的产物相关的模式组成的,这些行为和产物可以遗传,也就是说,可以独立于生物基因代代相传。"文化当然是可以遗传的。但事实远非如此。例如,

---

[1] 译者注:爱德华·泰勒(1832—1917),英国人类学家,被视为"文化人类学之父"。其 1871 年出版的《原始文化》,奠定了文化人类学的理论基础,提出了"万物有灵论"(Animism),主张文化是人类发展的产物。

一个菲裔美国男孩可以从他的美国父亲那里学到一些模式并传给他的孩子,但他主要还是和菲律宾人互动。根据帕森斯的定义,这个男孩在文化上是美国人和菲律宾人,但他从父亲那里继承的一套东西太少了,没有人把他当成美国人,或误认为他是美国人。这不仅仅是知识的继承。所以,就像泰勒的定义一样,帕森斯的定义并非不正确,但它也并非必要或充分。我们刚刚已经看到,它是不充分的。例如,在战争期间,一个民族可以把另一个民族看作"敌人",并分享对方这种态度和知识。但这种态度可能不会(希望不会)在特定的战争之后遗传给下一代。这种知识优势是一种文化知识,但并一定要把它当作文化知识来继承。

沃德·古德诺(Ward Goodenough, 1981, 167)是另一位提出文化定义的著名人类学家。同样,我们可以说,"是的,当然",但是仍然对这个定义不满意,原因与前面的定义相同——它缺乏对结构、角色、知识层次结构的引用等等。

像戈尔迪洛克一样,我们可以尝试其他的定义。其中之一来自列维-斯特劳斯(Levi-Strauss),他提出了如下观点:"人既是一种生物,也是一种社会个体。在他对外界刺激所作出的反应中,有些是他的天性使然,有些则是他的条件使然……但要区分这两者并不总是那么容易……文化既不是简单地与生活并列或简单地重叠。"([1949]1969,第 4 页)在列维-施特劳斯的定义中,"自然"和"条件"分别指的是生物学和文化,或者基因型和表型。文化,正如列维-斯特劳斯所说,它是生命的"替代品",也就是说,它缓冲了我们的生物性,因为它为我们提供了一种不仅仅是生物性的生活方式(参见德斯科拉[①], 2013)。它改变了我们的生活,从那些仅仅生活在附近的动物变成了一个有价值的社会,以及精神和社会生活的其他组成部分。尽管情感是可爱的,但无论多么真实,列维-斯特

[①] 译者注:菲利普·德斯科拉,法国人类学家,2013 年出版的《超越"自然与文化"》探讨了人类学中自然与文化的关系,分析了不同社会构建世界的方式。

劳斯在这里只是描述了文化的各个方面;他没有给出一个定义。同时,他提出的见解应该被一个成功的文化理论所捕捉。

接着,在我看来,克里福德·格尔茨(1973,第5页)对文化的定义超越了之前的定义,因为它关注的是意义:"人是悬挂在他自己编织的意义网中一种动物,……我把文化看作那张网,因此对文化的分析不是一门寻找法律的实验科学,而是一门寻找意义的解释学……一旦人类的行为被视为……象征性的行动——问题……符号(行动)是它们的意义所在。"格尔茨对文化的定义是"意义网",这至少在一定程度上是正确的。当然,正如我下面所说的,意义是人类生活中文化提供的一个重要组成部分。但文化的意义并不只是这些。文化还建立了约束、各种重要的社会角色和价值观、惯例、符号,以及许多(如果不是所有的话)用于编码和解码意义的形式(语法、词汇、社会)。

然而,尽管格尔茨的定义存在缺陷,但它对我来说尤其有趣,因为它首次提出文化是一种看待世界意义的方式。然而,它过于强调象征意义。例如,它忽略了派克提出的"文化语法",而这在某种程度上必须是我们对文化理解的一部分。即使语法本身,尽管它操纵符号,也不是纯粹的符号。然而,如果没有语法,我们就无法分享构成格尔茨文化概念的周围社会和物质世界的意义。

最后,让我们来看看马文·哈里斯(2001,47开本)对文化的定义:"文化……指的是社会群体成员所表现出来的思想和行动的习得的汇编——这些汇编不受遗传的影响而代代相传。"这是另一个伟大的开始。但和其他人一样,哈里斯的定义也有不足之处。它似乎使文化只不过是我们公开的或"展示的"行为。但远不止这些。事实上,从字面上看,哈里斯的文化概念缺乏的是暗物质的适当作用(并非无意)。然而在我看来,文化主要是通过暗物质来定义的。

以前对文化的定义缺少的另一个特征是文化的动态性,它拒绝保持静态和固定,它的可变性甚至在文化的个体成员中也存在,成员的价值观、角色和符号经常波动。

鉴于之前对文化的定义与我们这里的项目不匹配,让我们重新审视一下上面提出的文化的定义:

> 文化是一个抽象的网络,它塑造和连接着社会角色、层次结构的知识领域和等级价值观。文化是动态的、不断变化的、不断重新诠释的。文化只存在于身体(大脑是身体的一部分)及其成员的行为中。文化渗透到个人、社区、行为和思维中。

从这个定义可以得出,文化是一个相对的概念,人们可以或多或少地分享文化,即使他们不是一个明确界定的社会群体或社区或地理区域的成员。这个定义有各种各样的组件,每个组件都有一系列(错误的)解释,所以在尝试应用它之前,让我先把它拆开。

我的意思是,所谓"抽象网络"是指文化是一种假设,用来帮助解释当我们说人们是某个特定社会的成员时、他们所共享的是什么。文化只存在于个人之中,尽管它的人工制品、仪式、工具等等为它提供了具体的证据。没有两个人在文化上是完全相同的。只有特质。我的邻居和我可能有很多相似之处,但我们从来都不相同。然而,我们是一个网络的一部分——人们的价值观、社会角色、知识结构或三者都有重叠。

我们的价值观、角色和知识结构重叠越多,我们分享的联系就越多,因此,我们在文化网络中的联系也就越紧密。只要我们分享价值观、知识结构(而不仅仅是知识)或角色,无论有多么微小的重叠,我们都可以形成一个代际网络、CEO 网络、说唱爱好者网络、"西方文化"网络、工业化社会网络,甚至是智人网络。

当许多外行人声称"人都是一样的"时,他们就认识到了这一点。我们都有一些共同的价值观。同样,另一个极端——以文化相对主义者为代表——声称没有两种文化是相同的,这也是正确的;没有任何两种文化(甚至个人)拥有相同的价值观、相同的社会角色或相同的知识结构。

价值观在很大程度上是道德形容词的赋值（价值观的进一步澄清将会直接到来）——思想、工具、人等等。它们也是关于事情应该或不应该怎样的陈述。说"他是个好人"表达了一种价值。这可以细分为更细粒度的价值观，如"他对孩子很好"，或"他喜欢流浪动物"，或"他送我回家"，或"他很有礼貌"。价值观也体现在我们选择的工具上——用蝙蝠而不是枪来自卫，或者用弯刀而不是锄头在花园里挖蔬菜。它们在我们的时间使用中被看到。价值观是巨大而多样的（我们将在下面讨论它们）。

"层次知识结构"指的是人类的知识，至少——也许这也适用于其他动物——不是一组无序的思想或技能。我们的现行知识会根据上下文以不同的方式进行分解。所有的结构都是与所有相关的。这个层次结构不可避免地产生格式塔输出。

考虑弹吉他。我说："我知道怎么弹吉他。我不会把我所知道的描述为'我知道在哪里可以找到我需要的烦恼'。"就拿我对某首特定歌曲的了解来说，比如能够演奏出举世无双的经典曲目《路易·路易》(Louie Louie)。"如果你问我是否知道，我会说是的。如果你要我表演，我会的。在这个交换中，我们把它当作一个一元项。但是，如果我要教你怎么弹，说：这是《路易·路易》，然后从头到尾地弹一遍，那就没有什么用了。"我首先需要解释它的组成部分："从 G 和弦开始。打了三次。然后演奏 C 和弦，同样敲三次。最后，形成一个 D 小调和弦，同样敲三次。然后在 4/4 的时间里重复你喜欢的次数，唱一些歌词（这并不重要，因为没有人知道它们）。"然后我可能会给你看旋律、吉他的主要部分、鼓的部分等等。每一个子部分也被分解成组成部分。就像我们所说的故事和句子一样，所有的故事都是按等级排列的。我们第一次听到的部分是数学经验。当我们把它们内在化，并学习它们在整体中的作用时，部分和整体一起就属于我们的主位理解范围。只有这样，我们才能理解超越歌曲的基本表演是"用灵魂演奏"，因为我们将歌曲内化，并将它安排在我们的价值观、知识、角色中，等等。

此外,这首歌最终可以通过对暗物质的吸引力来解释。我们首先学习和弦、吉他引子和小段文字。然后我们学着一起玩,慢慢地,不自觉地去想它们。正如格式塔心理学家在 100 多年前通过他们的思想发展所认识到的那样,这些小的部分并不是歌曲。这首歌整体上并不是暗物质知识。但是它的组成部分在被学习之后就变成了暗物质。它们原本不是隐性知识。但它们经历了由显性向隐性的转化知识,说明符号化对知识获取的影响。

"社会角色"将行为描述为符合抽象网络中某一特定节点的行为。任何一组人都将由其价值观、由其派生和发展的知识结构以及每个成员根据其成员类别所承担的预期职责来定义——团队是否为大学院系的教员(每个人都希望专门化,而专门化是他们的角色之一,例如,语法师、亚马孙主义者、主席、管理员等等)。

在北美学术体系中,中国或英国的系主任在许多价值观、行政知识等方面存在差异,但在他们的角色(独立于他们被称为什么)方面,他们共享行政知识和价值观的某些方面。此外,当社区之间存在更大的同质化力量时,角色和知识将变得更加相似。现代学术界中这种力量的一个例子是国际认证机构,例如 AACSB(大学商学院促进会)或 EQUIS(欧洲质量改进体系),他们为分享和贯彻这些机构的价值观的学校颁发认证。

没有两个人会分享所有的价值观、相同的价值观排名、相同的社会角色等等。每个人都会定期更新或修改他们的知识、社会角色的概念、价值观和排名。这种动态性是我们说文化是抽象的另一个原因——它是一种具有相当平滑的泛化。

为了更好地理解我所建议的文化模型,让我们考虑一下如何解决马文·哈里斯(Marvin Harris)(2006,23 开本)提出的一个问题:

> 大量证据表明,大脑中储存的文化信息包含着相互矛盾的信息。例如,在一项关于美国人如何概念化家庭的研究中(珍妮特·凯勒[1992:61-2]),记录了这些相互竞争的"图式":

> 家庭成员应该为整个群体的利益而奋斗
> 个人的利益高于集体的利益。
> 家庭是永恒的
> 但家庭总是处于变化之中。
> 家庭具有营养功能,但是
> 家庭也可能令人窒息。

哈里斯从这些"矛盾"中总结道:"的确,从我的文化唯物主义观点来看,强调思想指导行为,而不是相反,这是当代人类学理论的根本错误。"

虽然我在这里不是要批评哈里斯的整体理论,但确实想表明他的论点在这里毫无说服力。似乎每个人秉持的价值观都互相矛盾。例如,考虑上面最后一组矛盾,"家庭具有营养功能/家庭也可能令人窒息"。

大多数人会以类似的方式谈论他们的家庭,但不是矛盾,而是说"家庭经常培育/应该培养,但不幸的是,他们经常扼杀"。"培育"和"扼杀"表达价值判断。但因为它们是价值观,在我的模型中我们需要知道它们的排名。并且由于所有排名值都是可以违反的,因此较高排名的值可能会违反较低的值,因此较高排名的值可能会掩盖较低排名值的影响,正如我们在本段后面的排名中所看到的那样。培养的理念包括社会中广泛的积极判断,并作为一系列更细粒度的价值观的标签,例如爱、帮助、分享智慧、独立、强加限制、信任、财务支持、判断等。具有讽刺意味的是,窒息可以遵循相同的值、不同的排名(这些只是可能导出这两个概念的许多可能排名中的两个,这意味着我们期望类似的概念在暗物质水平上是不同的,即使在产生表面上类似的结果时也是如此):

> 培育(大致表达):信任≫经济支持≫爱≫帮助≫分享智慧≫设定限制≫判断等。

> 过度呵护:设定限制≫爱≫判断≫分享智慧≫经济支持≫信任等。

≫遵循了优选论中使用这个符号(普林斯和斯莫伦斯基,[1993]

2004),这意味着双箭头右边的任何值都可以被违背,以服从左边的价值观。因此,溺爱子女的父母可能会像养育子女的父母一样爱和信任子女。但是爱和信任在不同的父母行为中可能会有不同的排名,导致不同类型的家庭或养育方式。此外,正如我们对文化的定义,不同的时间或环境可以有自己的排名,比如同一个父母可能会因为一个要求而窒息,而从同一个孩子那里养育另一个。

对于任何一组价值观,都有许多不同的排名。排名可能因个人而异,甚至同一个人或群体也可能因情况而异。家庭将包含同时培养和溺爱两种价值观,区别于特定家庭成员的价值观与特定行为(工作或游戏)或相关人员(例如,儿子或女儿),例如,你的母亲可能对你的感情生活溺爱有加,对你的职业选择养育有加。排名和角色会导致表面上的矛盾,但与之相反,哈里斯认为,许多想法一旦分解为它们的组成部分,可违反的价值等级就根本不矛盾了。当然,有些观点可能本来就是相互矛盾的,例如:"地球是平的,但我想我可以绕着它航行。"没有仔细分析,我们甚至不能得出这个结论。事实证明,人们是理性的,而观念控制着大部分行为的观点是很有道理的。假设理性,并从行为和文化以及个人理论的角度逆向思考,以理解他人。

哈里斯使用的所有其他例子也是如此。例如,他列出了印度农民在选择排便地点时要考虑的因素:

> 必须在离房子不远的地方找到一个地方。
> 这个地点必须提供防止被人看见的保护。
> 它必须提供一个看到任何人走近的机会。它应该在水源附近。
> 应该是气味难闻的逆风。
> 它不能在有作物生长的田里。(哈里斯,2006)

然后他观察到:"在一个小农场里完成所有这些规则会导致违反粪便回避规则的行为,钩虫发病率的上升就是证据。"

哈里斯再次将这一系列看似矛盾的现象作为证据，反对对文化的"观念—行为—理解"。他自己对文化的看法是："文化是在人类社会中发现的社会学习的生活方式，它包括社会生活的所有方面，包括思想和行为。"（同上，第19页）

但无论是他的批评，还是他对文化的定义，都没有让我们达到我们需要达到的概念境界。首先，批评并不随之而来。假设印度农民对倾倒垃圾的渴望实际上是有排名的、易受侵犯的值，假设"避免粪便"不是排名最高的价值观（排在前面的或许是"待在家里"）。然后，不管哈里斯怎么说，排序价值法很容易解释这种行为，没有矛盾。这也同时表明他对文化的定义不够清晰，因此不够充分。这并不是说所有的行为都是由价值或想法驱动的；例如，婴儿的抓握可能是基因驱动的。但是，当我们采用可违背约束排序的概念时，大多数行为可能是价值驱动的。同样，从不可侵犯的、相互矛盾的规则和约束到不可侵犯的、有等级的约束（从一个角度看是"语言价值"）的转变，使得最优性理论（OT）在语言学家中如此有影响力——它解决了明显棘手的问题。我在这里提出的语言排名和不可侵犯的价值排名都不是人文学科的原创。最终，他们从"霍普菲尔德网/网络"（霍普菲尔德，1982）中获得灵感，而"霍普菲尔德网/网络"反过来又产生于理解为什么某些物理状态能够实现而不是其他物理状态的愿望（例如，为什么熔融玻璃干燥后"像玻璃一样光滑"）。

然而，这里所捍卫的文化理论，并不仅仅是对最优化理论的一种照搬。例如，最优化理论假定语言学约束是普遍的，每个人与生俱来有相同的约束，而他们只需要学习特定的语言对普遍约束进行排序。一方面，为了把握这一点，该理论应该包含一个"生成"功能，以确保所有的语言有相同的约束。另一方面，这里生成的理论，没有普世价值的位置，因此它不需要这个发展功能。人类学家必须发现每个社会中每个个体的价值观及其排名。

阐释的价值

通过对我的文化价值排序模型的简单介绍,我们可以更详细地考虑什么是价值。正如我所说,价值观在许多方面都是文化的基础。它们塑造文化形式、群体意图、意义、愿望、习俗等等。然而,在更深入地讨论它们之前,理解什么是价值是很重要的。

尽管有一些广泛的来源,有几种价值观,每一种价值观在社会和文化中都扮演着重要的角色,第一类要提到的值是终端值。终极价值包括"过上舒适的生活""有成就感"(参见罗基奇,1973)"自由""安全"等等——这些都是社会和个人认可值得称赞的目标。工具价值是指我们如何最好地实现我们的目标,例如,"野心""清洁""诚实""礼貌""自制"。

还有我所说的生物学价值。所有人都可能以这样或那样的形式分享这些,尽管这只是一个经验假设。这些包括自我保护、不挨饿、保暖、保持健康。如果这些都是普遍的,那么它们对于当前的讨论就不那么有趣了。但它们绝对是我们的暗物质的一部分——也许与更高的认知相比,它们与情感和身体功能的联系更紧密。然而,他们的满足对我们的幸福至关重要,在某些情况下,他们可以凌驾于所有其他价值观之上。所以最好记住它们。与此同时,不同的文化对这些问题的排名和解释也不尽相同,所以比较并不是微不足道的。一个人认为健康的东西,另一个人可能认为恶心。一个人认为应该避免的痛苦,另一个人可能理解为应该寻求的痛苦。

罗基奇花了很多时间讨论另一套价值观,他称之为"内在价值观"——这些价值观因其本质而普遍存在:"不可杀人""不可通奸""公平对待弱者"等等。然而,我还远不清楚这些价值观是否真的存在。因此,关于它们,这里就不多说了。它们主要属于价值论领域,并且与我们目前理解暗物质如何产生、如何引导我们的行动和思想的目标是正交的。

这足以让我们开始讨论价值观、文化和暗物质。但是,要使价值和价值排序在人类学中发挥作用,我们需要说明如何研究它们——研究价值的方法论要求。出现的第一个方法论问题是如何识别个人和群体的价值。一个明显的方法是采用著名的尼姆洛克研究中使用的方法,该研究由克莱德·克拉克霍恩(Clyde Kluckhohn)和他的妻子弗洛伦斯(Florence)主持。

1948年,哈佛大学社交关系实验室(Laboratory of Social Relations at Harvard University)策划并进行了一项开创性的研究,名为"五种文化中的价值观比较研究"(Comparative Study of Values in Five Cultures),与该研究关系密切的人更熟悉的名称是"价值观研究"(Values Study)。这项研究的地点是美国最具澳大利亚风情的美丽地区之一——新墨西哥州的尼姆洛克,该项目的名义负责人克莱德·克拉克霍恩自1936年以来一直在那里对纳瓦霍人进行研究。价值研究源于他(和其他人)的价值取向理论。这个研究小组发起了一系列关于人类价值观的开拓性研究,尽管克拉克霍恩在1960年突然去世,享年55岁,但他们还是完成了对价值观的研究。

在哈佛大学的研究中,研究小组在尼姆洛克地区研究了五种不同的文化,人们对文化特别感兴趣,因为他们拥有相同的环境,但有着明显不同的生活方式。有人假设,由于物质环境具有同一性,生活方式的差异将完全源于文化差异,特别是不同的价值体系。语言学家把相同环境中的差异称为对比——就像/p/和/b/在pat和bat的相同环境中的对比(尽管拼写不同,但只看音素)。五种文化是纳瓦霍文化、祖尼文化、墨西哥裔—美国文化、德克萨斯和俄克拉荷马州的农民和牧场主文化、摩门教徒文化。每一种文化都代表着一个独立的社区和文化。

克拉克霍恩准备了一份关于这个项目的声明,其中包括:"今天,有思想的人们普遍认为,'价值'问题无论从实践还是从科学理论的观点来看都是至关重要的。"(沃格特和阿尔伯特,1966,第1页)

然而,在1966年沃格特和阿尔伯特的著作发表之后,人类学中的价值观研究最终走向衰落。根据德·安拉德(1995,13开本)的评估:"(哈佛里姆洛克研究)结果普遍令人失望。"主要的问题似乎涉及价值的确定。如果使用一个普遍的框架,比如弗洛伦斯·克拉克霍恩的价值分析的普遍框架,那么特定的文化价值就没有得到描述和分析,没有制定确定具体数值的程序。德·安拉德的批评很有说服力,也很恰当。

正如德·安拉德所描述的,这个问题让人想起了对乔姆斯基语言学研究项目的批评。例如,没有好的治疗方法,理论(1)在特定语言的抽象或具体中,所谓的普遍原则是不重叠的(例如,没有两个"被动"工作完全一样)或(2)没有明显的共性在任何有趣的水平上(见2009 n.埃文斯和莱文森)。社会影响认知和行为或语言学的普遍主义理论经常搁浅在细节的礁石上。博厄斯([1911]1991)第一个在现代指出,我们忽视多样性的科学风险。

高兰纳(2001)对里姆洛克的研究总结如下:

他们假设:"……人类共有的问题数量有限,所有社会在任何时候都必须找到某种解决办法……一个群体如何倾向于理解、赋予意义和解决这些共同的问题,是其最内在价值的外在表现,是其观察世界的窗口:其价值取向。"作为问题提出的五个常见的人类问题,在创造文化类型学方面提供了最有用的"价值取向":

Orientations	Possible Dimensions		
Time	Past	Present	Future
Activity	Doing	Becoming	Being
Relations	Individual	Collateral	Lineal
Person-Nature	Humans dominant	Harmony with	Nature Dominant
Human Nature	Good	Mixed	Evil

图2.3

生命的时间焦点是什么？（时间取向）

人类活动的形式是什么？（活动取向）

一个人与群体中的其他人的关系的形式是什么？（关系取向）

人与自然的关系是什么？（以人为本）人性的本质是什么？（人性方位界定）

从他们的研究中，他们推断社会会以三种方式对这五个问题或方向中的每一个作出反应（图1[本卷图2.3]）。

这篇文章说明了这项研究的创新性和非常重要的性质，以及它的致命缺陷：普遍性。假设所有人都有相同的价值观，相似的标签价值观是相同的价值观是没有根据的。下面这段话很有意思，因为它表明哈佛研究小组已经掌握了价值排名的概念，尽管它还没有掌握可侵犯价值的概念。

1961年，克拉克霍恩和斯特罗德贝克在他们的著作《价值取向的变化》中发表了他们的理论和发现，他们在书中提出，社会的文化特征是由高到低的优先顺序决定的。不同的排名模式使一种文化与其他文化区分开来。他们认为，正是这种偏好的等级顺序，为社会中更明显的文化价值观、信仰、规范和行为，甚至英雄、仪式、歌曲等奠定了基础。他们还提出，虽然一个社会可能有一种占主导地位的普遍偏好，但文化内部有很大的多样性，所有文化都将在某个时候或通过某些个人表达所有可能的方面。卡特（1990）补充了这些命题，他发现文化可以共享相同的维度等级顺序，但是如果对每个维度的偏好相对不同，那么文化就会有很大的差异。（加拉格尔，2001，第3页）

许多研究人员（详见德·安德拉德2008年的详细批评与综述）批评克拉克霍恩等人的研究将价值观混为一谈，纳入一套人为"取向"之中。然而，在我看来，罗基奇的著作解决了其中的许多不足之处，并可作为价值类型学比较的有用基础。也就是说,没有理由假定所有的价值观——甚至大多数价值观——除生物学价值观外——都是普遍的。(事实上,也许并不是所有的生物价值都是普遍的,因为它们的排名和跨文化解释存在巨大差异。)即使这是正确的判断,尼姆洛克的研究也失败了,因为它未能充分阐明自己的价值排名理论,最重要的是,它没有根据地假设价值是普遍的。然而,这项研究被正确地视为具有开拓性。这是一个极其重要的里程碑。事实上,也许正是由于这项研究,甚至哲学家们也开始认识到价值观及其排名的重要性。

回想起来,哈里斯对文化矛盾的概念发展得不够完善,而尼姆洛克的研究似乎有一个共同点,那就是两者都把价值观当作不可侵犯的约束列表来对待(格莱伯,2001年等新近的研究也是如此)。换句话说,如果两种价值观发生冲突(比如诚实和成就),就会出现一个难题——如何理解为什么一种价值观受到尊重,而另一种价值观却不受尊重。当然,人们明白,并不是所有的价值观都得到同等的重视。戴维森甚至提到了"价值排名",具体如下:

> 现在假设我们的法官拥有 B 和 C 梦寐以求的两处房子,并且她决定把它卖给其中的一个。我们可以想象……当涉及 B 和 C 的欲望时,她的推理有明显的步骤。第二,她比较了这些偏好,她的判断或者是刚才提到的那种判断。(2004,第 60 页;重点为笔者所加)

至少在概念上,值的排序相当容易,如下面的示例所示。假设我们正在比较巴黎和休斯顿这两个城市居民的价值观,让我们进一步假设,无论巴黎人和休斯敦人如何定义当地的美食,他们都重视"美食"。让我们假设他们都重视保持良好的状态。现在,为了讨论这个简化的价值体系,我们提出以下排名:

巴黎人:好身材≫好食物

休斯敦人:好食物≫好身材

公平地说，仅仅两种价值观的不同排名就会产生不同的体型（加上细分析每组所认为的"美食"——炸鸡、土豆泥和烤鸡，等等——差异就越来越大），这两个城市具有相同的价值观。在这种情况下，造成差异的不是这些值，而是它们的相对排名。因此，不仅要了解一个群体的价值观是什么，而且——正如里姆洛克研究所观察到的那样——还要了解价值观的优先级（排名本身也是动态的，根据情况、子群体等而变化）。由于我不接受"普遍价值集"的观点，所以我的主张是，我们必须首先分别在每一组中发现价值及其排名。

我们如何对一个人的价值观及其排名提出合理的假设？问卷调查和访谈虽然可以提供一些有用的数据，但还不够。我们迫切需要参与者—观察者的记录与前者相伴。我们需要学习各种各样的文本、对话和互动。价值观是如何被描绘、描述、实践、讨论和反应的？行动和言语经常发生冲突。人们可以想象他们的价值是什么，而他们的行为可能揭示不同的价值、不同的排名，或更细微的差别。

考虑采访两个群体。两人都声称自己是素食主义者。第一组从不吃肉。第二组在不知道自己是素食者的朋友家里吃肉。因此，尽管他们都认同"少吃肉，多吃蔬菜"的价值，但第一组人似乎更一致。第二组人是伪善的吗？在不可侵犯的价值理论中，是的。但在价值观不受侵犯的现实世界中，答案是否定的。我们可以这样描述这种差异：

第一组：不吃肉≫请家里的朋友

第二组：请家里的朋友≫不吃肉

请注意，文化相对性的问题确实是在这种背景下产生的，但不是以一种幼稚的方式产生的。社会必须有价值观，以及角色和知识的结构。这些值和结构在排名、身份、复杂度、数量等方面可能有所不同。但是，由于适应的生态环境总会有一定程度的重叠——我们都必须生活、谋生，并遵循香农（1949）的基本沟通模式（参见 D. 埃弗里特，2012a；斯特雷尔尼,2014)。我们从来没有达到戴维森(1973)所说的不可通约性的"概念方案"。"人类之间的这种重叠不需要归因于天生的知识,而是来自外部的组织压力,以及天生的情感结构、我们的生理等等。"

然而,正如理论语言学的许多方面对于理解语言仍然是至关重要的一样——尤其是柏拉图式的形式变体(卡兹,1972)、结构语法(戈德堡,1995、2006);克拉克霍恩项目的问题并不会降低价值观在理解文化方面的效用。

让我们再来看看米尔顿·罗基奇的开创性作品。罗基奇对价值和价值系统的定义如下:

> 价值观是一种持久的信念,认为一种特定的行为模式或存在的最终状态对个人或社会来说比一种相反或相反的行为模式或存在的最终状态更可取……"快乐的生活比悲伤的生活更可取",而"快乐的生活比煎蛋更可取"就不合适。此外,"价值体系是一种持久的信仰组织,它关注的是可取的行为模式或存在的最终状态,以及一个相对重要的连续体。"(1973,5开本)

利用这种价值观的概念化,我提出了一种研究价值观的方法论。

文化研究方法

将对价值的理解纳入特定民族志的研究,有一个最低门槛,其中包括以下几个步骤:

1. 通过对行为的观察(我们必须从人们实际做什么和避免做什么入手),确定潜在的等价物。资源(金钱、时间、燃料、食物等)是如何使用的?活动和目的是如何关联的?等等。

2. 确定公认的价值观:按照罗基奇的价值观,人们说他们重视什么?

3. 使用语言学的标准分配主义方法论(派克,1967等)确定情感位公认价值观。例如,如果流浪狗被暴力对待,而家养狗被关爱对待,那么我们就会看到不同的"狗"的价值观和"爱心"的不同表现(假定它对家庭成员和朋友是不同)。

4. 测试主位价值:进行实验、观察人们的行为如何与提议价值体系的预测相对应。

5. 通过实验、访谈和观察,提出潜在的价值体系。(在诸如食物、宗教、哲学、人际关系、就业、语言等系统中,价值观是如何相对排列的？价值观如何塑造或影响个人在社会中的不同角色？)

6. 测试价值系统:例如,价值如何在社区内部和跨社区(如食品、政府、宗教等)相互关联和变化？这些预测是否成立？例如,在尼姆洛克的研究中,这是可以做到的；如果是的话,他们可能会看到不同系统之间的对比和相似之处。

7. 测试值排名。

8. 在价值清单、价值系统和价值排名中寻找个体差异。

9. 写出跨价值体系的结论。

在这里,本文将遵循前面提出的文化定义的基本原则。当我们问这样的问题时,主位值变得可见,并与客位值区分开来,如:"母语使用者注意哪些值？""不同的价值观是如何在人群中分布的？""母语使用者根据不同的情况将不同的主位值归类为相同的客位值？"

一旦我们进行了这样的初步研究,我们就可以尝试对目标文化进行人种学描述。这将与描述一种新的语言的工作是非常类似的。虽然每一种语言或社会可能相对独立于其他语言或社会,但通过社会间宏观层面的接触或个别双语者/双文化者之间的接触,可能会对语言产生重大影响。这两种结构都是相对稳定的,比社会的个体成员或语言使用者的寿命都长。例如,一种语言的方言可能分布在空间上,也可能分布在社会层次、时间、风格、特异性(idedect)等方面。有子组和连锁组(成员同时属于不同的组,但在某种程度上具有相同的价值和排名),大致可根据语言识别系统进行识别。

正是在语言学家肯尼斯·派克(1967)的研究中，文化概念开始捕捉其他定义中缺失的动态和结构，因为派克的研究是以他在语言和语言学方面的研究为基础的。派克运用他对语言的理解，认为一个社会是"一群有组织的个体，他们分享着……行为[人们选择研究任何社交行为]"。

派克(1976)将这种结构概念进一步阐明为"社会语法"，用我的术语来说，是"文化语法"。在这个意义上，文化部分是文化语法。像任何语法一样，只有通过可靠的方法和对假设的严格测试才能揭示和测试 C 语法。文化语法就像语言语法一样，是将其实例化的形式与由此产生的形式及其分布所衍生的意义联系在一起的纽带。

德安德(1995)正确地指出，早期将文化作为语法来处理过于简单，因此没有多大用处。但我在这里要说的是，文化只是部分地从语法上构建起来的，或者说，文化包含许多由文化价值观产生和解释的语法。整个文化是否可以说是语法并不是这里讨论的重点。但是显而易见的是，一种文化的每一个成员都扮演着不断变化的角色，这些角色都受到该文化的认可、重视和理解。

社会和文化当然不仅仅是语法，而是以类似语法的方式连接和构建的，尤其是在它们的本地语境、群体和行为中。波士敦的投资银行家和亚马孙的猎人通过在社会中占据一系列语法节点来找到自己的位置（或者如果更喜欢的话，"创造自己的位置"）。这些节点很少被发明出来。一个人如果没有随着时间的推移而产生的完整的技术、社会角色和支付结构，一个人就不可能成为一个专业的音乐家。社会文化语法系统的结构、角色和填充物来自文化的等级价值观和支持信念。从这个意义上说，如果我们把文化看作信仰、知识、价值观，把社会看作它们之间的角色和结构关系，把社会成员看作"填塞符"，那么，我们就开始形成这样一种观念：文化是一种意义，将社会投射为结构语法，在这种语法中，个人的"意义"和目的与个人心理学的词汇一起出现。

这在实践中如何实现？文化语法必须从个人开始。因此，我们可以把一个社会中的所有个体看作文化语法补位的"填充符"。在这方面,考虑一下课堂经验。首先,语法必须有补位和填充符。填充物很简单——这些是学生和教授。补位是"speaker""talk"和"hearers"。每个补位的语义角色:填充对是"speaker""lecture"和"class",它们以简化的形式组合在一起,如下所示:

大学课堂

演讲者:讲师+演讲:演讲+听众:上课

填充符:专业专家、学生、讲座类型

文化语法的这个单元相当于一个句子,尽管它有直接的成分(如图2.4所示)。至少有三个组成部分:一个文化结构,一个大学班级,一个谓词[在文化上正在做什么,例如,演员(演讲者),以及获奖者讲座(类)。这些是完形语法的直接成分]。这些都是文化事件中的直接组成部分。他们自己被分解成不同的组成部分。因此,一场讲座可能会被一位客座讲师和主讲老师分成两部分,每人贡献一部分;或者在老师和YouTube或者电影之间,等等。讲座本身将分为不同的部分,以促进更有效的沟通。学生将会被分成不同的学习小组、不同的专业(当与课程的组成或讲座的目标相关时),等等。

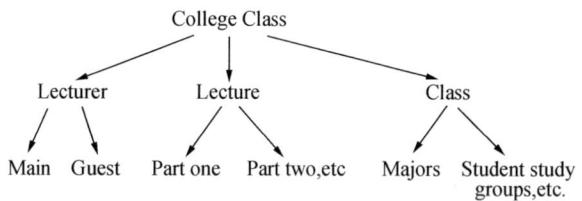

图 2.4

把派克对社会的分析作为一种语法类型认真对待,一个社会就会有一系列的形式来表达它的价值或意义。我们可以根据角色、填充符和插槽的动态组合语法来分析这些表单(如上图所示)。或者我们也可以采用语法的形式,从一个更静态的文化"构式"目录中涌现出来,遵循语言学理论中的构式语法(见克罗夫特,2001;戈德堡,1995、2006;其他人的著作)。在这个阶段,这一选择并不重要,尽管随着思想的探索,可能会有显著的经验差异。我选择了一个简单的文化语法模型,当然也可以想象其他的模型,例如,基于约束的语法。这仍然是一个未来的研究项目。

不同的社会基于不同的文化,会产生不同的结构或语法输出。例如,一种重视体育的文化可能有称为运动队的单位,其中的填充物最终可以归结为称为运动员的个人。可能会有一个完整的组成部分——比如说,密歇根大学足球队。这样一个单元将是 C(文化)—组合模因。这种组合模因将由更小的单位或"直接成分"组成,如防守队、进攻队、特殊队、替补队员或教练组。

标记文化组合模因的符号将是特定时间在场上的一个组。这个正式的单位将具有组成和意义,即小组在实地的职能。团队中的每个成员都有自己的意义——他或她在团队中的角色。派克表示,协会将被组织成许多成员交叉的团队。当然,这并不是什么新鲜事,因为西蒙(1962)在50多年前就认为信息是最有效的分层组织。

那么更简单的社会呢?在派克看来,如果一个社会能表现出更少的文化组合模因和更少的等级制度,那么这个社会就会更简单。例如,考虑一个亚马孙社会,比如皮拉哈人。这个社会将通过它的个人表现出来,并"解析"成它的直接组成部分:村庄社区、家庭、妇女、男子、儿童、青少年,等等。相反,另一组可能被解析为更结构化的亲属层次结构:家庭、宗族、血统或更专业的专门化,等等。

为了共同行动,一个社会必须在某种程度上分享这样一种意图,即我们的个人行动产生群体的结果。投票可以说就是这样一种行动。参加课堂讲座是另一回事。这些都是文化语法中的谓词,其中每个人在文化模因句子或文化模因语篇中单独或共同占据一个位置。例如,在上面的图表中,讲师是文化模因主体。学生是文化模因对象。这堂课是文化模因谓词,是小组意图的结果。在演讲的语言行为中,主题就是所教授的内容。但在社会组织中,学生是客体,而不是主体。我们正在向一位特定的老师描述他们在这个时刻的社会角色。

当参与者来自不同的文化时,就像前面的《梅迪辛洛奇条约》一样,他们通常会对所参与的联合行为的角色、结构和意义有一定的理解。但是,他们很少意识到每个参与者都拥有一个单独的文化语义来解释活动。在我看来,整个情况是这样的:科曼奇人把"梅迪辛洛奇事件"的谓词解释为立即生效的、无条件的承诺,认为所有行动者都是平等的全权代表。美国谈判代表认为自己是国会的下属,印第安人是一个应该加入更大权力的群体,他们签署条约的联合行动是进入一个有条件的、拖延已久的初始提议。他们还认为印第安人是低等生物,他们的观点和理解不那么重要。

皮拉哈社会缺乏运动队、专业人才等。作为一个平等的、非专业(职业)的、规模小的亲密群体,它的构成要素较少。不过,我们仍可以研究它的构成要素。皮拉哈大致(非常如此)可以由图 2.5 中的图表描述出来。皮拉哈社会的图表并不完整,但它确实涵盖了很多重要的东西,在我看来,还包括皮拉哈人眼中的皮拉哈社会的组成部分。他们的社会包括环境、人类、类人生物[高保基人(baoáibogi)]、不同的动植物群、核心家庭,等等。生物圈是"xoi"。这个词的意思是"我们生活、移动和存在的

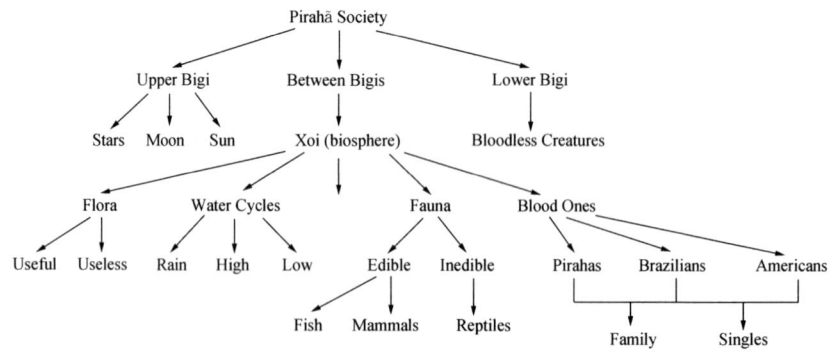

图 2.5

环境"。当一个人要去丛林时,他会说:"我要去(xoi)生物圈。"当父母想让孩子安静地坐在独木舟上时,他们会说:"不要进入(xoi)生物圈。"当皮拉哈人谈到迁移到另一条河,或远的下游、上游,或远的内陆时,他们将所有这些描述为"迁移到不同的(xoi)生物圈"。

"Bigi"①指的是一种自然屏障。在皮拉哈语中,天空是"Bigi"——大地也是"Bigi"。这是皮拉哈社会组织的一个重要组成部分,不同类型的实体由它们相对于这些自然障碍的位置所界定。

皮拉哈社会的下一个直接组成部分是它的村庄。每一个村庄都为所有的皮拉哈人所知,即使它们之间的距离超过100英里,即使它们的组成不断变化。这条河是皮拉哈社会的下一个直接组成部分。皮拉哈人的饮食有一半以上来自这条河。所有的皮拉哈人都住在河边,无论在雨季还是旱季。河中动物对它们至关重要,而丛林动物则不然。但河流的河水涨落也安排着他们的生活,比如旱季他们住在河滩上,雨季他们住在森林里。然而,他们从来没有远离超过100码左右的河岸或河边。在这条河里有鱼——对皮拉哈人来说是最重要的——还有其他动物(如蛇、海牛、海豚、黄貂鱼),他们不吃,或者至少很少吃。这些鱼将被分成与皮拉哈的物种概念相对应的成分(就像其他动物一样)。它们周围的植物对它们无用(一些灌木、蕨类植物等)。

在后者中,一些可以食用(例如,巴西坚果和水果),而另一些则不能食用(例如,藤蔓可以做篮子,树皮可以做弓弦,木头可以做弓)。核心家庭将由父母、孩子和任何其他住在同一间小屋的其他人组成——有时是祖父母、孩子的配偶,等等。这种结构相当灵活。村里有些单身的人独自生活。也有几个单亲家庭。因此,这张图只是一种说明方式,展示皮拉哈人如何划分那些对他们作为一个社会的价值观和日常生活至关重

---

① 译者注:皮拉哈人的社会组织高度依赖"空间—实体"的分类,不同事物(人、动物、自然物等)的身份、角色和意义,通过与Bigi(天地屏障)的相对位置来定义(例如"靠近天空"或"贴近大地"的实体可能有不同属性)。

要的组成部分。文化价值观、习俗等，会作为解释性的"连接规则"（关于语言中"形式—意义连接规则"的讨论，可参见范·瓦林和拉普兰1997年的研究），实现从文化语法（c-grammar）到文化语义（c-semantics）的衔接。这类连接规则（将意义与形式相连）关乎人们如何理解自身，以及他们的社会与物质世界（还包括这些世界如何融入其文化；例如，参见科恩2013年研究）。

从皮拉哈文化语法的领域视角来看，特定社会的结构由网络中的一组关系组成（White and Jo-hansen, 2006）。个人属于一个纵横交错的等级和关系网络。因此，每个个体都是通过坐标在同时共存的矩阵中定位的。派克（1967，第644页）说："语言话语在序列上组成一个层次结构的部分，而语言单位则构成了一个由相互交叉的层次结构组成的网络，社会也是如此，它的个体活动按顺序排列，但却具有层次结构，而这些个体之间的关系本身则被整合在一个整体网络中。"

"互补分布"的语言概念对理解文化和社会也很重要。个体可以有不同的身份，也可以有多种表现形式的单一身份［想想克拉克·肯特（Clark Kent）与超人（Superman）的对决］。从严格的个人分配主义的观点来看，暹罗双胞胎代表了结构主义者所说的"混合存在"，在这种情况下，单位界限不那么清晰。文化在某些方面是无定形的。这就像一个巨大的论述。提出一个单树图来以任何有用的方式将它映射出来，这可能是没有用的。另一方面，它的组成部分，就像一个故事的句子一样，可以单独绘制图表来表示它们的主要组织单元和原则。因此，以建构为基础的思维语言也是语言的语言和社会的语言——人类组织的一种模式。不过，更深入地考虑文化分析的语言模型是值得的（参见塞尔，2010；另参见哈金，2000）。

例如，考虑一个给定社会中的领导力分析，按照主位领导力对客位领导力的对比分析。

社会成员的领导者在没有个性的时候也有个性，而由于总裁、消防员、护士等"主位单元"的存在而忽视了其他个性。角色的流行——从护士＝女性到护士＝男性或女性——的变化源于性质的变化以及后来对角色的认识。

在文化语法研究中,我们需要知道我们的理论应该如何帮助我们理解文化的成分。一个例子可能是研究总统的领导作用。我们发现,总统签署文件、发表演讲、与人交谈并发布命令。但每个现代专业人士也是如此。所以这些是最初在我们的分析中的客位活动。然而,如果我们看到许多不同的人参与相似(甚至相同)的活动,那么我们需要回答的问题是,将有关角色(例如美国总统职位)与其他角色区分开来的行动的含义是什么?当我们试图理解内幕,从主位观点而言,我们可能会问一些问题:总统什么时候做这些事情?总统签署什么?总统演讲的背景和内容是什么?谁是总统致信和演讲的收件人?什么社会权威是总统活动的基础?

总统签署国会通过的法律。总统谈论地方、州、联邦和全球意义的问题。他或她的话会因为他或她所担任的职务而影响他人。其他角色没有像总统那样的社会认可,他们的行为的含义,即使相似,也是不同的。好吧,到目前为止,在文化的价值和语法观中,一个特定的角色和行为是如何产生的呢?为了看到这一点,让我们考虑一个更难的问题。

这个问题是由尤金妮·斯塔珀特博士(个人通信)提出的,来自她正在进行的研究。演讲社区的成员如何区分母语人士和非母语人士?虽然没有单一的充分条件,但能够区分主位透视和客位透视的范畴可以包括:话语和手势的使用;结构和词位;会话转换惯例;语义场;语言语用组织的韵律和手势指导;身体方向;发音;使用术语和俚语;或衣服(斯蒂弗斯等,2009)。从本质上讲,说话者可能会表现出这些特征。但从逻辑上讲,只有当一个人以有意义的方式表现出这些特征时,他才算一个以英语为母语的人。这需要参与者的观察和分布分析,遵循语言田野调查的路线(萨丕尔和埃弗里特,2012)。

前面给出的文化定义应该有助于我们理解社区在文化上的众多表现形式：行为模式、社会角色、机构、工具、博物馆等等。在这方面，我最喜欢的博物馆——位于荷兰阿姆斯特丹的宏伟的国家博物馆——就是一个突出的例子。

国家博物馆始建于 1800 年，位于荷兰首都海牙。8 年后，它被搬到了荷兰最美丽、最重要的城市阿姆斯特丹。和世界上的许多博物馆一样，国家博物馆的建立是为了反映国家的价值（特别是历史画册、入选艺术家、突出成就等）和财富（另一种价值）。

文化价值从墙壁上的展出作品反映出来。博物馆拥有的大约 100 万件藏品中，每一件都反映了一种选择，这种选择的动机是荷兰文化的某个子群体的价值取向。而在这 100 万件藏品中，8000 多件实际被选中展出的藏品中的每一件都归功于一种选择，至少在某些情况下，这种选择反映了选择小组的价值观，反映了整个荷兰社会的价值观。

国家博物馆的艺术图书馆中，国家海军历史的展示和伦勃朗、弗米尔、梵·高的作品——所有这些选择都有助于创造文化——用一个大写字母—C（或者一些人可能称之为文化"kulltur"），表达一个民族的价值观，同样还有流行文学，还有音乐，等等。

但是，在研究文化或文化的组成部分时，我们不能忘记，文化的"位"可以在不同的网络中共享。中国广播电台播放的美国摇滚乐或说唱音乐可能反映了世界各地青少年的文化网络，而不仅仅是美国文化的一个组成部分。事实上，我记得几年前在英国广播公司（BBC）的节目中，我听到青少年表达了这样一种情感：他们觉得自己与喜欢自己喜欢的音乐的人更亲近，而不是与生活在同一个国家、信仰相同或说同一种语言的人更亲近。

如果我们在国家博物馆内研究艺术，我们会看到更多的文化网络的例子。里克斯博物馆最著名的艺术品是伦勃朗气势雄伟的画作《守夜人》(The Night Watch)（或者更准确地说，是弗朗斯·班克船长和威廉·范·鲁腾伯奇中尉准备出征的连队）。这幅画可以追溯到荷兰的黄金时代，完成于 1642 年。这幅画和其他许多画一样，充满了与它的家庭有关的象征意义。在这幅画中，我们看到了当时荷兰文化的价值观，就在"警戒"（警惕侵略和犯罪）的理念、富人的美德和高尚义务的观念中；更需要在一个人生活的各个方面都保持警惕，即"好基督徒"的谨慎。

伦勃朗的作品受到了热烈的欢迎，但他的声誉在他的一生中也急剧下降。安东尼·凡·戴克（Anthony van Dyck）等画家的作品在色彩和光线上与伦勃朗的作品形成了强烈的对比（他的作品比伦勃朗的作品要明亮得多，也比伦勃朗的作品要乐观得多），这种人气的上升对伦勃朗作品的接受产生了负面影响，因为新作品反映了不断变化的价值观和审美标准。当然，自从伦勃朗去世后，他被公认为（如果不是）最伟大的荷兰大师之一，这是基于最近的价值观变化。然而，那些关注文化和暗物质之间联系的人意识到，任何艺术家的接受程度或声誉的变化，都反映了那些关注艺术的人的价值观的变化，而不仅仅是他们自己的艺术。事实上，读者、旁观者或听者的文化是艺术家（或发明家、首席执行官等）成功的最重要因素。那些能最好地解读或预测这些价值观以及它们在观众中不断变化的排名（并加以适应）的艺术家，将获得最大的成功。

思维是以文化为基础的

神经学家加里·马库斯（Gary Marcus）2015 年在《纽约时报》（*the New York Times*）发表的一篇特写稿中指出，每个人都应该"面对现实，你的大脑是一台电脑"。在这篇简短的文章中，他用了第一部分来揭露大脑不是一台电脑这一论点的弱点。他总结了一些反对大脑是电脑的论点如下：

1. 有些人声称"大脑是并行的，计算机是串行的"，因此，大脑不是计算机。但马库斯正确地回答了这个问题:"不,那是错的。计算机可以是串行的,也可以是并行的。"

2. 他指出,其他人会说,大脑是模拟的,计算机是数字的。但是模拟设备——例如黑胶唱片——工作在"平滑连续体"上,而数字设备是离散的;因此,大脑不是数字计算机。但马库斯再次正确地回答说,这个模拟参数也失败了。计算机可以是模拟的,也可以是数字的,或者两者兼而有之。事实上,许多早期的计算机都是模拟的。

3. 另一个反对大脑是数字计算机的论点是:"大脑会产生情感,而电脑不会。"马库斯试图也试图回答这个批评,声称情绪只是信息传递,因此计算机将来能够做到这一点。

然而,在这里,马库斯是不正确的。情绪不仅仅是信息的传递。它们在很大程度上是荷尔蒙的传递(如果荷尔蒙仅仅是信息,那么身体的每一个器官都是一台电脑)。情感部分受到限制,完全由文化决定。电脑缺乏荷尔蒙和文化,所以它们没有情感。同样,我们可以把激素称为"信息",但这将极大地削弱大脑是电脑的说法。事实上,我甚至会说,直到电脑可以撒尿,害怕呕吐,或者需要换条内裤,它才会有情感。害怕吐痰不仅仅是传递信息——它是经历恐惧。它是计算机不能处于的一种状态。

但为什么马库斯甚至想加入夸张的人工智能推销员行列,声称大脑就是计算机呢?他认为:"认同大脑如同计算机这一观点的真正回报,将来自利用该观点来有益地指导研究,若能对研究起到有成效的引导作用,才是真正的收获。"他认为,这在检查被称为"现场可编程门阵列"的特殊计算机时特别有用。"为什么他认为对计算机的研究能从与大脑的比较中获益呢?"实际上,好处并不明显。另一方面,从理论上讲,马库斯赞同大脑被组织成不同"模块"(这一观点在神经学上是错误的)的观点(我发现这个观点就像我的大脑有一个"划船模块"一样令人信服)。

因此,他声称"现场可编程门阵列"(FPGA)可以像大脑一样,反之亦然，所以我们应该对此进行研究。"现场可编程门阵列"主要是一组逻辑单元，可以通过将这些逻辑单元以不同的配置连接在一起进行编程，从而使它们能够执行各种功能。这一技术有许多进步，"现场可编程门阵列"具有广泛的功能。它们的特殊品质是能够重新配置自己，从而可以说具有一定的灵活性。另一方面，"现场可编程门阵列"作为大脑模型的使用没有逃过德莱弗斯（1994）等人的任何批评，计算机只是传输、接收和记忆信息。例如，他们没有统觉、错误的记忆、错误的理由、计算功能的情感凌驾或基于文化的语言。

此外，如果信息使大脑成为一台电脑，如果我们愿意解释大脑的湿物质、血液流动、电流等等，作为信息，肾脏、心脏或者阴茎也是一个数字计算机。从生物学或行为学上看，根本没有证据表明大脑像一台数字计算机，除非是以一种如此肤浅的方式把石头变成一台数字计算机（它总是处于单一的数字状态）。

总而言之，那些仍然坚持认为大脑是一台电脑的夸大其词的说法，既过于强大，也过于软弱。它们太强大了，因为如果大脑是一台电脑，那么整个身体、肝脏和肾脏也是如此。这些主张太过软弱，因为它们忽略了大脑的重要组成部分，比如它的器官——像与身体其他部分的交流，以及感知、肌肉记忆，尤其是可以塑造大脑和身体的文化视角。他们还关注大脑操作的语法，而忽略了语义操作。事实上，大脑的语义问题——德莱弗斯（1965、1994）、塞尔（1980b）等人都曾指出——从未得到解决（而且在计算机获得文化之前不太可能得到解决；参见 D. 埃弗里特，2015）。

我们的认知和思维的全部都是由我们的文化网络塑造的。这一观察让我思考了思维的主张，其中笛卡尔的二元论和图灵的心灵作为计算机构成了认知的核心思想——这是我对人工智能研究项目的第一次批评。只要我们把人工智能称为人工智能，我同意这是一个非常有趣和非常重要的研究项目。不幸的是，它的许多支持者（纽维尔和西蒙，1958；

麦卡锡,1979;马库斯,2015)想要删除这个限定符。

继西蒙(1962、1990、1991、1996)和纽维尔、西蒙(1958)的长期研究项目——理解和建模人类问题的解决,作者讨论了自动化(至少部分)的科学发现过程。他们从一开始就做了三个基本假设。这些假设值得详细考虑,因为它们说明了人工智能社区的非文化推理与我的论文智能代理是文化代理之间的对比。在我看来,比较人工智能和自然智能,在概念上类似于比较波音747和大黄蜂的飞行。当然,飞行的一般物理原理将适用于两者。然而,波音747并没有教给我们大黄蜂如何像大黄蜂一样飞行,或者它的飞行"感觉"如何,或者它的飞行是如何被和它一起飞行的人塑造的。纳格尔(1974)用他的论点为我脑海中的一些观点提供了一个例子,他认为意识是特定于一个特定的有机体的,而格式塔则是从更小的部分出现的。

兰利(Langley)和他的合作者列出了指导他们调查的三个主要假设。

第一,人脑是一个信息处理系统,它的记忆中保存着相互关联的符号结构,它的感觉和运动连接通过感觉器官从外部接收编码的符号结构,并将编码的符号发送给运动器官。

第二,大脑通过创建问题的符号表示(称为问题空间)来解决问题,这个符号表示能够表达最初的、中间的和最终的问题解决方案,以及解决过程中使用的所有概念。

第三,寻找问题的解决方案不是随机的尝试和错误,而是有选择性的。它被称为启发式的经验法则引导到目标情境(或描述目标的符号表达式)的方向。

当然,这些作者试图理解的是科学发现背后的暗物质。描述这一过程并不意味着对人类科学发现存在规范理论,也不意味着科学发现的启发式可以转化为算法。

这项工作很重要,西蒙对人类问题解决的开创性理解为他赢得了

1978年的诺贝尔经济学奖。然而,上面的观点是有问题的。例如,作者对"问题解决"一词的含义,以及他们对科学发现的关注与人类认知的相关性提出了一个严重的问题。事实上,关联不大。人们可能会回答,他们对自己感兴趣的事情的判断并不影响他们的论述。与此同时,它们的解决方案不太可能扩展到人类的推理,这使得它们对于人类心理学的任何一般解释都过于专门化。例如,他们选择的示例是通过符号过程为解决方案定制的。他们没有解决更广泛的人类必须解决的一系列问题,包括一些最重要的生活,如"我应该如何生活""我应该和谁结婚""我应该相信""我怎样才能学会方块舞""我该选谁"等等。这些更深层次的问题涉及生理、文化、情感以及人类认知的无数其他非象征性方面。可以肯定的是,其他许多问题都有大量的信息符号组件,但是使它们变得困难和重要的恰恰是非信息组件。

还有更大的问题。例如,即使是西蒙等人感兴趣的发现过程也是文化建构。因此,在德雷福斯(1965、1994)和塞尔(1980)遭受毁灭性批评之后的30多年里,我没有发现强大的人工智能比以往任何时候都更有助于理解人类思维。

自人工智能诞生之初,那些主张大脑就是计算机的杰出支持者们,常常满怀激情地提出,机器当然能够思考。例如,麦卡锡(1979,第1页)曾这样说:"当把某些信念、知识、自由意志、意图、意识、能力或欲望归属于一台机器或计算机程序时(原文强调),如果这种归属所表达的关于机器的信息(此处为我强调),与表达关于人的信息相同,那么这种归属就是合理的。"

麦卡锡(1979,5开本)提出了一个问题,为什么有人会有兴趣把智力特质归因于机器?

1. 我们可能无法直接观察一台机器的内部状态,因此,就像我们对那些我们也无法看到其内部状态的人所做的那样,我们走了一条捷径,简单地将信念归因于预测计算机下一步将做什么。

2. 将信念归于计算机程序更容易——独立于运行它的机器——可以预测程序的行为,而不是试图完全理解程序与其环境的相互作用的所有细节。

3. 赋予信念可能允许泛化,而仅仅模拟程序的行为则不会。

4. 我们赋予程序的信念和目标结构可能比程序的细节更容易理解。

5. 信念和目标结构可能比程序清单更接近程序设计人员的目标。

6. 比较程序可能比仅仅比较清单更好地通过信念—归因来表达。

但这些都是建立在对信仰的错误理解和对更普遍的暗物质的错误理解之上的——至少,如果我们在这本关于暗物质的书中走对了路的话。此外,计算机的这种拟人化功能太强大了——它可以幽默地加以扩展,但同样有效地适用于没有人会相信的环境:恒温器、脚趾、植物、悬崖边摇摇欲坠的岩石。事实上,在许多文化中——例如,皮拉哈文化和瓦里文化——信仰经常被归因于动物、云彩、树木等等,作为一种方便的说话方式(像麦卡锡),也可能是一种宗教或泛神论对所有对象中神的暗示。

信念是一种有意识的状态(塞尔,1983),当身体(包括大脑)被指向某物(从一个想法到一种植物)时,信念就会发生。信念是个体在从事语言和文化培养的过程中形成的,成为个体暗物质的文化组成部分。

人们可以谈论他们的一些信仰和信仰的品质。人类的信仰可以是与其他信仰一样,是合逻辑的或不合逻辑的、一致的或不一致的。它们部分地按价值排序。例如,在"我相信科学"和"我相信上帝"的陈述中,排名可以是"上帝"≫"科学"或"科学"≫"上帝"。如果是这样的话,程序可以被有意义地描述成麦卡锡声称的那样,他们必须能够对自己的信仰进行排名,而不是通过让别人对他们的信仰进行编程来走捷径。

某种程度上,程序可以被描述为麦卡锡的主张,他们就不会对"他们的信念"进行排序,他们缺乏"价值观"——当然,除非某些州可以称为"信仰"或"价值观",(1)由程序员直接编程或(2)间接编程(例如,算法,允许多种反应或"信仰")。此外,由于忽略了文化、生物学或心理学在计算机中的作用,信念描述只不过是一种隐喻,在某种程度上,人类则不是。人类的"新年描述"不仅仅是一种认识论上的便利,也不仅仅是一种表面现象;它从心理上、文化上和生物学角度进行检索,而不需要假定一个外部设计师。

德莱弗斯(1965)基于几篇论文(来自豪格兰[1998]的摘要),正确地驳斥了计算机的这种说法:(1)智力在本质上是有体现的;(2)智慧生命本质上处于世界之中;(3)智慧人的世界本质上是人的世界(因此我认为德莱弗斯在说"世界"的时候是有文化的)。

在结束本章之前,有几个问题需要研究,以进一步阐明正在发展的文化概念。再次强调,这不是说暗物质是文化,而是文化产生了暗物质,其中包括作为其组成部分之一的"个体文化";也就是说,价值排名、知识结构和社会角色由一个特定的个体所表现或拥有的独特性,就像一种"语言"只能在个体的语篇中找到,也只能由社会通过个体来使用。

需要理解的问题之一是工具的作用和出现。我们如何描述工具的文化特征——用来帮助不同文化成员完成不同任务的东西?工具上"滴"着暗物质和文化。我认为它们是凝固的文化。例子包括物理工具——铲子、绘画、帽子、钢笔、盘子、食物——但非物理的工具也很重要。

埃弗里特(D. Everett, 2012a)提出,主要的非物理工具是语言(及其组件)。文化本身就是一种工具。

语言的工具性在其文本中是显而易见的。文本(论述、故事等)被用来劝诫、解释、描述等等,而每一种文本都嵌入暗物质的背景中。文本,包括书籍,当然不像物理工具,因为作为一种语言工具,它们原则上可以告诉我们一些关于暗物质的事情,尽管通常很少被传达。原因很清楚:我们谈论的是我们认为对话者不知道的东西(但有必要的背景知识来理解)。而暗物质,我们并不总是知道我们所知道的,只是被简单地忽略或预设了。

语言作为一种工具，也体现在文本形式中。在这方面，再次考虑哈里斯上面针对印度教"避免粪便"原则所给出的所谓矛盾原则列表。

> 必须找到一个离房子不太远的地方。
> 这个地方必须能防止被人看见。
> 它必须能让人有机会看到任何靠近的人。
> 它应该靠近水源以便清洗。
> 它应该处于难闻气味的上风向。
> 它不能在种有庄稼的田地里。

第一行使用不定冠词 a，第二行使用定冠词 the。从这一点开始，"spot"用代词"it"替代。这是因为英语中有通过语篇跟踪主题的惯例（基冯，1983）。不定冠词表示它所修饰的名词是新信息。确定性向我们表明它是共享的信息。代词表明它是外用的。由于单个单词在整个语篇中被反复引用，它与共享知识之间的角色和关系的变化通过特定的语法手段得以体现。对于非专业人士来说，这些知识是共享的，但没有说出口，而且大部分是无法用语言表达的。

与整个社会对文化的更广泛的理解相比，这里对文化的理解是如何促进的？例如，经常听到"美国文化""西方价值观"，甚至"泛人类价值观"。根据上面发展起来的暗物质和文化理论，这些都是非常明智的想法，只要我们把它们解释为"价值、排名、角色和知识的重叠"，而不是在给定的人口中完全相同的（任何概念）文化。从法律到发音，从建筑到音乐，到性姿势，还有身体形态，作为群体成员的个体行为（"贝多芬的崇拜者""哈吉斯的食客"等等），再加上个体的统觉和情景记忆——所有这些都是暗物质重叠的产物。

一个类似的问题出现了，即谈论"国家价值观"是否有意义，如果有的话，这些价值观是如何产生的。同样，由于相似的经历，这些价值观是一个国家中相当多的成员所共有的价值观。例如，在童年时期，我们这一代人有三个电视台可供选择。当时几乎没有快餐连锁店。美国超市里的食物供应相当稳定。因此，在印第安纳州长大的人与在南加州长大的人在文化产品方面有着非常相似的经历（就像我和妻子通过比较故事发现的那样）。在过去的 50 年里，这种情况发生了巨大的变化，但仍然有很多东西是相同的——上传视频到 YouTube、在线阅读新闻、使用智能手机和应用程序等等。这样的经历触发了大量个体中类似暗物质的形成。它们甚至在整个国家、大陆或全世界的电视观众、互联网接入等层面上触发这些问题。

正因如此，价值观可以在个人或群体中产生使命感，例如布尔人、犹太复国主义者、《命运漫漫》中的美国拓荒者和定居者、第三帝国。这种使命感是当今许多企业追求的目标，因为"文化"一词已被企业采用为"我们的一切"。企业通常会在网页、文档、讲座、会议等方面投入大量精力，以建立一种文化感（文化感通常只是一份未排序的价值观列表，偶尔还有一些目标——好像它们与价值观是分开的——没有讨论知识或角色）。虽然这些商业上共同选择的文化理念与一些学术上的理解有很大的不同，但它们并没有太离谱，即使它们代表了我在这里所敦促的文化理念的一个未阐明的子集。

当我们从文化角度看个体商业、商业民族志、金钱人类学或任何其他商业领域时，我们看到各种可能的方法，从历时到共时，从符号到行动、模式、做法，等等。但是，从我的角度来看，商业研究中的基本问题与任何主要的基本文化问题是一样的：什么是主位单位、客位单位和拟态化过程？

尽管人们无论在哪里都可以分享价值，但这一点不应被夸大。这当然是真的，作为生物实体，我们用一个重叠的"颜色"调色板来描绘我们的生活（例如，我们面临的问题的相似性或我们的生物资源）。然而，如果我是正确的，我们的差异远比我们的相似之处更为深刻。暗物质包括不可言说的、不说的、不常说的和难以言说的,是特定地点、时间、个人心理、统觉、记忆和文化的产物。从这个意义上说,我的理论与爱德华·T.霍尔(Edward T. Hall)的"无声的语言"是一致的。正如他精辟地指出的那样:"最难以接受的事实是,我们自己的文化模式实际上是独特的,因此它们不是普遍的。"(霍尔[1959]1973,第8章;原文强调)

尽管人类行为和暗物质的形成有许多基本原则,但个人统觉与仅仅暴露于更大价值、知识和角色网络的子集的结合意味着没有两个人在任何方面是完全相同的。当然,没有任何两种文化会如此。

暗物质的其他例子很有用,也很容易找到。所以考虑一下我们很少说的重要事情。你怎么在十字路口停车?你怎样抽吸辅音?为什么我们要根据事件相对于我们身体前部的位置来重建事件的空间结构,而不是像南北方向这样的全局方向?当我去亚马孙开始实地研究时,我想要研究能同时教会我关于皮拉哈人语言和文化的文本。我当时没有意识到,实际上没有其他类型的文本。所有的文本都揭示了文化和语言。尽管如此,作为一个初学者,文化的某些方面对我来说还是比较明显的,所以我从制作箭开始。事实证明,这是所有男性皮拉哈人共有的知识;他们很少谈论知识;但他们显然可以谈论知识。事实上,我收集的第一个文本(见下文)是关于箭头制作的。随着岁月的流逝,我对这种没有语言的主题知识传播产生了浓厚的兴趣。

不过,还有一些更好的例子说明了一些不言而喻的知识。非人类动物在某些方面表现出了优越的例子。这些动物有信仰、欲望和情感,学习复杂的行为和与世界互动的方式。然而,他们完全没有语言。因此,根据定义,他们不能谈论他们的知识。因此,几乎所有非人类的动物知识都是暗物质。大多数人对这些迷人的现象挥挥手,把它们都归为"本能",而不是知识。

狗、人类和其他动物都会经历一段依恋期,受情绪的驱使,学习技巧,学习服从一系列的命令,开始感觉到自己/关系/归属于其周围环境的某些事物,等等。

举个例子,我那重140磅的巴西獒犬,只要稍微改变一下环境,它就会吠叫——一堆书放在一个奇怪的地方,沙发上的垫子堆在一起等着打扫,车道上停着一辆新车,等等。虽然我的狗无法用英语"告诉"我这一点,但通过她的叫声和身体姿势,她与我的交流相对较好,尽管她的许多实际感受仍然无法表达。从这个意义上说,她的暗物质既具有"传染性"(通过行动和吠叫),也具有无法形容的成分,就像人类一样。

人类对我们所知道的许多无法言说的事情都有非信息性的标签。就像我们给动物知识贴上"简明扼要"的标签一样,我们经常把人类能力的不可言传称为"天赋"。例如,许多大学都开设了创意写作课程。但是没有人能教你写高质量的歌词、小说、创造性的非小说,以及做音乐、视觉艺术等等。你可以通过指导来提高。但是你不能仅仅通过指令"到达"。也许有人能教你如何像沃尔夫那样写作,或者像巴赫那样作曲,但你不可能像沃尔夫那样写作,像巴赫那样作曲,像梵·高那样画画。

天才的不可言性有几个原因。首先,人才在某种程度上是一种社会归属。当我们说"她有天赋"时,它是在有限的时间背景下的一种社会吸引力,就像本书开头斯普林斯汀乐队的警句形成一样。其次,天赋往往在知识类型与知识技能连续体的中间位置。我们可以谈论风格,分析艺术,但德莱弗斯所说的"专门技能"仍然存在。第三,天赋不是原因,而是结果。写小说是一种言外之意的行为,但是写出一部被认为是杰出的小说需要言外之意的效果。这些技能同样适用于舞蹈及任何其他能力。社会必须认可他们,并承认他们。天赋通常与对事物的看法与自己文化中的其他人不同有关。"用我的话说,理解这一点的一种方式是,拥有天赋(或成为一个疯子)或创造力,就是站在位格的前沿思考问题:成为自己文化体系的局外人——尽管仍在自己的文化体系之内。"

另一种不可言喻的隐性知识是我们如何用手势来配合说话。我们可以科学地描述(见第七章)手势并研究它们。在特定的文化中,我们可以区分主位性手势和客位性手势。但是,说话者自己无法告诉我们,为什么他们会做出特定的手势,当他们做出这些手势时,这些手势与语言流有关,为什么有些手势会在整个故事或对话中反复使用,而另一些手势可能只出现一次。

如果我们能够重新认识到,在其他与暗物质相关的环境中暴露为显性知识,在我们更熟悉的环境中就能获得巨大的信息。例如,当我在六年级第一次学习西班牙语时,我才真正开始理解我的母语英语语法。当任何一个人开始探索他们习惯行为的替代品时,他们的智慧火炬的漫射光就会反射回他们所留下的东西,然而只是短暂的——他们的道路就像他们在"这里"之前走的那样,在"那里"之前走得更远。就像 hablar① 教会我"说话"是一个动词一样,玉米饼帮助我理解了"面包"的功能。多年来,我与巴西亚马孙地区的人们生活在一起,尤其是与皮拉哈人生活在一起,我看到了自己在不断照亮大地的过程中所遗留下来的准则。我的关系发生变化,包括一个爱动物的妻子,动物进入了我的信仰、欲望、价值观和思想,在此之前,朋友和伙伴的角色是前所未有的。动物的进入让我对人类的关系和思考有了新的认识。随着我学会喜欢、爱或不喜欢每一个人,我对那些已经充斥我的过去和现在的人有了更多的了解。

想要理解人类知识的各个层面——从明确的知识到我们身体中根深蒂固的肌肉记忆——对我来说并非新鲜事。这是人类生存的问题。人们可以从心理学家、萨满巫师、哲学家、法学家、人类学家、语言学家、牧师、伊玛目、厨师或小说家的角度来探讨这种知识。关键的一步是认识到自己的有利视角,在被树木覆盖、视野狭窄的热带雨林中,在摩天大楼夹峙的繁忙街道上,或在数英里内没有其他参照物的开阔田野上,尽可能做到这一点。

另一方面,我们每个人都从同一个有利位置开始——我们的自我。

---

① 译者注:hablar,西班牙语,"说""讲话"。

但是我从视野的前景和背景中看到的这个自我是什么呢？这个自我是如何形成的？具有讽刺意味的是，确定我们以自我为中心的有利位置的性质，可以回答"他者"最深刻的问题，正如"他者"可以回答有关我的最深刻问题一样。人类学同时从我和他们开始。

成就我们身份的知识既是我们身体的一部分，也是我们文化思维的一部分。其中"思维"是指神经系统发展的一种方式，而"文化"则指社会对神经系统发展所做贡献的一种方式，我们的大脑出于习惯首先进行的程序，在很大程度上又是大脑所在的社会所决定的。对于一个社会的每一个成员，都会有一个他或她认同的群体。事实上，将会有几个群体会有一些重叠，有的除了社会成员之外没有任何联系，每个人都是一个社会联系点。

有一个巴西的表达，Se der bolo eu tiro meu corpo dai!（"如果它给蛋糕，我把我的身体拿出来！"）我喜欢这个表述，因为从字面上理解，它在英语中是不透明的。我第一次听到它的时候，它对我来说是完全不透明的。这个词的意思来自蛋糕烘焙的复杂性，尤其是那些读写能力差的人，他们很难严格按照食谱来做，因此，最终的成品就像中彩票一样，结局飘忽不定。但即使对那些能很容易按照食谱做的人来说，蛋糕也是一个非常复杂的东西。制作印度薄饼和肉汁的面粉可以制作德国巧克力蛋糕。对我来说，这个"人是蛋糕"的比喻，或者"人是任何复杂的混合体"的概念，似乎比本土主义者的"罐头里的人"更有用。当然，我们的某些部分是与生俱来的。但真正的行动是我们通过社会世界的运动所形成的各种组合和联系的变化，这些变化使我们每个人在非平凡的方面都是独特的。然而，这种混合不能被直接看到。我们大脑中看不见的物质对我们自身和本性的构成至关重要。

正如80多年前萨丕尔所论证的那样，人类心理和人类文化是相互建构的。这里的研究方法与萨丕尔的研究有很大不同，因为它不仅探讨了语言、文化和互动所赖以建立的生物和认知"平台"（见D. 埃弗里特，

2012),还探讨了我们的自我和人类本性的建构是如何从这种世代相传的互动中产生的方式。

规范和惯例

在文本和文本之外发挥作用的文化副产品是规范和惯例(简言之,规范是带有道德期望的约定俗成的惯例)。例如,关于什么是规范?它们在任何文化中是如何执行的?规范不仅仅是统计规律(布伦南等人,2013),尽管行为统计规律也需要加以整理。皮拉哈人中的一些人会反映文化(如皮拉哈人的姿势),但其他人不会(如亚马孙河流域的独木舟使用与独木舟建造——他们不建造独木舟,他们不会建造巴西人建造的那种独木舟)。独木舟反映了皮拉哈的经济、与外界的关系。但是男性只能有限地使用独木舟。这是一种短缺。另一方面,还有独木舟规范——谁可以使用独木舟、用什么独木舟、在哪里用、什么时候用、怎样划,等等。

我们自己的价值观、知识结构和社会角色使我们能够解释世界的观点已经存在了一段时间。戴维林(2004)和塞尔(1980a、1980b)将这种文化知识称为"背景"(尽管这个术语在塞尔的著作中有更专业的定义)。然而,克利福德·格尔茨的研究与我心目中的文化观最为有关联。对格尔茨来说,文化是我们赋予世界意义的方式,是我们诠释自身经验的方式。

我们一直从不同的角度探讨文化的解释学功用是如何阐明思维中存在着暗物质这一观点的。为了回答这个问题,我们有必要讨论文化的另一个方面,这个方面在本文中还没有提到,那就是习俗。习俗是来自暗物质的符号、行为、反应等等。它们是群体的可识别行为,而不是单独的个体,是提取意义、预测行为、减少决策复杂性和让我们"感觉自在"的有用工具。"它们是给我们带来安慰的线索,让我们知道正在做什么,下一步应该做什么。"约定的一个例子是语体语言。

我们在大厅里擦肩而过。我说："嗨。你好吗?"如果你开始告诉我你的疝气,或者你晚上睡得不好,你就不理解客套话的传统和像"嗨"这样的传统套话的目的。你好吗? 不是为了引出信息。它们有时采用问句的语法形式,但在文化上等同于"修饰"。"是的,他们确实采取问题的形式,所以有些人会影响他们应该这样回答。"但是,作为陈述、问题等形式的语体语言就是同音异义的一个例子——两种行为具有相同的形式。有时候,"你好吗"是一个实际的问题。在其他国家则不然。在这些情况下,在非典型的情况下,关键是要认出你,在某些方面类似于在灵长类社会群体中梳理毛发。有些文化,如皮拉哈人,缺乏客套话。这是文化习俗的问题。就美国人的排队情况而言,排队也是一种规范——有些人认为不排队是不道德的,而不排队就会受到非正式的制裁(例如,"排到队伍后面去!""他们以为自己是谁?""先生,我不能为您服务,因为您插队了。")

还有其他约定,包括排队。例如,在美国的商店里,不管有多么拥挤,大多数人都会在没有得到指示的情况下在收银台前排队。在一些国家,如果没有严格的执法,这样的排队不会发生——每个人都会挤在收银台周围,希望能得到优先服务。因此,排队是某些文化的惯例,而不是其他文化的惯例。而且,和所有的习俗一样,当我们体验另一种文化时,我们总是会为我们的文化习俗在另一种文化中的缺失而烦恼。原因在于,约定俗成的东西会让生活变得更轻松,因为它减少了我们作出决定的次数,给异国体验带来了熟悉感。

再如,"[德](祝酒词)为你的健康干杯"后面跟着别人的打喷嚏;用反讽来缓和严重或悲伤的情况;对笑话(笑声)、饭菜("那太棒了")等的预期反应——都是约定俗成的。虽然,由于暗物质的存在,文化成员可能会认为传统是"自然的",但它们实际上是文化的。

反思公约性质的领导者包括刘易斯(2002)和米利肯(1998)。根据米利肯的观点,在其他工作中,即使是像刘易斯(2002)这样有影响力的工作,也常常认为被忽视或误解的东西是需要成为一种惯例的。(与此密切相关的是对"规范"的研究,就像惯例一样,这些"规范"也遵循排名的价值观、知识结构和角色。参见布伦南等人2013年的文章。)米利肯的公约组成部分清单包括(1)—(8),如下:

1. 繁殖。语言的结构不是被所有人复制的,而是被所有人识别的。因此,语言结构是传统的一个例子。刚才提到的法语就是一个例子。但语法也是如此。例如,说"the good ol'red, white, and blue",而不是"the good ol'white, blue, and red",或者"good the blue, red, white, and red, ol'",是传统用法。

2. 重量的先例。在没有先例的情况下,惯例很少有出现的趋势。这是我们之前提到的驱动问题的另一种表现。在一个笑话之后说"泰语/漆黑的海",或者在一个空洞的陈述之后翻白眼,都是惯例。但是,只有通过先例,通过第一次交换,它们才开始成为惯例。

3. 协调约定。一些惯例帮助我们协调活动、思想、解释等等。排队就是这样一个例子。其他包括在会议上举手发言等等。

4. 惯例并不意味着有规则的一致性。有时在会议上,人们会不合时宜地发言,尽管每个人都知道,这是希望你举手,并首先得到会议领导人的认可。约定本身就是不可违背的约束。

5. 人们想要、期待并寻求惯例。在候诊室里,你把帽子放在椅子上,以传统的方式表示你在为别人保留那把椅子,其他人不应该坐在上面。因为习俗既不神圣,也不具有任何特殊的法律地位,所以如果你拿起别人的帽子,递给她,然后坐在那把椅子上,你不会被逮捕。毕竟,谁或什么赋予她保留座位的权利?公约。这里有两个惯例。第一个是"先到先得"。如果你看到一个空的座位,然后坐了上去,别人是不允许稍后过来把你挪出去的。但就节省座位的惯例而言,你实际上有"先来的双份(或优先)服务"。

我们允许这种行为,并实际上依赖于它,期待它,寻找它,因为它给原本无序的环境带来了秩序。因此,在适当的情况下,惯例可以发展成规范。

6. 惯例不是说明性的规则。当然,没有任何地方写的或记忆的规则说:"如果你先到,你可以在一排座位上保留你喜欢的座位。"事实上,有些人可能会坐在你想要预订的座位上,因为没有确切的规则告诉你一次可以预订多少个座位。然而,一般来说,当我们看到有人按照公认的惯例行事时,即使是极端的做法,我们也会避免冲突,让他们按照惯例行事。

7. 约定交错。我指的是交叉的约定是同质的(源于homo—;同音异义词、同音异形异义词等)。同形异构体只能通过主位分析来区分;两种具有相同数学形式但含义不同的惯例——比如在教室里举手和向纳粹敬礼——只能通过主位理解(即暗物质)来区分。

8. 惯例产生言外之意效果。想象一下,有人在讲述一个被谋杀的爱人的故事。在美国,预期的言外之意效果是表达悲伤和与讲故事者团结一致。但在其他社会中,比如在皮拉哈人中,预期的反应将是大笑,这是一种习俗,表明人们不应该把事情看得太严肃,没有丢面子,等等。

这是一种关于文化及其与暗物质共生关系的观点。在下一章,我将探讨文化和暗物质的个体发生。

角色的文化基础与自然基础

促进文化形成的作用并不总是显而易见的,也不总是能很好地反映不同的文化。例如,考虑一下"伙伴"在皮拉哈语中的角色。我第一次听到这个词是在一只狗从一个村子跑到另一个村子的时候,一只小松鼠猴子抓着它的毛,骑着它。皮拉哈人说这只猴子是"kagi apoo"。我知道apoo的意思是"on"或"on top of",但我一点也不确定"伙伴"是什么意思。接下来我在描述豆子和米饭时听到了这个确切的表达,豆子在米饭上——豆子就是伙伴。有一次,当皮拉哈男人谈论性的时候,他们把那个压在女人身上的男人叫作"伙伴之上"。

这一切似乎都很神秘。然后我了解到我的家庭就是我的伙伴。

一个兄弟和另一个兄弟与他的伙伴在一起,这可能意味着什么呢?哦,原来它的意思是"期望的伙伴"。大米是豆类的最佳搭配。妻子是丈夫或女人期望的伴侣。一个兄弟是另一个的伙伴。当一只猴子骑着一只狗去兜风时,这只狗已经成为它的"预期伙伴"。因此,"预期关联"是根据上下文确定的,它指的是特定情况下的特定关系,而不是单个实体。为了理解这个词,我需要理解皮拉哈人所理解的关系,以及预期的伙伴关系,就像皮拉哈人所理解的那样。只有这样,我们才能理解为什么同样的表达用于性交行为、猴子在狗身上、豆子在大米上,或者伙伴如何指代兄弟、大米、妻子、狗等等。

我们建构文化本质及其与个体心理关系的新方法的结果是,社会角色产生于特定的文化关系、视角和知识结构。皮拉哈人的"预期伙伴"是更抽象的概念,可能比英语中的"伙伴"(partner)更抽象,尽管对于初次学英语的人来说,即使是后者本身也可能显得相当抽象(例如,与你一起生活的人,与你一起工作的人,偶然认识的牛仔)。社会和文化中的参与性观察对于理解社会角色是不可或缺的,就像对价值和知识结构的理解一样。

文化创造中的概念工具

多年来,许多人类学家,如列维-斯特劳斯(Levi-Strauss,[1949]1969)、莱斯利·怀特(Leslie White,1949)、查格农(Chagnon,1984)、德斯科拉(Descola,2013)、马文·哈里斯(Marvin Harris,2006)等,都试图发展出远远超出我在这里所呼吁的价值观、社会角色和等级知识概念的文化理论。他们利用万物有灵论、图腾崇拜、宇宙神话和类比原则等组织原则来提出文化的宇宙原则。根据假设,这些原则可能是普遍的,因为它们是与生俱来的,或者因为它们是古老的,当时只有一种或几种文化。或者它们的存在是由于文化领域的共同概念。这些原则被假设为限制我们的正常认知能力、我们的理性、我们的情感等等,这样我们就会汇聚到这些文化的共性上。

例如,德斯科拉(2013)对美洲、亚洲、澳大利亚等地的民族群体进行了一次有趣的、博学多才的、高度经验主义的考察。我想在这里谈谈他的一些观点,来解释我喜欢和不喜欢这些观点的原因。说到这里,我猜假接下来的内容不会让任何人感到惊讶,因为这里正在形成的暗物质理论在很大程度上并不同情那些超出基本生理学范围的普遍性概念,也就是说,知识的普遍系统,而不是那些通过经验学习的知识系统,它在功能上非常有用,以致导致作为自然的解决方案。

据我所知,德斯科拉的作品是对巴斯蒂安传统的一种宏大综合的尝试。他试图根据万物有灵论、图腾论、类比论和自然主义之间的四种本体论区别来对世界上所有的民族进行分类。在这个系统中,万物有灵论代表的关系是基于物理表现的差异,但在"内在性"——我们的"精神"或精神生活或"灵魂"等等方面具有相似性。从这个角度看,一棵树和一个人在外表上是非常不同的,但都是由上帝或众神或灵魂居住的。因此,它们的内部结构大致相同。另一方面,图腾崇拜是一种把世界看成是物质形态和内在生活相似的方式,比如狼和人在某种程度上内在和外在方面是相似的。德斯科拉(2013,201开本)认为,类比是"一种识别方式,它将现存生命的整个集合分为多种多样的本质、形式和物质,这些本质、形式和物质由细微的区别分开,有时按等级排列,以便有可能将初始对比系统重新组合成一个密集的类比网络,将内在属性联系在一起"。例如,我们说,"在这方面,约翰就像一片叶子",重点是比较一种生物和另一种生物的特定特征。

最后，德斯科拉还提到自然主义这一重要的本体论范畴。西方人是博物学家，在某种意义上，把对立的自然视为我们自己的背景，把自身与自然对立起来，看低同一个世界的一部分，在这个世界里，我们活动，居住交换位置，并作为思想的不同形式表现出来，而不是真正成为不同的实体。

根据这四个本体论，德斯科拉创造了一个有趣的解释学的世界，提供了不同文化之间的差异、相似性、行为和精神生活。然而，尽管德斯科拉的工作显然是重要的、创新的、深远的，如果这本书的理论是在正确的轨道上，像他的大统一计划——基于人类的知识是具体的，并在所有人之间共享——是在错误的轨道上。我们需要的是一种不同的统一方案，它基于这样一种观点，即除了那些可以通过语言、文化和拥有人体而获得的思想之外，没有任何普遍的思想。

总　结

本章在语言学研究的启发下，借鉴了最优性理论、标记语的插槽：填充符概念等，提出了一种文化理论。本章试图回答的一个主要问题："X文化的每一个成员是否都参与了'按照 X 文化的价值观生活'的集体意图？"答案是，没有必要将所有文化都描述为共享的群体意图，而是将其描述为共享背景的融合——接触到类似的价值排序、知识等级和社会角色。因此，我们可以通过模仿、语言，以及最重要的符号化来回答"文化是如何形成的"这个问题。"符号化"是指通过感知从客观经验中形成主观态势。因此，一个社会既不像一支足球队，也不像一支管弦乐队。相反，一个社会的文化凝聚力来源于价值观、角色和知识边缘的重叠，这些个体生活在一起，吃在一起，思考在一起，操同一种语言，生活于同一文化圈。因此，文化是"合一"（epluribus unum）的缩影，于个人而言，文化是一种主格完形（emic gestalt）。

本章建立了一种文化模式,在这一模式中个人是文化的载体和知识的宝库,而不是整个社会。它还提出了一个价值理论,这是认识论之前的文化理论。

关于个体对文化概念重要性的讨论,使我们认识到文化是认知的核心,同时也得出了机器不能思考的结论。提出的论点是,没有文化,就没有语义理解;没有背景,就没有思想产生的暗物质。

第三章　暗物质的个体形成和构造

> 几十年来,文化心理学家、人类学家和进化生物学家一再声称要认识到语境、文化的变异,并系统地将其引入依恋理论,但这在很大程度上被忽视了。
>
> ——海蒂·凯勒《面对不同的依恋:人类普遍需求的文化差异》

在前一章中,我们提出了一种文化理论,在这种理论中,不同群体的人共享价值观、知识结构、信仰,以及对社会角色和经历的理解和参与——"文化"。由于这些不同的身心现象被纳入个人的统觉、记忆和肌肉习惯中,我们可以说他们"共享一种文化",尽管我们知道没有两个人的价值观、信仰等是完全相同的。

本章的目标是了解暗物质的获得方式。当然,文化学习是一个很大的研究领域,我自己的思考也从之前的工作中受益匪浅。在相关的工作中,有大量关于儿童发展的心理学文献,其中许多必然涉及社会学习。布鲁纳的作品具有开拓性、示范性和基础性。在文化学习中也有话语和语言的工作,至少是间接的。这些作品只是文学作品的雏形。

然而,我在这里的目标是详细描述我自己对文化学习的实地研究,然后从这些经验教训中推断出我认为的对理解人类如何构建/获得他们大脑中的暗物质的最相关的东西。

有很多原因表明,计算机不太可能永远思考或说话,除非是以人工的方式。最主要的原因是使人类思考成为现实的各种因素的聚集:意识、情感、统觉、暗物质、认知可塑性、文化、社会和生理学,没有这些,机器人就没有人类的思维。

人类区别于其他动物和机器的地方不在于计算能力。其他动物有巨大的解决问题的能力、导航、情感和其他认知范围,以及意识。例如,对狗的认知能力的研究表明(对任何狗主人来说都不奇怪),狗可以在各种任务中思考和推理。事实上,人类和狗在过去的几千年里发展出如此密切的关系的一个原因是,它们各自拥有有益于和补充对方的精神和身体的能力。狗和人在某些方面是相似的;他们的反应、需求等等,都是基于非常相似的皮层下情感中心(潘克赛普和比文,2012),因此他们对彼此的幸福作出的共同贡献在于他们之间产生了强烈的依恋。狗甚至可以成为文化的一部分,在我们以上讨论的意义上和在整个研究中,基于社会角色、依恋和意义(伙伴、盟友、援助等等)之于与它们相关的人类。事实上,在皮拉哈语中,狗被称为"伙伴",与配偶或家庭的意思相同。(这个术语实际上是指"合作伙伴"或"通常关联的实体",所以它甚至可以指米饭和豆类,如第二章所解释的那样。)皮拉哈人的表达式(kagiʔapoó)——"伙伴之上"——可能意味着几件事,包括豆类、大米、性交、一只宠物猴子骑着宠物狗等等。以下是我认为发展暗物质的必要条件:

1. 身体——肌肉记忆、味觉、视觉、声音等等。
2. "培养"——在类似暗物质的引导下,参与一个群体的正常实践。暗物质的一个重要组成部分是知识,这些知识来自培养、语言,以及作为一个特定群体的一员与该群体的其他成员进行互动。狗所知道的、相信的、品味的及价值观等等,从定义上来说都是暗物质,因为从原则上讲,狗是无法言说的(这并不是说总是无法言说,因为摇尾巴、吠叫和许多其他行为都是交流的形式)。包括他们相信的和他们不知道自己相信的东西(至少在被激发讨论之前是这样)——例如,拱门可以支撑一座桥,雇主任意地给一个同事而不给另一个同事额外的报酬是不公平的,一个人在没有保护的情况下(在自转的地球上)不能以每小时一千英里的速度旅行,或重新吸收体液是令人恶心的。暗物质还包括行为一致性的原因。

3. 一个灵活的大脑,通过新的联系、创新,让特定的组一起经历,能够统一缘份、半知觉学习、即兴创作、寻找幽默、创造幽默等等。

4. 情绪大脑——情绪是文化/暗物质的必要条件,但无论如何都不是充分条件。斯波克先生的火神文化是不可能存在的。动物与人类之间的联系,以及人类与其他人、动物、地毯、吉他、食物种类等之间的联系,都是情感、认知和生理相互作用的结果。没有这种情感依恋和动机,情感和暗物质就不会出现;它的副产品,如语义学也不会出现。

5. 语义学——对结构、限定和意义来源的研究,是人类和机器在语言使用上的重要区别。但是语义学仅仅是暗物质的副产品,它本身也是一个群体中行为和归属的副产品。

6. 人类的智力——拥有丰富的暗物质与动物的能力、知识等在数量上是否不同,目前尚不清楚。事实上,我认为,笛卡尔认为只有人类才会思考或使用隐性知识的观点是物种中心主义的一种形式,是几个世纪以来二元论看待认知的结果。

依恋理论

个体文化联系的创造被称为依恋——婴儿形成关系的最初体验。多年前,一位哲学家朋友告诉我,他认为在孩子生命的头两年里,你应该全身心地关注他们。在那之后,他们的个性和与你的关系就形成了,所以你需要花在他们身上的时间就会大大减少。

我怀疑这并非大错特错了。在他们生命的最初几年里，孩子们像其他哺乳动物一样，与他们的主要照顾者以及其他侵入他们感官的人类和实体——比如兄弟姐妹、祖父母、宠物、房子周围的东西——形成了至关重要的联系，因为他们在一个文化网络中构建了自己作为个体的身份。当然，尽管依恋发生在生命的最初几个月或几年，但互动、观察等等，会贯穿一个人的一生。下面是形成暗物质的一些额外的基础支柱。

人类在与其社区打交道的过程中，既能学到上面的经验，也能学到书面或间接的教训。人类学习如何做事。我们知道什么是不可接受的行为。我们在任务中培养技能，包括运用自己的身体的本能（钓鱼、跳舞、玩游戏、乘电梯、吃饭、性、排便等）。当一个孩子违反了一个期望，它可能会被责骂、打，或被排斥一段时间，这取决于文化和其他因素。当一个孩子帮助一个倒下的兄弟姐妹时，可能会得到表扬，或者得到糖果或其他奖励。与那些违背价值观的行为相比，那些符合我们交往对象价值观的行为会得到不同的回应。

当我们与他人互动时，我们了解到我们的身体被认为是丑陋的、普通的、漂亮的、肥胖的、瘦的、强壮的、漂亮的等等。我们会认识到，我们也许更弱、更强、更快、更慢、更高、更矮、更穷、更富、更白、更黑。我们的自我形象将由他人对我们的看法和我们对他人的看法所形成。这是社会文化对个人心理的影响。

在我们的行动、生理反应等过程中，我们了解到我们相对于环境的局限性（例如，抵御温度及其波动、杀死或吃掉动物、种植土地和不同作物的相对价值）。通过仪式、文化、习俗、实践和其他类型的活动，人们学会了意义、暗示、对周围环境的预期、思考、在不同类型的任务中投入多少精力，以及"责任""自由"和"牺牲"等概念的性质。我们不仅仅是有腿的自动移动计算机。我们在环境中的每一步都会受到生理、情感和心理上的影响。这些步骤建立了我们的概念，从我们的自我形象到我们的科学哲学。学而不做；具体来说，没有文化就没有学习。

但是一旦我们掌握了一门语言,我们也就进入了以语言为基础的学习世界。社会化和文化加速并进入一个新的维度。我们在学校的各个层次都是社会化的,我们被童话故事、演讲、电视节目、音乐歌词、课本、数学以及所有其他的一切所包围。这个过程从我们故事的主题开始。我们的故事预设了什么?(后者是整个群体共有的暗物质)他们如何引入新信息?这些故事如何突出重要信息?什么信息是重要的?它们如何构造参数?争论和论证在什么情况下合适或不合适?我们与物理、生态、社会、文化和语言环境互动,解释和记忆的无数方式产生了我们的暗物质。

在依恋理论中,没有必要假定预先连接的知识。(至少,我不会在这里这么做。)然而,婴儿要建构自己的身份,需要一定的能力(学习自己在社会等级中的地位、他人与自己的相关角色、价值学习与排名、知识的初步学习与等级安排、解释自身经历的能力等)。正如艾莉森·戈普尼克(Alison Gopnik,2010,4 开本)所观察到的那样,童年"甚至不只是所有人类共有的东西"。但她认为,"正是它让所有人都成为人"。戈普尼克还准确地将婴儿描述为"完全陌生的"。我们对新生儿的了解并不像它对我们的了解那么多。它有一个几个月的领先,因为它的学习开始于子宫(保罗,2011)。童年的重要性来自这样一个事实,即人类通过摆脱纯粹生物进化的限制而享有巨大的生存优势。"新的研究表明,婴儿和幼儿对世界的了解和学习比我们想象得还要多。"(戈普尼克、梅尔佐夫和库尔,2001,第 8 章)

孩子生来就是局外人。这就是为什么他们是外星人。他们除了可能在子宫里学到的知识外,没有其他的关于主位的知识(也许没有任何医学上的知识)。当他们在人生中第一次(也是唯一一次)经历模仿化的时候,他们必须迅速地为自己建立一个局内人的身份。他们从陌生到熟悉、从观察者到认识者的旅程的第一步是依恋。

依恋(鲍比,1969;奥托和凯勒,2014)是婴儿和照顾者之间构建的主要纽带,是模仿化的第一步。暗物质在出生之前已经形成,但通过模仿化经由依恋、语言学习、文化学习等等,孩子就能够更好地分类、存储,并安排其缘分,建设自身、环境和社会(其他相关文化学习的例子见德洛奇1997、2000)。

依恋不能被很好地理解,甚至不能作为一个有用的概念来表达,除非它在各种跨文化背景下被研究。虽然早期研究集中在母亲和婴儿上,奥托的工作总结和凯勒(2014)表明,依恋有各种重要的、不同的表现形式,从标准假设的西方母婴关系模式,到世界各地许多传统农业社区、狩猎采集社会或更紧密、更小的乡村社会中发现的更多样化的网络依恋模式。正如奥托和凯勒(2014,3开本)所指出的:"进化/伦理学基础并不证明依恋具有相同的形状,以相同的方式出现,并在不同文化中产生相同的后果。"换句话说,儿童对照顾者依恋的差异不仅来自不同文化的差异,而且还进一步强化和分离了不同的文化。依恋关系具有多种功能和形式。

依恋研究的重要性是双重的。首先,它增加了我们对物种所选择的依恋可能性范围的理解。其次,它帮助我们至少开始梳理出先天和后天对人类发展形成的相对贡献。但我想做的不仅仅是查阅关于依恋的文献,而是描述皮拉哈文化连接的同心圆,并讨论这个连接序列对获取暗物质的重要意义。提供这种(表面的)关于皮拉哈文化中依恋如何运作的描述是有用的,可以提供一个案例研究,研究人们如何在特定的环境中建立他们的身份——个人的和文化的。随着描述的进行,我还将讨论价值、规范、实践和约定如何从这种依恋中产生,并在后面的章节中以不同的角度讨论所有这些问题。

这一节也可以看作对特定社会的模仿化的持续讨论和描述,即儿童从异族化到本族化的转变。人类区别于其他物种的一件事是,我们通过语言积累知识的能力。例如,如果黑猩猩知道一种特定的植物有毒,如果他们观察到他们的父母避开这种植物(或因它生病或死亡)的话,它的后代可能会学到这个宝贵的教训。但是,欧洲黑猩猩(在动物园里)不知道"古老的国家"(非洲)的有毒植物,因为这不是其祖辈传下来的知识。黑猩猩不会构建工具,而这些工具的基本设计是通过在每一代中添加和改进来实现的。文化可以通过知识的传播和阐述而代代相传。

通过语言,每一代人不仅向上一代人学习,而且可能向所有曾经生活过的一代人学习。语言不是我们构建知识、价值观、行为方式等的唯一工具。但它是最重要的,即使它本身是由文化塑造的(D. 埃弗里特,2012a)。

除了语言,还有其他工具用于构建文化身份。例如,模仿是至关重要的。因此,博伊德和理查德森(2005)认为模仿在文化的学习和传播中扮演着重要的角色。我们模仿的行为会随着时间的推移而变化,单单模仿就能带来一些累积的文化知识(例如,通过模仿最新最好的设计,弓箭的设计在特定文化的历史中不断变化)。但是模仿并不足以传播文化。一个人不能仅仅通过模仿他人的行为来学习支持许多社会角色的专门的层次知识(例如相对论)。语言对于超越日常生活的文化的建构和传播至关重要。尽管如此,我们的日常生活仍然充满了文化知识和价值观,而这些知识和价值观是可以通过模仿传播的;对于学习当地文化的孩子来说,这些对于"自我"的最初形成至关重要。

皮拉哈人的模仿和依恋

我在这里描述的附件是一系列"同心圆",从照顾者到家庭到整个社会。在发展的每个阶段,孩子都依附于特定的个体,每一个个体都比另一个个体更具包容性——母亲、父母、家庭、村庄、更多的皮拉哈人。

狩猎采集者的依恋方式与西方的做法开始时就不同,而且往往截然不同。例如,我曾经看到一位名叫希奥塔奥霍阿吉(Xioitaóhoagi)的年轻女子和其他一些妇女一起从她的村庄出发,去她家的园子里收获甜木薯。她出门时只穿着身上的衣服,带着一把大砍刀和一个用棕榈叶编织的篮子。与她同行的其他妇女都大声说笑着,周围围着许多营养不良的小狗,而她之所以引人注目,是因为她怀有身孕。

那天下午晚些时候,女人们从园子里回来了。希奥塔奥霍阿吉提着大约40—60磅木薯块根,装在她的篮子里,用一根额带系在额头固定着,经过我的书房小屋。和其他皮拉哈人一样,她双臂交叉抱在胸前。我正要继续工作,突然意识到她还抱着别的东西。再仔细一看,我看到她怀里抱着一个新生儿,而且她的肚子小了很多。她已经分娩,然后继续干活。孩子是在田地边的地上出生的。生完孩子后,这位母亲继续收割,然后和其他女人一起跋涉回来,原本打算只带一份重物,现在却带了两份。

并不是所有的皮拉哈人的诞生都发生在田野或丛林里。在水位较低的时候,妇女们通常会涉水到齐腰深的麦奇(Maici)河,蹲下身子,在水中分娩。分娩也发生在小屋中升高的睡觉平台上。因此,我首先想到的问题是,皮拉哈人的生育方式如何影响皮拉哈人的母子关系。

重要的是要了解皮拉哈人分娩是危险的,这对母亲和新生儿都是困难的。他们没有止痛药,没有舒适的床,没有医生或助产士的帮助,在丛林的地上,或者和食人鱼、电鳗、蟒蛇、凯门鳄等一起蹲在热带河流里。皮拉哈母亲通常在分娩时无人帮助,母亲独自努力生产生命。丈夫很少在场。这种出生方式给母亲留下了一种更深刻的感觉,即她与孩子的生理联系是直接的,没有缓冲。一个亚马孙河流域的女性对生育的生理和心理行为的理解将与生活在美国郊区的女性不同。然而,除了皮拉哈女人特定的坚忍克己外,她对出生的不同态度对皮拉哈文化意味着什么?

它有几个意思。首先,新生儿产后的立即经历和随后经历——以及对其他孩子出生的经历、观察和期望——在群体认同的形成中也很重要。正如亚诺马米族领袖戴维·科帕纳瓦(Davi Kopenawa)在其富有洞察力的自传《坠落的天空》(the Falling Sky)中关于自己的出生所言,

"我从一个亚诺马米族女性的阴道里掉到了地上"。

其次,这意味着皮拉哈婴儿的个性部分是在不同的物质文化环境下形成的。婴儿可以在白天由他人照顾一小段时间,但在未来三到五年内,婴儿的大部分时间将由母亲照料。

第三,这意味着皮拉哈母亲和孩子之间的关系将不同于美国母亲和孩子之间的关系,这是由于他们之间的关系具有独特的个人性质,不受(教师、医生和其他专业护理人员的)调解。

关于母亲的婚姻状况与身份形成和依恋的关系也值得评论。与一些西方母亲不同的是,皮拉哈妇女不关心与她的婚姻状况或与生产年龄有关的耻辱。没有人会因为非婚生子女而谴责她——除了单身女性所面临的经济挑战之外,这个概念根本不存在。即使是后一种情况,她也总会有某种家庭可以依靠。仅可选择性地(尽管通常)将生父包含在子的依恋中。

孩子会和其他皮拉哈人、亲戚,或者仅仅是和其母亲住在同一个村庄的其他人呆上一小段时间。孩子很容易就能分辨出皮拉哈人和非皮拉哈人,因为皮拉哈人有一种特殊的气味(烟味、鱼味等)、外观(棕色皮肤、黑色头发、小体毛等)、感觉(长满老茧、肌肉发达)和说话方式。普通的皮拉哈婴儿几乎愿意去任何其他伸出手臂的皮拉哈人那里,而粗暴地拒绝拥抱的,则非皮拉哈人。

皮拉哈人偶尔会挨饿。他们几乎没有什么物质财富。他们很少能得到医疗帮助。他们与民族文化的经济几乎没有联系。此外,皮拉哈婴儿死亡率很高;大约60%—75%的儿童在10岁之前死亡(尽管由于巴西国家卫生机构的定期访问,这一比例有所降低)。在这些方面,皮拉哈母亲们的环境似乎与那些阿尔托克鲁塞罗母亲们的境遇相似。

然而,她们的反应却截然不同。据舍佩尔-休斯说,阿尔托克鲁塞罗母亲们对她们的婴儿表现出一定程度的冷漠,她们的"精神"可能会让她们无法预测。这些母亲依靠强烈的宗教信仰来应对失去孩子的悲剧,而失去孩子的比例高于她们在电视上看到的或她们以某种方式为之工作的巴西富人。然而,与阿尔托克鲁塞罗妇女不同的是,皮拉哈母亲对她们的婴儿没有表现出冷漠,她们对婴儿倾注了感情和关注,当他们死去时哭泣的时间很长,声音很大。在物质条件相似的情况下,母亲之间的这种反差如何解释呢?我认为有两种可能的解释。首先,皮拉哈母亲与阿尔托克鲁塞罗母亲不同,她们没有贫穷的概念,也没有对其他物质条件的渴望(例如,相对富裕的人的生活,甚至像我这样的美国人的生活,因为我所拥有的似乎没有什么能吸引她们或让她们非常感兴趣的)。这种对贫穷概念的缺乏意味着,皮拉哈人并没有认为只要他们拥有更多的物质资源,生活就应该或能够变得美好。就她们而言,她们生活在理想的环境中,这就是生活。有一次,我问一个皮拉哈人,为什么他认为我是从麦奇河上来到他们的村庄的,他毫不犹豫地回答说:"因为麦奇河是个好地方。"只过了几分钟,他就带着皮拉哈人去拜访我的另一个同事巴纳瓦人(Banawa)。其次,皮拉哈人没有宗教信仰。他们相信活在当下,没有想到上帝会保护、杀害或以其他方式影响他们的日常生活,更不用说他们婴儿的健康了。

  皮拉哈人是他们唯一的世界。这就解释了为什么婴儿只依恋皮拉哈人。如果一个外国人——尤其是像我这样的留胡子的外国男性——想要带走他们,大多数婴儿都会转身尖叫。对于偶尔会接受我伸出的手的婴儿,他们的父母通常会说:我的孩子不害怕。这些父母似乎相信他们的孩子来找我是为了显示他们的勇气。然而,对他们的父母来说,更深层的价值在于,孩子不会来找我。早些时候为孩子来找我而自豪的父母后来可能会告诉孩子,要当心我,因为我可能会把他们带到另一个丛林里去。看护者通常会故意吓唬他们,表现得好像他们要扔给我或当我离开我的船时把他们交给我。这种照顾者的行为极大地增加了孩子们对我的恐惧,当他们的孩子对着我尖叫时,大多数父母都会大声笑出来。

  从他们的角度所得到的有用的教训正在被学习。从历史上看,非皮拉哈人可能是危险的。同时,这种皮拉哈人与"他人"之间的清晰划分,加强了皮拉哈儿童对皮拉哈成人的依恋。

皮拉哈人的孩子在身体上和情感上都只依赖于其他皮拉哈人,以避免模仿或羡慕外国人及其生活方式。皮拉哈人之间的联系部分是建立在他们感官体验的同质性上的,尽管这一点从未被阐明过。这都是暗物质,大部分都是无法形容的——你怎么能用语言来表达由情景记忆构成的统觉的整体,它使你成为"你"?因此,尽管皮拉哈人通常不会谈论遥远的未来,但当被问及他们的孩子会像其他皮拉哈人一样时,他们有时会说一些类似的话。

和其他文化的婴儿一样,皮拉哈婴儿24小时都有人照料。然而,母亲,无论是哺乳还是其他,都不是与她们的婴儿不可分割的。偶尔,一位母亲会给另一位母亲的孩子喂奶,让后者有更多的时间聚在一起或从事其他活动。这取决于食物的供应、母亲的健康状况,以及母亲之间的关系(例如,村里的邻居、亲属关系等等——母亲的姐妹是最常见的代理哺乳者,但不是唯一的)。此外,婴儿的哥哥姐姐们经常在喂食期间照顾他,但即使是带着他到处走(比如自豪地向人类学语言学家炫耀),母亲也从不远离他。其他人也可能带着婴儿,但很少离开母亲的听力范围。

婴儿经常被交谈,但没有特别的"婴儿语法"或"婴儿音系"。据我所知,另一方面,母亲(和父亲,在较小程度上)经常对他们的婴儿使用哼声(D. 埃弗里特,1985、2005a、2008)。他们也经常用高亢的声音和婴儿说话,充满了笑声,不时伴有亲吻、搔痒和玩耍。

非人类哺乳动物的护理是一种强烈的、有些矛盾的依恋/识别实践。也就是说,皮拉哈母亲不仅哺育自己和其他母亲的婴儿,还哺育其他哺乳动物,如图3.1所示。事实上,我曾见过皮拉哈女人看护狗、猴子、野猪(如照片所示)和其他动物(甚至是更小的、居住在树上的食蚁兽——塔曼杜瓦·米瑞姆)。皮拉哈男人开玩笑地说,除了食人鱼,女人什么都可以吃(然后大笑起来)。根据河上贸易商、政府雇员和其他人士的评论，皮拉哈人知道这是一种不寻常的做法（尽管它不是皮拉哈人独有的），但出于几个原因，他们继续这样做。

图 3.1

首先，所有的皮拉哈人都热爱动物，尤其是皮拉哈妇女，她们特别喜欢养小动物。她们喜欢和它们一起玩，训练它们，等等。但其次——也许与西方人的想法有些矛盾——他们养这些宠物，根据需要喂养它们，是为了在它们成年后吃掉。这并不妨碍他们在无情地走向成熟的过程中与它们保持亲密、关爱的关系。皮拉哈人给这些动物起名字，充满爱心地饲养它们，几乎带它们去任何地方。哺乳动物可能由多位母亲喂养，也可能只由一位母亲喂养，这取决于许多因素，比如感知到的所有权（如果一位女性或她的丈夫强烈主张拥有该动物，其他女性就不太可能喂养它）；杀害或者捕获动物父母的；谁有最多的母乳（例如，一个刚给蹒跚学步的孩子断奶但没有新生儿的妇女）；等等。

因此，孩子们学习关于动物的价值观，将动物的经验构建到他们所有重要的"统觉集合"中，并将这些经验整合到他们新兴的自我中，即使他们的自我已经融入这些经验中。孩子们敏锐地观察到人类与动物分享母乳，他们似乎觉得这很有趣。婴儿偶尔在动物旁边或紧随其后吃奶。尽管这种动物的味道有可能停留在女性的乳房上，但他们没有表现出明显的反应。但是这种口味增加了孩子的感知能力,而"文明"社会(如美国或欧洲)的孩子则不会有这种感知能力,因为皮拉哈儿童把这些经历融入他们的自我成长中。

所有这一切都建立了孩子与皮拉哈社区和大自然的联系——哺育其他动物为孩子的成长增添了一些非常奇特的感官体验,无论是在概念上还是在身体上。例如,皮拉哈儿童的一个显著特点是,他们几乎完全不惧怕或厌恶动物,甚至是危险的动物(例如,他们也养着大雕和黄鼠狼)。他们从直接观察中学习许多丛林动物的行为(即使是那些被捕获的,但没有被饲养,并在捕获后不久被杀死的动物,如凯门鳄)。当皮拉哈儿童长大后,他们不仅与动物分享母亲的乳汁,也分享固体食物,通常与狗分享他们盘子里的东西,也偶尔与其他动物分享,他们都心满意足地吃着同一堆鱼和木薯。价值是根据社区、动物、泥土、母亲等等来创建和排序的。文化包含了整个生态系统。

通过分娩、动物和哺乳的关系,皮拉哈人从出生的那一刻起就与自然和他们的社区建立了直接的、终生的、鲜活的学习联系。这是他们与巴西人以及迅速被同化的帕林廷人(Parintintin)和腾哈利姆·长瓦伊夫语(Tenharim Kawahiv-speaking)群体的显著区别,这些人对皮拉哈人持保留态度。动物的关系和知识强调了他们社区的不和谐,河流商人、探险家、飞行员和其他人不时访问他们的村庄。在最近的几本书中,德斯科拉(2013)和卡恩(2013)都强烈主张,只有当我们在周围的环境和生态中了解人类文化时,才有可能理解人类文化——动植物、地形等等,它们在人类的价值观和知识结构中扮演着重要的角色。

当孩子们学习他们的语言,学习他们村庄的结构,睡在地面上或用树枝或树苗做成的粗糙不平的木头平台上时,通过其他自然的社区生活经历,这些群体依恋的点在孩子们的成长过程中得到加强。和传统社会的其他孩子一样,皮拉哈年轻人对生活中生理方面的体验,受到的缓冲作用远少于西方孩子。他们有意识或无意识地记住这些经历,即使这些感知不是语言层面的。

皮拉哈儿童观察父母体育活动的方式与来自富裕社会的儿童不同（尽管经常与刚刚提到的周围文化相似）。他们经常看到和听到他们的父母和村里的其他成员进行性行为（尽管按照大多数标准，皮拉哈成年人是谦虚的，但这是一个没有墙壁和锁上的门的世界），消除身体废物，洗澡，死亡，遭受严重的疼痛而没有药物治疗，等等。他们知道他们的父母和他们一样。一个蹒跚学步的小孩会在妈妈说话的时候走到她的身边，做一个篮子，或者纺棉花，然后把她的乳房从裙子的上端拉出来（皮拉哈女人对所有人只使用一种服装设计），然后吃奶——在这方面，妈妈的身体是自己的。这种进入母亲身体的方式是一种权利和强烈的依恋。然而，这是短暂的，巨大的冲击是由断奶开始的。

在4—5岁的时候——或者更早，如果母亲生下了一个新的婴儿——这个自信的、满足的幼儿就会失去母乳。断奶是突然的、意想不到的，会让蹒跚学步的孩子感到饥饿，要工作、独立，并失去对母亲身体的所有权。转变就是孩子总是感到不愉快，开始尖叫，日夜大哭，发出不同寻常的叫声，仿佛他们正遭受可怕的痛苦。

在白天，人们看到孩子发脾气，他们是为了抗议饥饿，他们被切断了母亲的乳汁，失去了母亲怀抱婴儿的权利。我看到过小孩子在泥土中扭动，尖叫，用拳头捶打着脸，故意把自己用力地摔在地上，经常靠近甚至就在火中（严重烧伤已经发生过），吐痰，就像癫痫发作一样。整个村子的反应几乎总是一样的——完全漠不关心。孩子们被忽视了，即使他们坚持了好几个小时，偶尔还会受伤。他们被忽视，即使他们在炎热的阳光下，不喝酒，似乎用光了他们所有的可用的能量，直到精疲力竭。他们被忽视，即使他们在村里的主要道路上投球，强迫每个人跨过或绕过他们。通常他们会疲劳，停止发脾气，并在几周内变得稳定。这种非仪式性的过程所产生的任何长期的心理影响，对于外部观察者来说都是看不见的。对母亲的依恋减弱了。皮拉哈人作为一个群体开始加速增长。

这种快速的群体识别来自我所说的断奶幼儿的"敏锐的"学习阶段。刚断奶的孩子从没有饥饿、没有工作、娇生惯养的安逸生活过渡到必须多走路（到田野里、河里、丛林里等等）的生活，而不是大部分时间都被抱着；承担责任，尤指搬运小物品，总有适合他们的如装载柴火、豆类、鱼等等；和大一点的孩子去钓鱼；照看和携带弟弟妹妹，等等。他们玩的时候也没有大人看着他们的每一个动作，例如，独自在麦奇河上划独木舟。在人生的各个阶段，特别是在走向新独立过渡的过程中，皮拉哈儿童面临着几乎没有监督的危险。孩子们拿着锋利的刀跑着，走到火堆附近，伸手去触摸活着的、危险的动物，或者从事一些西方人认为不安全的活动。在这一阶段，它们会被咬伤、烧伤、割伤、撞伤、迷路，忍受刺痛和各种各样的伤害。但根据我的经验，皮拉哈孩子从这些经历中建立起自信、优雅和实用的知识。这些风险及其后果对学习和生活在皮拉哈文化中至关重要。

　　有人可能会认为（不正确的）皮拉哈人天生就会携带刀具，走进火堆，比西方孩子更优雅。我在皮拉哈人中抚养了我自己的孩子（两个女孩和一个男孩），后来我看到我的孩子们在村子里玩耍，皮拉哈人与他们（当然也包括我自己）在安静、不笨拙、常识和处理环境中危险事务的意识方面形成了鲜明的对比。美国的孩子（和许多成年人）大声尖叫着跑着，用脚跺着地面。他们会摔倒，被黄蜂和其他昆虫蜇伤，撞到头，掉到河里，掉到独木舟上，不能静静地坐着，等等。与欧美儿童相比，皮拉哈儿童在活动时表现出沉着优雅、相对安静、很少跌倒、很少撞头、很少被刺痛或受伤。皮拉哈人认为，他们的能力与我们的能力之间的对比，使我们成为不同的民族。这些鲜明的对比在明显的形制和技巧上加强了他们的群体认同感。

　　作为早期学习技能的一个例子，可以考虑使用弓箭。有一天，我和一个皮拉哈人聊天时，我感到上背部被人刺了一下。我转过身去，看到蹒跚学步的孩子摇摇晃晃地站着，拿着他那支钝头的、六英寸长的箭，箭在击中我后掉在地上。他在向我肩上的一只蚊子射击。那孩子以严肃的表情回视了我一眼，然后转身瞄准地上的一片叶子。这名男子解释说，所有的皮拉哈男性都是用同样的方法学会射箭的——从小就不断地尝试和犯错。到了青少年时期，他们已经可以射到任何他们想射的东西了。

性行为是另一种区别于早期大多数西方中产阶级的行为。许多年前，当我在工作的时候，一个5岁左右的皮拉哈女孩向我走来，并对我进行了粗暴的性行为手势，一直歇斯底里地笑个不停。看到这种行为的人没有表现出任何烦恼的迹象。这只是小孩子的行为，就像挖鼻子或者放屁。不值得评论。

但我们从中得到的教训是，一个孩子的行为方式不可能会让西方成年人觉得粗俗，相反，当我研究这个问题时，我得到的教训是，通过观察，皮拉哈儿童比大多数美国儿童更早地学会了很多关于性的知识。此外，他们早期获得的肉体知识并不局限于观察。有一次，一个男人把我介绍给一个9岁或10岁的女孩，并把她介绍给他的妻子。"只是玩玩而已"，他很快补充道。皮拉哈年轻人很早就开始有性行为，虽然显然不是完全的性交。从7岁左右开始，触摸和被触摸似乎是普遍的。到青春期时，他们的性行为很活跃，年龄较大的男性和女性经常会主动约会年轻的女孩和男孩。没有证据表明，当时或成年后的孩子会觉得这种恋童癖有丝毫的心理创伤。

总之，很多文化认同和依恋是通过非语言模仿和学习来实现的。这种知识几乎完全是默示的，而且在很大程度上是不可言传的。因此，社区隐性知识只能——或者至少是最好的——是由传统参与观察的方法，获得笔记、诠释学、对话和各种行为的解读，寻找它们之间的联系，无论是语言还是低于阈值的意识。这是暗物质的缩影。然而，从广义上讲，这种学习并不局限于文化。这在语言学习中也可以看到。

语言和依恋

皮亚杰(1926)和维果茨基(1978)对语言与社会的联系，如以自我为中心的语言与社会化的语言以及社会文化发展，提出了不同的且显然不相容的观点。皮亚杰的自我中心主义似乎与维果茨基的观点不相容，至少正如皮亚杰所描述的那样。然而，我认为，如果我们把自我中心主义解释为"身份的形成"，这两者实际上可能是一致的。因此，一个孩子学习语言，形成了自己作为一个自主的心理存在，但这种自主只有在比较和对比他人，即在社会环境中才有意义。

皮拉哈语习得虽然没有经过实验研究，但它遵循了其他文化中语言习得的大致轮廓。一个孩子从子宫里就开始学习语言和文化。从文化上讲，胎儿学习母亲的生物节律、饮食、音高范围(调节声波必须穿过的潮湿介质)，等等。从语言学上讲，它与母亲的韵律(音调、重音和语调)以及(至少)母亲说话的其他特征有关。孩子一出生，就会接触到当地社区中更清晰、更响亮的语言冲突。

以皮拉哈儿童为例，他们几乎会立即接触到五种语言渠道(D. 埃弗里特，1985、2008)：哼歌、呐喊、音乐、口哨和辅音—元音，每一种都在皮拉哈语文化中扮演着不同但重要的角色。母亲和其他护理人员不会对婴儿说"婴儿语"或"母亲语"。然而，与其他渠道相比，许多母亲在与婴儿交谈时更频繁地哼歌。因此，皮拉哈儿童在他们生命的最开始，即在子宫里就学会了皮拉哈语韵律的复杂性、重要性和使用方法。这种韵律的复杂性在皮拉哈语中是非常独特的，使他们有别于巴西其他任何已知的族群。此外，他们在婴儿时期接触的声音没有出现在巴西其他语言中(这些声音之一发生在没有其他语言的世界)——浊声齿龈双瓣音(一种形式的[1])和双唇颤音(D. 埃弗里特，1982)。

然而，除了他们语言的发音特点，皮拉哈儿童还必须掌握单词的结构和意义,以及皮拉哈语法、可接受的故事主题范围、故事的讲述方式、对话结构等等。

我们首先考虑的是故事。皮拉哈儿童学习在他们的文化中适合谈论和讨论的话题——就像美国儿童、德国儿童和塞索托儿童一样。皮拉哈孩子不会学习任何关于创造、上帝、世界末日、森林的口头文学等。他们将了解到,谈论自然就像他们经历过的那样——狩猎、钓鱼、采集、无法解释的景象和声音——是最常见的话题。

他们将学习单词,动词有多达6.5万种可能的形式(D.埃弗里特,1983)。也许比学习皮拉哈语极其复杂的动词结构更重要的是学习动词最右边的证据性后缀(evidentiality suffix)。皮拉哈故事是关于直接经验的(D.埃弗里特,2005a、2008、2012a、2012b等),这些后缀的功能是传达所述或甚至所报告的是基于传闻、推断或直接观察的证据(D.埃弗里特,1983)。由于皮拉哈人在讲故事和动词结构上的不同寻常的限制,以及证据的重要性,他们的句子大多局限于单动词框架(D.埃弗里特,2012a、2012b)。也就是说,他们缺乏递归的句子结构(D.埃弗里特,2005a、2012a、2012b;富特雷尔等,即将出版)。语篇主题的不寻常特征、没有意义递归、语言的韵律复杂性、独特的发音——更不用说皮拉哈语是一种孤立的语言,而且人们仍然只说一种语言(尽管这种情况正在发生变化)——意味着他们的语言将皮拉哈语与其他族群区分开来。

语言是所有皮拉哈人依恋和群体认同的终极工具。如果你的母语是皮拉哈语,你就是皮拉哈人。如果不是,你就不是皮拉哈人。但是会"说"不仅仅是语法结构。按照皮拉哈人的说法,掌握语法是成为皮拉哈人的必要条件。但是,正如埃弗里特(2005a、2008、2012a)所讨论的那样,运用语法讲述恰当故事的能力是真正关键的技能,它融合了语言和文化。因此,在这个观点中,依恋是一个定义自我的过程、一个人在社会中的位置、一个人的群体和文化与其群体和文化的差异过程。依恋理论和语言文化理论一样,只能从依恋理论细致的描述性实地研究中获益。

由于我不是这方面的专家,因此对皮拉哈语的这种描述只是作为第一步,也许可以作为此类实地研究有望揭示的丰富实证的一个指引。

皮拉哈人的孩子从对母亲的依恋开始,随着年龄的增长,他们与社区的关系变得更加紧密和牢固。母亲们从小就很疼爱孩子。她们对婴儿的柔情与婴儿断奶的艰难阶段和蹒跚学步的年龄形成了表面上的对比。但她们的感情从未动摇。如果她们的孩子受到真正严重的威胁,他们总是愿意伸出援手。与此同时,整个社区认识到身体特征和生存特征的必要性,而这并非易事。在一个没有医生、没有牙医、没有警察的环境中——除了不得不依赖你自己、你的家人和你的皮拉哈人同伴之外,没有人——硬强加给孩子的不是因为大男子主义,而是出于需要。没有我所知的与依恋相关的论述,没有发展或解释儿童与母亲、儿童与家庭、儿童与村庄等之间日益增长的关系。可能有,但我没有观察到。相反,我们看到,儿童日益增长的责任迫使他必须在村里和更大的社区内建立更广泛的友谊和支持,以便生存。就像很多文化学习一样,模仿和建立关系是必不可少的,不需要任何特殊的语言。

我常常想,皮拉哈人是地球上人数不多的族群之一,在那里,社会上几乎任何一个成员都可以赤身裸体地走进丛林中心,出来时吃得很好、很健康,穿得很好(在某种程度上),还带着武器。当我在那里的时候,我依赖他们,并且总是感激他们。

他们的知识,他们指导我的意愿,他们教我的能力(当我问问题的时候——即由我主动提出),和世界上许多传统民族一样,他们代表着丰富的生活,并拥有一套解决生活问题的办法,如果这个民族或他们的文化消失在世界上,这些办法将永远无法恢复。不幸的是,他们现在面临的威胁比以往任何时候都大。

文化传播,就像基因传播一样,总是以某种方式被破坏而导致"突变"(参见纽森、里彻森和博伊德,2007;舍恩普夫卢塔,2008)。例如,在亚马孙的萨蒂尔人中,有一个著名的木制俱乐部,叫作"多孔",两边都有文字/标记。人们说，一方告诉他们应该做的好事，另一方告诉他们应该避免的坏事。问题是他们忘记了哪一边是哪一边。假设每一方的目的都很清楚，这是一个严重的传输故障（或者一个从未打算解决问题的有用传说）。但规模较小的事件比比皆是。考虑一些具体的东西，比如吹枪的制作。我亲眼看见这种技能在亚马孙流域的阿拉万社会中从父亲传给儿子的过程。儿子们观察、模仿并与父亲一起工作。令人惊讶的是，在这种技能传递过程中，几乎没有语言指导（至少相对于我父亲教过我的任何技能而言）。用于吹枪的木材来自一个小范围的木材品种。用来捆扎喷枪并使其密封的藤条仅限于几种类型。用于飞镖的针同样需要对当地植物有高度的专门知识。一种大的丛林藤蔓植物，用来提取毒素（毒鼠碱）和其他有助于毒素更有效地进入血液的成分。所有这些步骤和知识，即使没有语言，也可以被忠实地或不准确地传递。例如，有人可能不小心使用了不同类型的木材，或者另一种绑喷枪的方法、毒药的另一种结合剂。错误或创新可能发生在一对父亲—儿子传播过程的任何步骤中，导致偏离文化规范。从文化的角度看，这种偏离是否是有意的并不重要；有一个偏差，一个潜在的变异——一个不同类型的喷枪或一个较低或较高水准的武器。显然，这样的偏差已经发生了，因为在密切相关的阿拉万语中，吹枪的区别（就像这些语言本身一样！）由于模仿和创新的不完善，技术和语言也有所不同。这些例子表明，并非所有（无论多么重要）的文化知识都是命题。

其中比较有趣的专著有《社会与语言学互动》，以及近年来出现的语言学专著恩菲尔德（2013b）的《关系思维》。他说：

> 社会互动，特别是在它的实时，面对面的形式，是一个研究社会关系的特权领域；它是我们最接近社会性的地方，是我们可以直接观察学习、生产、理解、传播、变化、融合和多样化过程的地方，在语言和文化的其他方面。（十六）

恩菲尔德将实时交互中关系的创建称为"同步"。他的作品揭示了语言和社会的重要意义——例如，展示了意义是如何产生和协商的，以及它们的发展如何受到特定关系所处文化的制约。依恋对暗物质的部分贡献是婴儿用来建立其不断扩大的关系圈的交流模式。因此，对依恋和关系的研究对于理解和感知语言形式和意义的出现是至关重要的，除此之外，文化价值以及知识和责任的安排可能从这些互动中产生。恩菲尔德的研究让我们更接近于理解萨丕尔（1934，第5页）的观点："文化不是某种既定的东西，而是一种需要逐步摸索发现的东西。"

总　结

这一章通过我自己对皮拉哈人文化学习的实地研究，对暗物质的获取进行了案例研究。从中我们了解到，整个个体——而不仅仅是一个脱离肉体的思维——都在学习并获取了暗物质，这加强了上一章关于计算机永远无法思考或说话的讨论。主要原因是使人类暗物质成为暗物质的各种因素的聚集：意识、情感、统觉、认知可塑性、文化、社会和生理学。没有这些，就没有思考。本章还回顾了发展暗物质的必要条件：身体、"培养"、灵活的大脑、情感大脑、符号学和人类智慧。

第四章 暗物质作为诠释学

> 我们已经说过,感知者(aisthêtikon)可能是可感知的对象(aisthêton)。那么,当它正受到影响时,它就不同于客体;但当它已受到影响时,它就像物体一样被制造出来,并获得了它的品质。
>
> ——亚里士多德《形而上学》

关于这一点,我已将暗物质的概念发展为一系列细致入微的知识,这些知识是通过行动和反思,通过生活经验、依恋、个人感知经验(对记忆的解释),以及通过文化生活(通过社会角色、共享和排名的价值观、习俗、符号、信仰、工具等参与社群,个人在物质、符号和心理上融入社群)获得的。现在,我们准备将暗物质的概念与特定社会的文化结合起来、应用到我们在该社会的生活中。

在接下来关于暗物质的讨论中,我提出的例子是,这种不言而喻的知识是我们解释所有经历的主要工具。在构建我的论点时,我要说的大部分内容都在一些经典著作中有所预见,如霍尔([1959]1973、1976、1990)、巴赫金(1984)、维果茨基(1978)、格尔茨(1973)、赖尔([1949]2002)、佩里(1999)等。然而,这里的讨论是新颖的,因为它试图在方式上将思维和文化统一起来。

让我们从一个美国种族态度的例子开始举例说明。在美国社会，因为在大多数其他工业社会中一样，我们对社会群体以及整体社会的价值判断，是通过媒体，以及神话和前面提到的"言谈与人相似"的普遍原则、你"更喜欢像你这样的人"的相关想法。人类婴儿很早就对长相、说话、吃东西、闻起来和看起来最像他们常见面并与之进行这些活动的人产生了偏好。

除了社会文化的依恋，我们对他人的看法也是通过教育机构、电影（对不同的不同成员的刻画）形成的色彩鲜明的群体描绘，如妇女、非裔美国人、同性恋者、书籍（我们最初在书中学习英雄、恶棍、背景、配角和充满价值的情节等）、杂志（色情、食物、种族、民族等），以及许多其他文化和社会化的来源来提供的。这些认知引导我们接受和排列相对于他人的价值观，并将其置于感知的文化角色和状态中（角色的评估）。在一项研究中（艾伯哈特等，2004）表明，当研究对象面对诸如"篮球"和"犯罪"等特定概念时，"美国黑人暴力和犯罪"的刻板印象就会产生影响。盯着黑人面孔看会降低识别犯罪相关物体的知觉阈值。也就是说，在刻板印象群体和概念之间可能存在双向的认知通路，其中一个可能触发另一个。

扩展这一点，正如比我们直接看到的更详细，我们解释我们周围的世界基于我们的不言而喻的知识（格雷戈，1970）。例如，在一个多世纪的时间里，吸烟被解释为世界知识分子性格的一部分，是一种冷静和生活乐趣的表达。从夏洛克·福尔摩斯（Sherlock Holmes）到文学教授，烟斗和打了皮补丁的粗花呢外套是"思想者"（思想家）的象征。如今，在西方世界，人们对吸烟有着不同的看法，主要认为这是尼古丁成瘾者一种肮脏的、自我毁灭的习惯，一点也不酷。将20世纪50年代和60年代垮掉派诗人或法国哲学家的相同形象展示给如今30岁以下的人，会引发截然不同的诠释和价值判断，原因很简单，我们的价值观也发生了翻天覆地的变化——我们的文化中的某些东西导致原本重视吸烟的社会年轻成员产生了不同的暗物质。

丰富的文化体验的深度描述

事实上,暗物质不仅决定了我们如何解释图像,还决定了我们是否能够解释它们。跨文化的照片解读能力与文化可能为解释世界提供解释学的观点直接相关。稍微反思一下就会发现,这方面的感知能力差异可能并不出人意料。毕竟,在自然界中,除了水中的倒影,几乎没有任何二维的视觉体验。在没有二维视觉艺术的文化中——例如,摄影或识字——对摄影的解释可以为我们提供关于某些视觉表现来源的信息,不管这些视觉表现是文化上习得的(至少部分是),还是天生的。

我注意到,在拍了宝丽来的皮拉哈酒的照片后,在镇上给他们冲洗照片,他们会盯着照片,然后问我这张照片是关于什么的,或者是谁的,即使这张照片上的人或者爱人是清晰的。后来,我向几位同事评论了这件事,表示我认为这是因为"他们没有太多的图片经验"。我的一些心理学家同事认为,这些观察结果值得进一步研究。但在进入讨论亚马孙河流域的两维对象的解释时,值得注意的是,在这方面他们的困难并不比西方人付出努力地理解艺术大,从现代派到印象派到现实主义,这一切必须找个地方文化矩阵给被观察者的。苏珊·桑塔格(Susan Sontag, 2013,1)敏锐地观察到:"在教授我们一种新的视觉代码时,照片改变并扩大了我们对于什么值得看、什么我们有权观察的观念。"它们是一种语法,更重要的是一种观看的道德规范。还有:"最后,摄影事业最宏伟的成果是给我们一种感觉,我们可以把整个世界记在脑子里——就像一本影像选集。"

人类学家吉尔福德·格尔茨(Glifford Geertz,1973)借用了哲学家吉尔伯特·莱尔(Gilbert Ryle,1968)的一个非常重要的观点,并用它戏剧性地改变了人类学的概念:"深度描述"。在深度描述中,科学家提供了足够的信息让外部观察者理解所描述的事件的意义。另一种说法是，描述应该提供对事件的主位理解，而不仅仅是满足于所描述内容的说明性。

语言学中的一个例子可以说明这一点。例如，一个"轻度"的描述可能会说，英语中有吸音闭塞辅音，甚至列出了这些辅音出现的单词，或者至少是大量的样本。"深度"的描述包括并且当母语使用者遵循上述给定的音节声母和非音节声母的预期分布时，听到的非送气音和送气音是相同的（也就是说，这至少是一个语音学分析）。

对于像皮拉哈舞蹈这样的东西，我们可以简单地把它描述为皮拉哈人围成一圈唱歌。文化客位描述会记录一些事情，比如一次跳多少支舞，谁在跳舞，他们什么时候跳舞，在哪里跳舞，跳了多长时间，在什么情况下跳舞，等等——所有这些都是他们舞蹈的身体可测量的方面。文化客位描述将包括这样一个事实：一些男人赤裸着跳舞，或者穿着棕榈叶裙子，头带由棕榈叶或树皮织成。一个深度描述应该包括所有这些以及更多。例如，它将描述/解释裸体或穿着棕榈的人的角色、舞者脸上的表情、人们对他们为什么走圆圈的解释，等等。即描述皮拉哈舞蹈使我们能够理解舞蹈的目的和解释的参与者——什么歌曲、圆形步行、不同穿衣或脱衣的一些男性参与者意味着舞蹈在皮拉哈人的整体生活中扮演的角色。

皮拉哈人"跳舞"的方式是绕着一个小圆圈走。如果有几个村庄在一起跳舞，他们可能会走同心圆。这可能会持续很短的一段时间，或者长达 72 个小时（以我的经验来看）而不停止（尽管个体来了又走，停下来又吃，等等，这个循环没有中断）。绕圈行走会产生轻微的头晕，尤其是当舞者不时加速时。在活动持续期间，绕圈可以离开或（重新）加入绕圈。人们在"跳舞"（即绕圈行走）时"唱"的"歌"实际上是对记忆中事件的散文式复述，"旋律"来自文字本身的音调。正常说话的节奏被改变，音调的频率被增强（高音调比正常说话的频率高，低音调比正常说话的频率低）。

同样，深度描述的目的是提供足够的信息来研究事件的意义——事件的客位分析。对于格尔茨来说,人类学的目的是解释文化的意义,而不是提供文化的"科学理论"。但是,即使我们(合理地)希望比格尔茨的人类学解释多一点,作为人类学研究的成果,但很明显,在他们的个人发展中,一个社区的成员会通过他们的实践言语和个人经验来获取并将暗物质注入他们身体。

在我们周围,缺乏深度描述会影响我们对他人的理解,甚至是那些对我们自身文化至关重要的人。例如,当代美国的普通教会成员缺乏对圣经文化的深度描述,或缺乏对圣经文化的主位视角,这为牧师、传教士和牧师提供了工作保障,因为他们的大部分公共角色是解释其教派的圣经含义。

例如,考虑使徒保罗的训诫,"妇女在教会中应该保持沉默"。这句话出自保罗写给哥林多教会的第一封信第14章第34节,经常被孤立地引用为"女人在教会里应该保持沉默"。她们不可说话,必须顺服,正如律法所说的。

> 如果从文本、历史和文化背景脱离的角度来看,这些话似乎是使徒直接禁止妇女在教会生活中担任任何领导角色。但这是错误的。例如,考虑更广泛的文本情景。

哥林多前书14:33—35:

> 因为神不是迷惑的神,乃是平安的神,像在所有教会的圣徒一样。妇女要在教会中静默不言,因为她们不可说话,要照律法所说的受自己的管教。她们若想学什么,可以在家里问自己的丈夫,因为女人在教会说话是不妥当的。

这篇文章谈到了"困惑"和"在家学习"。这些女性不能保持沉默,不仅仅因为她们应该"在教堂里默声",而是因为要减少困惑,创造一个更合适的学习环境。这意味着什么呢?这个文本语境提出了保罗写作时当地文化语境的问题。许多评论指出,妇女在公元1世纪的希腊和希伯来社会中的地位很低，更像是财产，而没有人格可言。这种对妇女的社会不平等待遇产生了额外的、复杂的影响。

古希腊语是使徒保罗所写的1世纪世界的通用语。流动的基督教传教士变得越来越多。古希腊语在教会中很受欢迎，因为整个地中海地区有许多地方语言和方言，就像今天一样；一个旅行的传教士不可能把这些都学完。然而，妇女通常不讲古希腊语，因为她们的社会角色使她们只能呆在家里，除了她们当地的方言，她们几乎没有机会学习任何语言。此外，女性和男性常常坐在会议空间的两边。因此，当进行一场行业语言的布道时，一些妇女会隔着"鸿沟"大喊大叫，要求丈夫翻译。丈夫们可能会回答或大声说出译文。在保罗看来，这种来来回回的对话对教会礼仪和组织的影响是无益的。因此，他告诫妇女们保持沉默——如果她们需要翻译，就等她们回家后再要求翻译。在这里，妇女的教会角色并不是重点。如果不了解这种文化，就无法理解这些经文。根据我们对赖尔这句话的解释，对源语言文化和目标语言文化的深度描述或主位视角对于解释或有效地进行翻译至关重要（见第八章）。

但是，我们在第二章中看到，通俗意义上的文化在现实世界中并不是一个实体。在这种情况下，当我们提到文化，我们是真的对暗物质进行概括。文化是通过个体文化成员表现出来的抽象的思想网络。在这些成员之外是找不到文化的。因此，通常所说的"文化"只不过是个体的暗物质（包括角色、价值观和结构）。那么，暗物质是如何起解释学功用的呢？

正如在对照顾者和更广阔社会的依恋发展一样（第三章），暗物质起源于同心圆的关系建设，在这种关系中，不断扩大的群体成员参与活动中，个人学会解读和重复，就像他们在获得他们的第一语言一样。文化是从这些文化活动、社会行为、语言活动中获得的暗物质。文化语言——各种各样的游戏、话语、言语行为、话语、符号、图标等等——对获取暗物质、解释我们周围的世界至关重要。它们是我们的诠释学。为了理解这一点,让我们再来看看皮拉哈人的感知这个有趣的问题。

文化和感知

下面的讨论部分来自我自己的实地研究。但是技术论证、大部分的推理,以及一些措辞很大程度上取自允(Yoon)、惠特霍夫(Whitthoft 等人,2014)的研究。这里再次提出的问题是,"我们的暗物质——源自文化和心理学——是帮助还是阻碍了我们感知周围世界的能力?"简而言之,两者都有。但是为了更清楚地看到这一点,我将首先检查一下我自己在看到亚马孙人所看到的方面所遇到的困难。接下来,我将看看他们看到我所看到的困难。

在雨季,丛林小径被洪水淹没。蛇从洞里爬出来。凯门鳄来到更远的内陆。刺鳐、电鳗和各种各样生物都可以在旱季宽阔干燥的道路上找到。在雨季的白天,我很难沿着这些小路走下去,因为它们被齐膝深,甚至齐胸高的水淹没(尽管我在这种条件下已经走了好几个小时)。到了晚上,这些路径对我们中的一些人来说变得有些吓人。当我和皮拉哈人一起走的时候,我通常穿着鞋子,而他们是赤脚走的。这里有两段回忆。第一次是我差点踩到一条 3 英尺长的凯门鳄。第二件事是我差点踩到一个丛林巨鳄(还有很多其他的记忆也一样危险)。在这两种情况下,我的生命或至少一条腿都是被皮拉哈人救下来的。他对我没有看到或没有看到这些明显的危险感到震惊,在最后一刻把我拉了回来,劝我多注意脚下的路。在亚马孙河流域和中美洲人民一起生活了几十年,这样的例子在我的生活中很常见。每一次,他们都对我明显的视而不见感到惊讶。

然而,我发现,视而不见也会影响皮拉哈人。有些东西,就像我一样,他们看着,却看不见。这些都是我文化中的物品,比如照片。(有趣的是,皮拉哈人表示擅长某项技能的表达是"看得很清楚"。)

其他研究人员在听说皮拉哈人似乎连自己的照片都认不出来后,对皮拉哈人的感知产生了兴趣。因此,在合作努力下,麦克·福兰克、泰德·吉布森和我在2007年对皮拉哈人进行了一些实验(与允、维纳维尔等人合作,2007)。我们得出了几个重要的结论,总结我们的发现如下:

> 视觉科学的一个核心原则是,感知不仅仅是外部世界的被动反映,而且是对固有的模糊输入进行建设性解释的过程。考虑投射到墙上的阴影。相同的轮廓可以由不同大小的物体在不同的距离上创造出来。投射到视网膜上的图像具有同样的固有的模糊性,从亮度(阿德尔森,1993)到颜色、深度、形状和身份等一系列广泛的感知判断,都是视觉系统"无意识推理"的结果(亥姆霍兹,1878)。这样的推论通常被认为是自动的,在文化上是普遍的(格雷戈里,2005;科勒,1929;斯皮克,1990)。(允、惠特霍夫等,2014,第1页)

当我们解释我们周围的世界时,问题不是看细节,而是把我们所看到的东西放在一致的感知或格式塔上,这种"拼凑"在没有意识的情况下毫不费力地发生。我们所看到的是客位视觉,即格式塔解释,连接我们感知的点是主位视觉。正确的拟态化过程是,我们看到整体"更好"的视觉——看到不存在的东西而不是看到的东西。例如,考虑图4.1中的双色调豹猫(右列,从顶部开始的第二行)。人们经常无法识别双色调图像;然而,当显示相应的照片时,他们发现双色调经常突然变成连贯的感知。他们是否使用主位知识来解释客位图像,或者他们只是获得更好的信息,与外人或内幕知识无关?双色调豹猫的观察者通常会产生图形—分组错误,错误地将一些背景区域分配给图形,一些图形区域指向背景。在查看照片后的重新配置地面分配,是"重新组织"一个人的初始分组以实现不同的感知状态(科瓦奇和艾森伯格,2004)。如果观看者最终识别出了先前未识别的图像,那么感知重组就成功了。

并不是说我们看到的所有图像——甚至是退化的双色图像——都

图 4.1

需要获得完整的文化知识或感知重组。例如,广告商致力于开发符号、"标志",大多数文化(尤其是西方文化),普通人都能很早就识别出来,即使它们是两种色调(例如,世界野生动物基金会的熊猫标志)。同样,一些简单的黑白线条图也能立即识别出来。同时,也有可能构造出从主位角度难以感知的双色图像。然而,有趣的是,当这些图像出现相应的完整照片提示时,它们很容易触发感知重组(多兰等,1997;谢、沃尔和坎维舍,2010;卢德默、杜代和鲁宾,2011)。

　　激发这个研究项目的问题是,知觉组织的基本原则是否具有普遍性。我们知道,有证据表明,非常年幼的婴儿和遥远的文化表现出一定的知觉(重新)组织原则(皮卡等,2011;斯皮克,1990)。我们也发现了大量的证据表明不同人群对不同现象的敏感度是不同的。这种可变性,在婴儿研究中并不成立,表明文化因素在感知中起着重要作用。例如,有证据表明,与照片打交道的经验(西格尔、坎贝尔和赫斯科维茨,1966)、数字时钟(惠特克和麦格劳,2000)、特定文化处理偏见(德福克特等,2007)、城市与乡村景观的接触(莱博维茨等,1969;回顾以前的研究,见琼斯和哈根,1980)都在相关领域产生了不同的知觉组织能力。

　　所有研究人员都认为,文化不变的发展机制,如视觉系统的生理成熟,应该在儿童和成人之间产生感知差异。但随着时间的推移,儿童也可能更强烈地融入他们所在社区所接受的知觉推断和解释的实践中,类似的,儿童和成人对世界的认知方式也会有所不同(维果茨基,1978)。例如,感知发展中一个特别显著的现象是儿童对双色图像的识别能力不足。尽管成年人很容易认出他们(科瓦奇和艾森伯格,2004;允、维纳维尔等,2007)。当面对像图 4.1 这样的图片(甚至是包含熟悉生物的图片)时,孩子们——就像成年人一样——往往很难认出这种动物。然而,值得注意的是,孩子们即使将双色图像与原始图像并排放置,也很难识别出这种动物。

　　因此,当前讨论中出现的一个重要问题是,成人报告的知觉重组是他们知觉成熟的结果,是在特定的文化背景(和特定的个体历史)中获得的暗物质的结果。这就是我和我的合作者对皮拉哈实验感兴趣的动机。就像现代工业文化中的小孩一样,皮拉哈成年人对将照片与双色图像联系起来的视觉转换几乎没有经验或知识。另一方面,皮拉哈成年人确实拥有生理上成熟的视觉系统和一生从事复杂视觉任务的经验,比如打猎和钓鱼。

　　在我们的实验中,我们测试了皮拉哈成年人和说英语的人识别两种色调图像的能力,并给出了相应的图片作为线索(图4.1)。我自己的预测是,就像儿童和美国成年人一样,皮拉哈人将难以识别双色图像。事实上,我们都认为,如果解释象征性视觉材料的专业知识是图片暗示的双音重组的一个关键因素,那么皮拉哈人——像孩子但不像我们成年人——即使在有图片的情况下也很难识别暗示的图像。在实验中,我的合作者使用Photoshop对皮拉哈参与者的日常环境中发现的动物和个人的灰度照片进行模糊和色调分离(在本例中,将不同灰度值的数量减少到两个:黑色和白色),从而创建了10张双色图像(图4.1)。我们还测试了另外两对不包含两个色调的图像对,它们之间的对应关系更容易看到(图4.2)。我们用这些图片让皮拉哈人参与进来并热身,确保他们理解我们要求他们做的事情。

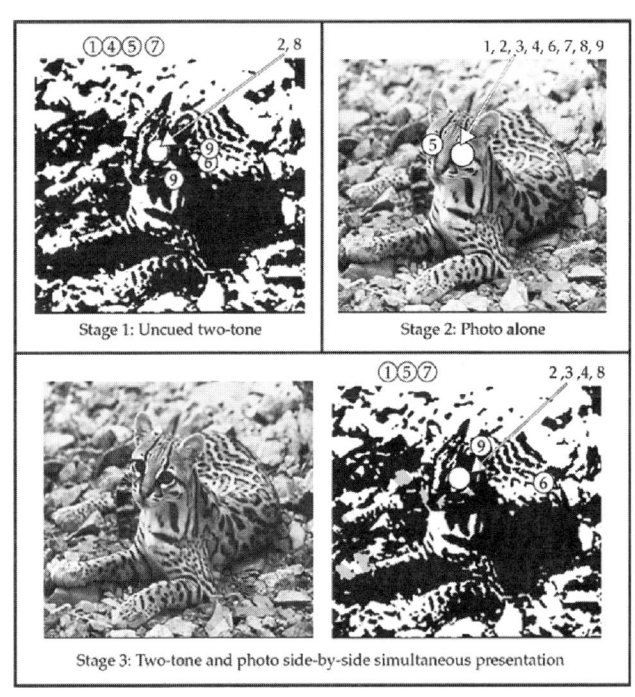

图4.2

每个试验分三个阶段进行。在第一阶段,研究人员向参与者展示了一幅双色图像,并要求他们通过指出图片中眼睛或皮拉哈人的位置来表明自己的识别能力(图 4.2)。通过在指定的位置放置贴纸来标记应答。最初没有确定目标的试验被认为是"候选重组试验"。这些实验特别有趣,因为它们提供了一种测试,看一幅最初无法识别的双色图像在看到相应的照片后能否被成功地重新解释。这些试验进入了第二和第三阶段。在第二阶段,参与者被单独展示相应的照片,并被要求指出眼睛或皮拉哈人的位置。在第三阶段,两种色调的图像和照片并排显示。然后实验者在两幅图像之间来回指来指去,用皮拉哈语中的"相同"一词来传达照片与双色图像之间的对应关系。在这一指令之后,受试者再次被要求指出眼睛的位置或在双色图像中的人。我把大部分的照片都放在离每个人大约一英尺半到三英尺的地方。这种微小的变化不太可能产生任何显著的影响。在另一项旨在测试近距离观看是否会干扰感知重组的单独对照研究中,美国成年人从远比任何参与者(9 英寸)更近的距离观看两个音调,并在候选重组实验中以最高限观看(100%)。此外,美国学龄前儿童,一个同样低重组人口,从 2 英尺和 4 英尺的距离看两个色调,在性能上没有差异(允,2012)。

我的同事还测试了斯坦福大学学生的对齐操作任务。该任务控制了美国参与者在任务上的表现,不是由于识别双色图像,而是仅仅确定将双色卡上的点定位在与照片中的对应点相同的位置的可能性。这项研究与主要研究相同,不同之处在于图像在两个相邻边(例如,顶部和左边)上被裁剪 10%,随机选择,约束条件是相应的双色图像和照片没有被裁剪。同样的双方。(一个例子如图 4.4 所示)因此,眼睛或头部位于照片中的印刷卡片上的不同位置和双色图像。如果美国参与者通过指向卡上的相同位置而不是通过识别双色图像中的图像特征来解决任务,则在该实验中他们将不能成功地将眼睛定位在双色图像中。正如允、惠特霍夫等人所阐述的(2014):

皮拉哈参与者和美国对照参与者在同一任务中成功地指出非双色练习图像上的目标位置(眼睛或人)没有相应的照片提示(美国控制者100%,皮拉哈参与者88.9%),显示参与者理解任务(图3,白色条[本卷7中的图4.3])。在72.5%试验者中,对照成功地将目标定位在未成熟的双色图像中。皮拉哈参与者的初步认可较少(22.5%试验者)。对照组在100%的时间内识别出相应的未转化照片中的目标,并且90.3%的时间用于皮拉哈参与者(图3,黑条)。所有皮拉哈参与者在10张照片中至少有7张正确显示了目标。皮拉哈参与者未正确识别照片的试验数据被排除在后续分析中。

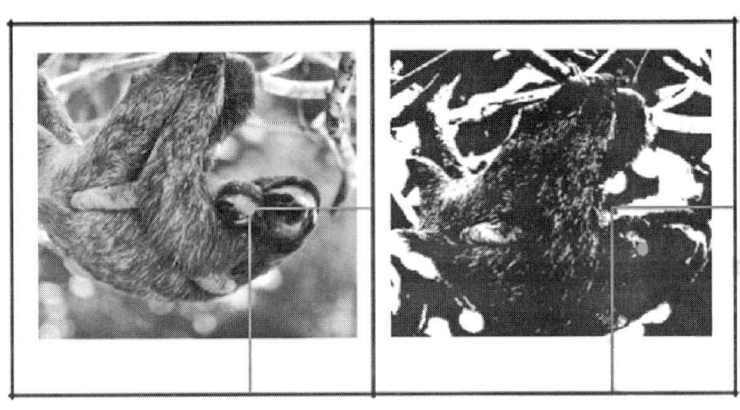

图 4.3

我们最感兴趣的是候选重组试验。在这些案例中,这些试验是指参与者最初未能在双色图像中定位目标(错误的阶段1),但定位时提供照片(正确的阶段2)。我们接下来的百分比计算将两个色调识别后查看照片,然后除以这些试验的总数。有趣的是,我们的美国控制者通过准确地识别眼睛或皮拉哈人先前未识别的两种色调,不断地展示出重组他们所感知事物的能力。另一方面,皮拉哈参与者在重组实验中只有31.6%的成功率。事实上,两名皮拉哈参与者从未能够感知到这两种色调图像的内容。任何皮拉哈人获得的最佳识别性能是60%。因此,我们在这些实验中所做的就是测试皮拉哈语是否能够感知重组。

两种色调的图像,当他们看后者与原始(未经PS)的照片,美国参与者的表现近乎完美。而皮拉哈人却在挣扎。这形成鲜明对比。

我们接下来要讨论的问题是为什么这个认知和知觉重组任务对皮拉哈人来说要困难得多。对于我们的发现,有几个潜在的解释。这些因素包括皮拉哈人对任务的理解程度,他们对被要求判断的刺激的熟悉程度,以及任务的难度。在确定我们所观察到的是什么之后,我们的下一步是考虑感知中可能存在的差异范围,并讨论群体感知重组中可能存在的概念或经验差异来源。

我们确定,美国成年人能够准确地检测照片和相应的PS双色调图像之间的对应关系,即使图像不再彼此共享可预测的坐标帧(如图4.4所示)。这意味着,美国成年人必须运用对二维表征概念(即感知重组)的主位理解来识别图形中双色图像中不可预测的移位位置。我们解释了美国控制者和皮拉哈人在"感性识字"方面的表现差异,归因于皮拉哈人和美国控制者的表现差异是用视觉符号材料进行培训和教育的文化差异。

我们的数据与皮拉哈人不理解这项任务的想法是不相容的。

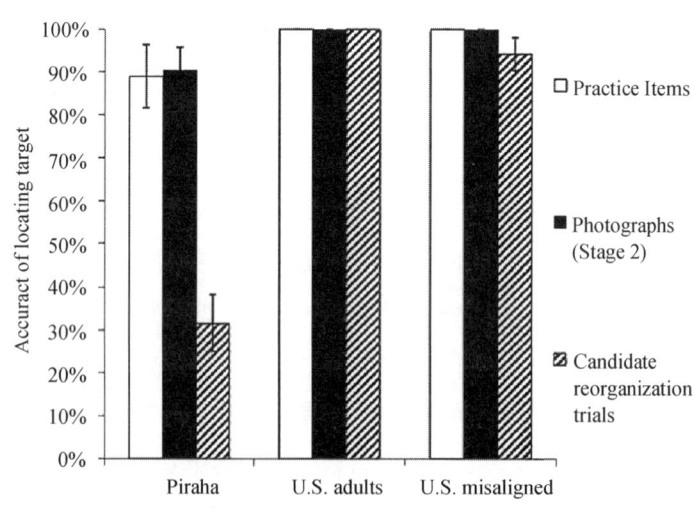

图 4.4

皮拉哈人在练习赛和照片上的出色表现表明,皮拉哈人理解一般的任务指示。作为我们的实验,我们很小心,用口头、手势、语气表明照片和两个图片是"相同"的主题,使用皮拉哈语即亚马孙河流域短语"相同"的意思。另一方面,假设皮拉哈参与者不知道如何解释实验者的指令。然而,一旦他们正确地解释了这幅双色图像,他们就会明白这张照片和双色图像是相对应的。然而这并不是我们所发现的;一次试验的成功并没有增加后续试验的准确性。这表明,即使是在识别一幅图片时,也没有关于二维空间解释的主位知识(这是我自己说的,不是我的合著者说的)。此外,由于我们使用的照片是皮拉哈人知道他们表演的人和动物,也不太可能是由于缺乏对图片项目的熟悉。事实上,皮拉哈人比美国人更了解这些物品、动物和人。

当然,我们试验过的那种双色调图像识别可能因其他原因而被遗漏。另一种可能性是,皮拉哈人无法做艰苦的脑力劳动。我对皮拉哈人学习数学、对环境的理解、预测行为的能力等方面的经验与这种可能性是相矛盾的。皮拉哈人对二维任务的无能——就像我在森林中看到危险的动物一样——只是表明成熟的视觉系统不足以保证对所看到的内容的识别。成熟的系统只看到了客位,直到它经历了特定文化的拟态化,具有特定的经验、期望等等。

美国公民需要获得对二维表征的主位认知,因为在他们的文化中,二维表征是无处不在且至关重要的信息来源,因为他们在这种认知方面接受了多年的教育,也因为社会高度重视这种类型的视觉能力。换句话说,有一种对感知体验的主位理解,它超越了视觉神经的物理和客位局限。

正如我们在研究中所指出的那样:"对这个问题的一个预测是参与者的文化普遍程度和解码视觉符号材料的专业知识应该与他们使用视觉线索解释模糊和贫乏的图像的易用性和自动性程度相关。"这就是我们所发现的,至少对所调查的现象而言。

文化对于我们周围的世界都是必不可少的。视觉最初是一种非语言体验,最终转变为主位理解的组成部分。我们生来就像瞎子一样对耶稣说:"我看见人好像树一样行走。"因此,暗物质是我们的解释学,甚至对于基本的感知,这一观点也有其含义。我们收到的投入远远超出了我们处理它的能力。毕竟,噪音就是噪音,因为我们决定它不是信息的一部分,或者不是我们在某个特定时刻所关注的内容的一部分。视觉和听觉上的错觉之所以发生,是因为我们注意到不正确的线索,错误地认为它们与实体、思想、声音等的输入或感知有关(洛克、霍尔和戴维斯,1994)。个人经验和文化(相关的、已知的等等)很容易成为我们知觉认知的最重要组成部分。它们指导着我们,因为我们已经从一个非数学的视角进入了一个主位的视角,把感知的范畴和策略作为一种无法言说的推理材料植入我们的内心。

超越反例和例外:暗物质和科学

作为本章课程的最后一个例子,我想检验一下科学研究中"反例"和"例外"的概念,以证明文化和暗物质进入这个神圣领域的范围。从一种熟悉的论证形式三段论开始,因此,考虑以下陈述:

> 所有的天鹅都是白色的。约翰尼是一只天鹅。
> 约翰尼是白色的。

但如果约翰尼不是白色的呢? 如果约翰尼是一只黑天鹅呢? 这是一个"所有天鹅都是白的"不能解释的情况。我们拒绝"所有天鹅"吗? 还是我们必须拒绝约翰尼的黑色与"所有天鹅都是白色的"这一说法有关的观点? "要是约翰呢?"当然,这在表面上违反了"所有天鹅都是白色的",但不值得放弃三段论。某种程度上,我们有一种直觉,如果天鹅是黑色的,因为它在油里打滚,那么就没有违反"所有天鹅都是白色的",尽管如果天鹅是黑色的,因为它生来就是黑色的,那么就是一种违反。但即便如此,也过于简单化了。如果出生时是黑色的天鹅有某种基因异常呢?

最终,黑天鹅是相对于一种文化体系来评价的。对一些人来说,黑天鹅是个无害的例外。对其他人来说,这将是一个毁灭性的反例。这种对例外与反例的文化解释对本书的中心论点很重要,因为它触及了科学事业的核心,而科学事业是许多现代社会的核心。我们可能会说,科学应该不受暗物质的影响。然而,这种说法比证明要难得多。

在写这本书的过程中,我们已经考虑了不同方法的科学智人把我们联结在一起,我们的特别小组,个人心理和业务的方式,文化、心理学、文本理解、翻译、语言系统的形成,等等,是暗物质的函数和模仿在形成个人心理方面的科学社会学的理解。科学是某些文明的最高造诣之一。并不是所有的社会都重视它,尽管每个社会都能感受到它的影响,从被无人机从空中拍摄的与世隔绝的亚马孙部落,到驾驶皮卡时谴责科学的宗教狂热分子。科学家——就像其他知识分子、商人、极限运动员,或者事实上任何团体的成员一样——都受制于暗物质的形成,而暗物质的形成可以在科学家没有完全意识到的情况下影响他们的工作。此外,这微妙的、看不见的手在学术界有经验教训,概括了这本书的论点和这一论点在生活中的应用。

本章通过从暗物质理论的角度来考虑科学进步的概念,说明了前几章的工作。举一个科学的具体例子,我们关注语言学,因为这门学科跨越了科学、人文和社会科学的边界。要探讨的基本思想是,因为反例和例外在语言学中是由文化决定的,就像在所有科学中一样,科学进步是文化价值的产物。然而,即使在同一学科(如语言学)内,这些价值观也会有所不同,并可能导致科学进步的不同概念。因此,为了缓解这一问题,回到语言学研究作为我们的主要例子,我们的探究应该以多种理论为依据,关注语言而不是单一的语言。概括地说,在很多情况下,这意味着关注特定而不是一般。这样关注(尽管这和许多科学家认为概括是科学的目标这一观点形成了鲜明对比)建立了坚实的实证基础,同时有助于区分地方理论文化与更广泛的、跨文化的、共同认可的科学需求——语言理论在这个问题上,可以说比其他学科更加极端,难以区分开来。

在这里讨论科学和暗物质很重要的原因是为了探讨暗物质、文化和心理学在读者更舒适、更熟悉的领域中的重要性和意义,理解我们在这里所思考的不仅仅是文化,不同于你自己的,但影响到每一个人、每一个智人的努力,甚至神圣的科学事业。这并不是说科学只是一种文化错觉。本章与后现代主义认识论的相对性无关。但它的目的并不是要证明科学不是"纯粹的理性",而是要从它的文化矩阵中独立出来。

1996年,已故的彼得·拉德福格(Peter Ladefoged)——在他去世时,他可能是世界上最重要的音韵学家——和我在语言学的主要期刊《语言》上发表了一篇文章,题目是"稀有语音的地位"。在这篇论文中,我们讨论了我提请语言学家注意的独特的声音,这些声音存在于亚马孙皮拉哈语、瓦里语和奥罗温语中,但在世界上其他语言中没有发现过。我们讨论的声音是[tB̼]和[ȋ]。这两种声音都是瓦里语和奥罗温语以及皮拉哈语所独有的。[tB̼]是一种(轻声的肺泡—双唇音)无瓣瓣唇颤音,[ȋ]是一种有瓣瓣唇音。

对某些人来说,这些声音只不过是人类声音范围内的异常值,仅仅是好奇而已。但对语音学家来说,它们不仅仅是这样。语音学家和音韵学家有关于声音如何融入人类语言的理论,以及这些声音如何更广泛地融入语音或音韵学的理论。大多数音系学家认为,人类语言中的所有声音都可以分解为"独特的特征"。因此,像[t]这样的音是[-浊音,+冠状音,-连续音]。然而,拉德福格和我所展示的是,没有任何现存的独特特征的组合能够描述这些罕见的声音。因此,我们面临着一个选择:我们可以把这些声音作为现代音系理论的例外或反例,或者我们可以修改普遍接受的独特特征列表,以适应这些声音。前一种可能性实际上是说,我们应该根据两种声音抛弃所有独特的特征。后者将扩大理论的范围,使之能够容纳任何声音,至少我们是这样认为的。

但当然,一个可以描述一切事情的理论解释不了任何事情。我们当时认为,这些声音是例外,不是反例,而是不能以任何有趣的方式纳入理论的例外。我们认为,它们告诉我们的是,理论并不总是能解释一切。

但这个结论恰恰说明了"黑天鹅"的观点——即反例和例外在理论上是相同的,但在本质上却截然不同。例如,如果我们扩展一个通用音系来解释所有的语音特征,我们会削弱它,因为这样做,它将预测从未发现的东西。与此同时,这些稀罕之处告诉我们,我们的理论永远无法解释一切。我们必须让自己在任何时候都有例外,这些例外原则上不应该被纳入或用理论分析。为了理解我的意思,让我们更详细地研究一下皮拉哈语和瓦里语中的这些罕见语音。

当我第一次计划去皮拉哈的时候,我读到的关于他们的信息很少。我了解到它们有一个音[1],这在世界上任何其他语言中都找不到。这最早是由美国传教士阿罗·海因里希斯(Arlo Heinrichs)写的,后来海因里希斯的继任者史蒂夫·谢尔登(Steve Sheldon)发现了这一点。因此,当我1977年来到皮拉哈人中间时,我非常渴望听到这种声音。因为谢尔顿和海因里希斯留下了这个声音出现的单词列表,所以我问皮拉哈人哪些单词的特征是[1]。观察这个词后,我意识到没有人曾经发表过文章,所以我写了一个备忘录并提交给国际语音协会的期刊(JIPA),发表了4页描述的声音,表示唇齿双瓣的浊音。我没有想到这种声音会有理论意义;这只是我想分享的一个发现。直到我开始与拉德福格合作,我才对这种声音有了一点反应。

同样,瓦里语的[tp]颤音和它的密切相关的语言奥罗温语也是如此。音素几十年来一直为研究这些语言的传教士语言学家所熟知。然而,没有人意识到[1]和[tp]都不是任何人的音韵学或语音理论所能预测的。这种无法预测声音的现象意味着,音系理论中没有任何"缝隙"或"矩阵"可以容纳这些声音——它们是异常现象。但它们是反例还是例外呢？如果反例是对某个特定理论无法解释的事实进行分析，那么什么是例外呢？完全相同：例外是对特定理论无法解释的事实进行分析。当然，反例与异常的区别在于前者被认为是一个严重的问题，而理论必须解决这个问题，而后者是一个小问题，理论可能必须在某个时候解释清楚，但目前可以安全地忽略。

（我在这里试图画出的细微差别不包括伪异常。例如，如果我声称在某个孤立的社区中发现了一个算术系统，其中 2+2＝5，那么我实际上犯了一个错误。根据定义，任何这样的说法都是一种误解，因此既不是反例，也不是例外。许多所谓的"反例"仅仅是误解。例如，像"羊杂碎这个词是文化的，因此语法受文化的影响"这样的说法在语言学上等同于算术错误。另一个实际反例或异常的例子可以在通用语句和特定语句中找到："All birds fly"，鸵鸟不会飞。）

我们是否将异常归类为反例或异常取决于我们的暗物质——我们的个人历史加上文化价值观、角色和知识结构？我们分类的结果也由文化和暗物质决定。因此，根据社会共识，例外不属于理论陈述的范围，或被理论明确承认为"问题"或"神秘"。这些不是理论的直接问题。另一方面，通过社会共识，反例使一种说法成为错误。对于任何理论来说，它们都是（至少是潜在的）问题。再一次，反例和例外在理论上是相同的，尽管它们在本质上几乎是截然相反的。每一种定义都与特定的理论传统、价值观、知识结构和角色（即特定的文化）相关。

在理论中起作用的一种偏见，即确认偏见，是一种文化价值，即一个理论是正确的，因此实验会加强它、确认它，但不会证伪它。某一特定理论的追随者所进行的实验中出现的异常，更有可能被解释为可能需要对工具进行一些调整的异常，但就该理论的基本假设而言，这些异常并不严重。另一方面，当某一理论的反对者在实验中出现异常时，将其解释为反例的自然偏见会导致该理论的放弃。其他值可以发挥作用的文化/异常的理论分类作为反例或异常包括"对认知失调"，"一个值的理论说"

认为,理论是正确的,至少暂时搁置问题事实,假设后他们会解决一些时间的流逝。一些理论家把这种宽容称为"伽利略科学"——因为一个理论似乎是正确的,就愿意把所有有问题的数据放在一边。很好。但是什么时候、为什么、怎么做?

长期以来,一种理论在反例面前似乎是正确的,这是一种文化决定,而不是仅仅基于事实。我们已经看到反例和异常的事实可以完全相同。当然,问题的一部分在于,数据就像它们的解释一样,也要服从于符号化。我们决定看到有意义的数据,忽略其他一些理论可能抓住的关键的特殊变化。例如,在语言学中,如果一个理论(如乔姆斯基理论)说所有相关的语法事实都止于句子的边界,那么段落、故事等层次的相关事实就会被忽略。

文化和暗物质确定异常数据的解释,一个放弃理论,另一个维护它自己创建新的社交场合,混淆的智慧和道德的意义往往是一个特定的实践理论。威廉·詹姆斯(1907,198)总结了一些对他自己的工作的反应,作为对更大范围的智力努力的反应的证据:"我完全期待看到实用主义的真理观贯穿于理论生涯的经典阶段。首先,你知道,一个新的理论被攻击为荒谬;然后它被承认是真的,但明显和无关紧要;最后,它被认为是如此重要以至于它的对手声称他们自己发现了它。"

近年来,由于我对亚马孙皮拉哈语语法的研究和主张——这种语言缺乏递归性——我被称为江湖骗子和一个被误解的迟钝的智者。有人(有些不一致)进一步声称,我的结果是可以预测的(乔姆斯基,2010、2014);有人声称,递归的另一种概念是归并,作者所想表达的递归是人类语言的基础,等等。我的研究结果被认为是无关紧要的。

然而,尽管有这些特征,关于语言是否具有递归的讨论对心理学和语言学来说是至关重要的(富特雷尔等)。如果如我所言,递归或语法的其他性质的表现受到文化和暗物质的限制,那么它对人类学也是至关重要的。认知科学和语言学中最古老和最重要的经验程序之一,旨在描述人类语言的可能范围。语言普遍性——如果存在的话——将指向支持语言的认知机制的深层属性；与此同时，对可能的普遍性和对普遍性的违反的研究为语言学理论提供了丰富的数据。

争论的一个方面是，一种所谓的普遍性（在本例为中递归）实际上是否需要在每种语言中都得到遵守。一些语言学家是这样认为的，这取决于普遍性的性质，而另一些人则认为，语言的普遍性是抽象的认知能力，而不是任何特定语言的形式清单。例如，问题不在于这种或那种语言实际上是否具有递归，而在于这种语言的使用者是否能够在原则上讲一种递归语言。因此，没有递归的语言是反例、例外，还是与当前的句法理论无关？

要想从文化上理解这个问题，我们必须从对语言共性的两种文化截然不同的理解开始，即格林伯格式的共性和乔姆斯基式的共性。皮拉哈语否定了递归是普遍的这一观点，批评者提出的最常见的反对意见之一是，表面上没有递归并不意味着语言不能从思想上的递归过程中派生出来。这是正确的。（技术讨论见第五章）然后，一些人从这个陈腐的观察中得出结论，认为皮拉哈语缺乏递归的说法，要么是故意的，要么是无知的，未能理解格林伯格和乔姆斯基普遍性之间的区别。这是一个古老的指控，我和其他人在许多出版物中都反驳过。

已故的约瑟夫·格林伯格（Joseph Greenberg）是斯坦福大学教授，也是第一个对语言共性提出严肃建议的研究者。语言共性是指在世界上所有或大多数研究语言中实际观察到的形式或形式之间的含义。因此，格林伯格的普遍性指的是那些实际上可以被观察到的东西，因此很容易被证伪。乔姆斯基的普遍性是完全不同的。乔姆斯基的普遍概念包括他所说的"形式普遍"的概念。形式共性是所有语言共有的语法原则、过程或约束，也就是说，从某种程度上抽象出可观察到的数据。因此，这些指的是只有适当的理论家才能看到的东西。不幸的是，这使得形式普遍性很难被证伪，因为它们总是可以被抽象的、看不见的原则或实体所拯救；例如，所谓的"空类别"（坦率地说，我发现它让人想起开普勒的"本轮"——除了启动者以外，所有人都看不见）。

以递归为例，乔姆斯基的主张是，所有语言都是由递归过程形成的，即使在未经训练的人看来，这个过程的表面表现可能看起来不是递归的。只要我们可以说一个句子是归并的输出，在某种程度上是有限的，那么它就是递归地产生的，即使表面上不是递归的。另一方面，格林伯格的方法是，要么你看到递归，要么它不存在。

这两种立场都是完全理性和明智的。但是乔姆斯基学派观点使所有语言都是由合并/递归这一具体说法变得无检验。在乔姆斯基早期的著作中，他声称如果两种语法产生了相同的表面字符串（弱生成能力），我们仍然可以通过检查它们预测的字符串结构的预测来测试它们（强生成能力）。由于我对皮拉哈语递归的大部分工作都是为了表明合并所做的预测都是伪造的（见第五章），所以我只处理了强大的生成能力。当然，聪明的小伙子和姑娘们总是可以在叙述中加入外循环，以避免合并，但同样，这也会产生两种效果：(1) 它失去了所有的预测能力；(2) 它对相同结构的叙述更长，因而更不简洁。

乔姆斯基和格林伯格的分歧只在这个案例中表现得很明显。皮拉哈伪造了乔姆斯基正式的普遍预测/解释（没有"本轮"，即豪泽、乔姆斯基和费齐[2002]的赤裸裸的主张），与格林伯格的描述无关，与我的批评者之间正常的对话恰恰相反。

这种价值排序为理论≫数据与数据≫理论之间的文化差异再次出现在理论家的批评中（埃文斯和莱文森，2009）。同样，一个特性可以抽象地呈现，即使它表面上不存在。这是正确的。但是评论家们犯了一个错误，从这个陈腐的观察中得出结论，他们/我们要么是故意的，要么是无知的，未能理解格林伯格和乔姆斯基的普遍概念之间的区别。

在这里，暗物质理论的价值体系中有以下价值：

1. 理解细节是至关重要的，也是主位科学奠定有效的理论基础的第一步。

2. 目前还没有理论研究,所以请见谅。

3. 使用来自多个理论的见解可以缓解反例和异常困境。

4. 永远不要太肯定。

5. 相同的结构在一种语言中可能是反例,但在另一种语言中可能是伪例,这取决于"场/矩阵"观点(或者在某些情况下"动态"或"波"的观点)。

总　结

本章应用暗物质的概念作为解释我们所有经验的主要工具,重点放在关注各种社会、视觉感知,特别是关注皮拉哈人对二维图像的感知上。这一章表明,皮拉哈人的文化背景使他们很难辨认出在较小程度上退化的照片,这与其他民族的感知形成了强烈的反差。有人认为,这是皮拉哈人感知背景与北美人不同。与此同时,这一章讨论了北美人(尤其是我)是如何无法感知皮拉哈人实际上轻松感知事物的方式。

第二部分
暗物质与语言

第五章　文本中预设的暗物质

> 我相信对每个学者、每个作家来说,他们思考和写作的特定方式都为人类开启了新视野。事实上,我个人的这种特质也许有助于我提出一些有效的观点,同行们的一些想法却展现出不同的观点,而所有这些不同的观点都是同样有效的。
>
> ——列维-斯特劳斯《神话和意义:破解文化密码》

本书第一部分为第二部分和第三部分奠定基础。它开发了一个暗物质概念的谱系,并且提供了一个新的文化理论作为知识结构、社会角色和(其他事物除外的)排名值等等。在本书的第二部分,我们着重介绍在语言层面(诸如在文本中、翻译中、语法上和手势上)暗物质的作用。在本章中分析了英语和皮拉哈语中不同类型文本的内容,表明了文本中隐含的且未说明的实质性内容如何包含了文化中一些重要暗物质(特别是知识和价值)以及个人价值观的最重要的问题。

文本中的隐含值

正如我们在前一章中所了解的那样,可以证明,美国的儿童尽管在视觉符号方面缺乏专业的知识,但是他们比皮拉哈人——无论是成年人还是未成年人,都更能更早地感受二维表征方面的经验,并且继续获得对二维表征主位方面的理解。

还有其他一些形式的主位解释经验。主位和感知是把我们的知识与我们周围世界系统化的两个"有力工具"。我们在前一章提到,暗物质深刻地影响了我们感知世界的能力。然而,在我看来,暗物质在我们的故事中最有力地发挥了作用,而我们的故事是建立自我和文化概念的基础。因此,下面我想从美国和皮拉哈文化的不同细节层面来研究文本,以便说明这两种文化中暗物质在故事讲述、写作和阐释中所发挥的不同作用。

开始时,我对《华尔街日报》(*Wall Street Journal*)1969年的"伍德斯托克音乐节"(Woodstock Festival)——这是20世纪60年代嬉皮士运动的顶峰——的一篇社论发表了一些直截了当的评论。文本里括号中斜体部分是我对文化现象的解释。紧随之后是《纽约时报》(*New York Times*)对同一事件的报道,我对此没有评论,因为我相信这两个文本之间的对比是非常明显的。事实上,就像我在第一个文本中所做的一样,熟悉美国文化的读者可以试着填补第二个文本中的暗物质问题。当然,社论是一种为了表达观点的文本,而《纽约时报》报道的文本则应该更具客观性。然而,对于读者来说,在这两种情况下暗物质都是通过隐含的价值传达出来的。这些文本呈现了两组不同的价值排列,我们可以简单地将其作为代表来讨论:

  价值创新≫现状

  现状≫价值创新

在这两个故事之后,我们详细地分析了两个皮拉哈文本:一篇是程述性的文本(关于如何制作箭头),另一个是叙述性的文本(关于巴西河流商人对于皮拉哈人的剥削,这些河商曾经在麦积河(Maici River)上航行)。这是1978年我曾经在皮拉哈收集到的最初的两个文本。

那么,让我们回顾一下1969年8月的《华尔街日报》对伍德斯托克音乐节的报道。报道中蕴含的大部分价值观都很容易被掩盖,但我还是想把它们指出来讨论,因为我们往往没有注意到这些隐含的信息。在本章其他文本的评论中,我着重关注暗物质知识。在这里,我将重点放在文本中的值这一方面。想象一下,一个人随着时间的推移而定期阅读报纸,已经成为阅读这些故事报道潜在效果的一部分了,或是在早餐桌旁啜饮着咖啡,或是在旅途中的火车上,或是去上班的公交车上,被动地阅读着这些内容。他们的影响可能在很大程度上是潜意识的,但是每一个具有类似价值观的故事都会加强这种影响力,这就是特定报纸所独具的特色,《华尔街日报》为保守主义发声,而《泰晤士报》(*Times*)则是自由主义的代言人。我们首先从《华尔街日报》关于伍德斯托克音乐节报道中的暗物质来进行研究。

被道德败坏附身①

所谓的[作者否认这一说法的真实性]"代沟"实际上不是年龄问题,而是更文明和更不文明的喜好之间的差距问题。["文明"是一个颇具强烈性的价值判断,它是模糊的、不固定的、无法具体说明的,但是,伍德斯托克音乐节的参与者等同于野蛮人。]因此,在文化上和政治上可能比刚开始出现时更为严重。[最开始"代沟"这一词是指缺乏沟通,是价值观念的转变和文化的变化。谈及文明时这句话更加"严肃",表明作者认为这是生活质量下降,是文明削弱的现象。]

从几年前相对较小范围的嬉皮士运动开始,毒品—性—肮脏的"文化"[作者甚至诋毁这一行中的"文化"一词,将其置于恐慌的语录中。然

---

① 《华尔街日报》1969年8月28日第6期。

后,他把这种文化与毒品、性、摇滚和肮脏等同起来。他并没有问那些人的肮脏("伍德斯托克事件"中的一些人)状况,是由于那些参与者本身的卫生情况,还是由于伍德斯托克音乐节组织者计划不周,未能预料到这么多人。如果是后者,那么所有参与者就没有共同肮脏的值。大家都为此感到抱歉,宁可避免此种状况发生。在肮脏环境里过着战斗生活的士兵是否同样受到谴责?这样的忍耐是令人敬佩的、无比勇敢的吗?请注意,尚未提供任何言之凿凿的证据]如今已经渗透到各个大学和高中校园里。当30万或40万年轻人,显然来自中产阶级的家庭[显然来自中产阶级的家庭表明某些消极的东西,如"应该知道更好的"或这些嬉皮士更可能是"被宠坏的孩子"或处于养尊处优的状态。但事实上,作者并没有提供任何证据表明参与者来自何种特定的社会阶层]可以聚集在纽约州的一个摇滚音乐节上,这显然是一个具有相当规模和重大意义的现象。

我们不想夸大事实。套用一句老话来说,大概会从中滋生出相当大的一部分人。在校园里,反激进主义者[为什么认为嬉皮士是激进分子?是因为他们的政治原因还是因为他们的衣着?这都不是解释,只是作为一个吓人的词而已。通常被认为是"反动派"的激进分子不是相反的吗?为什么不把那些反激进分子叫作反动派呢]似乎正在增强实力,这些更为保守的年轻人未来可能将要成为推动美国进步的那一群人。["显然更保守"是倾向于一个更加积极的价值判断。]

但是,这个前景绝不足以让人骄傲自满。[通过"骄傲自满"这一词,作者似乎表明我们应该担心和采取一些行动,而不仅仅是看看新闻。这些伍德斯托克人代表了一个问题。]由于种种原因,有人认为,许多反叛分子不会放弃"他们的生活方式"(这一领域的陈词滥调)。[拒绝这个新术语似乎意味着这一规范的变化不是一个"风格",而是一个反文明的运动,如上所述。在内容上肯定是一个负面的判断。从正字法来看,"生活方式"这个恐吓引语也是讽刺的。]在未来的美国社会中,有足够的权力来承担一些不同的权力分层［显然是我们应该关注的］。如果这个没有洗牌的［双关语，既有不值得，还有肮脏的双重意思］，或多或少是永久性地沉迷于［什么观察可以证实这一说法？在伍德斯托克参与者中占多少百分比？有多高？我们为什么认为他们会在工作场所复制他们的节日行为呢？这又是一个基于作者的个人品位而不是基于研究的价值判断］现场或大频显示，他们曾经运营着很多东西，那将是一个好奇的美国。［他们永久沉迷的证据出自哪里呢？在节日期间他们可能会沉迷的事实通过暗物质价值被翻译成了"永久"。当然，现在"伍德斯托克第二代"正在主导着一切。］即使未来几年年轻人的这种趋势仍然持续下去，它至多也只是一个文化上贫乏的美国，或者可能是一个政治堕落的美国。［这些嬉皮士持有哪些对文化或国家有什么不利的价值呢？］再者，这是没有证据的非固定值的价值判断，根本就没有具体量化。现在的品味是关于哪个不该争执没有确切的标准［但仅仅这样说，作者又一次表明消极的评判］，所以我们不会争论摇滚是否是一种贬低的音乐形式，我们不喜欢它，但是也不介意。［通过选择这种形式的陈述，作者的意见得到了表达，但没有必要为此辩护。］我们认为，如果不追求这一论点，我们可以相当绝对地说几句［作者认为，知识是一个确定性的问题］关于摇滚和相关的表现。［与我们大多数人一样，作者将价值观视为网络的一部分。我赞同这个观点。］

第一，个人对某种音乐的偏好不一定是年龄问题。［在这里作者否认各个年龄可以有自己的文化。同时，他声称没有代沟，而是"品味差距"——他再次提供价值判断。］在过去，年轻人被古典音乐所吸引，随着年龄的增长保留了这种品味。今天，年轻人对摇滚的痴迷同时也是对古典和主流音乐的一种拒绝，并且考虑到摇滚的表演方式，无疑这是文化阶梯上的倒退。［没有证据表明摇滚音乐比古典音乐更糟，这就是该说法所要表达的意思。例如，有人可能认为，古典音乐比摇滚音乐更复杂。但如果这样做更好：迈尔斯·戴维斯可以被拿来与莫扎特进行比较，爵士甚至可以优于古典音乐。因此，没有任何意图去争论——仅仅是再一次为了断言价值判断。]

第二，一些最有名的团体表现出的狂欢。[作者认为狂欢是不好的。为什么？作者声称类似于这样一种说法，即一些最有名的团体的演讲、身体姿势、尖叫声等都不是音乐或舞蹈，就像是缺乏适当性生活的一种抑制。]这并不是过分的规矩。[意味着："批评我将要说的内容不是愚蠢的吗？"]我们认为建议某种程度的约束[什么样的约束？你确定交响乐团的指挥家在他们的表演中不是狂欢吗？这只是另一种价值判断]在这些事情上是合适的。但是，许多表演者的整个"生活方式"是令人难以置信的——要么令人厌恶，要么令人同情，或者两者兼而有之，但肯定是利己的。[更多不固定的价值判断。]

[关于文本中的这一观点，我没有做更多的评论。应该清楚的是，本文的其余部分和下一部分（如同所有的文本一样）全都充斥着价值判断。]

同样的情况也适用于在观众面前进行的公然性行为，在盛大的伍德斯托克音乐节上也有此类情况。即便不是清教徒也会说，从文明的角度来看，这种行为是倒退的。至于无处不在的毒品——嗯，在这方面，我们觉得比起其他任何事情，更心疼那些孩子。

或许最俘获我们的是对肮脏的迷恋，他们衣衫褴褛，蓬头垢面，在伍德斯托克节日时，他们毫不夸张地在泥地里打滚。各个不同年龄段的人又怎能期许这些获得我们的理解呢？再次重申，尽管这并不是一个年龄问题。一个人并不能因为他年轻，所以就成为流氓。然而，他必须要有一定的品味和价值（或没有品味，也没有价值），这些品味和价值一般不被认为是具有文明本性的。现在我们已经意识到这些年轻人是如何拒绝传统的品味和价值的，因为社会已经痛恨他们，而我们将是最后一群人来抵制当代社会的错误。无政府主义的方法根本没有希望。

他们不会听，但是如果他们周围还有一些过分富于同情心的成年人

会听,这里有一些值得听的话。他们在《国家评论》杂志引用劳伦斯·李教授在匹兹堡大学社会友好协会的讲话:

> 你们被告知,而且你们已经相信,你们是世代中最耀眼的人……你们更是最以自我为中心的、最自怜的、最迷惘的一代。
>
> 代沟是你们这一代的妄想之一,也是我们这一代人的妄想之一……唯一的代沟是我们活得更久了,我们比你们活着的时候知道得更多,而且我们所知道的东西如此遥遥领先于你们,那是因为你们需要用一辈子的时间去获得同等相关的知识和智慧。你们最好尽可能地向我们学习……
>
> ……
>
> 爱国并不是一件感伤的事。这个国家尽管有痛苦和缺点,但它仍然是世界上最慷慨和最开放的社会。虽然世世代代都需要所有其他人的帮助,但是在一些恐惧和无知人群的帮助下,有些惶恐的暴君们要求我们变成奴隶来回应你们的不负责任,我们这一代希望,在此之前,你们都能够成长为成年人而不是孩子。

无论如何,对身体、智力和文化肮脏的选择似乎是推动文明的一种奇怪方式。

那么,我们现在不仅知道这位作家(自称是作家)的价值观,而且也认识到他所认为的价值观将会与《华尔街日报》这个面向更广大读者的报刊产生共鸣。一个文化本身的权利。

《纽约时报》的文本作为一篇报道而不是社论比《华尔街日报》提供了更多的数据和实际情况。不过,这位记者选择不对伍德斯托克音乐节那些更为偏激的方面(例如"公众性行为")发表煽动性的评论。这意味着暗物质也引导了他的聚焦点,正如暗物质引导了《华尔街日报》的社论一样。

换句话说,价值也显示在单个文本的焦点及其字里行间中。也就是说,对于诸如"他们选择写所做过的事情"这样问题的答案也彰显着暗物质值。它就像一个摄影师,在房间的一个角落里看到一个裸体女人,在另一个角落里看到一个男人正在演讲。如果他必须选择,他会把他的相机转到哪里?并且这种选择显示了一种怎样的价值?由于这一教训出现得很快,我在这里只复制了原始报告的一小部分。

20万人蜂拥至摇滚音乐节,堵塞了州内道路

1969年8月16日,《纽约时报》专栏作者贝纳德·L. 科利尔(Baenard L. Collieer)报道,8月15日——估计有20多万人涌入卡茨基尔山这个小村庄,那儿举行了一个为期三天的摇滚和民间音乐节,以致造成巨大的交通拥堵和严重的安全问题:

警方报告说,越来越多的汽车被驾驶者遗弃在高速公路的路肩上,司机和乘客决定步行到伯特利。估计参加音乐节的人数和周边地区的总人数高达40万人。

伍德斯托克音乐艺术博览会(Woodstock Music and Art Fair)的安保主管韦斯·波梅罗伊(Wes Pomeroy)向这20万人发出了警告。下午晚些时候警告说,大家应该避免去往伯特利地区。

"任何想到这里来的人都疯了,"他说,"沙利文县是一个很棒的大型停车场。"

午夜时分,音乐节宣传方宣布,在全力配合下,国家警察和地方当局将开始让所有前往展览场地的车辆往回开。这将主要影响试图从快速路到达17B线的车辆(17号线路)。

一位州警官说:"我们正要为每个人重新安排路线。沙利文县已经被车辆拥堵了。"

……

警方和音乐节的宣传人员都对此表示惊讶,尽管人数众多——这是

迄今为止规模最大的一次聚会——没有发生暴力事件,也没有发生严重的事故。

正如一位国家警察中尉所说的那样:"没有人向警察大吼大叫,当他们问路时,他们很客气,没有人真的给我们带来麻烦。"

……

这个安保部队的成员有 100 名来自新墨西哥州圣菲社区,他们穿着色彩鲜艳的服装,戴着珠子和蓄着胡须,还有橙色的臂章,上面描绘了坐在吉他琴格顶上长有翅膀的猪。

沙利文县警长路易斯·拉特纳(Louis Ratner)说,"我们不想要对抗的局面",这表明警方并不想要大规模逮捕违规人员。

到目前为止,大约有 50 人被捕,其中大部分人是因为拥有迷幻药、巴比妥类药物和苯丙胺类药物。警长拉特纳说,因为这些药物是在县内的不同地方制造的,所以只能粗略估计逮捕的人数,而被逮捕的人在被各种法官审问之前会被传讯……

……

定于明天凌晨的第一场演出,分别是琼·贝兹(Joan Baez)、拉维·香卡(Ravi Shankar)和丝莱和斯通一家(Sly & the Family Stone)。为期三天的演出每场门票是 18 美元……

为了促进和组织此次活动,投资 50 万美元的博览会董事在稍后的报告中说,一队运送包装食品的卡车正在前往贝瑟尔的途中。与此同时,美食节为观光的游客提供免费的米饭厨房。该地区的餐馆正在努力供应食物和服务。

在田间挖了六口井,水从水源一直流至水龙头。另外,已经在农场周围的停车场放置了一些水箱。600 个便携式厕所也被带到现场。

当观众们等待下午演出开始的时候——由于工作人员正在努力完成 80 英尺宽的舞台装修工作被推迟了——他们被四处走动的乐手、即兴的团体表演,以及长发女孩和留着胡须的男友们之间的辩论所吸引。

辩论的话题包括越南问题、校园骚乱以及各种音乐团体的优劣。

从这两文字中可以清楚地看出,我们周围的世界(就像我们之前对皮拉哈人和美国人视觉感知能力的研究中所看到的那样)——他们是否能在黑暗的夜晚看到水中游动的蛇或躲在树叶下的凯门鳄——无论是立体的视觉表现,还是摇滚音乐会的简单活动,不仅仅是单纯的物理知觉系统的成熟,而且是暗物质通过认知和培养所形成的结果。

有一个丰富的人类学传统,即通过看故事追寻文化。上述来自美国两大主流报纸报道的两个故事强调了文本研究的价值(见朗格克尔,1976;格里姆斯,1975;奥奇斯和卡普斯,2002;西尔弗斯坦,2003;特德洛克和曼海姆,1995;舍泽尔,1991;厄本,2000;等)。在我们讲述或听到的每一个故事中,都有内在的、假设的或预设的价值观、角色、知识、期望、惯例和索引等等。在每次语言交流中,我们都涉及了形式、内容和文化等。

你说话的方式像你交谈的对象

回到伍德斯托克音乐节两份报纸的报道中,它们都反映了经常重复的原则:"你谈话的方式就像和你交谈的那个人一样。"哲学家托马斯·库恩(Thomas Kuhn, 1996)和保罗·费耶阿本德(Paul Feyerabend, 2010)各自(并且有着不同的焦点)认为科学进步不是累积的过程。相反,科学家基于他们对另一个团体谈论世界的方式满意与否而形成了自己的方言团体。关于这种现象的众多例子,新闻学是一类,科学是另一类,而语言学和人类学又是其他一类。例如,任何人都可以在过去150多年的语言历史中,截取任意一个时期来阐释同样的观点。

例如,在瑞士语言学家费迪南德·索绪尔(Ferdinand de Saussure)的研究之前,大多数语言学家认为语言研究是历时性的(历史)和变化的研究——语言总是处于发展变化的状态。因此,如果我们要了解现状,就必须了解那种语言之前的状况。索绪尔认为,语言在任何特定的时间点都可以成功地进行有意义的研究,这在很大程度上与语言的历史发展无关,而且对这一特定同步语言片段的理解与该语言的非同步演变无关。并非所有的语言学家都(曾)接受索绪尔共时语言学的说话方式。但是因为很多人曾接受这种方式,所以他成了一个新组织的组成部分"结构主义者"——他们所关心的是语言现在的情况,而不是曾经的发展状况或者未来的发展走向。

后来,乔姆斯基对其学生时代的语言学变得不满,他后来描述为过分专注于语言描述。他的著作引进了另一种新的说话方式,一种关于语言的全新方言、形式和对话。一些语言学家没有了解他的对话或方言,因此没有像他一样谈论过语言。但是多年来,乔姆斯基的方言是该领域大多数人的方言,是标准的方言,也就是语言学家称之的"上层方言"。然而,现在这个昔日的上层建筑正在变成下层建筑——越来越多的语言学家采取了与乔姆斯基不同的思维方式、不同的侧重点和不同的风格,以及不同的语言学习方式,而早期的强大方言现在已经变得不那么容易了,当然不是非常普遍。更为重要的是,多年来,语言学方面的几种方言已经发展得如此强大,借用库恩的术语来说,它们现在是不可比拟的。

关于跨文化讨论难度的另一个观点来自德勒兹和瓜塔利(Deleuze and Guattari)一篇名叫《什么是哲学?》的文章:

> 哲学家们很少有时间讨论。每个哲学家听到有人说"让我们来讨论这个"的时候,他们都会跑掉。讨论对于圆桌会谈来说没问题,但是哲学却在另一张桌子上掷骰子。关于讨论的最好的一点是,他们把事情讨论得更远,因为参与者们从来没有谈过同样的一件事情。对于哲学而言,人们有这样一种观点,如果关乎危亡的问题没有被说明的话,就会有这样或者那样的想法。而且,当它们被陈述时,这不再是讨论的问题,而是为所提出的不可遏制的探讨创造概念。沟通总是来得太早或太迟,涉及创造,谈话就是多余的。批评只是为了确定,当一个概念被推入新的环境,失去其某些组成部分,

或者获得其他而改变它的特性时,它就消失了。但那些没有创造的批评者,满足于捍卫已消失的观念而不能赋予它回归生活所需的力量,这些就是哲学的瘟疫。所有这些辩论者和传播者都受到反感的启发。他们只是在空泛的对立面上说话。哲学对讨论都怀有恐惧感。(1996,28-29;原文重点)

此处,作者设法接近我在这里提倡的关于暗物质渗透话语的观点。另一种说法是麦克道尔(2013,456),他引用了弗里德曼的话,我们是不是面对着(尤其是)这样的威胁:并非只有一个理由空间,而是有许多不同的理由空间——每个理由空间都适应于自己的文化传统,每个理由空间都处于自己的"世界"之中?

从这一切出现的关键问题是,日常话语(新闻学、科学话语、日常话语或其他)是如何被特定文化和个人发展这一背景的暗物质所塑造的。暗物质是个人通过参与言语社区和文化团体在个人中形成的,因此影响着我们所谈论的内容、我们所看到的事情、我们如何看待这些事情以及如何谈话等等。而这又是依次形成无处不在的短语"你谈话的方式就像和你交谈的那个人一样"。

知识本身并不是暗物质,甚至连社区所有成员都触手可及,却不能共享的那些知识也不是。例如,皮拉哈人拥有百科全书式的自然知识,而我个人对自然,特别是亚马孙动植物的知识,是非常有限的。然而,我有维基百科,但是皮拉哈人却没有。

这一知识——我可以咨询存储在我身体外部的信息来源——是我的暗物质的一部分,尽管存储的信息不是,但是皮拉哈人并不把这一暗物质与我分享。对于他们来说,所有的知识都在他们自己或者其他皮拉哈人的大脑里——而不是非个人的来源。在我们大脑内部和外部都可以发现显性知识,但只有在个体内才能发现暗物质。对美国人、皮拉哈人、法国人和所有人来说,都是这样的。

商业文化

另一个有趣的例子是关于文化、个人,以及主位暗物质——可能更接近于日常生活,虽然同样具有异国情调,但却是美国企业文化(观念)。如前所述,美国公司经常花费精力向员工宣传和著述关于他们公司"文化"的文章。

作为一个例子,四大会计师事务所之一的安永会计师事务所考虑如下:

> 我们一直都为员工文化感到自豪,我们承诺做得更多。员工说,我们的全球团队文化以及我们关注建立一个更好的工作环境,使安永成为他们职业发展的绝佳之地……我们正在三个关键方面投资我们的文化,以增强对客户和员工的重要性:
>
> 包容——招聘杰出人才仅仅是一个开始。包容意味着确保我们所有人的声音都能被听到,能受到重视。这不仅有助于吸引和留住最优秀的人才,也有助于为我们的客户和组织提供更好的解决方案。
>
> 发展——我们的发展方式包括为所有员工提供所需的学习、经验和辅导,以丰富他们的职业生涯,并为客户提供最好的业绩,并为公司当前和未来的领导者提供额外的计划。
>
> 参与——我们希望所有的员工都能为他们的工作和同事而富有激情,让他们能在灵活地实现自己的专业技能和个人的愿望这个环境中感到舒适。我们用各种方式让员工参与其中,从挑选合适的人才领导重大变革,到关心员工个人,再到对出色完成工作的员工表示感谢。

这里提到的"员工文化"是一种可信的文化。然而,要成为一种真正的员工文化,这里所陈述的价值观需要被融入公司的定义性知识、结构和各种角色中。

但是,仅凭对员工文化的表述,就能科学地断定一家公司真的拥有所描述的文化吗?

想想企业日常生活的其他部分,也可能包括试图理解企业文化,不管他们在宣传册和网站上宣传什么内容。员工的角色是什么?雇用了谁?如何雇用?有哪些任务和角色最能得到回报(包括薪水、奖金、任务、股票期权等)?股东和股票持有者的相对角色是什么?在会议室、洗漱间、派对和餐厅里,公司里都有哪些故事?我们不能仅仅通过调查问卷和公开声明来了解文化。我们必须像何凯伦(2009)那样进行参与者观察,或者像李普马和李(2004)那样仔细分析预期的结果。企业使用"文化"作为广告或团队建设的工具,但这并不意味着他们的广告必然是虚假的,也不意味着文化就像企业所表现的那样。其他考虑包括:人们如何着装;他们如何相互交谈;他们的行为准则是什么;他们的惯例;员工如何接受培训/成为员工;无论是国际的大企业还是国内的公司;等等。

商业是一种吸引人的领域,可以进行各种各样的智力探索。从营销、会计、财务背后的数学到文化理论和管理社会学、产品创造、公司价值等等,是理解社会的丰富来源。但是企业领导往往不理解他们喜欢使用的"文化"这个术语。为了明白我的意思,看清一个新闻中的例子——在一种被称为整体管理(holacracy)的"文化变革"模式中,企业试图消除角色中的等级制度,在整个组织中分享权力。在这种模式中,大部分管理人员被淘汰,员工们是围绕拟定的工作进行组织的,据说他们对自己的工作具有决定权。

据称,这种所谓的"文化变革"基于以下"正常"的企业和整体的业务之间的鲜明对比:角色是围绕着工作而不是人来定义的,并且定期更新。人们可以(连续或同时)担任多个角色。权力是由针对特定工作的团队和角色掌握而不是一个永久性的管理团队来掌握的。这意味着团队可以作出特定的工作,从而可以更迅速地作出决定。

该组织的组织结构定期修改,本地团队围绕特定的工作自行组织。包括首席执行官在内的所有规则都是相同的。每个人都知道,可以轻而易举地找到规则。这个模型是否真的产生了一种新的文化?回想一下关于发现价值观、知识结构和社会角色——文化的三个核心组成部分,在我看来,文化至少是包含两个阶段的一个过程。首先,我们采访社会成员,让他们了解这三个组成部分。然后,我们观察他们,且作为参与者来观察他们,看他们所阐释的理解与他们的实践是否一致。换句话说,什么样的文化是被宣扬的?实际又执行了哪些文化?

2015 年 7 月 17 日,《纽约时报》讨论了美国捷步达康公司(Zappos)实施的一种整体化/全员管理模式。但是,无论是那篇文章还是炫耀的支持者们,都不知道该如何评估它:是否确实是一种新文化,或者只是调整操作方法,抑或只是在同一堵墙上绘画。

不拘一格的变化影响角色(至少表面上看),但不会改变公司文化的核心,即其核心价值,并非其知识结构。如果我们说一家公司的主要价值是利润。也许另一个价值就是等级角色结构——每个人都应该"知道自己的位置"。还有一个价值可能是流动性,因为一些职位角色会转变。

一家普通公司的价值排名可能是:

利润≫等级≫流动性

申请整体化(holaracy)公司的排名是:

利润≫流动性≫层次

这样看来,这里的"文化变革"在结构上相对较小(当然,它可能会在操作上产生重大影响)。只要利润是排名最高的价值,公司就会看起来更像相似而非不同。他们的股东和利益相关者最终将以非常相似的方式对他们进行评估(盈利有多少、公司的未来是什么——即基于当期利润判断我是否有工作等)。

而且,角色结构受到表面上的影响远不及所声称的。为了看到这一点,考虑一下合弄模型与非合弄模型(合弄制公司即无主管公司)(图 5.1 和 5.2)。尽管员工和首席执行官之间的非平衡模式包括缓冲区——管理者,但首席执行官(不管公司的手册可能会怎么说)仍然是首席执行官,仍然可以改变管理风格或者凌驾于员工之上。

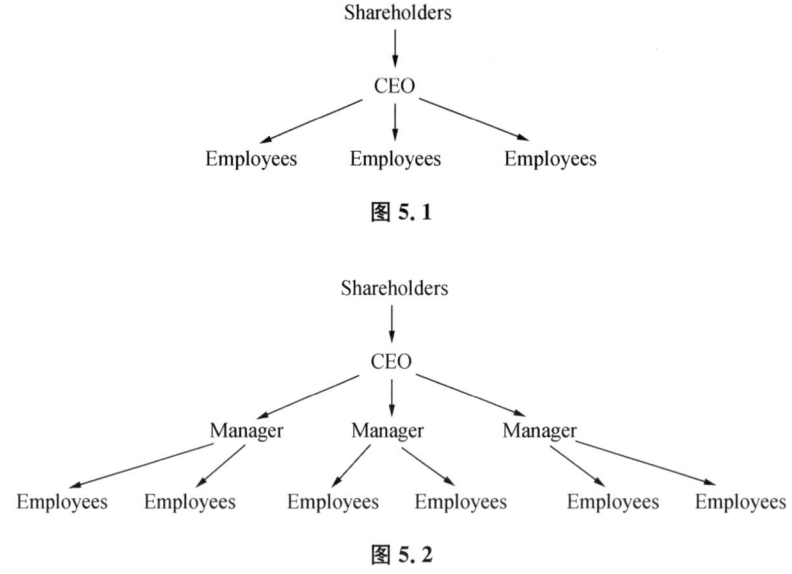

图 5.1

图 5.2

肯定会有改变,而且它可以为公司带来深远的好处。但从文化理论和暗物质在这里发展的角度来看,这种差异非常小,价值流动性实际上允许相对较小的变化。

这让我们得到了一个更激进的替代排名,这可能会深刻地影响公司的文化。多年来,企业的核心话题之一(尤其是企业中的人们使用文化这个词):企业是否应该专注于服务股东或以利益相关者为中心。股东是公司股权的所有者。利益相关者是那些以某种方式与公司有关的人——客户、经理、员工、股东、分包商,以及依赖于公司员工采购的商店、环境等等。所有的股东都是利益相关者,但并非所有利益相关者都是股东。

假设你从我这里拿走 10 美元,并且告诉我,你将用这笔钱购买一些糖果,摆一个路边摊卖掉它们,并且每块糖果赚 15% 的利润。你和我商议成为合作伙伴,我把资金投入你的劳动中。我们同意将风险和利润按照五五分。在你卖糖果的时候,如果你同意每天支付1美元,那么就会有一个年轻的男孩帮你清理货架,并且帮助招徕顾客。你同意这样做。然后,在一天结束时,你对他的工作印象深刻,所以你给了他一个免费的糖果,并从我们的利润中给了他额外的50美分。他很高兴。你也很高兴。但我高兴吗?绝不可能,从专业角度来讲,你未经我的允许就把我的钱给了别人。这是偷了我的钱。

在这个小故事中,男孩帮助的是利益相关者,而我是股东。你可能会说"冷静!赠送一些存货以及慷慨是对商业有益的"来回应我的愤怒,我会回答说:"这不是由你来决定的。这是我们一起决定的。你有什么证据表明放弃我的钱是对商业有利的呢?我想我必须去起诉你。"

这是怎么回事呢?我的部分价值排名是股东/利润〉〉利益相关者,而你的价值排名的相应部分似乎是利益相关者〉〉股东/利润。排名可能会产生或大或小的差异,具体取决于特定值的层次结构有多高。无论如何,基于对这里文化发展的理解,企业拥有文化的想法可能是正确的,但它的规模要远远小于公司自称的文化。鉴于商业和企业在经济化的现代社会中的重要性,理解他们在价值观、价值等级、知识结构和社会角色方面的主张和实践是一项有价值的重要事业。

文本中的隐性知识

在《华尔街日报》和《纽约时报》的文章中,我们将重点放在可通过暗物质访问的文本隐含值中。在这里,我想把知识视为通过文本获得的另一种暗物质形式。解释学本身就是一个关键,它源于经验丰富的知识。例如,请考虑一下从《纽约书评》摘录的英文样本:

> 联邦和地方执法机构已经公布,自2001年9月11日以来已挫败14起阴谋,量化纽约警察局在这个记录中扮演的角色是不可能

的。例如,2010年5月时代广场轰炸机(据称与塔利班有关系)受到一名热狗供应商的阻挠,该供应商在停放的越野车中点燃了导致恐怖分子炸弹爆炸的导火索烟雾,并立即报告给附近的警察。(M.格林伯格,2012)

从这些描述的表面意思来看(仅在此说明),可见富含共同的文化知识暗物质。这些知识大部分都无法用 Google 搜索,但必须通过特定文化中的生活来学习。例如:

1. 社团可以指定预先测量的时间段并记录这些(日历)。

2. 日历是共享知识的重要形式,允许社会成员以相对精确的方式暂时定位非当前事件。

3. 一些文化通过不同的子群体对社会实践进行量化(保留数字记录)。

4. 有些人可以赚取收入。

5. 通过向自己不总是生产食物的人出售食物可以赚取收入。

6. 有非天然的加工食品。

7. 有多民族社区。

8. 有不是家庭的社会群体,但比整个社会小。

9. 有一个政治组织这种东西。

10. 烟雾可能预示迫在眉睫的死亡,抑或用来烹饪和取暖。

11. 除非有意超出字词表面含义,否则应该按照主语—谓语—宾语的顺序排列单词。

12. 人们可以把一句话放在另一句话里,以更有效地传达原信息(关系从句)。

13. 在某些音节开头的辅音是要送气的。

这些项目都——仅仅是涉及句子中隐含的表面信息——并非是普遍的。"阴谋"也不是普遍的。"9·11"是整个西方文化特有的历史事件。时代广场、塔利班、导火索、SUV、恐怖主义等等,都是文化而非普遍的概念和范畴,这些概念和范畴在文本中都没有解释,也没有被人普遍认识到。

他们借鉴暗物质以及未陈述的文化经验。暗物质知识的另一个例子可以在旧约全书马克第 1 章第 4 节中找到:

> 所以施洗约翰的场景会出现在旷野里,传讲令人悔改的洗礼来赦罪。

> 整个犹太村的人和所有耶路撒冷的人都为了他倾巢出动。承认他们的罪行,在约旦河边接受他的施洗。

在这里,基于美国人对这种古老宗教文本的解释,我们至少可以看到以下暗物质的内容:

1. 我们做了坏事,必须得到原谅。

2. 告诉别人我们做的坏事就会得到原谅。

3. 人能够和上帝交流。

4. 有一个被称为上帝的实体。上帝是男性。上帝是审判的。上帝是令人敬畏的。

5. 关于另一种两千多年不存在的文化的故事,可能与极其不同的现代工业化文化密切相关。

6. 那里有沙漠。

暗物质索引

除了由文本触发的暗物质知识之外,我们还在正式文本(例如,对话、艺术、其他文化和文化表现形式)之外使用了对暗物质的额外引用。例如,我们经常使用占位符来表达文化价值,通常以知识为幌子,主要用于强调价值观。

这些指示物的重要功能是指标作用,而且它们有助于我们理解:暗物质如何构成我们对世界的解释。因为它们是不言而喻的,是我们偶尔难以言及的知识的一部分。

术语索引最初是为了将单词(尤其是代词)与系统性移位的参考文献相结合而制定的。例如,第一人称单数代词"我"指的是说话的人,在谈话中来回转换以指代不同的发言者。在引用他人说话时,也可以用作引用话语——例如,"约翰说,'我'(即约翰,不是告诉我们约翰说话内容的那个人)不能这样做。"或者这一索引可以指代说话者,例如:"约翰说我不能这样做,因为他需要使用汽车。"

同样,索引指的是正在说话的时刻,指的是远离说话者的地方。换句话说,单词的字面含义不足以知道它指的是什么:挑出的是哪个第一人称?说话者是谁?

为了解释索引词,需要知道关于话语的当前语境。索引经常跨越语言和文化之间的界限。例如,奥克斯和卡普斯(2002)以及其他人已经表明,对话中的身体姿势可以指示性别或尊重特定文化中的权威。索引词这一概念来源于C.S.皮尔斯(Peirce,1977)的著作,其次是索绪尔的著作([1916]2012)。所有的指示都是形式和意义的组合。皮尔斯标识了三种类型的指示:图标、索引和符号。索引与物理上的信号或"意思"相关。例如,烟雾通常与火灾/引起火灾的物理属性相关,因此烟雾是火灾的索引。脚印是留下它的人的索引。一个图标与其所指或意义没有物理上的联系,但在某种程度上与它类似,只不过是理想化的。例如,照片是一个人的图标,通过物理(反射光波等)与该人相似。最后,尽管如此,仍然有使人类语言成为可能的标志:符号。符号的形式通常与其含义相联系。因此,形式—意义的联系是由文化习俗引起的暗物质所培养的更普遍结果。当我想描述结晶的冷冻沉淀物时,我发出了"雪"这一音素序列,而另一种语言会使用另一个音素序列。当然,这些都是众所周知的事实。我在此回顾它们是为了从西尔弗斯坦(Silverstein,2003)、埃克特(Eckert,2008)等人的著作中得出索引概念,以更好地理解更详细的内容。

在西尔弗斯坦(2003,第193－229页)的众多讨论中,有一个最重要,他认为索引是按层级排列的。他通过分析人们如何谈论葡萄酒来解释这一点。正如他所说(193):"索引顺序"是必需的一个概念,它向我们展示如何将微观社会与任何社会语言现象分析有关的宏观社会框架联系起来。在发展层次结构和递归索引函数与层次结构化的社会背景相联系这一复杂理论时,西尔弗斯坦阐明了暗物质的知识与价值相互交织,展示了文化与个人融合如何在特定社会语境下影响着我们的思考、谈话以及表现。

就像西尔弗斯坦研究的人群(实际上任何人)一样,皮拉哈人的语言和行为是其社会文化成分的索引。例如,我在其他地方(D. 埃弗里特,1979、1983、1986、2005a)称为"语音姿态"和语音清单,用于区分男性和女性的言语。皮拉哈族女性在说话时通常喉咙后面更加紧缩,让人产生女性在讲话时发音比男性更加"喉咙式"的印象。而且,大多数皮拉哈女人(至少在我关注的这些村庄)相对于男人来说,说话时的发音部位往往会缩回,或者更靠后。此外,女性通常说话的语音少于男性,详述见下一章。因此,语音和音韵被当作皮拉哈的性别索引。此外,证据的使用和"直接的经验"(D. 埃弗里特,2012b)的原则都是更高层次的索引,指示着皮拉哈文化与外来文化截然不同。

但是,回到文本中,索引词最丰富也是最容易获取的来源可能是文本。我们早期在查看伍德斯托克音乐节和圣经的文本时,已经发现了丰富的暗物质证据。现在我想在皮拉哈话语中检测暗物质的文本暗示。接下来的文本是来自皮拉哈人的说明性话语,于1979年3月在巴西贝伦的一个小办公室里收集到的。发言人卡博吉(Kaabogí),已经和我一起走出了他的村庄,来陪伴他的侄女帕阿夏(Paáxai),一个约12岁的孩子。当她还是婴儿的时候,在山村里(不明来源)感染了脊髓灰质炎,因此她的双腿接受了手术和物理治疗小儿麻痹症。

由于她的手术是几周后在巴西进行的,巴西国家印第安基金会

(FUNAI)曾要求我允许皮拉哈人直到手术前都和我待在一起,然后我再把他们从波尔图韦柳(Porto Velho)转移到巴西利亚(Brasília)(费用由我承担)。我利用这段时间从卡博吉那里来了解皮拉哈人,并帮助他更多地了解巴西文化。我们住在大城市贝伦。

我曾从村里拿来了一些皮拉哈弓箭放在办公室里作纪念品。所以我请卡博吉告诉我如何制造箭。当我打开录音机时,他直接讲解如何制作他们用来杀死猴子的锯齿尖箭头。虽然即兴,但是他流利地说明了如何做出这样的箭头,并说了一些关于它的作用。谈论这样的事情时,皮拉哈人通常比较犹豫,因为他们认为每个人都知道如何制作箭头、打猎等等。但卡博吉是一位经验丰富的老师,在知道我要求提供的信息后,我收到了所有我能获得的信息。

所说明的是箭头的可见部分,他们看不见的功能是没有说明的,不同类型箭头的各种功能从来都没有解释。例如,对皮拉哈人来说,不同的提示是什么似乎很明显——也就是说,它们的功能可以从它们的形式(具有功能文化本位观点的形式)推导出来。例如,锯齿尖箭头适用于猴子。这是因为一些猴子,尤其是大型蜘蛛猴和羊毛猴子会将射中的箭头从他们的身体中拉出来,逃到树林的另一区域去。然而,他们如果拉出有缺口或锯齿形的箭头就会给自己带来更多的痛苦和伤害。所以,5英尺长的箭头留在它们身体里面,防止它们逃入茂密的树林中。它们要么倒在地上,要么死在原地,这样人们就很容易回收它们。这是所有通常不会明确表示的背景信息,实际上它不在下面的文字中。

箭头制作——文本

卡博吉,1979 年 3 月

由 D. 埃弗里特录制

1. Sahaí itababi hi aagá. Hoí hi gái.

He did [asked about] tying an arrow. A couple he said.

他曾经询问过一对夫妇绑箭头这个问题,他说。

2. Sitababi hi aagá hói. Ti soioágaháí ʔogáogába gaí. Ti ʔigáisai

He asked about tying an arrow. I need thread to put there. I spoke.

他询问到绑箭。我需要把线团放在那里。我说。

3. ʔi ʔi soioágai ʔiga. ʔáitatíi ʔogabógaáti.

Thing, thing, thread. [Or] cotton spun line you need.

东西,事情,线团。或者你需要棉纺线。

4. Tíigíi poioaagá gai. Ti tipóita gái. Gáobáháá gaíihí.

Hard tip you need there. I tip there. Put right there.

这里你需要坚硬的箭头,我给你,就放在这里。

5. Ti aiíʔi bóíooeooe hiaóbáhá gaii. Ti ʔbaáʔai ʔií.

I do bamboo. You put there. I make it good.

我用竹子的,你放在那儿,我做得很好。

6. ʔiáaogió ʔipoíooe hiaó bí sogi. Tipóibogaiʔipíso.

There you need to put [it]. I therefore put hardwood on [the] arrow tip.

你需要(把它)放在那儿。所以我把硬木头放在弓箭的顶端上。

7. Kabáahagái. Ti ʔii poiʔaoágai. Poi báakoi.

Nothing else. I put hardwood. Good hardwood.

没有其他的,我放置硬木,很好的硬木。

8. ʔogáisai. Hi gáisai ʔoogiái. Poi báasí káipaá. Sitaí.

Dan. [I] speak [to] him, Dan. Put good hardwood on it. Feathers too.

丹,(我)对他说,丹。把好的硬木放上面,还有羽毛。

9. Píaií. Hoí toíʔi táogaá gaii hoítoí. Hoítoíʔi táooágai.

Also. Currasow feathers tie on. Currasow. Tie on currasow

175

feathers.

还有,凤冠雉的羽毛也弄上面,凤冠雉,把凤冠雉的羽毛系上。

10. Ɂígai Ɂígai ti gáabáá Ɂígai. KahaiɁíooí, kahaiɁíooí.

I tie it next. The arrow shaft, the arrow shaft.

我把它绑在一起。就是箭头轴,这个箭头轴。

11. Ɂaáágaii. KahaiɁíooí ƁiɁáoihoi. ƁiɁáóíƁo Ɓíooíhii.

I place it. The arrow shaft. Species of grass [from which is made the arrow shaft].

我放着,这个箭轴。草的标本(用这个制作箭轴)。

12. Tigáobá gaiii. Tii Ɂii poiaáagaii tipói tagáigáobai.

I finish tying it. I put on the hard tip. I tie on the hard tip.

我绑完了,把硬箭头放这儿,我系上硬箭头。

13. Ɓoogiái hi, káhióɡisai. Kahai booɁabísa póoii.

Dan wants an arrow. Put on the bamboo tip.

丹想要一个箭头,放在竹子的顶端。

14. TagáigáobáháɁai. Higáisai Ɓoogiái koapói tagaigábógááti.

Finish tying it. [I] told Dan. Thusly tie it on.

绑完了,(我)告诉丹。因此绑上了。

15. Tagai gábógááti. Ɓibóihoi píaii. Póii píaii.

Tie it on well. The bamboo. The hardwood too.

绑好了,竹子,还有硬木。

16. Póii Ɂaáati poiii. Hoíbogaai paháxai.

Put on the hardwood. For when you shoot the bow.

放在硬木上,当你拉弯弓箭射击时。

17. Ɂípói bogaai páɁai. Ti ísitaí gáoɁoa.

The hardwood on the bamboo. I tied feathers next.

硬木在竹子上,接下来我绑羽毛。

18. Sitaíta pitaí hi abaíʔai. Pita ógííá.

Eagle feathers to make it pretty. Get eagle feathers.

雄鹰的羽毛让它看起来很漂亮。用鹰的羽毛。

19. Kogaʔí kabahákogá. Hoítoí ʔí táogá hoítoí.

Nevertheless [eagle feathers] ran out. [Just] tie it with currasow feath-ers. Currassow.

然而（雄鹰的羽毛）用完了，（那就）绑上凤冠雉的羽毛把，凤冠雉的。

图 5.3

布拉哈女性用线条缠绕，将箭头尖端连在一起，把羽毛绑定到箭头上。

20. Sitaíxi ʔáoi hoiʔipóooi poi. ʔipóii kahaiʔioíi ʔáaá kahaiʔíooí.

Tie the feathers on to the end. Tie the feathers onto the end of the arrow.

将羽毛绑在一端。把羽毛绑到箭头底部。

21. KahaiʔiooípóiipóibogaiipaháiGaii pói koʔoí ʔabáaáisai.

Put a hard tip on the end of the arrow shaft. It is good for killing spider monkeys.

在箭杆的末端放置一个坚硬的尖端。很适合用来杀蜘蛛猴。

22. Pói koʔoí. ʔabáaísai póibogai. Hi gáisai. Poibogaáti poi.

The serrated tip is good for spider monkeys. I speak to him. [Use] a serrated arrow tip.

锯齿箭头很适合用来杀蜘蛛猴,我和他说,(用)一个锯齿箭头。

23. Sabáaáihai saopíkoí. ʔai ʔigíaiʔa.

It enters securely. OK, that's all.

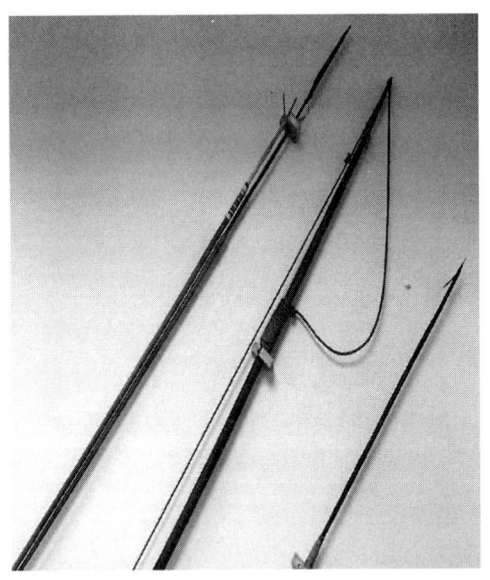

图 5.4

它安全达到。好了,就这样。

这个文本的暗物质是什么呢？那么,事实证明,把箭头和羽毛绑在箭上的棉线是由女性制作的。一个男人如果没有一个女人——母亲、姐妹或妻子，那么就没有弓箭。箭头需要一个坚硬的主尖端来支撑这一游戏中其他的一些特殊尖端（见图 5.3 和 5.4）。这个尖端至关重要。另外一个事实：在树林中有各种类型的尖端材料，但有一些尖端是弯曲的，那么这些尖端就不是最佳的。因此，这个话语文本仅仅只是关于箭头制作的表面信息，推测的那些信息都没有被说出来。但其中大部分肯定是可以讨论的，就像我们在这里所做的那样。更深层的暗物质将是最先被隐藏的。

另一个皮拉哈故事揭示了一组更复杂的价值观，围绕着皮拉哈对河流交易者的矛盾心态而建立。一方面，他们想要贸易者带来的物品，但另一方面，他们不喜欢交易者在皮拉哈人认为是自己的土地（迈西的洪水平原）上买卖东西。自 2002 年以来，交易已经停止，因为巴西国家印第安基金会通过公路将皮拉哈人带到镇上进行交易和购买商品。但是在这个故事发生的时候，一群家族代代相传的男子在皮拉哈进行交易——所有人都在巴西坚果季（12 月至次年 3 月）的时候每月定期几次去附近的一个名为 Nossa Senhora Auxiliadora 的定居点进行贸易。

被盗的巴西坚果树林

信息提供者：卡博吉

语言学家：D. 埃弗里特

日期：大约 1979 年 3 月

1. Hi ʔooagaií ʔooagaií hi hiabaaí hiabisóaa.

He did not pay Xoágaii [Kaabogí's brother].

他没有付款给熊阿盖伊（Xoágaii）[卡博吉的兄弟]。

2. ʔo hi hiabaaí hiabisóai hiaitíihiʔí.

He did not pay the Pirahā[s].

他没有付款给皮拉哈人。

3. ʔaiia saagábagaá kagáíiai hoaʔáí sigíai.

The Brazil nut grove is named. The jaguar place.

巴西坚果树林被命名。捷豹的地方。

4. Hiaitíihíí ʔaiia sabá ʃííko (Chico).

[The thief of] the Pirahãs' Brazil nut grove [is] Chico [Alecrim].

皮拉哈人巴西坚果树林的窃贼是奇科[阿莱克里姆]。

5. Báí ʔao ʔao ʔo híi hia baí hiabahá hi ʔao ʃííko.

The parent, foreigner, he, paid not. He foreigner, Chico.

父母，外国人，他，每月付款。他外国人，奇科。

6. Hi ʔao hói híába ʔo ʔáiiasi hiabaí hiabáí ʃííko.

He the foreigner did not do a little. It Brazil nut grove did not pay Chico.

他这个外国人做的不止一点点。它巴西坚果树林没有支付奇科。

7. Pasabí ʔai hiaitíihí ʔaiia sagábagáá. Kagáiia hoaʔái sigiʔáiao.

Passar Bem [foreigners] [with respect/to the detriment of] the Pirahãs call the Brazil nut grove.

帕萨尔贝姆[外国人][相对于皮拉哈人的称呼而言]称巴西坚果树丛。

8. ʔa ʔao ʔáiiasii hiabaí, hiabahá. ʔao ʔao ʔáiia soáo báooa. ʔáóiitá.

It, foreigner Brazil nut grove did not pay. Foreigner Brazil nut grove João last name. Didn't pay.

它，外国人巴西坚果树林没有支付。外国人巴西坚果树林若昂的姓氏。没付钱。

9. ʔooá hi ʔogaaá ʔí ʔai. ʔa ʔa ogoó.

He wants the place. That one. Foreigner wants.

他想要这块地方,那一块,外国人想要。

10. Bigái ʔi ʔaaí ʔi hi Boisíi ʔa híai hi.

Bernardo, then Moisés also want.

贝尔纳多,然后莫伊塞斯也想要。

11. ʔa Boisíi ʔa ʔao ʔáiasi hiabaaíhiabá.

Foreigner Moisés Brazil nut grove did not pay. [Moisés did not pay for the Brazil nut grove.]

外国人莫伊塞斯巴西坚果树林没有支付。[莫伊塞斯没有支付巴西坚果树林。]

12. Sogohóíga ʔai píaii.

[The Brazil nut grove] Sogohóíga also [he did not pay for]. ["Sogohóíga" is a Portuguese loanword, but I am not sure what it is.]

[巴西坚果树林]索戈霍伊加[他没有付钱]。["索戈霍伊加"是一个葡萄牙语借词,但我不确定它指什么。]

13. Hiaitíihí ʔí ʔaiia saagabagaá ʔai. Si kaá sogohóíga ʔái.

Pirahãs call the Brazil nut grove that. Its name is Sogohóíga.

皮拉哈人称巴西坚果树林。它的名字是索戈霍伊加。

14. Hiatíihí ʔí ʔaiia sabá sogohóíga.

Pirahãs' Brazil nut grove is called Sogohóíga.

皮拉哈人的巴西坚果树林被称为索戈霍伊加。

15. ʔái ipoógii hii gíai. ʔoogií hoiigíaí ʔao ʔáiiasi hiabaaíhiaba.

Then Xipoógi hi [said to] you. In the deep jungle, in that area, he did not pay for the Brazil nut grove.

然后希波吉[对]你[说]。在那个深处的丛林中,他没有为巴西坚果树林付钱。

16. Hi ao ʔao hi I hoaihiabahá. ʔaohii hoaí hiabahá.

He, foreigner, foreigner, he didn't talk. The foreigner did not talk.

他，外国人，外国人，他没有说话。外国人没有说话。

17. ʔo hii hoaihiabahá ʔa ʔo ʔa ʔa ʔo ʔoga ʔaó a ʔo. ʔáii gaaába.

[About the Brazil nut grove] he did not speak. He wanted the foreigner the Brazil nut grove. Thus [not speaking] he remained.

[关于巴西坚果树林]他没有说话。他想让外国人来到巴西坚果树林。因此[不说]他仍然在那里。

18. Batíóoi ʔaabaábái. ʔaiiisai gíai gaá Batíóoi.

Martinho almost remained [not speaking]. Did not speak. Martinho.

马丁尼奥几乎一直[不说话]。没说话。马丁尼奥。

19. ʔogáisai híiga hi obaihiabihái ʔoogiái hi ʔáiia hiahoáti.

[About] [the Brazil nut grove] he [did not] go. He did not see. Dan speak [to him about our] Brazil nut grove.

[关于][巴西坚果树林]他[没]去。他没看见。丹对他说我们的巴西坚果树林。

20. ʔoogiái. Batíóoa ʔíga ʔaisahá. Tibaáóbahá.

Dan. Martinho spoke. I shoot you.

丹·马丁尼奥说，我毙了你。

21. Hi Batíóoi ʔo gáisaiiá. ʔoogái hi obaihibihái.

He, Martinho, spoke. He will not see the field.

他，马丁尼奥，说。他将看不到这片区域。

22. Higíhi hiaópikáha. ʔáapagi ʔi tiihíi.

The man is angry. There are lots of Brazil nuts.

这个人很生气。巴西有很多坚果。

23. ʔisái hiagohá ʔ Batío. ʔa ʔaí hiogísaʔái.

It [is too] hot to go. Martinho [said]. Doesn't he want to go?

[太]热了不能去。马丁尼奥[说]。他不想去吗?

24. Tíaihaí ʔip ʔipógí. Hiogísa. ʔaitíihi ʔaí ʔipógií.

I will go Xipoógí (said). He wants to. The Pirahã, Xipógií.

我会去,希波吉(说)。他想要。皮拉哈人,希波吉。

25. Hiogísa. ʔaitíihi ʔaí ʔipógii. Potagíipa ʔai ʔi.

He wants to. The Pirahã Xipógií. [He wants to go to] Ponta Limpa.

他想要。皮拉哈人希波吉。[他想去]蓬塔拉帕。

26. ʔaapago bií tihí ʔai ʔi saóoi ʔahoagía.

He paid well for the Brazil nut [pagou bem— Portuguese]. Xiaóoi spoke.

他为巴西坚果[做得好/支付得很好——葡萄牙语]付出了很高的代价。肖伊说。

27. ʔai ʔaitáobaaa giso. Bagisai. ʔiáágaí ʔisoáo.

He laid down much [of] this. Giving. He gave much, João.

他放下了这个。给予。他给了很多,若昂。

28. Baagáha ʔisoáo. ʔi ʔipógií hia ʔipógi hiáo.

He gave much, João. He [paid] much to Xipógií.

他给了很多,若昂。他[付给]希波吉很多。

29. Hi oagaoa kaisa. Hóʔai ʔaoáto bohói hóihii.

He gave [many] box[es]. The guy. The [guy in the] small boat.

他给了[很多]盒子。在小船里的[那个人]。

30. ʔahía tobooá hóááobáá ʔagaíisi ʔao.

He paid many sacks [of] manioc meal, the foreigner.

他付了很多麻袋的木薯粉,那个外国人。

183

31. ʔo ʔo ʔáái hiabáaí hiaba. Hi ʔáihi ʔaogosa.

Brazil nut grove he paid not. He Brazil nut grove [did not pay] the for- eigner.

巴西坚果树林他没有支付。他巴西坚果树林[没有付钱]这个外国人。

32. ʔagá Paohósa gaísai ʔaooíi hiabaaihiabisaíʔáaga.

Thus pāo rosa [rosewood] speaking. The foreigner remained without paying.

因此玫瑰木[红木]说。外国人还没有付钱。

33. ʔaoooíii hiabaaí hiabisaiʔága. Paohósa ʔigaísai.

The foreigner remained not paying. Talking [about] rosewood.

外国人仍然没有付钱。谈论[关于]红木。

34. ʔaooiíii hi píai ʔógaabá. ʔáooiii hi píai.

Foreigner he also wanted it. Foreigner too [wanted it].

外国人他也想要。外国人也[想要它]。

35. ʔii gaabáhá paohósa. Gai hiahóá ʔao hoʔo.

He took the rosewood. Then he took it.

他拿起红木。然后他接受了。

36. Hi aagáaoákaisi. ʔóogísi ʔaagaoa kaihiabaaí.

He [promised to] make a canoe. [We] wanted a canoe. He did not make one.

他[承诺]制作一艘独木舟。[我们]想要一艘独木舟。他没有制作一个。

37. ʔisáooi ʔaooá. ʔaooí hihiabaaí. Hiabísóai.

Xisáooi, foreigner. [That] foreigner really paid not. He just paid not.

希萨奥伊，外国人。[那个]外国人真的没有付钱。他只是没有付钱。

38. ʔí soʔáo ʔai kagáiahoaʔái sigíai.

João [paid for] it，[the Brazil nut grove] Jaguar place.

若昂[支付]它，[巴西坚果树丛]捷豹的地方。

39. Hiaitíihi ʔiáiiakoíʔaahá. ʔioága.

The Pirahās hunger. [They are] hungry.

这个皮拉哈人饥饿。[他们]饿了。

40. ʔoógihoigíaihi. ʔáiia. ʔáiia baagabaikoí.

In the jungle. The Brazil nut grove. The Brazil nut grove. He gave it.

在丛林中。巴西坚果树丛。巴西坚果树丛。他给了它。

41. ʔaboitóhoi. Hiboitóhoi. Gísóógábái.

Foreigner's boat. His boat. [I] want this. [Says the foreigner.]

外国人的船。他的船。[我]要这个。[外国人说。]

42. ʔihiʔaa ʔáiiaasi hiábaaíhiaba. ʔigaahíá pasabíi.

He did not pay the Pirahā's Brazil nut grove. The one called Passar Bem.

他没有付皮拉哈人的巴西坚果树林。其中一位是帕萨尔·贝姆。

43. ʔiai hi sogohóíiga. ʔai goatáa ʔai.

The Brazil nut grove Sogohóíiga. [Nor] the Brazil nut grove Guatá.

巴西坚果树丛索戈霍伊加。[不是]巴西坚果树丛瓜塔。

44. ʔiʔi ʔopísi ʔao ʔáiia soabógabái ʔaháa.

The foreigner wanted to take Xopísi's Brazil nut grove.

外国人想要拿走索皮西的巴西坚果树林。

45. ʔopísihi ʔáiia sabáisiiʔi Bogáʔaiiabai.

Xopísi's Brazil nut grove has a name. Bogáʔaiiabai.

索皮西的巴西坚果树林有一个名字。博加艾亚拜。

46. ʔaoi tóhoi gaogabaii. ʔopísi hi gáísáí. ʔáiiaabagi.

The foreigner wanted to take his boat [to the Brazil nut grove to get Brazil nuts]. Xopísi spoke. About the Brazil nut grove.

外国人想乘他的船[去巴西坚果树林去得到巴西坚果]。索皮西说话。关于巴西坚果树林。

47. Toisáaoaí hiaitíihi ʔáiapi. ʔabáógooíhi.

Tuchawa is the Pirahãs' Brazil nut grove too. The foreigner really wants it.

图查瓦也是皮拉哈人的巴西坚果树林。外国人真正想要它。

48. ʔáóoi itopáhátaio. ʔabásaiʔaagáti ʔaooíi.

Foreigners take from it. The foreigners remain.

外国人把这取走。外国人依然存在。

49. Topápá. ʔabá boitoisáaoaʔáí. Hoiíí píaii híʔai.

They have taken. They probably took [Brazil nuts] in their boat. Other products too.

他们已经拿走了。他们可能把[巴西坚果]放在他们的船上。其他产品也是如此。

50. Hi ʔopísi ʔaga ʔáiias abóaiisihaá. Higáísai.

Xopísi did. He took the Brazil nut grove. He spoke.

索皮西做的。他拿走巴西坚果树林。他说。

51. Hibáógoohigí ʔáooáapísaohaʔáí. Síinti (Vicente).

He really wants it. Will he take it? Vicente?

他真的很想要它。他会拿走吗？维森特？

52. ʔo ʔáooaáti gíʔai. ʔaiia kabísiʔaíípí. Hisíʔáí.

Speak to [the foreigners about our] Brazil nut grove. The

Brazil nut grove will be gone. The sun will be hot.

与[外国人谈论我们的]巴西坚果树林。巴西坚果树林将不复存在。太阳会很热。

53. Nósi (Nāo sei)

I don't know.

我不知道。

这个故事是在1979年1月至3月我第二次访问皮拉哈社区时听来的,此前我经历了一次危及生命的旅程,此事在埃弗里特(2008)的著作中有叙述。

再说,故事的讲述者是卡博吉—— 一个比我大两三岁的男人,他是社区中最有经验的两位语言老师之一,另一位是我的主要老师科霍伊比菲艾伊(简称科霍伊,Kohoi),他们都与我的皮拉哈人的同事——语言学会传教士史蒂文·谢尔顿一起有过广泛合作。

科霍伊和卡博吉的态度截然不同。科霍伊很乐意帮助我学习他的语言,但对他来说,这似乎只是一份养家糊口的工作。卡博吉在我们的课上总是开玩笑,而且试图把我为社区提供的帮助当作整个社区的整体(他当时没有孩子)。他对皮拉哈人和各种河商之间的关系特别关心,这些商人出现在马伊西河,从皮拉哈人那里购买丛林产品或雇用他们作为劳工。他想要更丰富的制成品来源,这个话题比其他话题更吸引一些皮拉哈人(例如,科霍伊主要希望外人不打扰皮拉哈人)。

因此,对于他的第一个故事,卡博吉选择谈论各种河流贸易商以及他们如何在马伊西河采购巴西坚果、红木和其他产品,却没有付钱给皮拉哈人或支付这些费用不足。当时,我对此并不十分了解,因为我只能说很少的皮拉哈语,也因为我不了解十几个或个体的皮拉哈人与普通的河流贸易商之间的复杂关系。

作为文本材料的一般介绍(我当时为了对其进行解释,可能会想知道),我们需要了解一些背景知识。首先,有许多卡波克洛人,他们是居住在西德拉河、亚马孙河以及其他北巴西河流沿岸的巴西人。这些人靠土地种植、捕鱼和打猎谋生,还拥有柴油发动机驱动的小船,他们用小船到支流收集丛林产品,如巴西坚果、索尔瓦、橡胶、玫瑰木、红木、鱼(它们用盐腌后卖掉)和棕榈油。有一段时间,他们还带回了异国情调的鸟类,丛林中的猫、水獭皮、鳄鱼皮等等,但这些都被禁止,从而大大影响了卡波克洛人的收入。一些卡波克洛人①成为河流贸易商。其中许多人已经变得富有,尽管他们可见的生活水平没有受到显著影响。我遇到了每周收入数万美元却简单生活的卡波克洛人,拥有几艘船(甚至有一些非常大的船,也许 200 英尺长、50 英尺宽),他们从其他贸易商那里购买产品并出售给他们,是在马瑙斯向巴西大部分地区出售丛林产品的主要经销商。然而,大多数河流贸易商都很穷,几乎无力抚养他们的家庭,他们在田地上努力工作,并且当船上没有工作时就在丛林中狩猎。这是非常艰难的生活。

由于卡波克洛文化中有着深厚的财富价值观念,他们中的富人也像贫穷的卡波克洛人一样生活。财富是卡波克洛文化中懒惰和不诚实的标志。富人是从工人那里把钱拿走供自己使用,而不是自己赚钱。这是因为在卡波克洛文化里,所有受人尊敬的赚钱方式都必须是体力劳动——捕鱼、打猎、建房、清理土地、贸易等等。因此,为了表面上表现出他们的诚实和职业道德,即使是富裕的卡波克洛人(偶尔)会住在稍大的房屋里,但仍像其他(穿着旧衣服和拖鞋)的卡波克洛人一样穿着,每天使用他们的弯刀清理土地。他们的财富显示在远离其他卡波克洛人的城市中,在那里,许多富有的卡波克洛人有大房子,开着车,送孩子去私立学校,等等。因此,富裕的卡波克洛人在城市和乡村生活方式的对比,说明了外地工作者和理论家必须注意的差异:自称价值和实际价值之间的差异。

----

① 译者注:卡波克洛人(caboclos)指巴西境内印第安人与黑人或白人的混血后裔。

在皮拉哈岛工作的所有商人都居住在小住宅区内,比如位于马德拉河(Madeira)河畔的奥西亚多拉(Auxiliadora)——一个由慈幼会(Salesian)创立的社区,位于马伊西河河口以北约 30 英里,是皮拉哈人居住的地方。这些包括上文中提到的人员。这些卡波克洛人对印第安人持有有趣的态度。他们相信政府和传教士通过为卡洛克洛人自己无法获得的服务和支持来娇惯印第安人。像皮拉哈这样的印第安人看起来懒惰而且毫无用处,因为他们只有相对较小的田地,因此他们的大部分时间(至少在外人的眼里)都躺着闲聊,认为体力劳动"令人反感"——引用一句河流贸易者的话——并且没有积累财富的欲望。由于卡波克洛人确实想要并且需要外部商品,认为他们更努力工作,他们说的是"真正"的语言,并且在各方面比皮拉哈人更值得,因此,他们认为拿走丛林产品而不付钱或只付很少的钱并没有什么不对。最常见的付款方式是便宜的朗姆酒,每升约 1 美元。6 升朗姆酒在当时可以支付整个村庄数天的产品采集劳动。

对于这些贸易者来说,像我这样的外人——帮助皮拉哈人,为他们的商品和服务收取更高的价格——是他们的敌人,从他们手中夺走了应得的东西给予一群几乎毫无价值的生物:懒惰的人类。这种误解是本文背景的误解,是不同地方的价值观、知识结构和角色造成的。它们可能并非不可言说的,但是通常都不会被谈论,对双方来说都很显而易见。

这些文本背后的其他暗物质以一种复杂的方式呈现出来,皮拉哈人(与我曾经工作的其他土著群体一样)试图让外人相互对抗。卡波克洛人和我都不是皮拉哈人。我们都是外人。而且,皮拉哈人认为自己是最重要的人。他们认为我比他们更富有,相比于河流商人,我能够为他们做更多的事情。为什么他们会让我和他们在一起而不是帮助他们?对许多皮拉哈人来说,很自然地,我就是他们的朋友,就像火星人天生是普通美国人的朋友一样。他们知道我不危险,那么,我有用吗?社会科学家没有问他们为什么被告知与他们自己在社区中的地位有关的这样或那样的(并且他们总是有一个)故事,实际上他们无法很好地理解故事的背景、目的以及被告知的语境。

根据我的经验,外界人士和本土人群(如人类学家、语言学家和亚马孙人)之间遇到的一个非常常见的策略是,"你是我们曾经拥有的最好的朋友"。人们会告诉田野研究员,这些研究员比之前的那群研究员对待他们要好得多。他们甚至希望自己所给予的能够超越自己,为更多的人购买更多的东西,为人们做更多的事情。研究人员希望其他人尊重"他们"的人,却不承认他们所讲述的一些故事的微妙心理,他们的内容和他们的主题同样毫不逊色。但很难注意到这一点,因为它是研究者暗物质的基因——在西方文化综合征上发挥作用。

研究人员常常认为或似乎认为他们的动机是纯粹的,并且没有渴求个人利益(往往忘记或忽略了任期决定、促销、书籍交易、薪水增量等,都是基于研究人员在田野调查工作中实际取得成功的事实)。正如人们意识到研究人员希望成为他们"盟友"的倾向,这个故事包含了更多需要帮助的描述。这并没有什么错。对帮助的需求几乎总是真实的、尖锐的,也是必不可少的。然而,为了更好地理解正在做的事情,从而更好地理解背后的意图和意义,研究人员必须认识到这些,即他们在文化中所处的位置。但是,这需要对文本的暗物质进行元反思,以及科学家和主体之间错综复杂跳跃的暗物质——比"科学家"意识到的更流畅(例如,皮拉哈人总是比我理解预测他们的行为更快地理解和预测我的行为)。因为它是暗物质很丰富的一个来源,所以我想对该文本三分之一以上的内容进行逐行逐字的检查,记住我们刚刚讨论过的所有内容都是背景的一部分。

在第1行中,我们以一个模糊指代开始"他(一个巴西的贸易商)没有给熊阿盖伊(卡博吉的兄弟)付钱"。这个小偷是谁?他在偷什么?尽管在文本的叙述过程中提供了一些说明,但是很多是假设。皮拉哈人在12月至次3月期间(雨季高峰期)收获他们的主要丛林作物——巴西坚

果 。这项工作并不容易。巴西坚果树是森林中最高的树木,高达160英尺,直径达7英尺或更粗。巴西坚果长得像橙色的楔形,包裹在非常坚硬的厚壳的豆荚中,豆荚需要一把砍刀猛烈地击打几次才能打开,然后把巴西坚果挖出来放在篮子里,接着清除在豆荚内包裹着坚果的褐色物质。这是劳动密集型的工作。当巴西坚果树林深入丛林时,只能由那些对这片丛林很熟悉的人来定位。因为马拉哈人沿着整个马伊西河,从河口一直到包括穿越亚马孙公路(巴西公路BR-230)都能看到,所以他们期望因自己对找到这些树所提供的知识而得到某种形式的补偿,而且他们期望每次找到这些树时都有所补偿(更多的暗物质)。

当地卡波克洛人将采集巴西坚果称为 quebrando castanha(从字面上看即"打破巴西坚果")。这是因为采集工作需要打开豆荚。偶尔,贸易商想要最先把他们的坚果带到市场上,所以他们要求人们(比如皮拉哈人)爬上160英尺的巴西坚果树来摇动或切散豆荚,全然不顾其危险。在巴西坚果树的树干上没有可以用来踏脚或手抓住的树枝。攀登者通常会用一根绑在脚踝处的皮带绑在树上,为了昂贵的生活"哧溜哧溜"地爬上去。一个叫卡沙沙伊的皮拉哈男人,从树顶上掉下来,像球一样弹到(据皮拉哈目击者的生动描述)丛林地面上。传教士史蒂夫·谢尔顿(Steve Sheldon)立即带他坐飞机离开了。经过手术和几个月的康复后他回来了,大部分恢复了,但此后精神或身体却不太一样了。皮拉哈人特别照顾他。像这样的故事凸显了在亚马孙地区采摘巴西坚果的困难以及突然而来的危险,这也帮助我们理解为什么这些人期望为其危险的努力获得补偿。此外,巴西坚果的收获期在雨季——这绝对是一年中蛇和其他危险动物最危险的时期,因为它们的洞穴、巢穴常常被雨水淹没,它们不得不出来,到森林地面上,藏在枯叶下,或者出现在小径旁的水洼里(有一次我曾亲眼看到一条幼年巨蝮蛇从路中间的一个棕色水洼中向我的一位朋友发起攻击,所幸它的目标对象侥幸逃脱,看似无害的水洼竟暗藏杀机)。

一方面,马伊西河沿岸巴西坚果林的位置现在已为所有固定的河运商人所知晓,这些商人也知道完全绕过皮拉哈人自己去采集坚果的风险。这些卡波克洛人认为,他们已给皮拉哈人付钱了,能永久进入巴西坚果树林,虽然他们尽可能地给皮拉哈人提供酒和一些小东西,但他们太穷了,无法支付皮拉哈人想要的交易货物的总金额。此外,巴西坚果的价格在一年内可能大幅下降,几乎不值此后船只来到这条河流的燃料费用。这些经济现实因素存在于贸易者的知识背景和意识之中,但其涉及的数字、经济等等性质却超出了皮拉哈人知识的范围。因此,对皮拉哈人来说,贸易者的一些行为是可以理解的,而另一些却难以理解。另一方面,鉴于贸易者认为皮拉哈人是不负责任和懒惰的,或者对某些人来说甚至是不人道的,他们大多数人认为没有必要剥夺自己的全部利润去给那些(在他们眼里)甚至都不理解什么是交易的人。但是贸易者忽视了这样一个事实:皮拉哈人是能理解支付量的,他们也确实需要来自外部世界的东西,而且土地是在他们的控制之下。

但贸易者在理解皮拉哈人这方面做得并不好。如果不了解皮拉哈人的暗物质观点,这个故事对卡波克洛贸易商来说是没有意义的,即永久占有土地是不可想象的。所以又回到第一个问题:为什么讲述者告诉我[丹]这个故事呢?因为他希望我帮助他和皮拉哈人。令人着迷的是,他介绍了(如文中所有皮拉哈人讲述的一样)提到的特定的人名却没有进一步具体描述,甚至那些(当时所有的名字)是我从未见过的人。有趣的是,对我潜在的影响是,在我真的见到这些人时,就像遇到名人一样。我曾经因为皮拉哈故事而认为他们是名人海盗(尽管后来我了解到,"海盗"对其中一些人很适合,但是对其他人根本不适合——我的生活因其中一些人而受到严重的威胁)。

第2行告诉我们这个人没有给皮拉哈人付钱。请注意,因为皮拉哈人文化里是没有复数名词或任何数字概念的,这句话存在歧义,一种理解是只有一个皮拉哈人,即熊阿盖伊,另一种理解是指所有皮拉哈人。

哪种理解是正确的呢？如果是后者，那么这意味着皮拉哈人对他们所有的土地拥有集体控制权。如果是前者，那么单个皮拉哈人控制着特定的巴西坚果树林。这显然需要理解皮拉哈文化的含糊之处。然而，这只有通过询问皮拉哈人（我试过）才能理解，因为他们很可能既会回答，也不会回答。这是因为我们知道这里是一个根本就没有所有权的地方——皮拉哈人之间的界线模糊不清，在皮拉哈人中显得格格不入。还要注意，在这个故事的第 1 行和第 2 行，讲述者正在设置这些广泛的主题。会有几个具体的问题，但总的来说是巴西人没有付款使用皮拉哈的巴西坚果树林。

第 3 行和第 4 行开始将事情缩小到特定事件。我们知道巴西人——在这种情况下阿勒克里姆①（Alecrim）——他们使用最多的巴西坚果树林有自己的称呼。

第 5 行在使用亲属关系术语 baíʔi 时非常有趣，"父母"（báí 是 baíʔi 的缩写形式）指的是奇科。皮拉哈人自己将这个翻译成葡萄牙语时，直接向商人说明，指的是那些他们最熟悉的 papai，"父亲"。贸易者认为，通过使用这个词，皮拉哈人想表达他们是孩子，而巴西人是深受爱戴的成年人。但实际上并非此意。皮拉哈语既可以指父母，也可以指控制说话人的任何人或是可以让说话人得到想要的东西的那个人。这个微妙的点导致了很大的误解，甚至因为术语翻译不当，把愤怒理解为善意。当然，皮拉哈人不知道他们的葡萄牙语的用法与巴西的用法不符，反之亦然（更多暗物质误解）。

在第 6 行中，我们听到"他做的不止一点"。这意味着他从树林里拿走了很多巴西坚果（但没有为树林的使用付费）。再次提醒大家，最主要的一点是对土地付款的误解。皮拉哈人不把土地看作可销售的，只能在个案的基础上进行有偿使用，就像梅迪辛洛奇（Medicine Lodge）的土著

---

① 译者注：阿勒克里姆是巴西南大德州的一个自治市。

人一样。奇科认为他已经购买了这个巴西坚果树林永久使用权,皮拉哈人却把他当成小偷。(最终在我投诉后,巴西政府同意了将他驱逐出皮拉哈这片土地,但是并没有赔偿。)

如今显而易见,这两种观点并非不可言说。我相信我刚刚使他们更加明确。但对皮拉哈人来说,交易的假设很难说明,因为土地不能出售的前提是如此深刻地嵌入其中。这是关于着位和暗物质有趣的一点。着位文化本位往往导致知识检索更加困难。消除知识对于局外人来说可能相当明显,但对内部人员来说几乎是不可能谈论的,因为他们已经"吸收"了知识——他们已经将其储存在他们的(集体和个人)潜意识中。

在第 7 行中,讲述者给出了皮拉哈语和葡萄牙语的巴西坚果树丛的名字,以清楚地说明讨论的是什么地方。

第 8 行介绍了另一位外国人若昂·鲍氏(这里的姓氏是皮拉哈语发音的一个葡萄牙语单词,但我一直未能进一步识别此人或其实际姓名)。

第 9 行让我们知道引入的角色需要一个特定的树林。然而,再一次说明直译并不能把对地方的着位理解传达为可以享受但不是拥有的东西。正如奈达(1964,161)所说:"尽信书不如无书。"暗物质是文本的精髓。

在我第一次听到第 10 行时,我的问题是:"谁是贝尔纳多和莫伊塞斯?"事实证明,他们是住在奥西利亚多拉(Auxiliadora,西班牙地名)的两个兄弟。他们的名字没有介绍,但正如我刚才所说,假设我认识他们。这是由于讲话者假设我必须知道他们而导致他们失败的原因吗?我想是这样的。但是他为什么会认为我认识他们呢?答案是讲述者内容所包含暗物质的一部分,这是假设我们所有人生活在一个"亲密社会"——比如皮拉哈社会——大家都知道每个人,而不是一个"陌生人的社会",其中许多甚至是大部分我们在公共场所看到的人,但并不认识。皮拉哈人关于世界是很亲密的这一概念是自然的。它反映了他们自己的社会和他们对社会的着位认识。当然,皮拉哈人知道巴西人和美国人是不同的群体,就像皮拉哈人和他们的亚马孙邻居特恩哈里姆人和帕林廷廷人是不同的群体一样。然而,这个问题是他们知道这些群体有多大,当然我知道所有巴西人。即使皮拉哈人,特别是卡博吉已经和我一起前往几个巴西城市,包括波图韦洛、菲格雷多、贝洛、巴西利亚和圣保罗,这种观点依然存在。在巴西利亚,卡博吉观看了由当时巴西总统若昂·巴蒂斯塔·菲格雷多率领的游行队伍。我把菲格雷多称为巴西人的"图查氏"。由于皮拉哈人把图皮这个借词用作"首席",我错误地认为他们会理解这种巴西人用作"首领"的情况。但是,并没有,皮拉哈人不理解这个词,就像他们对土地使用的理解——暂时的使用而非永久的使用权。换句话说,在皮拉哈,某人可以在某种特定情况下是领导人,例如打猎或与河船贸易者交流,或是在游行队伍与游行人员交谈,但是没有永久领导者或皇室成员或首领这一概念。卡博吉只问我们是否可以远离阳光到阴凉处喝一杯软饮料。皮拉哈文化中没有"名人""强大"或"富有"的概念。因此,一个国家元首的文化陷阱对卡博吉来说毫无意义。

这种人人都知道其他人的平等主义和亲密人性的观点是一种隐性知识,而不是本身的默认价值(尽管它也可能是这样)。这是对皮拉哈的理解和与世界互动的一个过滤器,由于其深刻的着位影响,不能完全向那些受过滤器影响的人们解释。不仅在一个社会中的成长,而且在一个假设没有任何人优于其他人的社会中学习理解所有的交际,对皮拉哈人的所看、所听、所想都有深远的影响。例如,文本中的专有名称永远不会与识别信息一起引入;但请注意,无论是在这个或任何其他皮拉哈的故事中,甚至没有任何关系从句。这很有趣,因为正如我在其他地方(D. 埃弗里特,2005a、2008、2012、2014b)所论证的那样,它显示了皮拉哈文化对皮拉哈语法——乔姆斯基理念中的核心语法——的建筑效应。

关于关系从句的主要功能之一(虽然不是唯一功能)是通过表达听众与说话者共享的信息,帮助听者识别说话者所指的对象。例如,考虑这些英语例子:

男人在房间里 vs 高个子男人在房间里。

昨天向你打招呼的那个约翰把在比萨店工作，也叫约翰的男子揍了，这个与约翰同名的男子侮辱了他的女朋友。

这些例子中，限制性关系从句（那个高个子）和同位关系从句（昨天对你打招呼以及那个同名男人……）在英语话语中有各种各样的功能。但是他们的主要功能是让听话人知道讲话者在讲什么、讲话的哪个部分是关于哪个参考对象的——也就是说，他们限制参考。

皮拉哈人不利用这些工具。虽然他们可以使用括号内的条例来帮助识别，但是这样的条例从来都不是从句的句法或者他们所修饰的从句成分的一部分。皮拉哈人认为所有人都生活在亲密社会的假设是符合逻辑的，他们发现了难以向外界解释的暗物质（事实上，我自己的措辞表明，即使对于那些对社会关系有不同着位理解的人，这也不是一个明显的概念）。

第 11 行继续讨论非法使用皮拉哈巴西坚果树丛的问题。

第 12 行指出另一个巴西坚果树林索戈霍伊加（Sogohóga）.

注意第 13 行和第 14 行的重复。在皮拉哈语中的重复通常有两个功能。首先，它强调了故事的一个重要部分，例如从巴西坚果树林巴萨尔·本到索戈霍伊加的过渡。其次，重复功能通过元交流来克服环境噪音。按照欧洲语言的标准，皮拉哈语有大量的冗余话语，但是它在嘈杂的、不接触文字的环境中起着重要的作用。

第 15 行提出了为什么卡博吉不愿意告诉我们这个小树林位于丛林深处的问题。距离马伊西河河岸不远的地方有几个巴西坚果树林。但在丛林深处中的盗窃似乎更为常见。这是因为在距离海岸数英里之外的地方更可能会被用作藏身之地，进行更偷偷摸摸的行为。那个人会在丛林中跋涉数英里，只有一个办法，那就是偷盗（从皮拉哈人的角度来看）。比如说，200 磅的巴西坚果看起来很奢侈，但是当这些产品是现金的唯一来源，极端贫困是河流贸易商及其雇员的常态时，这是有道理的。

第 16—18 行强调在取出巴西坚果之前,河流商人需要获得皮拉哈人的许可。他们忘记了皮拉哈语几乎完全是单一语言,除了在皮拉哈语法上覆盖一小部分贸易词汇,他们基本不会说葡萄牙语(萨丕尔,2012a、2012b)。他们对"pagar"是"付钱"、"castanha"是"巴西坚果"足够了解,并且知道何时有人承认皮拉哈人对那片土地的控制。

在第 19 行和第 20 行中,卡博吉要求我与巴西人马蒂洛交谈,尽管他威胁说要枪毙我。我们正了解皮拉哈这样的文本,就像《华尔街日报》的文章一样充满了暗物质。

流行文化所组成的暗物质

对于某些文化的成员,也许更明显的暗物质、文化价值观和知识来自一种特殊的文本即流行歌曲歌词。各种文化中的歌曲极其依赖共同的暗物质来引发情感和价值观,并产生对歌曲的喜爱。因此,来看下 1962 年马丁·罗宾斯的经典歌曲"邪恶的女人"的歌词:

邪恶的女人

马丁·罗宾斯,1962

我跟玛丽讲述了我们的事。
我告诉她我们伟大的罪恶。
玛丽哭了,原谅我,
玛丽又带我回来了,
说如果我想要自由
我从此就自由了。
但我不想那样,
我不想再看到
玛丽哭了。
哦,邪恶的女人,

魔鬼女人,放开我。
魔鬼女人,让我这样吧,
并且让我一个人待着。
我想回家。
玛丽在等待、在打扫,
在我们的海边窝棚里。
即使我伤害了她,
玛丽仍然爱着我。
邪恶的女人,它结束了,
不再被你的魅力困住,
因为我不想留下来。
我想离开。
女人,放下我的胳膊。
哦,邪恶的女人,
魔鬼女人,放开我。
魔鬼女人,让我这样吧,
并且让我一个人待着。
我想回家。
魔鬼女人,你真邪恶,
就像黑暗的珊瑚礁一样。
就像带来浪潮的风一样,
你带来悲伤和痛苦。
你让我愧对玛丽。
几乎无力诉说。
天空并不是那么黑。
玛丽把我带回来。
玛丽打破了你的咒语。

哦，邪恶的女人，

魔鬼女人，放开我。

魔鬼女人，让我这样吧，

并且让我一个人待着。

我想回家。

沿着海边奔跑，

我要尽可能跑得快。

即使海鸥很高兴，

很高兴我再次回家。

我再也不会再一次

让眼泪掉下来。

落到我看到的海滩上

什么属于我

最重要的东西。

哦，邪恶的女人，

魔鬼女人，不要跟着我。

魔鬼女人，让我这样吧，

并且让我一个人待着。

我要回家了。

这样的流行歌曲——可能会比其他文字更有效地——揭示常见的暗物质，包括容易识别的价值观。例如，在本文中，预计我们会同意应该告诉妻子关于性不忠的这种价值观（皮拉哈语不同意），性不忠也是邪恶的（皮拉哈人可能会同意这样做就会打扰了配偶）。这在许多文化中都不会产生共鸣。其他文化可能具有的价值是女性而不是男性应该忠实，反之亦然。歌词进一步表明宽恕婚外性行为很少见，但即使发生也会导致悲伤。歌手还假定其中一方的宽恕会带来另一方的义务。

我们看到许多其他的代表性价值——例如，两个人对彼此都有结束或开始与他人发生性关系的权利。这首歌还认为,与有妇之夫睡觉的女人比与她同睡的男人承担更多的责任。因此,在"放开我"这一行,表明这个人把自己被吸引的错归咎于"另一个女人"而不是他自己——或者不完全是他自己的错,但这源于一个类似价值的古老比喻。我们认同,如果我们与文本的价值观相同,也同意妻子必须排除对她丈夫的性接触。不是男人配偶的女人是邪恶的。这名男子现在厌倦了她或对他的吸引力(他声称已经消磨殆尽)。他说这几乎就像一个表述性的言语行为——"玛丽打破了你的咒语"——说明有些事情是这样的。这对另一个女人来说似乎是一种相当寒酸的待遇,但它在这里的表达表现出期望来自听众的共鸣。另一个女人不好。她是诱惑者。这个男人不过只是她的受害者。每次播放这首歌或听到包含有类似信息的其他歌曲时,这种信息就会被渗入。

如果对歌词提出更多问题,我们就应该知道,关于为什么另一个女人是邪恶这个问题的答案是,她引诱了这个男人——换句话说,因为他想对他们的相互关系承担一点责任或不负责任。不管情感依恋如何,非配偶期望得到与配偶同等级别的关注是禁忌。然而,他的妻子玛丽通过打破"咒语"把他解救了,并且通过把他带回家而再次让他承担义务。认为海边和它的装饰是自由和逃避的象征的想法,也被认为是共同的暗物质,歌手为原来的配偶而离开另一个女人的道德胜利上的超然喜悦也是共同的暗物质。而且我们看到,结尾部分表述得就像西方的婚姻誓言("直到死亡让我们分开"),这是对未来的宏伟承诺("我看到的海滩/属于我的东西")。

现在我们应该同意丈夫和妻子都解脱了——妻子从丈夫的罪恶那里以及丈夫从自己犯下的罪恶在另外一个邪恶的女人那里都解脱了。我们把"不要跟着我"这句话当作他理解弱点的一个标志,表明他尽管有最好的意图,但他仍然对另一个女人有持续的吸引力,以及另一个女人的邪恶力量。事实上,这几乎是很幽默的,但我们都应该分享其中的许多价值或者至少分享他们常见的知识,否则这首歌就没有意义。

我们从所参与的交流以及很多我们没有涉及的信息——通过索引、预设价值、常规表述、话语假设和流行比喻等方面吸收暗物质。当我们使用这些信息时,我们就加强了自己的暗物质,并加强和扩大了我们的听众和我们自己之间的这种心理文化潜藏知识的范围。

总 结

在本章中,我们看到的文本只能在结构化知识、社会角色和排名值的背景下解释。我们在所探讨的各种文本中发现了几种不同的角色:演讲者、作家、观众、记者、歌手、作曲家和其他人。

我们还考虑了关于商业文化的文本和观点的作用——现代资本主义的一个重要的新问题——认为尽管现代企业使用文化这一术语并不完全是错误的,但商业理念所依据的文化概念是贫乏的,通常严格地集中于角色(如在整体化/全员管理公司中)、价值(股东与利益相关者)或知识结构(市场研究只是一个例子)中。没有哪家公司认真考虑过这个问题或概念,意识到:(1)文化不仅建立在一个而是建立在这三个成分的基础上;(2)公司(或任何其他人)所宣称的文化必须是与其实践中的文化相似的。

第六章　语法中的暗物质

在调查基本种族观念的形成过程中，如果我们采用这种观点，语言似乎是最有教育意义的领域之一。总体而言，语言学在这方面提供的巨大优势在于，总而言之形成的范畴总是保持无意识的，因此，可以遵循导致它们形成的过程，而不会产生误导和干扰次要因素，这在民族学中非常普遍，以致它们通常完全模糊了观念发展的真实历史。

——弗朗兹·博厄斯《美国印第安语言手册简介》

在本章中，我们考察文化对语言——语法、音系、词汇、形态、语义等的建构作用。我认为这是由博厄斯和萨丕尔建立的北美语言学所值得称道的地方，但由于从20世纪50年代乔姆斯基开始的语言学研究并非完全有益的物化，文化与语言的联系被遗忘了。实际上，语言学家决定另辟蹊径，我在此认为这条道路是被严重误导的。

本章的实证核心是巴西亚马孙的皮拉哈语语音学和句法学，例如，认为它们的句法学和语音学必须重新作为民族语法学和民族语音学。

象征和符号

西尔弗斯坦(Silverstein,1979、2003、2004)曾令人信服地论证说,语法的每个组成部分都必须同时在多个层面进行分析——社会层面和语法层面绝对是最起码的/最基础的。这项工作补充了我自己的坚持,即语法和文化与社会(在可能与文化分离的程度上)协同工作来产生语言。他认为,在语言的功能中,我们必须承认语言的语义功能(功能1)和索引功能(功能2)。功能1包括这样的观点,比如真正的词是什么意思?也就是说,它涉及词义的情景不变性(尽管这是维特根斯坦等人抨击为一种虚构),它包括词义的非同步发展、词源等。另一方面,功能2着眼于语言在动态社会和意识形态中的使用。西尔弗斯坦(1979)讨论了两种主要的语言联系,即沃尔夫(Whorf)几十年前提出的结构原理:"隐型"和"表型"。然而,我认为派克提出的这些观点尽管独立,但是在文化主位和客位上更好,因此,我会忽略西尔弗斯坦理论的组成部分,尽管它与我们在讨论语言这方面的方式是一致的。另一位已经提到了兼容语言观点的研究人员是恩菲尔德,尤其是他有关思维这方面的研究(恩菲尔德,2014)。

沟通是一个分散的调查领域。简单来说,沟通就是信息的传递(香农,1949)。然而,如果这就是沟通的全部,那么即使是一个节温器也可以被描述为与其环境"沟通",收集有关温度的信息并产生适当的反应。它"知道"与之相关的东西。它使用概念,回应刺激。然而,我们反对这种特性,因为节温器对其环境的反应没有涉及任何意向。没有这种意图功能,节温器通信的判断就不成立(塞尔,1983)。意向性似乎是标记一种"交际"行为的合理门槛。从这种意义上说,许多动物包括狗、猫、非灵长类动物、鸟类、青蛙等都进行交流。交流并不意味着语言,但语言是交流体系的核心。但究竟什么让我们称之为"语言的特殊子集成为可能呢"?

语言所需最为重要的发明就是象征。至少从皮尔斯（Peirce,1977）的哲学著作和索绪尔（Saussure,[1916] 2012）符号的语言学发展那时起,就已经认识到了象征对于语言的重要性。近年来,特伦斯·迪肯（Terrence Deacon,1998）开展的工作已经为人类语言符号的发展提供了更多见解。但是,理解符号对人类语言进步最重要的核心意义可能来自被称为构建语法的理论框架（创建工作,参见莱考夫[Lakoff,1977]和费尔默[Fillmore,1988]等；克罗夫特[Croft,2001]和戈德堡[Goldberg,2006]）是最重要的两个理论的发展。建构语法拒绝在符号和语法之间严格的二分法,而这在形式理论语言学,特别是在乔姆斯基语言学中发挥了重要的作用。

有一种象征类型被索绪尔（[1916] 2012）称之为"符号"（这些是符号语言学的关键符号,如果没有这些就不存在人类语言）。符号有两个组成部分：它们的形式（物理实例）和意义（意义和指称；弗雷格,1980）。符号是与文化特定（即非逻辑要求）方式中的含义相结合的一种形式。所以,狗是一种与"犬"的意思相关联的形式,虽然没有先验说明"狗"和"犬"之间有特殊的逻辑或其他联系。

然而,至关重要的符号可能是,符号的发展可能并不像人们想象的那样难以突破更大的人类思维。事实上,这两个组成部分对于与人类相关的每个实体都是至关重要的。一条特殊的道路,一个爱的人,一个洞壁上的图画,骨头上的痕迹——每一个都必须具有形式和意义。形式或许可能不会被发明。例如,它可能是一棵树、一条小溪、一块岩石。但是必须创造意义,主要是通过感知和社会意识来创造的,就像群体中的个人认为溪流是"狩猎的好地方",或者岩石是"鹰的地方"。

其他形式是由生物创造的,并由相同的生物或其他人赋予意义。当一只鸟在头顶上时,一头长尾猴会发出声音,并警告其他的长尾猴。如果一个人说出"呃",意思是"不",而另一个人随后因未能认出"呃"符号的含义而受到攻击,那么在下一次遇到该符号时,该符号更有可能被识别出来(至少是目击者)。长尾猴符号和人类符号之间的区别在于前者需要自然选择来传播,而对于人类文化来说,自然选择足以成为符号的起源和传播(也许对于其他物种也是如此,参见第十章)。但是,尽管动物产生的符号可能是一般的、非技术性的,但也许除了人类之外,其他动物都不会产生符号。当然,与我们之前的讨论中不同的是,符号中形式与意义的关系并不是那么直白。它的范围可以从高度间接(不同语言、不同形式的经典例子,如狗,佩罗,西班牙语指"狗"或"大",葡萄牙语指"狗"以及其他表示)的到更直接的(如拟声词咔嚓、噼里啪啦、砰)词语。

与大多数其他动物物种的情况不同,人类语言的符号采取多种形式。这里是其中的一些:索引。我们早已讨论由于特定文化和个人价值观形成了从身体语言到选词的各种形式。

声音符号:包括像拟声词这样的东西,比如摩托车"轰隆隆"的声音,或者马蹄走路时"哒哒"的声音。这些符号还包括声音/ h /中的相关单词,例如小屋、房屋和茅舍,或者/ gl /系列的"发光""闪烁"和"闪亮的"。

图标:图画、图片、雕像等是特殊类型的符号(在皮尔斯看来),旨在传达意义的相似性(所指)。

指标:所指的直接物理证据,如足迹(表示动物)、烟(表示火)、饼干屑(表示吃饼干)等。

符号:这里关键的概念不仅仅是在文化中存在一种与意义相关的形式,而是形式—意义上的联系几乎全是文化独有的——也就是社会决定的一种社会契约(塞尔,2006)——因此,对于火星语言学家或新生儿来说,形式—意义联系是任意的。为什么乡村小提琴属于蓝草音乐的乐器,小提琴是古典音乐的乐器,但吉他是另外一种乐器呢?只有文化(如果可以找到什么)可以解释这种差异与历史相关的情况(乡村小提琴可能起源于古英语 fithele,源自拉丁语 vitulari"庆祝",并在一段时间内指任何在庆祝活动中使用的乐器,或者有可能是英语吸收了古法语维埃拉,英语意指 violin,也就是小提琴的前身)。

对于"符号"是如何产生的问题,部分答案是,听着就像问谁是一个讲某个特别笑话的人一样。无论符号或笑话的起源都不是一个人的行为。所有的人都会提供原创的想法,并且会编造出(至少,直到他们表达出来并且其他人使用它们)无意义的词汇、表达、笑话等等,这些是潜在的可能但不会传播的东西。乔姆斯基的"黑白的绿色创意疯狂睡眠"本身可能是语言中新符号的起源,最终可能成为一种标志。但是,对于一个奇怪的形式—意义来说,成为一种语言中的象征必须被社会所接受。"语法"是所有语言学家的一个符号,尽管其语义亚文化的含义差别很大。对于某些人来说,这意味着形式和意义无关;特别是,一个短语原则上既可以没有意义,也可以在语法上结构良好(例如乔姆斯基的例子,尽管大多数语言学家基于独特的意义和形式概念将其视为理论上的内在事实)。对于其他人而言,语法是语言表达意义的方式,主要由语言表达的意义构成。对于某些人来说,极端语法是一个广阔的领域,而对于另一些人来说,语法则是历史、文化建设等相对较少的残余。

然而,一个符号的构成可能会随着理论的改变而发生巨大的变化。对于某些人来说,语法结构不是符号而是由语法规则带来的把单个单词排列在一起的附带现象。根据乔姆斯基语法的概念化,一旦从单词到大单元建立句法短语,它们可以由听者自上而下地解释,使用反向组合或分解语义(范·瓦林,2006)。

然而,正如莱考夫(Lakoff,1977)著名的论文《语言完型》中所指出的那样,至少有一些(也许是所有的)短语和句子的含义是构造本身的属性,并且无法从组合语义学中可以预测。一个例子可能是"在约翰假释期间监视他"。孤立的单词"tab"在这种结构中并没有字面含义,但对于这种习惯用法的形式至关重要,其中"tab"的意思是"监督"或"监视"。相关的结构可能是"在她购物时看着玛丽",注意"keep an eye on"并不意味着字面意思。一旦在语法理论中认识到构式,"语法本体"(不考虑意义而生成语法形式的规则)与"词典"(说话人大脑中基于其文化经验而储存的词典;这个意义上,词典是我们暗物质的最大组成部分之一)之间的区别就会变得模糊。由于符号是由文化构建的,因此这对传统上称为语法的文化起着更重要的作用。事实上,正如我们直接看到的那样,文化的影响甚至可以在语法本身中找到——除了构造或意义之外,短语形成的方式也是如此。

语　法

继意图和符号之后,语言的出现还必须有语法(D. 埃弗里特,[2012a]讨论了在语言可能出现之前必须存在的各种"平台")。一些语言学家——最著名的是乔姆斯基——有一个故意缩小语法构成要素的理解。如果我们把语法作为一个严格的形式化的计算系统,至多可以过滤不受意义,而不被意义所驱使,那么我们对语言的理解将与那些把语法形式看作主要意义功能的人的观点截然不同。这些不同的观点代表了语言学的核心争议,至少是自从萨丕尔(1921)和布鲁姆菲尔德(1933)有关思维、意义和结构相较于无意义、无文化结构的社会文化交互作用的论述,且分别展示了非常不同的语言图像后开始的。

这种"意义运动"始于20世纪70年代美国现代的"生成语义学"。这是由乔姆斯基之前的几位拥护者所发展起来的理论,具有讽刺意味的是,它基于乔姆斯基"深层结构"的概念,即在句法层次上词汇和基本短语的含义曾经被认为是存在的。许多语言学家认为,非语言学家经常把深层结构与普遍语法混淆在一起,这一现象是很搞笑的。但是,这是不公平的;事实上犯这样的错误是非常自然的。部分原因是在关于普遍语法(UG)的文献中,定义通常不清楚。尽管如此,混淆普遍语法和深层结构的另一个主要原因可能源于20世纪70年代乔姆斯基的竞争者提出生成语义学的"通用基础假说"(UBH)这一理论。根据"通用基础假说"的说法,所有语言都有相同的语义(深层)结构作为他们句子的基础——显然是一种类似于普遍语法的概念。

其他来自生成语义基于意义的理论包括功能主义(其形式多种多样)、构建语法(已经提及),以及角色和参考语法。然而,有趣的是,即使是这些以意义为基础的理论,因为忽视了意义在语法结构中的核心作用,所以未能深入意义的来源,以乔姆斯基的方式呼吁人类意义的普遍性,就好像这些在某种程度上是预先注定的一样。

但是,如果我是正确的,那么塑造人类语法的意义至少部分是来自文化的。这似乎是萨丕尔(Sapir,1929,第2页)所说的:"言语是一种非本能的、后天的'文化'的功能。"因此,我想更仔细地看待语言是由文化所塑造。对萨丕尔陈述内容的一种解释:语法出现在特定的文化价值体系中,而对话、讲故事、言外行为等等的价值观和模式本身也限制了语言的语法结构。

然而,在深入讨论暗物质、文化和语法(音韵、形态、语篇和句法)之前,我们需要回顾一些语言历史,以便更好地理解这些问题。理解语言学如何从文化的一部分构建的语言中摆脱传统的关注也是很重要的。原则上,这种转变是由于从乔姆斯基早期工作开始的领域的具体化发展而来,并且更广泛地延续到了现代形式语言学的现状。

从此,我认为孩子至少要尽早——甚至可能在——开始学习语言之前,学习它的文化和其他形式的暗物质。这种非语言学习在很多方面影响了孩子,包括对语言如何用于交流的概念,这种概念反过来会影响其语法。

接下来,我想着眼于皮拉哈语的分段音韵学。我认为,与大多数语言学家的期望相反,即使是皮拉哈语的语音系统在构建上也受到文化的影响。我用所提议的一种方法来总结所讨论的皮拉哈语建立的文化—语法连接。

然后,我们研究另外两个皮拉哈语文本,以举例说明文化和语法如何在话语中相互作用,由此我们转而考虑皮拉哈文化如何通过总体文化价值观"经验的即时性"（简称 IEP）影响其语法（D. 埃弗里特，2005a、2008、2012b）以及这一价值观如何通过"潜在的证据领域"来反映该价值在语法证据系统中的影响。这种潜在的证据领域（简称 PED）是皮拉哈语语法在文化意义上的动机原则。潜在证据领域的副作用是将递归完全排除在形态语法之外。

我认为本章讨论引导我们认识到，这个公式：认知、文化和沟通→语法/论证皮拉哈语不是一个独特的案例，如果我们注意的话，所有的语言都会显示文化和语言的联系。但是，当然，如果我们不去寻找它们，很难找到这种联系。

语言的具体化

直到 20 世纪 50 年代，语言学家的共同专业分类和分科起源是人类学和外语分科。语言本身就是文化、社会、民间文学艺术等的一个组成部分，在大西洋两岸都是这种情况。萨丕尔（1921）和后来的罗曼·雅各布森（Roman Jakobson，1990）都广泛地谈论了语言在话语、诗歌、对话、语音等方面的各种表现形式，强调了语言与文化之间的共生关系。

但是，乔姆斯基语言学在 20 世纪 50 年代后期不再关注人类文化，导致了显著的物化，忽略了文化和语法的各种交叉点（例如，话语结构、习语、声音象征和田野调查）对语言形式更深层次的理解，如语音学、形态学和句法所表现的那样。

乔姆斯基将一个句子指定为语法的"起始符号"（Σ），但是这样却忽略了句子可能成为话语和对话成分的可能性。乔姆斯基（1956、1959）认为，语法会产生语言 L 的"全部且仅有的句子"。因此，他不仅犯了一个（现在很明显的）错误，把句子成为任何语法的基础，而且作为最初假设的必然结果。语法所能产生的只是句子——完全忽略了话语和对话（可以说是任何语言最有趣的单位）。这实际上表明，在句子之上，语法学家对句子层面没有什么兴趣。话语和谈话不是简单的句式安排,而是无数的工作表现。在研究句子时没有看到话语(和文化),这与早期语言学家过时的立场一致,他们避免将形态现象纳入音位结构分析(派克,1952)。正如许多语言学家所表明的那样,特别是从吉冯(Givón,1983)开始——如果不理解所包含的语篇,就不能很好地理解句子结构。尽管生成主义者可能会坚持仅仅关注句子层面的现象,但其他(心理)语言学家早已从这种人为的自我限制中走了出来。

除了萨丕尔、雅各布森和派克的研究之外,尤其是列文森(Levinson,2006)、恩菲尔德(Enfield,2002)、西弗斯坦(Silverstein,2003)等人最近的研究以及其他许多研究,已经将我们对句子的理解提升为互动单位。然而,形式主义者回应说,这种研究与生成语言学的观点是正交的,因为它没有明确关注语言的基本语法结构。因此,为了解决这个反对意见,我将在下面讨论文化对这种所谓核心语法的影响。

生成主义关于核心语法的主流研究集中在句子、短语和单词的形式上——因此仅仅是在布鲁姆菲尔德结构主义的延续上增加了心智和本土主义思想。从普遍语法的假设开始,分析师提出了一组演绎类别。随后对同一传统进行分析,然后应用并调整这些类别或流程,以表明它们在某种程度上适合所有语言。据说生成主义研究与布鲁姆菲尔德结构主义不同,因为他们更加关注心理表征。但是这种说法会立即被驳回,因为在理论的任何分析中,精神从来都不是因果关系的,普遍语法与分析是正交的(D. 埃弗里特,2012b)。

在乔姆斯基这个新的结构主义中,有几个假设已经主导了关于理论语言学语法的思考:(1)所有语法都是通过递归过程进行分层组织的;(2)所有语法都涉及派生词;(3)所有句法结构都是通过组合两个单元来形成内在中心的二元分支(和分层)结构;(4)所有语法都来源于人类共有的遗传禀赋,称为普遍语法;(5)语法的领域是句子。然而,许多语言学家会认为所有这些观点都是伪造的。杰肯道夫(Jackendoff)和维滕贝格

(Wittenberg)认为(即将发表的作品),廖内语(Riau,印度尼西亚西部省份)和皮拉哈语具有非递归句(另见福雷特等人,即将出版)。罗伯特·范·瓦林(Robert Van Valin,2005)等人认为,派生在任何语法中都不是必需的。S.弗兰克、博德和克里斯蒂安森(2012)甚至认为,层级和递归对于正确分析任何自然语言都是不必要的。利伯曼(Lieberman,2013)已经开发出一个强大的案例,大意是语法是从语言特定的先天原理中获得的。这一想法并没有神经学上的支持。库利科夫(Culicover)和杰肯道夫(Jackendoff,2005)曾很有说服力地反驳过(1)—(2)的观点。我自己也提供了各种语言的分析,尤其是皮拉哈语(D.埃弗里特,2005a)和瓦里语(D.埃弗里特,2005b、2009b)——(1)—(4)的观点似乎是伪造的(对于稍微不同但仍兼容的观点,请参阅科尔巴利斯,2007)。

无论如何,如果我们只关注句子层面的语法,我们会忽视句子之上的正式语言形式组织的重要原则,这也可以说是语法,但其原则更加多样化。这些原则包括作为语法子集的句子—语法原则,举例来说,我会考虑皮拉哈语的小文本的一些粗粒度特征。

文化学习

但是,首先我想回顾一下表明文化学习是在没有语言的情况下进行的证据。这很重要,因为这样的证据证明了文化必然是语言之后的主张。在第三章中,我们讨论了暗物质是如何形成的。在这种形式中,文化知识和暗物质的很大一部分是独立于语言学习的。我想再次回答这个问题,并附上自己对巴西亚马孙巴纳瓦语(Banawás of the Brazilian Amazon)实地研究的证据(布勒、布勒和埃弗里特,1993;拉德福吉德、拉德福吉德和埃弗里特,1997)。

巴纳瓦①男性都必须掌握从收集原材料到组装武器的整个喷枪制造技术。在非语言学这方面考虑学习如何制造一把吹枪，这是我在巴纳瓦所做的事情。他们观察、模仿并与他们的父亲一起工作。令人惊讶的是，在传承这套技能时，语言指导很少发生。用于吹风枪的木材来自少见的木材种类。用于绑风枪并使其密闭的藤蔓生长于丛林中某些特殊地方。用于飞镖的针也需要对当地植物群的特异性有高度了解；那是一种用来提取毒素（strychnine）以及包含其他毒素成分，能够帮助它更有效地进入血液的大型丛林藤本植物。

所有这些步骤和知识点都可以在没有太多语言的情况下传输，由与父亲一起旅行的儿子来观察。在学习如何找到并收集吹枪材料时，儿子还学习了丛林徒步旅行，坚忍不拔、勇敢不屈的品质，以及对动植物的了解等等。通常父子间不用交换一个单词就可以学习这些内容。

暗物质的文化传播，如遗传传播，几乎总是以某种方式被破坏从而导致"突变"（纽森、里彻森和博伊德，2007；舍恩普夫卢格，2008）。例如，巴纳瓦人可能会被迫使用不同类型的木材，或者以稍微不同的方式将风枪系住，或者出于某种原因使用新型黏合剂作为毒物。而且，在传输过程中可能由父亲或儿子造成任何一步失误或创新都反过来会导致传统的吹枪制造的变化。无论偏差是有意还是无意的，只有存在偏差才能提供突变的可能性，无论是劣质还是优质的吹枪。很明显，这种偏差已经发生。因为在密切相关的阿拉旺社区（例如贾拉瓦拉和贾马马迪社会），吹枪与平常的方式不同（如同语言本身）。由于不完善的模仿和创新，技术各不相同，语言也各不相同。虽然语言丰富和加速了文化学习的过程，允许建造不同种类的文化机构（例如家庭、学校、军队、教堂），一个人与另一个人之间暗物质的差异可能在没有语言指导的情况下产生。

---

① 译者注：Banawá，巴西的一个土著群体，位于巴西亚马孙州卡努塔马和塔帕乌阿市。

民族音韵学

我想通过皮拉哈语音素和"话语渠道"的民族语音学分析来讨论文化对语法的影响。尽管我在其他地方讨论过这些数据（D. 埃弗里特，1979、1985、2008、2015），但在这里值得对它们进行审查，以便更全面地了解文化对语法的影响。正如埃弗里特（1979、1982、1985）所指出的，如果不知道如何与文化进行相互作用，就不能完全描述或理解皮拉哈语音学。为了证明这些韵律特征的独立性，让我举两个皮拉哈语中的"民族音韵学"例子（摘自 D. 埃弗里特[2014b]）。

首先，想象一种语言除了语音学和音韵学之外，还可以有各种声音结构系统模式。然后考虑一种模态可能会影响另一种模态的可能性，但不一定是通过适当的音韵理论的标准装置（例如规则）。如果是这样，那么在任何级别（例如，"发生了什么"或"母语人士知道他们的语言的声音系统知道什么"时）理解语言的声音系统 L，我们必须仔细研究通过传播民族志表达的模式（海姆斯，1974），而不仅仅是在一个假定的普遍的正式仪器上。例如，这种情况的必然结果可能包括旧的制约因素出现新的作用。如果这是真的，那么连贯地实地考察工作（埃弗里特，2004），不仅我们的分析是如此，而且事实上，我们的知识生活更普遍地必须与我们的生活和科学中的个人价值和专业价值相一致——将由好奇转变为渴望。有这种情况吗？确实。正如我们通过研究以下关于皮拉哈音韵学的事实所看到的那样。我们从它的音素开始（表 6.1；也在第一章中出现过）。

表 6.1　皮拉哈语音位

辅音（）＝女性言语中缺失的			
P	t	k	?
b		g	
	(s)		h
元音			
i			u
		a	

渠道	功能
a. 嗡嗡的话语	伪装
	隐私
	亲密关系
	嘴巴包满东西时说话
b. 大声喊叫的话语	远距离
	下雨天
	常见的用法：在小屋之间或者穿过河流时
c. 悦耳的话语（big jaw），女性相较于男性更自然发出，女性的音乐语言表现出更大的高音和低音分离、更大的音量。	新的信息/精神交流/舞蹈、调情
d. 口哨话语（酸味或"皱巴巴的嘴巴"——与"亲吻"的形状或者吃完柠檬后的样子相同）	打猎
	仅限男性
	一种不同寻常的曲调被用作有侵略性的游戏

皮拉哈语切音素的词库是世界上最小的音素词库(其他两种音素词库相似的语言是罗托卡特语①(Rotokas)和夏威夷语(Hawaiian)——尽管与皮拉哈语不同,罗托卡特语缺乏音调,甚至在整体上清单量更小)。作为提醒,/ s /在括号中,因为它在女性言语中并不普遍,尽管总是在男性言语中使用(女性使用/ h /,男性使用/ s /和/ h /)。

尽管皮拉哈语拥有世界上最简单的音素词库,但皮拉哈语韵律的复杂性却显著不同。皮拉哈语重音规则是一个很好的开始,因为它是众所周知的。这个规则来自 D. 埃弗里特和 K. 埃弗里特(1984),它被认为是文献中更复杂和不寻常的重音规则之一,主要是因为它的理论后果(而不是说明或认可它的任何困难):皮拉哈语重音法则——在最右侧标记单词的最后三个音节中强调最重音节类型。

这条规则中提到的"重音"的语音基础是清辅音总是比浊辅音长,并且基于这种对比,五个音节的权重部分各不相同。皮拉哈语的五个音节权重:

CVV>GVV>VV>CV>GV

(在此,C=清辅音,G=浊辅音,V=元音)

皮拉哈语也是一种有声调的语言,并且重音、语调和音节在语言中的比例各不相同。(关于这些特征的语音学研究,请参见 K. 埃弗里特,1998;下面的数据来自 K. 埃弗里特 1998 年以及我自己的实地研究)为了看清这一点,我回顾下面的一组简单例子。在这些例子中,声调与重音无关。"ˊ"即=高声调;对元音没有标记=低声调。重读音节用"!"标记,没有次重音。

  a. ！ tígí "小鹦鹉"

  b. ！ pígí "灵敏"

  c. ！ sábí "意味,狂野"

---

① 译者注:Rotokas,罗托卡特语,约有 4320 万人使用,主要分布在巴布亚新几内亚东部的布干维尔岛。

d. ! ʔábí   "待在"

e. tíí! híí   "竹子上"

f. ʔí! tì   "前进"

g. tí! ʔí   "蜜蜂"

h. tí! hí   "烟草"

因此,皮拉哈语除了极其简单的音段音系学,该语言还拥有丰富的韵律系统。这导致我们发问,语言是否以任何方式利用这种不同的复杂性。事实上,正如 D. 埃弗里特(1985)所描述的那样,皮拉哈语的交流使语篇的渠道得到了重要的利用。海姆思(Hymes,1974)将渠道定义为"用于将信息从源头传递给接收者的社会语言学约束的物理介质"。在"正常"语音之后,皮拉哈语中的四种主要模式或通道如下:

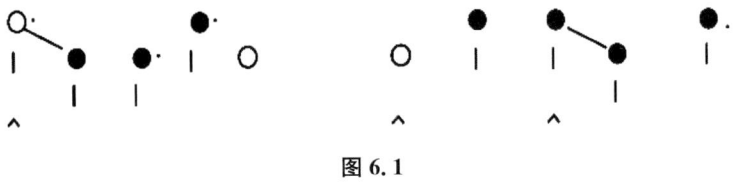

图 6.1

下面的例子说明了如何利用皮拉哈语的韵律信息来创建这些渠道。上面的音素词库也部分地表明,在给定的皮拉哈语词语中,切分音对语音信息总体有多少贡献。我们看到天竺鼠这个短语有一个准音乐音调表现形式(带有尖锐重音的元音表示高音,对元音没有标记表示低音),这些渠道的基础刚刚总结过(见图 6.1)。

kaiʔ ihíʔ ao- ʔ aaga gaihí

paca　　　poss/exist- be there

There is a paca there.

所有渠道都必须包含完整的韵律信息(重音、声调、长度、语调),但只有辅音和元音声道需要包括元音和辅音。在音乐形式中,口哨有一个下降的音调,接着是一个短暂的低音,口哨音的前一个断点(在 kaiʔihi 中喉塞音 z 的位置),然后是另一个短暂的中断(h 的位置)跟随一个短暂的高调,等等。因此,即使音段本身缺失,口哨(在 and humming and yelling 音)渠道中清楚地存在音节边界。在这种情况下,音节表示音长,并提供声调所处的抽象语境;整个单词重音轻音是根据音节来决定的(D. 埃弗里特,1988)。在这些情况下,音节对于不同声道的沟通至关重要,主要是在解析输入时。

现在有人可能会有理由发问,发现这种声道是否意味着文化和语法之间的任何因果关系。或者这些声道是否在语法之外?请注意,这些声道严重依赖于上面的音节权重和重音规则。所以,如果没有其他的,它们有助于说明重音规则中的异常复杂程度,因为这个规则可能只是因为比较复杂,所以有可能。然而事实远不止如此。考虑下面的例子,D. 埃弗里特(1985)称之为"草率音位效应":

tí píai ~ kí píai ~ kí kíai ~ pí píai ~ ʔí píai ~ ʔí /íai ~ tí píai, etc. (* tí tíai, * gí gíai, * bí bíai) "me too"

ʔapapaí ~ kapapaí ~ papapaí ~ ʔaʔaʔaí ~ kakakaí (* tapapaí, * tatataí, * bababaí,

* gagagaí) "head"

ʔísiihoái ~ kísiihoái ~ písiihoái ~ píhiihoái ~ kíhiihoái "liquid fuel"3

可见,皮拉哈语允许在清音闭塞之间进行变化,但不适用于[＋连续]或[＋语音]的辅音。这种变化可以说明问题,但前提是我们了解皮拉哈语的声道。(以上不符合语法的例子表明,[连续]和[语音]的特性可能永远不会改变,只有位置的特性可能会有所不同。)没有参考声道,这种变化是没有解释的。但是根据这些声道,[＋/－连续]和[＋/－声音]是重音位置的必要对比(D. 埃弗里特,1988)。

我并不是声称只有独特的特征才能预测[连续音]不同值的变化。这种情况实际上要求我们进一步调查[连续音]和[语音]之间的关系。换句话说，我并不是建议民族志应该取代语音学（或语法、形态学等）。但是我认为，如果没有对声道的民族志研究，以及它们在皮拉哈文化中的作用和它们在皮拉哈的暗物质中的位置，那么甚至不可能理解皮拉哈的音段音韵学。反过来，这些必须保存在每个话语声道中，或者违反下面的约束(D. 埃弗里特, 1985)：

> 对功能负载和必要对比度的约束：
> a. 对渠道的依赖性较大→需要更大的对比度
> b. 对渠道的依赖性较大→需要更少的对比度

实地研究员和理论语言学家从这些例子中得出的教训就是：首先，语言和文化应该一起研究；第二，作为一种情态依赖的声道，音韵可能受制于以下限制：(1)特定语言和(2)不仅在实例化形式（语音学）的物理特性上，而且还在文化特异性话语的声道上。这是一个非常重要的结果，因为它表明人类计算系统(HC)的"界面条件"在乔姆斯基(1995)的术语中可能超出"语音形式"(PF)和"逻辑形式"(LF)。如果我们将界面系统定义为系统设置界限，那么就可以解释计算系统。这些例子也表明了连贯的实地工作如何对理论有用。因此，不仅田野工作者而且语音学家必须使用语法和语言来形成与文化相关的整体。而这反过来需要更多的与文化相关的（民族）语言实地工作。

当然，语言是文化传播的重要组成部分。正如在上面讨论的许多文本一样，来自特定文化的话语揭示了文化如何谈论世界、谈论的内容，以及如何组织这种谈话（西尔弗斯坦, 2003；舍泽尔, 1991；奎因, 2005，以及其他许多文章）。为了在语法出现的特定背景下重新审视和强化这种观点，我想研究两个非常简短的皮拉哈文本。这两个例子都是由20世纪70年代中期皮拉哈的传教士史蒂夫·谢尔顿(Steven Sheldon)收集的。谢尔顿能够讲流利的皮拉哈语，他做了最初的转录和大部分翻译（参见福雷特等人[即将出版]和皮安塔多西等人[2012]对这些文本句法含义所进行的分析,以及后续的内容)。

值得一提的是,关于以下文本包括这样一个事实,即文本的开始或结束没有特殊或公式化的语言(例如,"曾几何时""幸福永远")。我相信这是因为皮拉哈语没有寒暄语(D. Everett,2005a,2008)。因此,话语在这一方面与文化的大方向一致。另一个重要的观察是两个文本都显示了主题递归。例如,第一个文本包括三个梦(肥胖的巴西女人、木瓜和香蕉)作为关于做梦的一个更大的文本。第二个文本将句子长度的问题、答案、旁白和直接地址放在一个整体中。

第一个文本的另一个文化共享假设是做梦,谈论它们是值得的——这些都是重要的经验。皮拉哈将做梦理解为真实的体验,尽管与有意识的思想不同。第一篇文章是关于一个有着巴西名字叫卡西米罗的皮拉哈男人向史蒂夫·谢尔顿讲述他所做梦的内容。

卡西米罗梦见大巴西女人

由卡博吉向史蒂夫·谢尔顿讲述,地点:加州,1970

1. Ti aogií aipipaábahoagaí. Gíxai. Hai.

我巴西女人开始梦见你。嗯。

我梦见阿尔弗雷多的妻子[谢尔顿旁白,"你可能认识她"]。

2. Ti xaí Xaogií ai xaagá. Xapipaábahoagaí.

我是这样的。那里的巴西女人开始做梦了

我是这样的。巴西女人在那里。我开始做梦了。

3. Xao gáxaiaiao. Xapipaába. Xao hi igía abaáti.

她说她梦见巴西女人。

[卡西米罗]梦见。这位巴西女士说:"和巴西女人待在一起。"

4. Gíxa hi aoabikoí.

你　　他还在。

你将会和他在一起。

5. Ti xaigía. Xao ogígió ai　　hi ahápita.

我是：因此女人很好，她走了。

我是这样的。这位巴西大女人不见了。

6. Xapipaá kagahaoogí. Poogíhiai.

做梦　　木瓜　　香蕉

我梦见了木瓜、香蕉。

第二篇文章的背景包括一个事实，即比杰克西蒂西（Bigixisitísi）是一个在村里受人喜爱和尊敬的人。他也是谢尔顿最好的语言教师之一。有一次，当谢尔顿和林达·谢尔顿离开部落时，比杰克西蒂西病得很重，死掉了。他的死是由一些不为人知的疾病造成的，而且讲述者认为如果林达来过这里，或许比杰克西蒂西可以得救。一些细节需要文化或隐含的语境知识；例如，"Xioitábi（林达）不在那里的事实"。作为一名美国女性，曾经在皮拉哈人中生活并为他们治病很多年，所有皮拉哈人都知道这个林达是谁以及为什么她不在的这个事实对故事中这位男人的死极具重要性。

比杰克西蒂西之死

由伊泰比加伊讲述。

1. Bigixisitísi hi baábi. Kapío xiai.

比杰克西蒂西他病了。其他是。

比杰克西蒂西得了一种不同的病。

2. Hi baábioxoi.

他生病了。（疑问的语气）

他得的什么病？

3. Hi aigía ko Xápaí. Xí kagi.

hi xaoabábai.

他因此。嘿,哈帕依。她的丈夫,他差点儿死了。

他因此。嘿,哈帕依。她的丈夫差点死了。

4. Hi ábahíoxioxoihí.

不知道的,疾病。(疑问的语气)

他有不明病症吗?

5. Hi aigía. Koaísiaihíai.

他因此死了。

好吧。他死了。

6. Soxóa ti kabáo. Koaíso. Xai Bigixisitísi.

我已经完成了死亡。

(他)做死了。

比杰克西蒂西已经完成了,影响了我。比杰克西蒂西去世了。他死了。

7. Xabí Xioitábi

林达不在那里[Xioitábi 是她在皮拉哈语中的名字]。

林达不在那里。

8. Hi xabaí.

她不在。

她不在那里。

9. Ti xaigía gáxai. Xai. Hi abikaáhaaga.

我这么说。[我]做。他不是。

我这样说了。我做到了。他已经不在了。

10. Hi oaíxi. Pixái.

他死了现在。

他现在死了。

我们看到这些皮拉哈文本——任何语言的文本——揭示了文化价值和知识,并需要一种基于文化的诠释学。要理解这些,我们需要回顾一些理解语法与文化关系的关键问题;特别是,文化和语法如何通过其进化的共生关系相互塑造。

当我说文化和语法是共生相关的时候,我的意思首先是语法(和语言)不仅依赖于文化的功能,而且还依赖于它用来执行这些功能的形式。但我也表明文化是被编纂、规范、强化的,并且部分由语法形成的。因此,尽管语法和文化可能在认识论上和本体论上是截然不同的,但它们在实践中并不是独立的。

我认为语法与文化共生的概念,不应与其中任何一方超自然的想法相混淆。超级性是这样一种关系,即"一组属性A在另一组属性B上得到超越,以防万一两个事物在A属性方面没有差异,而且B属性也不同"(麦克劳林和贝内特,2011)。此外,通过共生,我的意思是语法和文化在各自的历史发展中都是因果关系,并依赖于另一方,即使它们之间没有一对一的映射关系。

正如所预料的那样,语言学家和人类学家对语法和文化之间的联系持不同观点。有些人认为两者之间的任何互动都是微不足道的,相互作用的总范围不会超过词汇以及诸如礼貌与正式称呼话语形式。另外一些人认为语法不过是文化的加工品。这两种极端都没有捕捉到我在此阐明的观点。

关于"核心语法"的文化限制

关于文化影响语法的另一个例子,我想重新审视皮拉哈语的明显缺乏递归的现象(D. 埃弗里特,2005a、2008、2012b;福雷特等,即将出版)。大多数语言在构造句法结构时使用递归操作。这在语言上是非常常见的,因此 2002 年,马克·豪泽、诺姆·乔姆斯基和特库姆塞·菲奇(HCF)①提出语言所赋予的单一天生认知能力——智人除外——是递归构造语法的能力,这一主张让人们很诧异。随后,这种大胆的主张因为其太弱也因为太强而被证伪。该主张太弱,首先是因为有大量数据表明人类不是唯一使用递归认知或交际操作的物种(科尔巴利斯,2007;戈拉尼,2012;佩珀伯格,1992;根特纳等,2006;雷伊等,2011)。其次,该主张太强大,因为有些语言缺乏递归性(D. 埃弗里特,2005a;吉尔,1994;杰肯道夫和威腾伯格,2012)。要查看 HCF 对递归的意义,请参阅原始论文中的声明:

> 语言机能仅包括递归,并且是语言能力的唯一人类组成部分……特别是,动物通信系统缺乏人类语言丰富的表达能力和开放性能力(基于人类的递归能力)。(豪泽、乔姆斯基和菲齐,2002,第 1569 - 1570 页)
>
> 递归这个术语有很多潜在的意义,因此了解 HCF 的意义至关重要。他们的论文毫无疑问地表明他们打算采用一种无限制适用于自己产出的过程。这在下面的陈述中是清楚的,他们声称当一种语言有递归时,那么"没有最长的句子(例如,任何句子都可以通过嵌入'玛丽认为……'来超过前一句),并且句子长度没有任何上限"(参考文献 9,1571;强调部分为笔者所加)。

尽管这样的引用很简单,但是一些乔姆斯基学派的句法学家如今声称它具有更深奥的含义(作为对我的批评和实证研究的一个回应[D. 埃弗里特,2005a、2008、2012a,除其他外])。根据这个最初的解释,递归意味着 HCF 只是递归操作子集的一个(单例),称为极简主义,也就是乔姆斯基(1995)称为的"合并"。

---

① 译者注:"NCF"指豪泽(Hauser)、乔姆斯基(Chomsky)和菲奇(Fitch)等三人的理论合称,即递归性。

这意味着合并可能被任何以外部或非二元(三元、四元等)分支结构伪造——例如,具有平坦语法的结构。在我看来,库里科夫和杰肯道夫(2005)令人信服地认为,三元结构存在于某些语言的语法中,而我(D. 埃弗里特,1988)认为,在皮拉哈音系的度量结构中存在不可导出的三元结构。此外,我(D. 埃弗里特,2005b、2009b)在其他方面证明了巴西瓦里语言的语法广泛使用了非向心结构。然而,即使存在反例,作者及其追随者仍然坚持认为合并是递归。

然而,合并解释必须克制产生他们早期引文中提到的"无最长句",因为这是更普遍的递归概念的结果。甚至乔姆斯基(2010、2014)也允许合并本身可能被禁止通过特定语言的规定无休止地重复。但是这样的规定在递归的数学概念中并不起作用。

我在其他地方(D. 埃弗里特,2012b)也提过,这种事后的理论——内部推理是无益的。首先,它排除了一个重要的经验空间,即语言的类别缺少合并但具有其他形式的递归,例如语言具有三元分支但没有最长句子。其次,它忽略了某些语言可能缺乏任何形式的句法递归的可能性,例如皮拉哈语。第三,在理解递归在自然的语言——自然的对话、叙事和其他话语中的作用时,它忽略了我脑海中考虑的最重要的因素。

洛比纳和加西亚-阿尔贝亚(2009)对数学、计算机科学、语言学和认知科学中使用的各种递归概念提供了有用的阐述。他们正确地观察到合并本身是不需要递归操作的,因为重复不能正确地归入递归标准的数学或计算定义。但如果它不是递归的,必须有辅助假设来保证这一点,更进一步削弱这些假设。

具有非递归语法的语言——例如皮拉哈语(D. 埃弗里特,2005a)以及或许廖内语(吉尔,1994)——与句法理论的构建完全无关。在 HCF 意义上,递归是"语言工具箱"中唯一的项目。此外,HCF 声称递归是人与其他动物之间唯一的生物学差异,这使语言成为可能。如果他们承认并非所有语言都需要递归,那么他们最初的主张就会失去它可能拥有的任何经验力量。如果递归是通用语法的基本组成部分,那么在任何一种语言中怎么可能缺乏递归呢?如果缺乏语言的单一生物学基础在经验上被视为无关紧要,那将是一个奇怪的主张。事实上,将廖内语、皮拉哈语和其他语言中缺乏递归的语言视为例外情况,就像是说发现黑天鹅或企鹅并不能伪造推测,所有天鹅都是白色或所有鸟类都会飞翔的说法一样。

具有讽刺意味的是,虽然我一再认为皮拉哈在文本中表现出递归,但是文本不在句子语法之外,这种句法从一开始就定义了生成理论,其中,所有句法操作的"开始"符号(Σ)一直是句子。(D. 埃弗里特[1994]提出了[乔姆斯基启发]关于语法和认知中"句子鸿沟"的讨论。)

语言学家长期以来一直反对这样的观点,即文化与语法的形成有因果关系,至少在乔姆斯基所谓的"核心语法"——语言能力的语言特定参数设定之后。在这里,我想强调我在其他地方提出的论点(D. 埃弗里特,2005a、2008、2012b)。我将通过检验皮拉哈文化和皮拉哈语法的形态概念之间的关系来证明这一点。

证据——断言证据的语义概念——以一种或另一种形式存在于所有语言中。例如,如果我说"男人来到这里",英语的默认假设是我有这个断言的直接证据。在所有语言的语用学中都可以找到证据,因为它有助于听者区分推测与基于证据的声明,这可以节省大量时间来决定在哪里打猎、建立一个村庄等等。然而,对于某些文化而言,证据不仅是语义或语用的事实,而且也是形态句法事实,在某种程度上以语言的单词(通常是动词)编码。在这些语言发展的某些时刻,说话者的使用将这种近乎普遍的语义范畴转化为他们语法中的公开符号。这对我来说是一种文化发展,即使讲述者并非有意识地为他们的语言发明了证据性语素(如何进行文化创新或语言创新是一个复杂的问题,被称为"驱动"问题——变化是如何通过文化或语言传播的;魏因赖希、拉波夫和赫尔佐格,1968)。我相信,与任何其他类别一样,证据的相对重要性可以根据其对形态合成及其在文化中作用的影响来校准给定语言。效果越大,它就越重要;效果越小,就越不重要。这些是基于可观察行为的暗物质所确定的。它们不一定是由说话者有意识地使用特定语素而产生的。那么,这就是证据。下一步我们需要了解的是皮拉哈文化中的皮拉哈语证据。

埃弗里特(2005a)描述了皮拉哈文化和语言的一系列不同寻常的特征,其中有许多从未记录过其他语言(尽管如果许多其他语言具有相似特征或缺乏此类特征,也不会感到惊讶)。这些包括:最简单的亲属关系体系,缺乏色彩词,缺乏数字和计数表达,没有完成时,没有创造神话,没有历史或虚构的神话,经过300多年与巴西人定期接触后是单语的,没有递归。我建议通过经验主体(IEP)的即时性来解释所有这些事实。这是许多亚马孙语言在某种程度上发现的原则(参见贡萨尔维斯,2005,讨论在整个亚马孙地区即时经验作为一种文化价值的普遍性)。

暗物质的影响是深远的。事实上,经验主体深刻地影响了皮拉哈语法。为了看看到底是怎样影响的,我们从重述这个原则开始:

> 经验即时性原则(IEP):皮拉哈语的陈述性话语仅包含与说话时刻直接相关的断言,这些断言要么是说话者亲身经历过的(即根据皮拉哈语的证据范畴,如 D. 埃弗里特[1986,第 289 页]所述,通过看见、无意中听到、推断等方式),要么是在说话者有生之年有人目睹过的。

D. 埃弗里特(2005a)基于前面提到的经验要点,以及(在其他事项中)"树"(xibipíio)的重要文化概念(2008 年讨论过"经验限制性"),为 IEP 提供了一系列论据。这个词进一步证明了限制性是皮拉哈语中重要的文化和个人概念。它用于描述进入视觉或听觉的事物,从火柴的闪烁火光到河流弯道周围独木舟的消失或出现。

从这个最初的文化陈述转向语法,后来再与它们相联系,皮拉哈语缺乏递归的证据(也在埃弗里特 2012 年第二版中讨论过)如下(尽管参见佩福斯等人[2010]的另一种检查方法)：

首先,缺乏递归正确地预测了事实动词和认知动词的缺乏。这是因为如果皮拉哈语缺乏递归,那么就没有办法将事实动词作为独立动词来表达,因为这些动词需要补语。这反过来又需要嵌入,因此,比照(在某些分析中)在皮拉哈语法中需要一个递归规则。皮拉哈语通过动词词缀表达这样的概念,与"无递归"假设一致,而不是补语从句。

其次,皮拉哈语没有从属关系的标记。这也是我的假设所预测的,因为如果皮拉哈语缺乏递归,就没有从属关系来标记。

第三,皮拉哈语没有表示协调性的并列转折连词(例如,或者)。我的假设预测了该语言缺乏明确的断句标记,因为断句意味着递归。

第四,皮拉哈语没有并列连词(例如,and)。只有一个更普通的连词,"píaii",它可能出现在语前或句子末尾,意味着"因此/同时"(模糊的含义),它从来不像正确的连接词,但只提供这两个事物是同时的信息。同样,这也是我的分析所预测的,因为协调也需要递归。

第五,皮拉哈语没有句法补语从句。如果皮拉哈语有递归,那么明确的数据在哪里？我认为它缺乏嵌入式从句。其他人根据我的数据和我之前的分析声称皮拉哈语有句法从句(内文斯、佩塞茨斯和罗德里格斯,2009),虽然引用可以嵌入,但是没有多层次的嵌入,如果皮拉哈语有递归性,那么这种多层嵌入是可以被预期的。

第六,皮拉哈语不允许递归所有格。我所提出的关于皮拉哈语所有格的观点并不仅仅是它缺乏前置所有格(prenominal 拥有)者递归,而且缺乏名词短语中任何地方的所有格递归。内文斯,佩塞茨斯和罗德里格斯(2009)提出的观点可能是正确的,因为德语,像皮拉哈语一样,缺乏置于名词前置所有格递归。但是德语有置于名词之后后置所有格递归,而皮拉哈语完全没有。因此,事实正如我的分析所预测的那样。

第七,皮拉哈语禁止在同一短语中进行多重修改。正如我在上面以及在埃弗里特(2008、2009a)中所讨论的那样,每个单词最多只能有一个修饰语。你不能在皮拉哈语中说:"很多大巴西坚果。"你需要说:"巴西有很大的坚果。有许多。它们很脏。"我的分析预测了这种并列理论,因为多个形容词(如英语)会带来递归。但并列理论并非如此。

第八,皮拉哈语语义没有显示从一个从句到另一个从句的范围(例如,没有"否定转移"①)。皮拉哈语缺乏一些例子,例如约翰不相信你离开(句子 It is not the case that John believes that you left VS It is the case that John believes that you did not leave,在此"not"可以否定 believe 或者 left)。在这个例子中,not 能够管控"believe"和"left"。如果没有递归就不可能出现这种情况,所以我预测没有这种管控关系。在我的叙述中,这也是皮拉哈语无法正确预测的,因为它会带来递归。

第九,皮拉哈语没有表现出长距离的依赖关系,除了独立的句子之间,即语篇中。针对长距离依赖性标准引用的示例包括:

"Who do you think John believes ____ (that Bill saw ____)?"

"Ann, I think he told me he tried to like ____."

我们已经说过了长距离依赖关系并且在皮拉哈语中演示了反对句法递归的证据。现在仍然可以证明这些是如何由于因果关系而融合在一起的。事实证明,他们通过证据就像齿轮中的牙齿一样,通过证据进行啮合。皮拉哈语像许多其他语言一样(尤其参见艾肯瓦尔德 2003 年和法勒 2007 年),在其语言形态中将证据标记编码为后缀:-híai,"hearsay"表"传闻";-sibiga,表"演绎";-ha,表"完全确定";并且－0(零词缀),"直接知识的假设"。皮拉哈 IEP② 结合其要求为所有断言提供证据,产生了一个狭义的领域,在这个领域中,断言及其成分需要被证明。回想起范・瓦林(2005,70 开本)开发的潜在焦点领域,我在皮拉哈语中标记了这个领域(并且可能在某些版本中将存在于所有语言中——至少是具有

---

① 译者注:"NEG‐Raising"是一个语言学概念。
② 译者注:IEP,指 Indo‐Phonology,印欧语音系学。

证据形态的那些)潜在的证据域(PED);也就是说,实际的证据领域原则上可能属于的结构范围。特定语篇的实际证据域如下所示:

证据域:句子中的句法域表达语用结构命题的证据组成部分。

皮拉哈语中的潜在证据域仅限于动词的词汇框架——动词及其参数(从更专业上讲,谓语的短语核及其在范·瓦林的角色和参考语法[RRG]术语中的参数)让我们假设印欧语音系学是皮拉哈语具有证据标记的原因之一,并且它通过将范围缩小到刚刚提到的 PED 来显著增强它们的效果。

然后 PED 排除了皮拉哈语中的句法递归,如上所述,PED 显然取决于主要动词作为言语行为的核心。PED 将仅包括由谓语(其语义框架)直接许可的核(语义—句法重心,而不是 X-bar 意义上的重心)。在含有句子的 PED 之外不允许有核。

通过 PED,没有嵌入式所有格,没有嵌入式谓语——只有主谓语许可的参数。例如,在像 John's house 这样的名词短语中,房子是核心——语义核心,这个短语是关于什么的。约翰是所有格,是核心"房子"的一种修饰者——所有格方式告诉我们正在谈论哪座房子。另一方面,在一个较大的名词短语中,如 John's brother's house(约翰的兄弟的房子),房子和兄弟都是一个单独的包含短语的核心。房子是这个短语的核心。

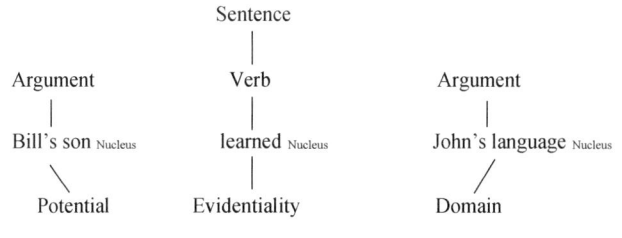

图 6.2

房子是"兄弟的房子"这一短语的核心,而兄弟是"约翰的兄弟"这一短语的核心。这意味着"约翰"不是主要动词论证的所有格(它是"约翰的兄弟"的核心,但"兄弟"不是动词的核心)在 PED 中是没有根据的,并且该句子是不被允许的。嵌入式谓语将包含不被主谓语许可的论证。因此,在皮拉哈语中,不可能有短语中的短语,也不可能有句子中的句子。在形态学上也没有生产性的复合词。实际上发现的任何看似复合词都是共时或历时的短语。图 6.2 在理论上举例说明了这一点。

这个例子是被允许的,因为每个"核"都在动词的语义框架中找到,沿着以下词汇分析的方式表示:[BECOME know(son,language)]。这是一个非常严格的证据性要求。它预测句子中的自变量的数量不能超过标准(例如,角色与参照)口语框架所允许的数量。它排除了所有嵌入和所有语法递归。

"完成动词"的词汇表示——例如,学习([BECOME know]表示知识状态的变化)将三个核心投射到句法:动词"学习",以及名词性的核心/参数和语言 son and language。每个名词性的核心都由非核心的名词所拥有,因此满足了 PED 的要求。然而,在下面的示例中,在 PED 中存在两个非保证的核,而没有在图 6.3 所示的词汇表示中找到。

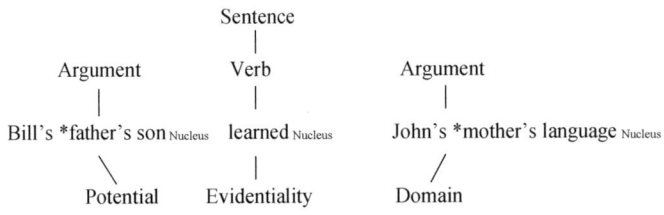

图 6.3

因此,这句话在皮拉哈语中是不合语法的,尽管在英语里是没有问题的。我的分析认为,证据的存在、它们的范围以及随之而来的缺乏递归都是皮拉哈语语法中 IEP 文化价值的反应。

虽然 PED(由 IEP 强制)排除了皮拉哈语的递归性,我的分析不要求任何其他语言,例如廖内语(Riau)必然以同样的方式导致没有递归。递归有几个目的(D. 埃弗里特,2012b),因此语言可能在其句子句法中使用或不使用递归的原因不止一个。例如,廖内语可能只是在其语言中将较慢信息速率的值排在有利于其语言递归的值之上。许多口头传统使用重复和较慢的信息率作为在人类语音的嘈杂环境中进行交流的辅助手段。因此,这是对一些影响整个皮拉哈语言非常复杂的句法事实的文化解释。

研究文化—语法界面的方法论

在结束讨论之前,我想提出一套方法论建议,以研究语法与文化之间的联系,并以萨维尔-特罗伊克(1982,108 开本)的建议为基础。沟通民族志的开始步骤:(1)识别经常性事件;(2)分析这些事件,检查它们的功能、形式和不同成分之间的关系;(3)研究这些事件与其他言语事件之间的关系,以及它们所发生的社会和文化环境。

举个例子,让我们考虑使用加那利群岛上的哨子演讲。一种哥梅罗岛哨语用于哥梅罗岛及其周边地区。关于(1),因此每次使用哨声都是一个事件。关于这些事件,(2)(3)等可能会被问到的一些问题:何时使用?谁用它?它的可懂度有哪些限制?(例如,在任何情况下,两个人都可以理解哨语,或者是否需要首先建立谈话主题以提供背景?)使用哨语的演讲者中有多少其他话语渠道?是否存在人们更喜欢使用哨语的话语内容或类型?

是否存在人们不喜欢使用哨语的内容或话语类型?哨语的语音细节是什么,以及在这种语言中哨声是如何可能的(因为它所基于的语言不是音调,它是否使用固有的分段频率作为基础、语调等)?它与辅音和元音通道(即正常语音)有什么关系?

除了这些建议之外,还有进一步研究文化—语言联系的方法学预备。这些预备至少包括以下内容:

1. 是否存在没有明显结构性解释的不规则行为?

2. 是否存在"自由变体"的例子,也就是说,只要可以确定,在两个结构之间存在不受结构或语法约束的选择?

3. 关于涉及原则或现象的文化事件、价值观或解释是否存在不同寻常的事实,而且这些原则或现象在任何层面看起来都与语法中的原则相似?

至于这些问题所遵循的方法,恩菲尔德(2002,14开本)为民族志研究提供了一些有说服力且非常重要的考虑和建议。首先,他建议田野工作者"检查特定的形态句法结构以及/或者资源,并对其含义作出明确的假设"。其次,在发展这一观点及相关的方法论想法之后,他提出了"联系"的关键问题——即我们如何在两者之间建立因果联系。文化事实和语法事实?我直接转向这个。然而,在此之前,我想指出民族志研究中最大的缺陷,无论是在恩菲尔德(2002)或其他地方的研究中。这是价值观的影响,特别是像上面的 IEP 这样的文化禁忌,限制了文化和语法。也就是说,之前的研究就像恩菲尔德(2002)的研究那样,虽然合理地关注意义——毕竟是文化的主要贡献(例如指导其成员向世界施加意义)——无论是或深或浅地嵌入社区价值体系中,都未考虑文化禁忌或禁令。本节的皮拉哈例子证明,在民族语言学和民族语法学研究中也应考虑这些价值——"民族志语法"。然而,在我们能够得出关于特定语言的民族志的任何结论之前,我们需要考虑恩菲尔德所称的"联系"这一重要问题——建立文化与语言之间的因果联系。也就是说,我们怎样才能说服某人(或者至少有效地争辩)文化 C 的属性 p 因果关系决定语法 G 的特征 f? 正如恩菲尔德(2002,18开本)总结的那样,建立文化与语言之间的联系有四个先决条件:

1. 经验基础:这些现象是否清晰明确?
2. 结构独立性:语法中是否独立需要文化和语法结构或原则?
3. 理论一致性:分析是否遵循明确的理论?
4. 非圆形性:分析是否使用独立的合理值来解释独立的合理结构?

民族语法学研究中循环论证的一个例子可能是,声称特定的语言特征是由文化的一个方面决定的,并同时将其作为文化这一方面的证据。所以声称一种语言具有证据是循环的,因为文化价值观在经验上基于推理,然后进一步宣称我们知道文化价值观凭经验重视推理,因为它有证据。避免这种情况的方法首先是使用非语言证据,在某种文化中建立特定的价值观或意义,例如印欧语音学。接下来,使用非文化证据确定相关语言的意义和结构例子(例子包括选区的标准论据、放置成分等)。最后,展示如何将两者联系起来,从概念上和经验上(在预测方面、在可能的情况下或解释独立的领域,如历史变化)提供对事实的高级解释,使他们不相关。这就是我所尝试做的。

因此,民族语法学研究表明,例如,一种语言由于严格的社会结构而具有尊重,或者由于其对婚姻的限制而具有一系列特定的亲属关系,以及对语法显示全球性、建筑性的文化限制,例如,来自 IEP 等禁忌。

另一个问题是研究人员是否能够成功地获得正确的语义。所谓的翻译谬误是众所周知的,但特别是现场语言学家必须保持警惕,不要被它混淆。我们必须保持警惕。如果类别在功能上重叠,则错误地认为语言 X 与语言 Y 共享一个类别。正如戈登(2004)所说,皮拉哈语的大部分内容在很大程度上与英语不相称,因此翻译只是对皮拉哈语意图和意义相近的类似而已。

有大量研究讨论了文化学习,例如,文化心理学的整个领域(海涅,2011)和神经人类学(伦德和唐尼,2012),但也许最重要的为两个机制:(1)回到亚里士多德(D. 埃弗里特[2012a])所谓的"社会本能"和(2)一般认知。另一种提及社会本能的方式是"互动本能"(李等,2009;莱文森,2006;若奎登和舒曼,2013)。通过一般认知,我特别提到人类大脑概括和识别模式的一般能力。

互动本能的进化效用可能是什么呢? 这种本能(然而它最终被表征)可能是人类沟通和互相交流所无法习得的需求。莱文森(2006)为语言交互的独立性提供了令人信服的理由。交互的需要和交互的能力优先于语言。这种本能的吸引力在于它是一种简单的反射,不需要学习曲线(例如,所谓的语言本能所需)。当然,本能并不是最终产品,但它会触发这个方向的运动,并且可以说是人类与缺乏这种社交或互动本能的其他物种的区别。社会本能是"发起者",因为它提供了问题,而语言和社会提供了解决方案。从这个意义上说,语言是通过互动建立社会凝聚力的主要工具。对于像"互动本能"这样的本能的需要可能有很多方法。但我在这里呼吁它只是一种理解人类为什么需要与他们的同类人沟通的独特需求方法。我们还可以将其称为"社会欲望"或"互动需求",基于人类情感及其与人类智能的交集。

许多研究人员(例如,托马塞洛,1999)已经提出了人类与其他物种的相互作用和社会组织之间质的差异。显然,由于人类拥有更大的大脑,一种互动的本能,以及传播的语言历史(传递给后代的内容和形式,即语法),这些差异在数量和质量上都与非人类动物的交流不同。一般学习的概念(包括诸如记忆、动机、情感、启发式、分类、感知和推理之类的东西)具有严重依赖性,因为这是人类对隐性统计概括的敏锐能力,是在文献中多次被捍卫的人与其他生物之间语言差异的关键。库兹维尔(2012)将这个案例提交给受欢迎的观众。但是贝叶斯学习方法的许多研究人员(例如,戈登史密斯,2015;皮尔,2013;珀福尔斯等人,2012;马克维尼,2005)提供了更多技术和细微差别的证据,并得到了广泛的实验支持。事实上这种说法可以追溯到很久以前,在本尼迪克特(Benedict,1934)中,至少可以隐含地找到一种论证形式。

如今,当许多语言学家否认语法或语法与词汇之间存在强烈的分歧时,文化对词汇的影响就显得更为重要。实际上,如果构造(参见戈德伯格,1995)是产生句法结构族的词汇项,那么文化可以影响构造的语法,就像所有语言学家现在都认为它可以影响任何语言的词汇项一样。

我们在这里的讨论并非旨在列出无争议的结果。它旨在提供文化深刻影响语法的证据,并且理解和研究文化与语法之间的这种关系并不是我们所能掌握的。最后,上述考虑因素导致了我们物种语法发展的简单公式的提议:

认知、文化和沟通→语法

换句话说,鉴于人类的认知能力,文化/社区共享的经验以及社交/互动的本能,语法在前两种能力的推动下成为后一问题的解决方案。

总 结

在本章中,我们探讨了北美语言学理论的演变,它逐渐偏离了语言作为文化体现的初始观点,即文化在语言的句法、音系、形态和语义等方面发挥着结构性影响。接着,我们深入分析了皮拉哈语的语法,得出结论:只有认识到文化对语法及语言其他组成部分的制约和塑造作用,才能真正理解语言,无论是作为理论研究对象,还是作为语言社区成员之间的互动形式。从这个角度看,皮拉哈语在句法(缺乏递归性)和音系(话语渠道、韵律与音位过程的互动)方面都显示出文化影响的证据。因此,我们得出结论:文化对语言的语法具有结构性影响,语言源于文化、社会及对语言形式的功能性制约。

第七章　手势、文化和手语

在罗马这座宏伟的露天剧场中，人们不仅通过言语交流，还借助手势表达。

雷切尔·多纳迪奥《当意大利人聊天时，手势与手指也在"说话"》

正如暗物质影响语法一样，它也与语法的各个组成部分，如词汇、手势、音系学、句法等存在因果关联。然而，许多语言学家和人类学家在讨论语法时往往忽略手势，将其视为言语的"副语言"附属物。在关于语言和文化的讨论中，手势同样常被忽视。许多研究人员将手势视为人类行为中独立且无关的方面。然而，不同理论视角下的手势研究显示，手势、语法、认知和文化之间有紧密联系，这些联系由暗物质支撑。因此，若不详细分析手势与语法的共生关系，对暗物质表现形式的研究就不完整。

此外，近期一些出版物指出，手势揭示了更多内容——即手势背后的暗物质包含显著且高度语言特定的手势成分。苏珊·戈尔丁-梅多率先研究了那些在其他方面无法获得语言输入的儿童（如听力正常但父母不会手语的聋儿）的"自然产生"手势，称其为"家庭手势"。而她所研究的手势系统，对于我们区分关于（某些）暗物质起源的天赋视角与文化视角,或者先验视角与后验视角的探索来说,可能确实至关重要。

本章将详细探讨手势与人类语言的历史研究及其相关发展,从古代到当代科学家(如大卫·麦克尼尔及其同事)的重要研究。同时,也会涉及麦克尼尔的批评者及其他研究者的观点,并大量借鉴了肯顿(2004)的研究成果。本章认为,不理解手势就无法全面理解语法、语言的演变及其应用。手势对于理解语言、交流和认知中的暗物质及其更广泛作用至关重要。

语言是庞大的,语言是一个整体,无论语法如何,它都会调动人的整个身心,包括智力、情感、双手、嘴巴、舌头和大脑。此外,语言还需要借助文化信息和暗物质知识。在这章中,我计划做两件事。首先,我将概述并回顾我认为的关于手势研究中最有趣的部分(有些人可能不同意我的选择)。通过这些研究,我们可以看到手势的复杂性。其次,我将论证这一切都是可以习得的,并且进一步证明我们探讨的暗物质概念优于先天具备、无需学习的传统概念。

如果我的观点正确,那么伴随人类言语的手势揭示了文化、个人认知、意图及我们讨论的暗物质其他组成部分的交会点。许多手势研究者指出,动态手势与静态语法以复杂方式互动,共同构成人类语言——单独看,语法和手势都不是完整的语言。作为语言多模态行为的重要部分,手势在结构、意义和使用上都十分复杂。大卫·麦克尼尔等人的研究表明,手势在分析上具有挑战性,其设计和功能与某些语言学家认为的"真正语言"的句法、音系学、形态学、语篇等方面同样复杂。然而,手势不仅仅是语言的附加元素,没有手势就没有语言,没有暗物质也没有手势。虽然有些手势使用者能解释(无需言语),但大多数手势在使用者的意识层面之下(难以言表)。此外,尽管手势像单词、短语或语调一样,是语言的关键组成部分,但它们由其所处的语言需求和文化背景塑造。

肯尼斯·派克——在我语言学训练中首次讨论手势的人——将手势视为支持其统一理论观点的证据,即应结合人类行为的统一理论来研究语言：

> 在某种聚会游戏中，人们开始唱一段歌词，开头是"在那枝繁叶茂的栗树下……"随后，他们用同样的曲调重复这段歌词，但将"枝繁叶茂的(spreading)"这个词替换为一个快速的手势，即双臂迅速向外伸展，在原唱词的时间段内保持无声。在下一次重复时，"枝繁叶茂的(spreading)"同样被手势替代，此外，"栗子(chestnut)"这个词的"chest"音节被省略，用拍打胸部的手势填补空缺。接下来的重复中，"nut"音节不再说出，而是用拍打头部的动作代替……最后，经过多次重复和替换，可能只剩下几个如"the"这样的连接词，以及一系列与原歌曲节奏同步的手势。（派克，1967，第25页）

从这个例子出发，派克提出一个问题并得出结论。结论是，在上述歌曲中，手势（在这种情况下，是"填补语言空位的手势"，见下文）可以替代言语，因为言语和手势不仅是语言的一部分，更广泛地说，它们都是人类行为的一部分。遗憾的是，派克仅基于一种特殊手势类型得出结论，使问题过于简单化，但其基本观点正确：语言及其组成部分是受个体心理和文化（即暗物质）引导的人类行为。

人类行为，包括交流，是意图表达的过程。语言是最有效的传达意图工具（埃弗里特，2012a，第16页及以后）。或者如焦尔戈洛（2010，第8页及以后）所述，"交流已演变为在理性互动原则指导下的一种合作行为"，蕴含隐性知识、价值观及其他暗物质成分。

派克提出的问题引人深思。我称之为"派克问题"，需由手势理论和手势类型学解答。问题在于：为何只有嘴巴发出的声音可用于音节及更广泛的言语？为何"拍打(slap)"不能是[sal♯]，其中[♯]代表拍打胸部的声音？为何这在任何语言中不是可能的词或音节？作为派克入门课程的学生，当时他提出此问题，我认为有趣，但未充分理解其对语言学核心问题的影响。

然而,在深入探讨手势细节之前,我们先解决一个明显问题:言语是否仅是一组手势?若如此,手势研究将涵盖整个语言学领域。言语可视为手势形式,因为它涉及身体部位(发音器官至发音点)的运动,以实现交流。然而,两个原因使我们排除发音器官运动于手势范畴外:首先,言语手势通常不可见,发生在嘴唇后;其次,发音器官运动与手部手势功能不同,后者能传达仅靠句法和言语无法传递的信息。因此,本文讨论的手势理论不包括发声器官运动及手语中手部静态语法动作(尽管手语和非手语言语都有不同类型手势)。

手势旨在补充言语,当信息是非言语部分时,说话者会用手势表达,帮助听者按预期理解或反应。从这点看,手势如同语调及其他韵律特征。

为了更好地说明文化与语言——实际上包括所有人类行为——需要一个统一理论的必要性,派克请听众仔细思考以下情景:两名男子正在观看其他人在他们公寓楼里搬运重家具。其中一个男子气喘吁吁,专注于他沉重的负担,钱包松散地挂在后口袋,几乎要掉出来。显然,如果有人偷走他的钱包,他不会察觉。第一个观察者扬眉示意给第二个观察者,指向那个钱包。第二个观察者看到他的眼神,只是摇头表示不行。这属于什么类型的交际行为?它是语言吗?它依赖于语言吗?它是否属于另一种性质的交际行为?这种行为应归类为手势理论的一部分吗?当然,这种行为的发生首先需要共享的背景知识,包括手势、语言、语法等。一个基本原则是,手势会扩展以填补与言语共享的交际空间。正如在派克所举的例子中,当考虑抢劫那个疲惫的搬运工时,言语减少,或者在前面提到的用歌曲替代的例子中,手势将发挥更大作用,以保持交际的有效性。这种更大的作用在延迟听觉反馈实验(将在下文讨论)或在打猎或钓鱼时不使用言语而用手势交流的情况下得到体现。

手势引起了广泛的关注。例如,在《纽约时报》的一篇文章中,雷切尔·多纳迪奥(2013)写道:"意大利人在交谈时,手和手指仿佛在'说话'。"但所有语言都有手势。那么从科学角度来看,意大利人的手势有何特别之处?例如,手势是否会因语言或文化的不同而变化?还是它们是天生预设的?或者每个说话者在每次说话时的手势是否都不同?意大利人的手势在电视和电影中常被夸张描绘。这些夸张是否有事实依据?

手势研究的先驱

吸引人们注意的是意大利手势的夸张性。早在 17 世纪,北欧新教徒就批评意大利人的"华丽夸张"手势(肯顿,2004,第 21 页及以后)。大卫·埃夫龙(David Efron)作为弗朗茨·博厄斯的学生,70 年前撰写了最早关于手势文化差异的现代人类学语言学研究(重点研究了近期意大利祖先移民的手势)。

埃夫龙的著作《手势、种族与文化》不仅反驳了纳粹关于认知过程种族基础的观点,还发展了记录和讨论手势的模式,并探讨了文化对手势的影响。他的核心贡献在于描述了未同化的意大利南部人和东欧犹太人("传统"的意大利人和犹太人)的手势,他们最近移民至美国,主要居住在纽约市(尽管一些研究对象来自阿迪朗达克山脉、萨拉托加和卡茨基尔山脉地区)。埃夫龙指出,意大利人用手势传达和支持话语内容(如"深的"山谷、"高的"男人、"没门"),用于说明刚说的话,并包含许多象征手势。而犹太移民则使用手势作为逻辑连接词(表示场景转换、论证划分等)。这些结论支持了博厄斯的观点,即语言由文化塑造。

埃夫龙研究的问题包括:(1)两个不同"种族"群体间手势行为是否存在标准化群体差异;(2)社会同化如何影响同一群体成员及其后代的手势模式变化。他发现文化影响显著——随着时间推移,每个群体的手势出现"美国化",最初强烈的差异逐渐缩小,表明手势某些方面是个体暗物质,是文化产物,也是社会契约的一部分。

埃夫龙与艺术家斯图维森特·范·维恩（Stuyvesant Van Veen）合作，提出了一种有效研究和记录手势的方法，创造了描述手势的"深描"语言（格尔茨，1973，第3—30页）。尽管书中部分内容反对纳粹科学，这本书对当代科学家仍有价值。埃夫龙的研究具有开创性，但并非是首部手势研究。肯顿（2004，第3—5章）详细概述了手势研究历史，追溯至古典古代时期。

例如，亚里士多德反对在演讲中过度使用手势，认为这是操控手段且不得体。而西塞罗（公元前106—前43年）则认为手势在演讲中重要，并鼓励学习使用手势。公元1世纪，马库斯·法比乌斯·昆体良获得政府资助，进行了一项关于手势的长期研究（这可能是语言学领域的首次）。对昆体良及其他古典时期（以及一些后世）作家而言，手势不仅限于手部动作，还包括身体姿态和面部表情，即所谓的"肢体语言"。从这些早期研究中，我们可以得出几点启示：（1）交流是一个整体，因此当得知盲人也会做手势时，不应感到惊讶；（2）手势如同其他文化表达的无意识知识一样，会随时间变化。

文艺复兴时期，随着西塞罗等古典学者著作的重见天日，欧洲人对手势和修辞学产生了浓厚兴趣，如16世纪巴黎的彼得·拉米斯（1515—1572）关于演讲风格和手势运用的研究。乔瓦尼·博尼法乔斯（1547—1645）出版了欧洲首本关于手势的书《手势的艺术》（1616）。第一本用英语撰写的关于手势的书是约翰·布尔沃（1606—1656）1644年的《手语学：或手的自然语言》。

16世纪的研究在许多方面类似于真正的科学研究，而不仅仅是为改善公共演讲提出的规范性建议。17世纪，一些研究人员开始质疑手势是否可能发展成通用语言。到18世纪，有人开始思考手势是否可能是语言的起源（一些现代研究者如阿比布[2005、2012]和科巴利斯[2002]仍持此观点），尽管大多数当代手势研究者反对这一观点。尽管这些研究存在误导性（如麦克尼尔在其著作中指出），它们确实支持一种观点（D.

241

埃弗里特,2012a,第 17 页等多次提及),即言语在进化上几乎肯定晚于某种语言形式的发展,无论是手势和口哨声,还是手势和不太清晰的言语(缺乏元音,而元音是所有人类言语的标志,如 i、a 和 u)。手势本质上是交流的一部分,根据语言进化发展的逻辑和历史,交流先于语言产生。

中世纪(肯顿,2004,第 328 页等)早期思想家已撰写关于欧洲各国手势差异的文章。反宗教改革时期,人们尝试改革手势(因认为某些手势不合适)。

阿贝·夏尔-米歇尔·德·莱佩(Abbé Charles-Michel de l'Épée,1712—1789)在 18 世纪进行了关于聋人教育和手语的研究,他主张帮助聋人和非聋人理解和欣赏手语,而不是让他们使用口语。尽管 19 世纪对手势研究的兴趣有所下降,但在此期间仍有一些重要研究出现。1832 年,安德里亚·德·福里奥发表了关于那不勒斯手势与文化社群的研究,而加里克·马勒里在 1881 年发表了《北美印第安人的手语与其他民族及聋哑人手语之比较》。这些研究加深了我们对人类语言的理解。

从 19 世纪开始,对手势的重视程度明显下降,部分原因是行为主义和精神分析学的兴起,这两个领域对手势缺乏兴趣,因为它们认为手势受意识控制。然而,这种假设是错误的,一般人对手势的控制并不比对音节结构的控制更多,手势由暗物质通过主位化过程控制。

对手势研究减少的另一个原因是语言学的日益具体化。随着分布分析方法的发展,手势如何融入语言变得难以解释,布龙菲尔德和泽利格·哈里斯等学者对手势的兴趣有限。

与此相反,萨丕尔和博厄斯的观点强调了手势的重要性。这表明布龙菲尔德代表了一种非博厄斯学派的、结构主义的传统,这种传统在现代语言学的某些分支中仍然存在,注重形式而非功能。

另一方面,萨丕尔(1921、1928)提出的文化与语言共生理论,与我对手势的暗物质视角有相似之处。萨丕尔指出:"手势信息和回应的不成文规则是复杂社会结构的'匿名'产物。"(笔者强调)萨丕尔的"匿名"概念与我理解的暗物质概念相近。实际上,萨丕尔、博厄斯及其学生对语言有不同的看法,他们认为语言只是人类行为的一种表现形式,尽管某些方面可能特殊。受萨丕尔影响的肯尼斯·派克(1978、1998;个人交流),可能是当时最明确将语言和手势视为人类行为组成部分的语言学家。尽管派克未提出手势理论,但他开创了韵律学研究,其功能常与手势重叠(派克,[1943]1945、1945)。

超越了博厄斯学生的埃夫龙的研究成果,手势研究的显著回归和发展始于20世纪70年代(埃夫龙研究成果再版时)才开始。这一时期,研究人员主要关注如何理解言语和手势的整合。它们是独立系统还是同一系统的一部分?研究人员对手势研究的兴趣重燃,源于对语言进化的新关注、手势在语言发展中的作用、可见身体动作在互动和交流中的关键角色、手势的普遍性,以及更准确理解手势与言语作为语言组成部分的关系。

麦克尼尔研究中的手势表情化

要理解手势习得过程中主位化(及暗物质)的重要性,以及手势如何主要由暗物质而非(或除)有意识知识控制,研究手势分类会有帮助。在麦克尼尔的研究中,他始终从手势维度及其与语法和语言关系的角度分析手势。关于手势与语言的关系,麦克尼尔将手势置于以下连续体上:

手势连续体

打手势、有语言配合的手势、象征手势、哑剧、手语

手势动作是手势理论的核心。它涉及的手势在"生长点"与语法结构相互交叉,据我们所知,所有人类都会做出这类手势,包括盲人及其他认知障碍患者,如本体感觉缺陷者。麦克尼尔、肯顿等人的理论主要探讨手势动作。有些手势动作,如填补语言空位的手势和手势哑剧,并非约定俗成,它们差异很大,没有固定社会形式,尽管会受文化影响。

填补语言空位的手势能替代一个单词,例如在派克1967年著作中提到的例子。想象你对某人说:"He[做出踢的动作]the ball",这里的手势替代了"kicked"。或者"她[用张开的手在脸部前方做动作]我",表示"她扇了我一巴掌"。这些手势占据话语中的语法空位,替代预期出现的单词,通常是即兴发挥,用于特定情境,揭示说话者对句法位置、单词和结构的理解。正如派克所说,它们表明语言是个体行为,深受文化影响。

手势哑剧是无需言语模拟物体或动作的手势,与填补语言空位的手势一样,不是约定俗成,形式多样。

象征手势是约定俗成的手势,作为独立"符号"使用,如食指和拇指弯曲并指尖相触形成"OK"手势,或竖中指这种单独竖起的中指手势。

手语是一种以手势为基础的语言,使用静态而非动态的手势。它包含严格约定的手势语素、句子和其他语法单位。手语取代了口语,而不是作为口语的补充或与其互动,这也是麦克尼尔认为口语并非起源于手语的原因之一。此外,手语不仅使用约定俗成的符号,还利用手势动作。

麦克尼尔使用"动态"一词,部分是指基于动作的意象,创造出非约定的表现形式。他引用了维果茨基的术语,认为语言和手势参与了"不同思维模式之间的辩证互动"(2005,第4页)。这种双模式辩证关系(包括情感韵律、语域变化、面部表情、肢体语言等其他模式)并非语言的附加部分,而是语言多模态整体的一部分。

动态认知与静态认知

麦克尼尔(2005,第162页)指出:"动态认知在结构上对环境敏感,而静态认知在共时层面上对环境不敏感。"我认为,这弥补了现代认知理论中"认知"术语的不同用法之间的概念差距。我自己也思考过这个区别。在阅读麦克尼尔(1992)的作品之前,我曾认为我的论文(D. 埃弗里特,1994)可能是首次明确区分"动态"和"静态"认知的文章。在这篇文章中,我主张句子语法是"静态的"(已习得且固定的),而在对话和语篇中使用语言则是"动态的"(第131页):"语篇和句子结构体现了动态认知与静态认知,且……它们的解释需要不同的理论构想,即它们属于不同的认识论领域。"此外,我在该文章中进一步定义认知——这与我们讨论的暗物质直接相关——为"指那些作为推理、知识及其他由大脑引发的高级行为基础的结构和过程,在当前神经生理学知识水平下,这些结构和过程无法通过神经元或其排列方式来解释"(第134页)。

我很高兴地得知,至少过去20年来,我和麦克尼尔在这些参数的重要性上观点一致(尽管我们本可以更多关注社会语言学家长期讨论的语法和句法的动态方面,这会有很大帮助)。这些参数似乎是重要的区分点。如果研究人员能认识到这一区别,认知科学中许多关于"认知"的争论就能得到澄清或解决。例如,若此区别成立,形式语言学和功能语言学都在研究认知,但角度不同——静态和动态。长期以来,未能认识到这一区别带来的社会学和科学层面的影响一直存在。因此,人们不禁想象,如果手势研究从一开始就影响语言学理论,语言学及更广泛的认知科学历史可能会有何不同。

西海岸的认知科学家(如伯克利的乔治·莱考夫和查尔斯·菲尔莫尔,以及加州大学圣地亚哥分校的罗纳德·兰盖克)通常将语篇构建视为一个积极的过程,涉及概念如"活隐喻与死隐喻""框架构建""具有新闻价值""前景化"和"背景化"。他们强调语言因特定说话者对语境的实时感知及交际目标的不同而变化的方面。东海岸的认知科学家则更多关注结构、形式语义关系、词汇意义和结构的深入理解。麦克尼尔(2005,第17页)总结道:"在这一传统中,语言被视为一个对象,而非一个过程。"他正确地将对象导向和过程导向视角与索绪尔提出的历时性(过程)和共时性(静态)研究的区别联系起来。

另一种区分认知静态视角和动态视角的方法在于对变化的重视程

度。静态语言学传统将个人方言或地域方言视为稳定或离散的实体。在这种传统中，谈论某人的"I（内化的/内涵的）—语言"并非虚构，因为语法知识状态被视为稳定。然而，其他语言学家和认知科学家认为，这种静态观点是有害的理想化。对于将语言视为过程的研究人员来说，变化是关键。从派克的角度看，这两种认知形式与粒子表现和波动表现相关，但都受内化参数支配，影响我们的暗物质。这一区别对我们讨论暗物质尤为重要，因为句子语法（从乔姆斯基视角看）由静态认知能力形成，而语篇原则则体现动态认知。

当我们深入探讨手势理论时，核心概念是"生长点"。这是麦克尼尔理论中的关键单位，理解这一概念是理解其理论的基础。生长点是指手势与言语同步的时刻。麦克尼尔（2012，第 24 页）描述生长点为：(1)言语和手势同步；(2)共同表达意义；(3)共同构成一个"心理谓语"；(4)以相反的符号模式呈现同一概念。这一描述涉及一些专业术语。麦克尼尔提到的"共同表达意义"意味着，手势和言语中的符号各自以独特方式表达同一概念（第 1 页）。"心理谓语"（源自列夫·维果茨基[1978]的研究成果）指的是将具有新闻价值的内容从语境中区分出来的表达时刻（第 33 页）。而"符号对立"指的是，手势是动态的，瞬间产生，虽受文化和习俗影响，但非词汇单位或约定俗成单位。相比之下，言语包含语法，具有高度的约定俗成性（如语法规则、词汇项目等），因此是"静态的交流方式"。

简而言之，手势研究迫使我们从动态、过程导向的角度看待语言。语言由说话者实时创造，遵循文化表达的无意识规则，是动态的，不仅涉及单一模态规则的应用，而且是多模态的整体事件。手势典型地表现为动作和过程，但它们也具有客体属性，揭示了二分法的局限。麦克尼尔对手势的客体属性进行了深入分析，将其定义为"肢体连续静止状态间的间隔"（2005，第 31 页）。如同大多数人类活动单位（派克，1967，第 82 页及以后，第 315 页及以后），将手势分为边缘部分（起始和结束）和核心部分是有益的。因此,麦克尼尔(及其他学者)建议,应从预备动作、执行动作和收尾动作角度分析手势。如同音节的各部分长度可变,手势各部分也可延长——麦克尼尔称其为"保持"。在预备动作中,手从静止位置开始移动,为手势做准备,与其他部分一样,预备动作也可"保持"以与口语同步。执行动作是手的有意义核心动作,收尾动作则是手势收回的开始。有关手势的研究充满了对其构成要素的详细解释,以及它们如何与言语同步,并动态地为言语增添色彩。

这些构成要素和保持动作是话语经过隐性设计的有力迹象。正如肯顿(2004,第5页)所述:"手势是话语设计的一部分。"手势的设计性方面之一在于其组成部分(预备动作、执行动作和收尾动作),以及它们常被保持以精确同步口语。关于手势如何习得和控制的问题,与当前语言学研究关注的语言少数方面一样引人入胜。

麦克尼尔发展出的语言和手势动态理论的另一关键部分是"语势域"(在某些地方称为"衔接体"),表明话语中不连续部分间存在关联——重复同一手势表示该手势标示的要点构成一个单位。本质上,语势域是通过手势标记话语连贯性的一种方式(吉冯,1983)。麦克尼尔指出:

> 当一个或多个手势特征在至少两个(不一定是连续的)手势中出现时,就能识别出一个"语势域"。其逻辑是,重复出现的意象暗示了一个共同的话语主题,而一个话语主题会生成具有重复特征的手势。语势域是一种视觉空间意象的脉络,贯穿于一段话语中,揭示出更大的话语单位,这些单位将原本独立的部分联系起来。(2005,第117页)

在"语势域"这一概念中,手势理论对理解暗物质作出了重要贡献,强调说话者在更大语篇功能中运用句子组成部分,而仅关注句子语法的静态知识无法把握这种功能。因此,语势域在句子层面和语篇层面同时发挥作用，表明句子及其组成部分本身就是语篇的一部分，进一步强化了派克关于行为、语言和"层级结构"的观点，其中语法层级的顶端是对话而非句子。

另一方面，手势与句子和语篇的联系不仅通过时间安排和视觉特征实现，还通过"词汇关联项"在语义上相互连接。这一概念由谢格洛夫（1984；麦克尼尔，2005，第305页）提出，指代与某个手势在意义上最接近对应的一个或多个单词。手势通常先于相应的词汇出现，标志着新意义在语篇中的引入。例如，在"向下"这样的词之前，可能会先做一个向下的动作。将手势与其词汇关联项联系起来的暗物质控制，其微妙性和复杂性令人惊叹，反映了对节奏、强调、新闻价值等认知方式的理解。

为更好地理解言语和手势之间的隐性关系，即"牢不可破的联系"，许多实验研究了真实或人为施加的感官缺陷的影响，如延迟听觉反馈（DAF）、失明和传入神经障碍（本体感觉缺陷）。在延迟听觉反馈实验中，受试者戴上耳机，约延迟0.2秒听到自己的说话部分，接近英语中一个标准音节的时长，产生听觉口吃效果。说话者会放慢语速并简化语法，但手势变得更强、更频繁，实际承担更多交流任务。然而，这些手势"不会与言语失去同步"（麦克尼尔，1992，第273页及以后内容）。换句话说，手势与言语的联系基于说话者的意图和意义，即暗物质，以及它们与所表达内容的紧密联系。

这种紧密相连的关系非常特殊。在麦克尼尔（2005，第234页及以后内容）的研究中，探讨了实验对象"IW"的案例。IW在19岁时，因感染失去颈部以下身体的所有触觉和本体感觉。实验显示，当IW看不到自己的手时，无法控制工具性动作；但当他能看到手时，已学会利用视觉信息自然地控制双手。有趣的是，IW在说话时使用大量（称为）"随意手势"，这些手势协调、非刻意、不依赖视觉并与言语相关。麦克尼尔认为，这一案例表明言语手势与其他手部功能（包括其他手势）不同。然而，我不认同麦克尼尔关于大脑存在天生的思想—语言—手神经通路的观点。相反,我认为这种神经通路在发育过程中形成,且与其他涉及手势和动作的神经通路不同。

最后,麦克尼尔(2012,第13页)指出,不仅视力正常的人在打电话时会使用手势,盲人也会在说话时使用手势,这表明手势是正常言语的重要组成部分。尽管盲人的手势不会与当地视力正常者的完全一致,但他们的使用表明交流是一个整体,我们会在交流中运用整个身体。我们需要研究盲人如何开始使用手势,但可以认为这是因为他们会在四肢、面部等部位"感受"所说的话。延迟听觉反馈实验、盲人对手势的使用以及即使存在本体感觉障碍时出现的"随意"手势,都表明手势和言语之间有一种"牢不可破的联系"。

然而,这种联系在文化上是可塑的。大卫·埃夫龙([1942]1972)的研究可能是最早探讨文化与手势之间联系的研究之一,但并非唯一。现在已有大量文献探讨这种影响。例如,德·鲁伊特和威尔金斯(1998)及威尔金斯(1999)研究了阿伦特人(Arrernte),发现他们通常在共同表意的言语之后才做手势。这种现象的文化原因是阿伦特人的手势较大,需要更多规划时间,因此倾向于在相关言语之后做手势。麦克尼尔(2005,第28页及以后内容)则认为,这只是文化选择,阿伦特人更喜欢在言语之后做手势。阿伦特人的手势可以与图尔卡纳人的手势类似解读,后者的手势在一定程度上起到呼应和强化言语的作用。无论哪种分析,我们都应认识到文化在麦克尼尔及其他研究人员对手势现代分析中的相关性和重要性,这延续了由埃夫龙开创的博厄斯学派传统。

同源性

麦克尼尔在其关于手势与人类言语进化关系的研究中,提出了"同源性"(equiprimordiality)这一重要概念,旨在表明在语言进化过程中,手势和言语具有同等重要的地位并同时发挥作用。为了理解这一点,我们需要探讨"生长点"和"意象—语言"的"辩证关系"是如何演化的。麦克尼尔(2012,第65页及以后)参考了乔治·赫伯特·米德(1974)关于心智作为社会实体进化的开创性研究,特别是语言和手势方面。米德(1974,第47页及以后)指出,当手势在发出者主位引发的隐性反应与其在他人身上引发的显性反应一致时,手势便成为有意义的符号(此观点可能写于20世纪20年代)。

麦克尼尔的独到见解在于,他采纳了米德的假设,并将其与里佐拉蒂和阿比布(1998)关于镜像神经元在语言中的作用讨论联系起来。麦克尼尔认为,里佐拉蒂和阿比布忽略了关键的"米德循环",即一个人的镜像神经元会以与对他人动作反应相同的方式,对其自身手势作出反应,从而将个人行为纳入社会领域,并对心智理论的发展起到关键作用——即在假设他人拥有与我们类似的心智并按相似过程思考的基础上解释他人的行为。因此,麦克尼尔以一种新颖且独特的方式,将他的研究项目以及更广泛的语言进化与大脑和社会联系起来,同时也强调了在语言、文化和暗物质形成过程中难以言喻的大脑层面和社会层面的联系。

根据麦克尼尔(2012,第69页)的观点,米德循环意味着"言语和手势必须共同进化……不可能存在手势先于言语或言语先于手势的情况"(原文强调)。他指出,这是因为米德循环创造了一种"双重符号体系":"为了在米德循环中形成双重符号体系,言语和手势必须同步发展。"米德循环使言语的动态特性成为可能,并且也使得将原始的单字句结构分解为单词、短语、句子、词素、音节等部分成为可能。麦克尼尔通过以下观点来解释这一点:

> 从符号学的角度看,米德循环将手势的意义引入了镜像神经元区域。镜像神经元不再仅限于动作的符号化过程。一个人的手势进入这个区域,仿佛将动作从单纯的行动中解放出来,并在手势中

与意象建立联系。通过隐喻的扩展,意象的意义是无限的。因此,这一变化使得语言的意义潜力不再仅仅局限于动作,而是大大扩展了。(2012,第67页)

从这段引文中,我注意到有几点与我们目前关注的问题相关。首先,这里的论述侧重于动作和意义,而非结构,这使其区别于大量语言学分析,并在很大程度上起到补充作用。其次,米德循环和生长点从一个不同的角度诠释了人类语言进化过程中的组合性。当被问及语言进化过程中的重大飞跃是什么时,大多数语言学家(包括我自己)可能会回答:"组合性"。但如果麦克尼尔在这一点上部分正确,那么从米德循环中发展而来的生长点,其重要性要超过组合性。事实上,在埃弗里特(2012a)的研究中,我暗示了组合性可能依赖于非特定语言的认知能力。有趣且遗憾的是,在大多数关于语言进化的近期研究中(例如,菲奇[2010];但可参考 D. 埃弗里特[即将发表的文章],其中将生长点融入了对语言进化的理解,包括句法、音系学、语用学等方面),这一点完全被忽视了。但对我们目前关注的问题来说,暗物质的历史性才是关键所在;各种联系是通过学习获得并代代相传的——在这种情况下,很可能是通过实例传承的。

一旦我们跨越了手势如何对人类具有意义这一最初的障碍,其他概念就会出现,从而对有关手势与言语关系的进化历程进行更为精细的阐释。麦克尼尔的理论(例如,1992,第 31 页及以后内容)与构式语法(戈德堡,1995)的观点类似,他认为话语——手势/言语的整体——最初是"独词句"的。也就是说,它们被当作单个单词或不可分析的整体来使用。通过反复使用,并借助手势来关注构式的特定组成部分,后来这些话语才得到了更详细的分析。这就导致了句法成分和规则的产生,这让人联想到泽利格·哈里斯(1951)、朗格艾克(1964)等人的研究方法(即分布隔离性和重组)。

当手势和言语在社会空间中成为符号时,手势呈现出两种视角之一

(麦克尼尔,2005,第 34 页)。它们要么代表观察者/说话者的视角（OVPT），要么代表被谈论者的视角，即角色视角（CVPT）。因此，当我们实践语言和文化时，我们会学到不同的视角以及突出内容和归属内容的不同方式。

例如，麦克尼尔提到一个人在复述他们看到的关于猫和老鼠（如卡通片中的傻大猫西尔维斯特和崔弟鸟）的内容。当他们的手部动作模仿或代表傻大猫西尔维斯特的动作时，他们的视角是角色视角（CVPT）。但如果手部动作表示他们自己的视角，则是观察者/说话者视角（OVPT）。

许多研究人员认为，在人类语言的进化过程中，手势可能先于言语出现。麦克尼尔并不完全反对这一观点，其理由与埃弗里特（2012a）的观点相似。意向性是语言的一个必要前提，不仅存在于言语中，还体现在手势和其他行为及状态中（如焦虑、狗摇尾巴、各种物种的专注注意力；参见 D. 埃弗里特，即将发表的文章）。手势之所以被使用，是因为意向性是注意力的集中，通常也是无意识的。我们的目光、身体和手的方向会随着注意力的变化而改变，这是一个基本的生物学事实，并被交流所利用。

麦克尼尔对米德循环和生长点的分析具有重要意义。一方面，如果他是正确的，那么手势不可能是语言的最初形式。但这并不意味着前语言生物不能通过某种指向或手势表达意向性。这意味着真正的语言交流一定总是同时包含手势和言语。

手势对语言进化的影响

麦克尼尔在语言进化理论中提出了一个有趣的观点，即他对递归的独特理解。递归（参见 D. 埃弗里特，2010b）是一种将信息更紧密地整合到单一话语中的工具。因此，他通过提供一个语言进化和应用的模型，独立得出了一项关于递归的重要结论,这一结论与近期的争议密切相关。在他的模型中,递归虽有帮助,但并非必不可少,这一点与 D. 埃弗里特(2005a、2005b、2008、2009a、2009b、2010a、2010b、2012a、2012b 等多篇文献)的观点一致。

语言进化对暗物质理论至关重要,因为它帮助我们追溯人类语言知识的起源。这种知识源自柏拉图还是亚里士多德?即,它是天生的还是后天习得的?答案是亚里士多德。麦克尼尔的研究显示,手势在语言进化中扮演重要角色。

近年来,托马塞洛(1999、2008)、科尔巴利斯(2002)、休斯(1973)及阿比布(2005)等学者认为,"语言并非源自灵长类祖先的叫声,而是从他们的手势和面部表情演化而来"。然而,麦克尼尔指出,"手势优先"的理论有两个关键问题。

首先,言语并未取代手势。相反,麦克尼尔及其同事的研究表明,手势和言语形成一个综合系统。若语言起源于手势,手势和言语应不同步,但实际它们同步且互为整体。此外,手势和言语常互相转换。若言语由手势进化而来,为何两者仍紧密配合?若手势优先假设成立,为何除手语外,手势未成为其他语言的主要交流方式?

其次,"手势优先"理论的问题在于,若手势可被言语替代,则不适合作为语言构成部分。在无语言情况下,现有交际手段应为手势哑剧。然而,麦克尼尔指出,手势哑剧与言语互斥,用于补充言语缺失信息,而非替代言语。

同样,麦克尼尔在其三部曲中一直强调,言语依赖于稳定的语法结构。只有手语中那些约定俗成并已语法化的手势才能提供稳定性。即使在这种情况下,手势要么替代言语,要么补充言语。

总之,如果手语或其他手势——例如手势哑剧或填补语言空白的手势——先于言语出现,那么言语的发展在功能上就显得没有必要。麦克尼尔(2012,第 60 页及以后内容)指出:"首先,'手势优先'理论必须声称,当言语出现时,它取代了手势;其次,'手势优先'理论认为,最初的手势是手势哑剧,即模仿动作和事件的手势,这类手势不会像手势动作那样与共同表达意义的言语结合,而是属于手势连续体上的其他类别,即填补语言空白的手势和手势哑剧类别。"

有人可能会认为派克的例子显示手势可以代替语言。然而,派克讨论的手势是嵌入语言中的,依赖于语言本身,并非完全替代语言功能的手势。相反,派克的例子引发了一个问题,即是否存在"嵌入语言的手势",即语言取代手势表达内容的形式。如果语言是从手势演变而来,这可能是其发展方式之一。想象一个熟练掌握美国手语和英语的双语者,用口语词汇逐一替换手语符号,但这只是两种独立语言间的翻译,而非语言主位言语替代手势的情况。这对我们的论点很重要。首先,手势的实用性提供了理解其起源和传播的途径;其次,手势的普遍性支持了亚里士多德关于知识是后天习得的观点,而非柏拉图认为知识永恒存在的观念,因为手势非常实用。实际上,手势更可能是后天习得的,因其有用性而不断被重新发现。

随着这些手势通过约定俗成稳定下来,它们演变为手语。然而,这些手势仍替代言语功能,因此,从功能和逻辑上看,语言从这些手势中发展出来意义不大。

尽管我总体认同麦克尼尔关于不存在以手势为先的语言的推理,但似乎还缺少一些考虑。如果他的额外断言或推测正确,即两种已灭绝的古人类物种曾使用以手势为先的语言或仅用手势的语言,且这是现代语言发展的初始阶段,那么为何认为智人最初也使用过以手势为先的语言会让人感到惊讶?我没有理由相信,任何古人类物种的语言发展路径会不同。事实上,我认为在智人出现前的人类物种不会走不同的道路,因为正如 D. 埃弗里特(2012a)所主张的,发声交流相比手势交流具有明显优势。

关于言语和手势之间同源关系的另一个问题:语言和手势(或做手

势的行为)是否有一个共同的、特定的先天大脑基础？如果我理解麦克尼尔(1992,第333页及以后内容)正确,他似乎持此观点。但我的看法是,目前没有证据支持这一点。实际上,情况可能正好相反。例如,麦克尼尔回顾了一些证据,显示言语和手势在大脑皮层中的接近程度,与肯顿手势层级中手势在左侧的位置距离成正比。这意味着,手势与言语关联越紧密,其在大脑中的位置就越接近。但这并不能证明存在任何先天的神经通路。通过假设它们一起学习并最初一起体验,可以更好地解释这种现象。

另一方面,失语症研究似乎提供了更有力的证据,表明言语和手势在神经学上有联系。布罗卡失语症患者以不连贯方式做出有意义的手势,而根据休斯(1973)的说法,韦尼克失语症患者的手势虽流畅却无意义。然而,这种关联也不能支持任何"先天生物程序"的存在。暂且不论我在D.埃弗里特(2012a)中的讨论(我基于这两种失语症并不对应大脑中任何特定语言区域的事实,对其存在提出质疑),麦克尼尔的数据可以通过语言学和其他学科中提到的"邻近性"(有时称为"象似性")原则来解释。即,两事物相互影响越大,彼此距离越近。这一观点适用于理解形态句法成分、元音和谐及神经坐标等方面。

除了象似性手势外,说话者还会使用隐喻性手势。隐喻性手势兼具元语言性和文化性,前者代表话语或话语类型,后者基于被认为具有隐喻意义的内容。这些手势较为抽象。例如,麦克尼尔(1992,第14页)提到,某位说话者举起双手,手掌相对,以表示一段话语的范围——在他的第一个例子中,这是通过讲述一个卡通故事来展示的。

第三种手势类型是节拍性手势:"节拍性手势所传达的信息并不推动故事情节的发展,而是为情节的展开提供结构框架。"(麦克尼尔,1992,第15页及以后)。这些手势可以表示偏离主要事件线索,如在总结一段话语内容时所做的手部动作。节拍性手势也可用于分割话语或配合语音重音。在D.埃弗里特(1988)的研究中,我探讨了语言老师凯奥阿(Kaioá)用手势指示重读音节的情况。拉德福吉德(Ladefoged)和埃弗里特(1997)也研究了训练说话者用三种不同亚马孙语言标记语音节拍的情况。结果显示,这并不像我当时的理解那样罕见,因为根据麦克尼尔的实验室和其他研究机构的观点,这是节拍性手势的常见功能。

麦克尼尔(2012,第77页)指出,句法能力在文化和社会交往中进化。他引用了弗雷德(1983)关于"可共享性"的研究,认为如果人们使用同一种语言,结构和意义必须在个体间共享,这是"引发问题"的一个例子。麦克尼尔借鉴了弗雷德的"离散过滤器"概念,类似于"离散无限"中的"离散"概念(D. 埃弗里特2010a对此进行了批评)。他认为,我们的语言最初是单个词语而非组合性的。随着人类学会表达这些词语,它们通过"生长点"(GP)发生变化,手势突出整体中的某些部分,导致对单个词语进行成分分析,最终产生组合性。这让我着迷,因为它展示了手势与语法之间的关系如何推动语言进化。

这表明了麦克尼尔的理论与其他语言进化理论(如豪泽等2002年的理论)的显著差异。在麦克尼尔的理论中,句法的组合性是由生长点(GPs)从实际语言使用中产生,而非通过递归突然出现的。实际上,麦克尼尔(2009)、金塞拉(2009)和D. 埃弗里特(2012)等人的理论认为,组合性先于递归出现。这与语言暗物质模型一致,该模型认为语言通过主位视角的理解、重新分析及再次主位理解产生,以更好地满足交流需求(霍珀,1988;麦克温尼,2006;斯蒂尔斯,2005;罗森鲍姆,2014;等)。麦克尼尔(2012,第78页)指出:"与传统观点相反,语言并非始于'第一个单词'。单词由生长点产生,存在一种能力,能在语境中区分有价值要点,这可能是首个'心理谓词',但非首个单词。"通过展示组合性如何通过使用产生并进入所有人类语言,麦克尼尔削弱了依赖遗传或生物学解释的必要性,支持我们的观点。此外,麦克尼尔(2012,第78、223页)对递归如何进入语法的探讨,与我的观点(D. 埃弗里特,2010a、2010b、2012a、2012b)高度契合。此过程始于通过生长点对独词句表达的可分析性。

递归并非始于手势本身。这是因为手势不像语法最终组合而成的静态输出，它们是格式塔单元（尽管并非所有的手势研究者都接受这一点）。这是这些动态单元与静态语法之间的一个根本区别。手势是整体，不包含有意义的部分。整体的意义并非源自部分的意义。因此，尽管我们可以在较大的手势中观察到几个子动作，但这些较小的动作中没有一个在脱离整个手势的情况下具有任何意义。从这个意义上说，手势是反组合性的。

但是句法可以分析，此后，递归能够在语法中发挥作用。从这个意义上说，对于麦克尼尔来说，就像对我来说一样（除其他外，D. 埃弗里特 2005a、2008、2009a、2010a、2010b、2012a、2012b），递归是语言进化中一个非必要但极其有用的组成部分（与豪泽等人 2002 年的观点相反）。递归被用来使组合关系（字符串）变为聚合关系（槽位），使说话者能够在单个话语中包含更多信息，并且正如我在 D. 埃弗里特（2012b）中指出的那样，通过口头话语更容易理解复杂事件。麦克尼尔（2012，第 223 页）引用雪莱的《无政府主义的假面舞会》来说明从组合关系到聚合关系的转变：

> 她伤心恸哭，涕泣涟涟；仿佛泪珠落地，即成磨盘。

然后他指出押韵的—ell's 投射出一种新的语义对立。由于押韵，这些词被突出显示，可能导致它们作为词、话语的一部分被单独存储和分析，从而将组合性引入语法中。这种对立存在于较大句子（意群）的聚合段之间，而这些聚合段本身又源自意群。因此，麦克尼尔为句法的演变提供了一个合理的场景，接着转向考虑静态语法由此产生的传播。

麦克尼尔（2012，第 92 页）提出：“如果我们将巴别塔的故事视为一个关于移民的寓言，它并不像人们可能想象的那样牵强。其见解是，移民会带来相遇并滋生多样化；移民越远，相遇就越多，多样化也就越大。”然而，继续使用圣经的隐喻，麦克尼尔的推测必须克服"该隐娶了谁"的问题。许多研究圣经的学生都觉得奇怪,该隐是第一个人的儿子亚当所生,但他却能在邻近的城市找到妻子(《创世记》4:1—5"5)。那个城市的居民是从哪里来的?同样,人们必须合法地(legitimately)询问从非洲的移民中谁遇到了谁。如果原始语言兴起后人类语言的第一次相遇因不同语言的接触而产生了语言变化,那么,第一种语言是如何变成第二种语言的呢?一定存在没有接触的变化。在我对巴纳瓦斯人的吹箭制造的讨论中,我展示了文化变化如何在没有接触的情况下发生,就像语言变化能够而且确实在发生一样(舍恩普夫卢格,2008)。事实上,历时语言学专家告诉我们这是正确的——语言变化可以是主位的(例如,社会语言学的转变)或外部的(通过语言接触)。但是,如果变化可以在没有接触的情况下发生,麦克尼尔的假设是否就失去了效力呢?不,因为他还预测,变化的轨迹应该会随着人类从原始语言的地理起源地迁移得越远而变得越来越复杂。其理由是,最早的语言会有最简单的句法,将意义映射到时间顺序上(即以象似性的方式)。但是语言接触会使这变得复杂。

另一方面,托马森(Thomason,2008)认为接触并不一定会使语言更加复杂。她提出了一些接触可能使语言更复杂的情况。但是研究语言接触的人知道,变量太多,无法断言特定的语言接触情况会导致其中一种语言变得更复杂或更简单。更进一步说,理论语言学家和类型语言学家一致认为,"语言 A 比语言 B 更复杂"这种说法没有实质内容。目前还没有被广泛接受的评估语言复杂性的方法。我们所能说的大概就是,"语言 A 中的现象 x 比语言 B 中的相同现象更复杂"。但即使这样也有问题,因为它假设我们可以说一种语言中的这个或那个现象与另一种语言中的现象是相同的,而我几乎看不到支持这种观点的证据。也就是说,无论是在较小的"亲密社会"还是较大的"陌生社会"中,发音、语法和意义的多样性都会由于各种原因进入语言,历时语言学文献中充满了这些原因。所以,即使麦克尼尔是正确的(2012,第 92 页),即最初的句法将意义映射到事件的时间顺序上——坦率地说,我没有看到任何证据表明情况曾经如此——为什么接触会单向地增加复杂性呢?事实上,正如特鲁吉尔(2011)所论证的,接触既可以简化语言,也可以使语言复杂化。因此,我无法接受麦克尼尔的推测,即接触历史更长因而离非洲更远的语言应该比接触历史较短的语言更复杂(而且,在任何情况下,除了地理位置之外,怎么能衡量这一点呢?而地理位置不一定意味着更多的接触)。如果我们要认真对待麦克尼尔在这里的提议,还需要讨论移民人口中常见的"系列奠基者效应"这一可能的混杂因素,以及这可能如何影响语言(除其他外,参见斯拉特金和埃克斯科弗,2012)。所有这些对我们这里的理论都很重要,因为它表明了(i)手势在交流中的效用;以及(ii)手势与言语的联系,这种联系随着时间的推移慢慢积累,因此不必"假设",因为它可以很自然地被学习。

手势、感知和文化研究

在讨论手势和暗物质的这个节点上,我想再次简要考虑手势在其他物种语言进化中可能发挥的作用,特别是关于尼安德特人和丹尼索瓦人等古人类可能拥有的语言。麦克尼尔这样说(与他对智人的论述相反):

> 手势优先可能在现已灭绝的两个人类分支尼安德特人和丹尼索瓦人中存在过。它也可能在我们人类这一分支中存在过,然后消失了,但是我们幸存下来并演化出了一种新的语言形式,即基于言语与手势同等原始性的"米德循环"。如我们所见,这种新语言不可能从"手势优先"中产生,它是语言的第二次起源。(2012,第165页)

由此,麦克尼尔进一步推测,这两个物种缺乏语言,并因这一缺陷而未能存活下来。在我(D. 埃弗里特,即将发表作品)看来,我们对这些物种所知甚少,不足以支持这样的说法。麦克尼尔提出的另一个推测,即

"个体发育重演系统发育"的一个变体,值得进一步思考。他认为,虽然儿童在最初的语言习得中显然首先使用手势,但这种情况在两岁之前就消失了(麦克尼尔,2012,第165页)。然后,在三四岁时,手势短语出现,"这表明在系统发育上曾经存在过手势优先的情况,但后来灭绝了,接着出现了一种新的语言形式,在这种语言形式中,言语和手势意象融合成我们现在所拥有的由思想和存在所占据的统一整体"(同上)。尽管再次强调,儿童习得阶段的重要性在某种程度上是推测性的,但它足够有趣,值得进一步研究。这是他的思维质量和原创性的一个非常积极的标志,即使麦克尼尔在实证依据非常薄弱的情况下,他的建议也很有趣,值得进一步考虑。然而,即使这也同样支持了一个更简约的观点,即我们进行整体交流,使用我们的整个身体,而不仅仅是嘴巴、手和大脑(艾弗森和戈尔丁-梅多,1997)。这种与我们交流行为的共鸣将整个身体——面部表情、手势、言语、身体姿势——都带入了交流行为中(北田,2000)。事实上,麦克尼尔的个体发育重演系统发育观点的一个替代观点立即浮现出来。这就是交流的需要、欲望或本能显然先于言语出现——并且在学习词汇之前最初在身体动作(例如手势)中出现。如果交流是整个人的整体努力,而不仅仅是他们的嘴巴,那么这也是有道理的。

其他关于手势的研究

尽管麦克尼尔的作品丰富——特别是在更广泛的语言、文化和暗物质方面——但我现在想转而简要讨论一下关于手势的其他作品,首先从卡尔顿大学和牛津大学的詹卢卡·乔尔戈洛的作品开始。乔尔戈洛的作品复杂而正式。正如乔尔戈洛(2010)在摘要中所说:

> 这篇论文提出了一个正式的框架来模拟手势含义与同时出现的言语片段含义的融合。该框架基于两个简单概念的形式化,即交互性和象似性,这两个概念构成了大多数关于两种模态相互作用的

描述性说明的核心。这种形式化表现为对一个著名的自然语言意义分析框架的扩展。作者声称,对这两个概念进行恰当的形式化足以对伴随不同类型语言表达的手势提供一个有原则的解释。这支持了"我"对手势在文化中的理解。这种形式化还旨在提供一种通用机制(图标),通过该机制从手势的形式外观中提取其含义。

乔尔戈洛的作品显然处于形式语言学的总体框架内,因此在未来几年中,它应该会对将手势纳入形式句法和语义研究的整合产生越来越大的影响。主流语言学应该纳入手势研究的许多方式已经由乔尔戈洛开创,尽管这并不容易,因为乔尔戈洛的作品凸显了我们关于如何交流的隐性知识的复杂性。另一位深受麦克尼尔影响的杰出研究人员是他的前学生,卡内基梅隆大学的贾斯汀·卡塞尔。卡塞尔在计算通信方面的工作具有开创性。这项研究总结如下:

> 卡塞尔正在开发"嵌入式对话代理"(Embodied Conversational Agent,简称 ECA),这是一种能够使用语言和非语言行为与人类互动的虚拟人。最近,卡塞尔研究了 ECA 作为故事聆听系统(SLS)在儿童生活中可以发挥的作用:为学习语言和识字技能提供同伴支持。卡塞尔还运用语言学和心理学的分析方法,研究了在一个特别多样化的年轻人群体中,在线对话对他们的自尊、自我效能感和社区意识的影响。
>
> 一旦机器具备了与人类类似的能力,那么它们是否能用来唤起人类所能具备的最佳交流技能和最丰富的学习内容呢? 这正是卡塞尔的研究目标:开发能唤起人类最人性和最人道能力的技术,并研究这些技术对我们不断发展的世界的影响。

卡塞尔的作品与暗物质有关,因为它展示了即使是机器也能学习与交流相关的非语言行为。这个令人着迷的结果表明,手势的学习当然不一定是天生的。然而,它并没有摆脱我们在上面多次提到的机器在交流和思考方面的一般限制。

我想提到的最后一位正在研究人类语言多模态性质的研究人员是詹妮弗·格林博士。格林(2014)的作品对我们的讨论很重要,因为它表明交流延伸到环境中,这样人类就可以通过各种交流策略来利用他们周围的生态环境(也见格林,2013;科恩,2013;德斯科拉,2013)。墨尔本大学的格林致力于研究土著沙画故事。她的总结值得详细引用,因为她对多模态研究的关注使得更广泛的语言学具有原创性和重要意义。

澳大利亚中部的沙画故事是土著妇女的一种传统口头艺术形式,融合了言语、歌曲、符号、手势和绘画。小树叶和其他物品可能被用来代表故事中的人物。这项对阿兰迪克沙画故事的详细研究采用多模态方法分析这些故事,并展示故事中使用的表达元素是如何协同配合的。

澳大利亚中部阿兰迪克语系的使用者在他们的交流语库中有一系列的符号资源或"系统"。这些包括日常语言、辅助口语,例如用于对某些亲属表示尊重的语言、手语、歌曲的神秘语言,以及沙地故事和各种形式的原住民艺术中使用的象征或图形惯例。自发的手势也是这种复杂性的一部分。在日常交流中,这些系统中的几个共存且相互依存是常态。阿兰迪克沙地故事的表演(在一些阿兰迪克语言中被称为 tyepetyin)是一种传统的视觉讲故事形式,其中伴随言语的图形是必不可少的一部分。这些故事的熟练讲述者融合了多种符号系统,并充分利用这些系统中的潜力以产生巨大的创造性效果。言语、手势、符号和绘画依次或同时使用。除了在地上绘画,讲述者还可以使用各种物品在他们面前建立一个视觉场,有点像一个微型舞台布景。树叶或树枝被用来代表故事中的人物,其他随手可得的小物品可以用来象征日常生活中的物品,例如住所、遮阳处、防风林和火坑。在澳大利亚中部的环境中,利用地面进行说明和解释的做法很普遍,那里有大量可书写的地面,这种对地面的

关注部分源于一种文化上对观察地面表面编码信息的专注。(格林,2014,第1卷,1开本)

乔尔戈洛、卡塞尔和格林处于语言研究的手势和多模态方面的前沿,人们希望这方面的研究能够获得更大的发展动力。所有这些研究都尽可能清晰地表明,在语言学理论的早期,将句子设定为语法的"起始符号"是多么错误的做法,实际上这使得句子成为大多数形式语言学研究的唯一经验领域。语法本身是多模态的,从对话到词素都是如此。这项研究也有力地强化了语言主要具有交际功能的观点,它使用各种子工具,其中句子只是其中之一。它还表明,如果没有多模态视角,句子语法在帮助我们理解交互或认知的作用方面极其有限。早些时候,我们将此称为语言学的"实体化",并讨论了许多方式,在这些方式中,将分析焦点限制在句子上这种原本无害的理想化做法,可以说阻碍了我们对人类语言理解的进展。

认知科学家、人类学家、哲学家、语言学家和其他人应该感谢对人类语言多模态性质和起源进行的细致、艰苦、长期的研究——希望在关于人类语言的进化、使用和结构的辩论中,这项研究不会继续被忽视。

也许手势研究带来的最大教训是,它解决了——至少在我看来——语言是为心理生活还是为交流而进化的争论。例如,如果麦克尼尔关于生长点在句法进化中的作用的观点是正确的,那么交流作为语言进化的关键(相对于思想的表达)的卓越地位是不可避免的。在这方面,麦克尼尔的论点是至关重要的。他们提出语言既是静态的又是动态的,因此组合意义不足以为人提供语言。他对生长点、心理理论和米德循环在人类语言中的作用的理论理解对该学科来说,应该是具有变革性的。这也是对互动本能的有力支持。

手势研究影响人类语言和认知的基本问题的另一种方式是它们与所谓的"具身认知"的相关性(吉布斯,2005;切梅罗,2011;莱考夫和努涅斯,2001等;另见D.埃弗里特,2013b,了解语言以非常不同的方式影响认知)。例如,在一份关于芝加哥大学(麦克尼尔的所属机构)研究的最新报告中,据报道,使用手势——即体现认知——可以有助于认知获取像数学这样困难的概念(英格迈尔,2014)。

我们从正常人类语言中的手势语中了解到,它们的形式和意义因文化而异,但显然在所有文化中都能找到。它们的普遍出现有重要原因,因为辅音元音的语音流、词序和其他语法手段需要帮助才能传达交际意图的丰富信息和细微差别。韵律——音高、响度和强度的使用——正如我们所见,是一种提供帮助的方式。手势是一种补充形式。到目前为止,我们在语法、手势或语言的其他方面都没有看到任何会让我们相信智人的基因组中有任何特定于语言的东西需要被归因于它。文化学习、统计学习和个体感知学习加上人类的情景记忆似乎足以胜任这项任务,尤其是当结合 D. 埃弗里特(2012a)的论点和本文的论点来考虑时。然而,文献中充满了相反的主张,即如果语言的习得至少部分基于新生儿学习者中特定于语言的偏见,那么就有一些现象只能得到解释。在这方面引起了大量关注的一组研究是戈尔丁-梅多关于"手语"的工作,即由非手语父母的失聪儿童创造的手势语言,或者戈尔丁-梅多声称的以其他方式无法接触到语言输入的儿童所创造的手势语言。

手　语

从所有关于在被认为缺乏语言的社区中出现语言特征(戈尔丁-梅多[2015]称之为"复原力")的说法中,可以清楚地看出一点,从尼加拉瓜手语到阿尔赛义德贝都因手语再到克里奥尔语,这些语言都是从简单开始,然后随着更多的社会互动而变得更加复杂。通常至少需要三代人的时间才能发展出大致与许多古老语言相似的复杂性。因此,即使手语之类的是语言的先天主义或类似巴斯蒂安的知识的证据,这种知识也是非常有限的,也许只不过是模糊的偏向或解决方案空间(例如,这是解释柏林和凯［1969］关于从颜色感知的生物学基础发展颜色术语的工作的一种方式）。更重要的是，戈尔丁-梅多和许多其他人的工作的特点是我认为对这些手语的语言方面的过度仁慈的解释，以及对孩子所接受的文化输入和孩子所面临的任务性质的不那么仁慈的看法。如果不认真考虑任务或输入，这种先天主义的说法就会被严重削弱。例如，戈尔丁-梅多（2015）认为，手语使用者会为物体发展出符号、词序限制、手势的部分——整体关系（即组合性，她声称单个手势可以像一个词分解成词素一样分解成单独的部分）；手势可以在更大的结构中填补空位；有证据表明手语使用者的话语有层次结构；手语使用者使用手势来标记不同的模式，如否定和疑问；手语使用者以交流的方式使用他们的手势，并且世界上的一些类别根据我们在所有或许多人类语言中看到的模式被语法化（例如，手语使用者使用手势表示大小和形状，但不使用手势表示硬度、质地、温度、重量）。她讨论了手语使用者手势的其他特征，但这些特征足以显示她的方法的潜在问题。

首先，要注意的是，所有这些特征都是进化而来的，所以在自然选择用来决定相对适合度之前，人类就已经学会了这些特征。其次，这些特征都不是语言所特有的。正如我们所看到的，符号——除非我们是在严格的皮尔士意义上[1]使用这个术语——被多个物种以这样或那样的方式使用。但是，即使我们所指的是皮尔士的符号理论，即形式与意义之间的约定俗成的联系，那么就像索绪尔的符号一样，我们也没有理由相信人类不能轻易学会符号。事实上，根据一种解释，这就是戈尔丁-梅多关于符号的研究结果所告诉我们的——即儿童很容易采用符号。物体是一种有意义的形式。当儿童学会了对象并渴望交流时，这种交流的渴望也许是我们这个物种最显著的特征——无论是互动的本能还是情感的

---

[1] 译者注：皮尔士意义理论是由美国哲学家查尔斯·桑德斯·皮尔士（Charles Sanders Peirce）提出的，它是符号学和语义学领域的一个重要理论。

冲动——儿童就会以图标的形式表现对象,而对象在特定文化中的意义也会随之而来。儿童参与父母的生活中并尝试交流,即使没有语言,海伦·凯勒非凡的人生历程就向我们证明了这一点。有了视觉、听觉或感觉能力,儿童就能从环境中、从看护人那里接收信息,事实上,在大多数看护人和大多数环境中,儿童都会这样做。通过学习物体的用途以及物体在父母和环境中的显著性,儿童会就物体进行交流,大多数其他物种(至少是哺乳动物)都是这样做的。狗、人类和其他生物在特定的时间和空间中感知到的整体物体是最显著的,也是最容易学会的。人类努力地代表他们的对象,这与其他动物不同,因为人类努力去交流。

物体的某些特征会引起儿童的注意,这同样不足为奇,不过,如果戈尔丁-梅多(2015)的观点正确的话,形状和大小为何会在众多其他特征中胜出,其具体原因尚不清楚。她将其归因于儿童的天赋。但我建议首先考虑儿童的照料者在使用、展示、构建和评价物体方面的方式。家具、餐具、房屋、工具等等,在照料者的显著物体环境中,远比其他特征更容易排列,也更为普遍。至少这一点可以进行检验,但目前没有迹象表明有人考虑过进行这样的检验。

关于手语使用者的言语是分层组织的这一说法,有两点需要注意。首先,正如我在自己的作品中所论述的(D. 埃弗里特,2005a、2005b、2008、2009a、2012a、2012b 及其他),层级结构和并列结构很难区分开来。两者可能会被错误地相互误解,并且由于可能被视为理论上的原因,它们经常被混淆。例如,在皮拉哈语的话语中,我们可能会说:"这个人在这里。他很高。"或者:"我说话了。你来了。"而这些可以被解释为"那个高个子的人在这里"或者"我说你来了"。但是分析可能要简单得多,其句法缺乏层级结构。在戈尔丁-梅多的所有声称要展示手语使用者话语中的层级结构的例子中,我都没有看到令人信服的层级结构的证据。第二个需要注意的是,层级结构是一种独立于语言的自然解决方案,因此,如果在某些语言结构中发现了层级组织,这并不是存在先天语言偏向的证据。随着社会复杂性的增加,信息需求也在增长,在许多领域中,层级结构是信息组织的最有效解决方案(西蒙,1962)。原子、宇宙以及许多其他自然的复杂物体都是分层组织的。在汽车、犬类行为和计算机文件系统中都能找到层级结构。这是一种自然发生且可观察到的解决方案。事实上,对于任何涉及选择限制的行为,即你必须先做 x 然后才能做 y,就存在层级结构。这对于语言来说,绝对没有什么特别之处。

手语使用者被认为施加于他们的结构上的排序是很常见的。首先,他们别无选择,只能以某种顺序排列他们的符号。而且由于任何话语的主要成分都是被报告的事物以及它所发生的事情——长期以来被称为主位—述位或主题—评论——主题通常会在评论之前(从共享信息或旧信息开始,然后再给出新信息在交流上是最有效的,可能是因为它利用了短期记忆)。在评论中,放置新信息的地方,世界上很多语言倾向于将受事或宾语放在谓语成分之前。所以,如果某个地方有人在吃水果,这可以被描述为水果—吃或者吃—水果,大多数语言选择前者(例如,德语、皮拉哈语、日语和其他数千种语言)。E. 吉布森等人(2013,第 1079 页)认为词序可能深受处理"破坏语言信号的噪声"的策略的影响。他们特别预测,在没有格标记的情况下,主谓宾(SVO)的顺序会比主宾谓(SOV)的顺序更常见。现在,一方面,这并不禁止没有格标记的 SOV 语言(事实上,跨语言地有很多这样的语言)。另一方面,目前还不清楚手语中是否有任何类似格标记或论元标记的东西。然而,交流者必须解决的基本问题是传达关于共享信息的新信息。所以,在其他条件相同的情况下,受事/宾语被期望至少在两者都传达新信息时(通常是这样)与动词相邻,而主语/施事则离得更远。并且只有两种选择:宾语—动词或动词—宾语。因此,在手语使用者中发现这些顺序之一不应被过度解读。

也不奇怪,一旦选择了一种顺序,保持这种顺序比随机排列对象和动词要容易。遗传禀赋中也没有任何东西应该应用于信息结构。主题—评论是一种自然的交际安排。但是戈尔丁-梅多忽略了讨论信息理论上可能对排序的限制,因此错过了对她的事实的一种潜在的替代解释。手语清楚地说明了我们人类所有成员交流的愿望(亚里士多德的"社会本能")。它展示了一系列解决如何交流问题的常见方法。但是,我们不仅没有对这些事实进行令人信服的句法分析,而且有证据表明(安德伦,2010;邓肯,2002、2006;兹拉特夫,即将出版),事实上,手势在很大程度上是由交流需求所驱动的,以至于将它们归因于作为语言特定生物禀赋的基因没有多大意义。

总　结

本章对手势及其与暗物质、语法、交流和语言起源的关系进行了概述和详细讨论。尽管我们主要关注了大卫·麦克尼尔的开创性和前沿性工作,但我们也考察了对手势的其他研究方法。我们了解到,尽管有许多相反的说法,但手势并没有为先天暗物质提供有力证据,相反,它展示了文化和个体心理如何像对句法和人类语言的其他组成部分一样,将手势作为语言的一部分产生出来。

第八章　翻译中的暗物质冲突

> 翻译者大脑主位发生的事情固然重要,但更重要的是在沟通发生的整体文化框架中所发生的事情。
>
> ——尤金·奈达《翻译科学化之路》

在上一章中,我们探讨了关于语言起源以及语言交流的多模态、整体性质的观点。在这一章中,我们想看看不同的语言—文化如何相互映射——也就是说,翻译是如何运作的以及是什么使其成为可能。有证据表明,由于语言是由暗物质塑造和控制的方式,翻译永远不会完全成功。本章还讨论了奎因所说的"彻底翻译"的方法论。

在本书的引言中,我提到了我在去皮拉哈部落翻译《圣经》时遇到的翻译问题。这些问题包括皮拉哈人没有上帝的概念——当然也没有"至高无上的存在";皮拉哈人不喜欢任何个人告诉另一个人如何生活;皮拉哈人不会感到精神迷失,等等。引言还讨论了一些美国传教士以及可能其他来自更传统社会的翻译者的错误假设——暗物质。这些包括这样一个事实,尽管大多数美国传教士认为上帝已经"准备"了每一种文化来理解"福音"("好消息";即理解上帝的儿子耶稣为他们的罪死在十字架上),但皮拉哈人觉得救世主、罪和救赎的概念难以理解;尽管美国传教士相信像皮拉哈人这样的人害怕一个黑暗、威胁性的邪恶精神世界，并且他们中的许多人会因传教士带着耶稣已将他们从这种恐惧中解放出来的消息的到来而欣喜若狂，但皮拉哈人什么都不害怕，对传教士的信息也不感兴趣；美国传教士相信所有语言都能够表达完整《新约》信息所需的所有概念。翻译者的工作是在目标语言中找到合适的单词和短语，然后将它们与适当的希腊语、阿拉姆语或希伯来语概念相匹配。正如我们将在下面看到的，这种翻译观点是错误的。

但是，如一开始所说，比翻译者和他或她的受众之间的差异更重要的是，他们深刻的差异是未言说的这一事实。在任何相遇中，他们都受到相互冲突的文化价值观的无形之手的引导。

协商一种文化语义

在我们的一生中，我们与一个或另一个社会群体合作，协商词语、行动、表情、省略以及我们在世界中的生活所产生的意义的其他方面的含义。意义从来不是听话者和说话者单独拥有或创造的，而是由社会情境创造的，而社会情境本身又源于特定的时空文化的结合（福勒，1997、2007；派克，1967；格尔茨，1973等）。这是为了在晦涩的事物之间找到契合点而进行的协商——而协商往往会失败，恰恰是因为这些事物是晦涩的。

翻译（我用这个词也包括一些人所说的"解释"）是我们人类中大量的人所从事的工作。萨满、传教士、伊玛目、斯瓦米和牧师经常为俗人解释神/诸神的意志或话语。美国最高法院的大法官们翻译美国宪法。教师为学生翻译他人明显的和晦涩的思想。承包商将蓝图转化为混凝土、钢铁和木材。科学家将观察结果转化为理论。我们都将一种意义映射到另一种意义上，将一种形式映射到另一种形式上，每天每分钟都在努力表达伦理和文化特质。

第八章 翻译中的暗物质冲突

翻译是我们理解他人和被他人理解的主要工具。我们所有人都在对两种意义中的一种进行翻译。首先,我们为自己翻译他人的行动、言语、姿势、穿着、语调、手势、面部表情、驾驶、餐桌礼仪等等——所有关于他们的可见的东西,并通过我们的晦涩事物为自己进行解释。让我们把这种自我导向的翻译称为自我导向翻译。我们已经进化得足够擅长此道,以便使自己远离危险、支配他人、在包围我们的社会世界中航行。我们这样做的部分原因是通过看到伦理并强加文化特质。我们假设我们正在体验他人的文化特质视角,因为这是我们在没有特殊训练或经验的情况下了解如何解释我们周围世界的唯一方法。例如,当你发表评论后有人扬起眉毛,他是在觉得有趣、讽刺还是在认真怀疑你说的话呢?如果有人穿上鞋子,她是要出去还是只是觉得冷呢?(我的狗很擅长分辨这一点,它会看我穿了什么鞋子以及我是否系上了鞋带。)我们如何解释我们环境中的语言,无论这些语言是否针对我们?

但在翻译中还存在另一种同样常见的形式:他向翻译。在这种翻译模式下,我们的目标是通过学习他们的主位视角(emic perspectives)来使一方理解另一方——也就是说,了解两种不同主位化(emicized)的他者的暗物质,将一方的主位视角重新讲述为另一方的主位视角。

翻译不佳或根本无法翻译——误解他人或许比准确翻译——理解他人更为常见;这种失败是由多种因素造成的。或许最常见的是将一个人的客位行为解释为另一个人(比如你自己)的主位行为,因此不去尝试理解对话者的隐含意义。另一个原因是假设他人的客位行为实际上是他们的主位意图。例如,如果某人提高了声音,你可能会认为他生气了,因为对你来说,这种客位行为在主位上指向愤怒;或者一个德里的印度人微微摇头,你却将默许错误地理解为不赞成。

翻译失败的另一个原因是文化主位化不完全——即自认为拥有主位视角,实则并未真正做到。你在一种文化中生活了数月,便觉得如今已能相对可靠地解读(比如说)身体姿势和手势,可你仍有可能犯下令人

271

尴尬的错误。奎因(1960)提出，由于词语与其指代对象仅通过刺激与反应产生关联，且我们永远无法确定他人对何种刺激作出反应，因此我们永远无法完全解读他人；翻译中始终存在不确定性——例如，即便我们共享大量文化价值观，这种不确定性依然存在。我们的认知、建构的自我以及"暗物质"都会以不同方式形成。

巴赫金(1984)认识到翻译中的其他复杂因素，即我们与对话者始终以不同声音（杂语性）同时发声，且我们始终在聆听多重声音（复调）。例如，我可能会将他人的话语融入自己的表达中——有意或无意地展现杂语性。我也始终会对周围的语言环境保持敏感，在社会约束下说话。因此，当我们将一种声音转译为另一种时，我们无法确定自己听到的只有一种或两种声音，也无法确定自己是否在以不同身份（比如社会中不同角色、不同角色对应的知识结构）进行自我对话。事实上，巴赫金无疑会认为：翻译始终是多对多的，绝非一对一的。大致而言，直译就是逐字翻译。大多数文学翻译者、联合国翻译人员以及其他世俗翻译者会立即认识到，这种意义上的直译既不可能，甚至也不可取。它不可能是因为不同语言的词汇表和语法从未一一对应。

当我们承担起为他人服务的翻译工作时，成功还取决于我们对"如何建立文化主位到文化主位关联"的认知。我们该采用何种翻译模式？翻译应是直译、动态译、意译，还是其他形式？我们将在行文过程中逐一探讨这些问题，因为每种翻译类型都对"暗物质"（隐含文化要素）提出了不同要求。

直译大致是一种逐字翻译。多数文学译者、联合国译者及其他普通译者会立刻意识到：从这个意义上说，直译既不可行，甚至也不可取。其不可行，是因为不同语言的词汇与语法从未形成一一对应关系；其不可取，是因为它无法在目标语言中恰当地关联实质与风格、形式与内容（详见下文对苏珊·桑塔格相关观点的讨论）。

翻译争议

例如,《圣经》中与弥赛亚诞生有关的"处女"一词的翻译:

> 因此,主自己要给你们一个兆头:必有童女怀孕生子,给他起名叫以马内利。(以赛亚书 7:14)

在这段翻译中,新国际版中,以赛亚被认为预言了"以马内利"(字面意思是"上帝与我们同在")——也就是说,弥赛亚将由一位没有发生过性关系的女子所生。这个翻译对新约故事至关重要,因为在马太福音 1:22—23 的基督教解释中,"童贞女受孕"被认为是由玛丽的无原罪受孕独特地实现的(新国际版)。所有这一切的发生是为了实现主通过先知所说的话:"必有童女怀孕生子,人要称他的名为以马内利。"但事实上这并不是以赛亚所说的话。先知以赛亚使用了希伯来语单词 almah הָעַלְמָה,意思是"年轻女子"。这可以指处女的年轻女子,也可以仅仅指年轻但有过性经历的女子。

这种模糊性很有趣,因为整个关于耶稣和他的母亲玛丽的神学都建立在可能解决这种模糊性的微妙翻译选择之上。根据一些神学家的说法,希伯来语单词 almah 在"年轻女孩"和"处女"之间是模糊的。许多犹太学者不同意基督教(和穆斯林)对以赛亚预言弥赛亚将由处女所生的解释。但对于一些基督教学者来说,这个问题在《七十士译本》LXX ('H μeTáppaols TvEβSoμ'KovTa) 或 "7o" 中得到了解决,《七十士译本》是公元前 2 世纪将《旧约》翻译成希腊文的译本。由于将《希伯来圣经》翻译成希腊文的是犹太学者,因此可以假定他们知道以赛亚书 7:14 的原始文化解释是什么。保守派神学家说,内在的模糊性得到了解决,因为希腊新约使用了单词"处女座"即 parthenos(nap0évoc),据称这个词明确地表示"处女,一个没有发生过性关系的年轻少女"。

然后有人声称,由于《七十士译本》在以赛亚先知的经文中使用了帕台农("parthenos")这个词,所以这一定意味着以赛亚有意传达弥赛亚将由处女所生。同样,这是因为同样的基督教神学家声称"parthenos"只意味着处女。但这是错误的。这种武断的说法混淆了隐含意义和词义。我们这里所看到的只是一个意思为"年轻女子"的词,同时在那种文化中隐含的期望是大多数年轻女子是处女。就像"almah"一样,帕台农("parthenos")在"年轻女子"和"处女"之间确实也有歧义。例如,在《创世记》34:2—4 中,同样的《七十士译本》翻译了族长雅各的女儿底拿被示剑强奸的事件,并在她被强奸后称她为"parthenos"。也许"parthenos"专门意味着"处女"的观念来自雅典的建筑帕台农神庙,即"parthenos"(παρθενών),意思是"年轻女子或处女的房间"①。在希腊神话中,雅典娜无疑被认为是处女,她的神庙的名字通常被解释为代表她的贞洁。但这并不意味着以"parthenon"命名的献给她的神庙只能意味着"处女的房间"。是关于雅典娜是处女的文化和隐含意义的知识导致了对"parthenon"这个名字的这种解释,而不是它本身的字面意思。

保守的基督教学者有价值观、知识结构和角色,这使他们在确立以赛亚曾预言弥赛亚(即在基督教神学中是耶稣)将以无沾成胎的方式诞生,即并非由精子使卵子受精而来这一点上,有着既得利益。因此,他们发现自己处于一种不舒服的境地,不得不基于他们的价值观,反对来自圣经希腊语和圣经希伯来语中两个词的常见用法。

对于当前讨论而言,重要的并非玛丽是否为处女、是否是弥赛亚之母等问题。相反,从此例中我们看到,翻译是暗物质的冲突,是一种由"文化+个人暗物质"控制的、文化主位到文化主位的映射。除非在极其基础的情况下,否则不可能以机械的方式完成翻译。它始终是一种文化

---

① 译者注:有些文学作品中会用"chamber"来隐喻女性的身体或私密部位,尤其是在比较含蓄或诗意的表达中。

心理层面的活动。人的文化价值观、基于记忆认知建构的自我，会制约其翻译偏好、目标与兴趣。从这个角度看，文学、操作手册等领域中的逐字翻译或直译，依据目标不同，既可能不可取，也可能具有可取性。

从另一个角度来看这个问题，考虑有争议的基督教洗礼概念。"施洗礼"（baptize）这个词甚至不是一个翻译，而是原始希腊语的音译。（出现音译是因为在某些情况下，译者认为他或她需要为一个新概念使用一个单独的词，但也认为目标语言中没有一个可用的词。因此，他或她可能会使用音译而不是翻译，即通过音对音或字母对字母的映射将一个词从一种语言转换到另一种语言。）在新约的通用希腊语方言中，"施洗礼"通常意味着"浸入"。然而，"baptizo"（浸礼）这个词也可以意味着"反复浸入"。它被用来描述一种特定的仪式。因此，对于一些基督徒来说，只有当一个人浸入水中时才能受洗。对于其他人来说，这个词允许洒水，因为他们只是将其解释为某种形式的仪式性湿润。从希腊语翻译到拉丁语的新约译者（圣杰罗姆）只是选择不通过将"baptizo"翻译为"浸入"来制造冲突，也许明智的选择是根本不翻译它，而是进行音译。因此，除了翻译之外，决定进行音译也是一种文化上或受黑暗物质驱动的选择。

更加普遍的翻译困难

翻译过程中充满了问题，其中构建的自我中的暗物质或文化价值观可能会影响翻译类型或翻译过程中的选择（关于这一主题的最佳近期研究，请参见贝克尔，2000）。例如，考虑我们在不同语言中发现的两种重叠现象：重叠的意义和重叠的形式。首先来看重叠形式的情况，特别是这些形式来自重叠的历史时。奈达（1964,160）称这些为"假朋友"（"false friends"）。以 exquisite（英语）、exquisito（西班牙语）和 esquisito（葡萄牙语）为例，它们都很好地说明了这一点。这三个词都源自拉丁语构造,起源于 exquaerere,意为"寻找",即"被寻找的东西"。在发展过程中,它获得了稀有、难以找到的意思。这个词在三种语言中都有"稀有"的意思。然而,在西班牙语和英语中,它意味着"美丽",而在葡萄牙语中,它意味着"奇怪""怪异"或"陌生"等极端稀有的意思。在这种情况下,尽管这三个词的形式重叠,具有共同的词源,甚至在非常一般化的层面上共享一个意义,但在日常使用中,葡萄牙语术语却有很大的不同。

例如,葡萄牙语中的单词"ja"意为"已经",而与皮拉哈语中的"soxóá"在形式上不同,但在某些意义上重叠。例如,在葡萄牙语中说"我现在要离开",可以说"Eu ja vou"。而在皮拉哈语中,同样的意思表达为"Ti soxóí kahápií"(字面意思是"我已经走")。然而,在皮拉哈语中,如果要说某物已经被使用过,比如一件旧衣服,会说"baósai soxóí i"(字面意思是"衣服已经东西"或"用过的衣服")。这种用法在葡萄牙语的"ja"中并不存在。因此,尽管很容易得出两个词具有完全相同意义的结论,但实际上它们在某些上下文中可能有非常不同的含义。

翻译过程中还有许多其他困难领域,包括习语、反语、借代、提喻、隐喻、比喻和类比等现象。这些现象如果不了解,甚至难以察觉,除非翻译者能够从目标语言和文化以及源语言和文化中获得内视角。这个教训就是,两种语言或文化之间没有一一对应的意义、形式或其他关系。正如奎因(1960,第 51—52 页)所说,翻译具有不确定性,因此需要成为两个群体的主位人士。

在翻译中,我们利用我们所拥有的所有本土化和随机的暗物质,将一个知识领域、一个人或一个社会的客位和主位映射到另一个上。这如何实现?这应该是困难的还是容易的?1978 年,当我第一次读到奎因(1960,第 29 页及以后)《语词和对象》中关于翻译不确定性的"加瓦加伊问题"("gavagai problem")[①]时,我正从第一次对皮拉哈人的实地考察中

[①] 译者注:"加瓦加伊问题"的核心在于翻译中的不确定性,以及无法确定说话者的心理状态。

回来。在那个研究期间,我最常听到的短语是 *tíi Ɂóogabagai*,"我几乎开始想要(那个)",其中最突出的音系延伸是语素 gabaga(受挫的起始)——与 gavagai 非常相似,至少在最初是同样难以理解的。在这次旅行中,我几乎什么都不明白,对如何理解这种语言几乎没有概念,并且觉得学会说这种语言将永远超出我的能力。奎因的例子对我来说惊人地熟悉。

进入一个新的文化和语言,正是为了学习它们,并将一种文化和语言(源语言)的意义翻译为新的文化和语言(目标语言),可能是最具挑战性的智力、个人和情感任务之一,尤其是当没有任何共同的语言或文化时。多年后重新阅读奎因关于这种田野情况的具体问题,我被那些从未犯下的错误与经常发生的错误之间的对比所震撼。

然而,在从未犯过的错误方面,奎因的"加瓦加伊问题"就是其中之一。在我对 20 多种语言进行的实地研究中,其中许多涉及单语情况(见 D. 埃弗里特,2001;萨丕尔和埃弗里特,2012),每当我指向一个物体或问"那是什么"时,我总是得到一个完整物体的答案。看到我指向一只鸟,没有人回答"羽毛"。当被问及海牛时,没有人回答"海牛的灵魂"。询问一个孩子时,我总是得到"孩子""男孩"或"女孩",从不是"短发"。为什么会这样呢?根据奎因的说法,我从未得到的答案可能和我实际收到的答案一样常见。换句话说,奎因会说,我不知道我是否只是错过了关键答案,是否未能引出或识别它们。我没有得到的这些答案在我所研究的一些文化中肯定是有意义的。在某些情况下,这些答案是非常合理的,就好像我触摸一个孩子的头并指向他们的头发,或者拿着一只鸟并抓住它的一根羽毛。我认为这些奎因式答案的缺失是因为,当一个人指向一个东西时,所有人(至少是我所接触过的人)都认为所问的是整个物体的名称。事实上,多年来,当我进行许多"单语演示"时,我从未遇到过"加瓦加伊问题"。物体具有相对显著性,是完整的物体(见上一章关于手语中完整物体的讨论)。这可能是进化感知的结果。也许动物在感知部分之前先感知整体。如果我们受到一只狼的威胁,我们受到的是整只狼的威胁,而不仅仅是它的耳朵、爪子甚至牙齿。狼在看我们的时候很可能看到的是一个人型物体。如果我们看到耳朵却不明白耳朵是其他更重要的东西的一部分,我们在野外就不会存活太久,那个更重要的东西可能是敌人、朋友或食物。最初的焦点似乎总是在整体上。也许这是由于饥饿满足、自我保护等生物学价值所致。无论如何,这似乎是跨文化发生的事情。

另一方面,其他类型的错误很常见。这些涉及对情况的容易混淆、同样合理的感知。例如,在 19 世纪探险家卡尔·冯·马蒂乌斯于 1821 年收集的皮拉哈语词汇表中,他提供的大多数单词和翻译都非常准确。冯·马蒂乌斯甚至在这些特征的系统语音表示法出现之前就尝试表示声调和谐音。然而,他犯了一个翻译错误:对于形式"ʔabaáti"(保持),他的翻译是其反义词"到来"。他很可能和皮拉哈人在一起,他们正要去丛林,但他不明白皮拉哈人显然不想让他和他们一起去。除了这个有近两百年历史的误解所带来的幽默之外,问题的本质很容易理解——在冯·马蒂乌斯所处的情况下,有两种先验的、同样合理的解释,他假设自己并没有被落在后面。作为一个皮拉哈人有时也会要求留在丛林中的人,当他们继续前行去打猎几个小时的时候,我可以同意冯·马蒂乌斯的观点,即这是出乎意料的。这种引出错误很常见,而奎因强调的那些错误则不常见。

翻译的类型

在翻译时,首先要做的决定是确定希望翻译成哪种类型的译文,其中一种类型的译文被称为"自由译文",在下面摘自皮拉哈文本(全文见第六章)的几行中,第一行是白话文,第二行是直译,第三行是自由译文:

```
1. Ti  aogií        aipipaábahoagaí. Gíxai. Hai.
   I   Braz.woman  began to dream    You.  Hmm.
   I dreamed about Alfredo's wife [aside to Sheldon, "you probably know her"].
2. Ti xaí Xaogií      ai    xaagá. Xapipaábahoagaí.
   I  thus. Braz.woman there be     began to dream
   I was thus. The Brazilian woman was there. I began to dream.
3. Xao gáxaiaiao. Xapipaába. Xao        hi  igía abaáti.
   she spoke     dreamt     Braz.woman she with remain.
   [Casimiro] dreamt. The Brazilian woman spoke. "Stay with the Brazilian
   woman."
```

字面翻译(第二行,非斜体,非粗体)从英语的角度来看几乎不连贯,因为它只是按照皮拉哈语的顺序和单词翻译,而没有试图传达目的、意图等。第三行旨在用自然的英语表达意思,尽管这种自然的英语可能需要一些词汇、顺序、复杂或简单的结构等,这些结构在方言中并不存在。

文化形式与翻译

有趣的是,在基督教和伊斯兰教这两个主要的宗教译文中,穆斯林的翻译观点显然更有科学依据。伊斯兰教的主流教义认为《古兰经》无法翻译,人们只能用不同的语言对其进行"解释"。

正如维基百科阐释:

> 翻译成其他语言的作品必然是人类的工作成果,因此,穆斯林认为它们不再具有阿拉伯原文独有的神圣性。由于这些译文必然会微妙地改变意思,因此它们通常被称为"解释"或"意思的翻译"("意思"一词的含义模糊不清,既包括经文的意思,也包括每个单词可能具有的多种含义,而后一种含义相当于承认所谓的译文只是一种可能的解释,并不等同于原文)。

这个想法的优点在于它认识到形式与内容的不可分割性——《古兰经》不仅仅是内容披着不同形式的外衣,而是形式和内容不可分割,这种观点类似于诗歌和真正的艺术。

有趣的是,伊斯兰教的观点在至少几个方面与苏珊·桑塔格(2013)的观点重叠。特别是她在诸如(2011)的陈述中与伊斯兰教对翻译的观点一致:"风格和内容是不可分割的……每个重要作家强烈的个人风格是其作品的一个有机方面。"还有,"一种无风格、透明的艺术观念是现代文化中最顽固的幻想之一","在几乎所有情况下,我们的出现方式就是我们的存在方式。面具就是脸。最后,'风格不仅属于一个时间和一个地点;而且我们对一件特定艺术作品风格的感知总是随着对该作品历史性的认识、它在时间顺序中的位置而改变……风格的可见性本身就是历史意识的产物'。"

桑塔格在这里捕捉到了一个深刻的见解,这个见解仍然让许多语言学家、哲学家、人类学家和其他人难以理解;也就是说,我们生活在特定的地点、时间和社会中,产生了一个由思想、价值观、风格、习俗组成的复杂网络——一种特殊的暗物质,负责创造一种同时具有形式和功能的身份。我们的形式或风格可以包括用词、故事的时间顺序或逻辑结构、体脂率,或者,正如我们在荷兰看到的那样,甚至包括身高。这也是为什么不存在完全客观或完全危险的原因。

另一种翻译类型是奈达(1964,第166页)所说的"动态对等"翻译:"在这种翻译中,关注的焦点与其说是源信息,不如说是接受者的反应。"动态翻译试图在目标语言的受众中产生与源语言受众中相同的会话效果。尽管这样的目标可能不切实际,但它很有趣,并且让译者承担更大的责任,即要很好地了解源语言和目标语言及文化——从涉及的两个主位系统中的每一个开始和结束,并且,尽管不太可能,但要让自己的隐性内容涵盖两个系统的细微差别。如果原受众感到厌恶,那么目标受众也应该如此。如果这段话对源受众意味着 x,那么对目标受众来说,它必须意味着 x,而不是 x+1 或"大致为 x"。如果原受众相信奇迹,那么目标受众也应该如此。如果原受众觉得有"被拯救"的需要,那么目标受众也应该如此。如果原受众因一首诗的特定诗句而哭泣,那么目标受众也应该如此,等等。使用这种方法,或者更好的翻译哲学,人们不必太关注单个的词、句子结构等。相反,人们必须理解在源语言中事物以特定方式表达的方式和原因,以及在目标语言中如何以及为什么要准确地表达那些事物。

这些翻译模式以及关于主位、暗物质和文化的讨论将我们引向了意义的问题,或者如奥格登和理查兹([1923] 1989)所说的"意义的意义"。基本上,意义是现实世界中的所指、期望的行动、主题或命题的对象(索姆斯,2010)等等。意义所传达的信息是说话者或行动者的言语或行动在听众中产生的(信息、情感、法律、物理等)状态的变化。理解意义需要语言知识,而这又需要文化知识。

语言知识不仅仅是对所有句子的了解,还包括这种知识的结构——例如句子之间的映射。另一种思考方式(我强烈推荐的一种方式)是,语言不是任何单位的集合,如句子或单词,而是对讲故事的理解——如何讲故事、故事应该是关于什么的、应该如何构建等等。除此之外,语言是对社会群体、从最狭窄的社区边界到最广泛范围的文化的了解。这显然让人想起巴赫金(1982,284)的观点:"对活的言语、活的话语的任何理解本质上都是回应性的…… 任何话语都是交流链条中的一个环节。"根据巴赫金的杂语性和复调概念,我们所说的一切都是我们听到别人说的话以及与他们在对话中的互动的混合。

翻译,就像文化本身一样,是一种舞蹈艺术,一种行动与反应的配对,在其中两个个体根据环境的需要进行自我调整——例如,在跳舞时保持相同的速度。因此,在人类的互动中,并非所有的东西——也许根本没有多少——是心理表征的结果,而更多的是共同行动。这就引出了一个我们迄今为止一直回避的更深刻、更基本的问题,即翻译是否甚至是可能的。在语言学家中,有一个不言而喻的道理,即所有的语言都能够表达相同的事物。但是,如果语言是与文化共生形成的,那么从一种语言到任何其他语言的任何事物的翻译都必然能够进行吗?翻译意味着什么?

非普遍的互译性

考虑将下面这个句子翻译成皮拉哈语的可能性(感谢杰弗里·K.普拉姆[私人通信]提出这个例子):

> 在加利福尼亚艺术学院读二年级的时候,我的表弟当时完全用光了现金,他不得不从妈妈和爸爸银行账户取一万美金来支付他的学费。

这句话展示了什么?首先,它展示了一种在英语中常见但在皮拉哈语中缺乏的句法手段:嵌入①。这意味着在皮拉哈语中,这个单独的英语句子必须用不止一个句子来表达,因为没有嵌入的话,一个句子不能被放置在另一个句子中。(皮拉哈语中没有嵌入是由于皮拉哈语中缺乏递归;D.埃弗里特,2014b;富特雷尔等,即将出版。)虽然没有嵌入不一定会对翻译内容造成致命影响,但它确实表明从英语到皮拉哈语的翻译不能通过形式匹配来完成,因此会失去一些翻译的准确性(根据桑塔格的观点,尽管根据动态翻译哲学不一定如此)。

然而,翻译也无法将英语概念与皮拉哈语概念完全匹配。皮拉哈语中没有"母亲"或"父亲"这样的词,只有一个通用的词"父母",正如我们所见,这个词的含义比"亲生父母"更广泛,还指一个人希望从其那里得到某物的人,或者在特定情况下对某人有权力的人。皮拉哈语中没有量词,因此"完全"无法翻译。此外,皮拉哈文化中没有钱,尽管他们从观察巴西人那里有一个模糊的概念。他们没有数字,所以"一美元"或"一万美元"无法翻译。他们没有"艺术"的概念或词汇。他们本身没有"年"这个词,尽管他们可以说"水"来指代高水位/低水位周期(一年)。

---

① 译者注:从句用法。

他们没有"银行"的概念或词汇。因此,这句话在形式和内容上在皮拉哈语中都是难以言表的。所以,实际上不可能将所有语言翻译成所有语言,这就是所要证明的①。不过,如果说话者和听话者通过长期的文化接触来分享足够的"隐性内容",使他们成为双文化的人,那么这也许是可能的。但这里的情况并非如此,因此这不仅强调了"隐性内容"对翻译的重要性,还强调了翻译作为一种测试语言知识、文化理解程度等隐性内容重叠程度的重要性。

翻译是否在完整或有趣的意义上实际可行,取决于翻译的目标。为其他语言学家翻译一种语言的语言学家将有与传教士翻译《圣经》或公司翻译操作手册不同的目标。重要的一点是,翻译是一种文化活动,将一种文化用另一种文化的术语表达出来,而不仅仅是将一种语言转换为另一种语言。语言只是翻译过程的一部分。这一点在我们前面章节中所研究的文本以及上面的例子中都有所体现。这一点的含义是深刻的:并非所有的事物都能用所有的语言来表达。这就是我们在这里所考虑的语法和认知中的暗物质概念的含义。翻译与暗物质相互作用的另一种方式围绕着相关性的概念展开。暗物质与斯珀伯和威尔逊(1995)的关联理论有一个共同的观点,即我们需要帮助来处理世界向我们大量轰炸的输入。关联理论认为,我们关注相关的内容,而相关性是由上下文、主题、对话者的假设、文化等决定的。相关性的概念是由认知的瓶颈理论激发的,即由于我们的注意力资源是有限的,我们使用某种相关性原则来允许我们忽略大部分输入,并将注意力集中在环境刺激的狭窄范围内。(布罗德本特[1958]、特雷斯曼[1991]等人指出,如果以前未被注意的信息变得相关,我们可以将注意力转移到这些信息上,例如在对面房间的谈话中无意听到我们的名字、"感觉"有人盯着我们、看到火焰、受

---

① 译者注:QED 通常是拉丁短语"quod erat demonstrandum"的缩写,意思是"这就是所要证明的",常用于数学或逻辑学证明的结尾,表示论证完毕。

到攻击或看到主要演讲者走上舞台。)

斯珀伯和威尔逊的研究受哲学家保罗·格莱斯1991年关于"会话准则"的著作启发,这些准则是更广泛的"合作原则"的构成要素。这一原则将我们的语言交流描述为:在谈话交流中,根据公认的目的或方向,于对话的特定阶段作出符合要求或期望的表达。

体现合作原则的四个会话准则如下:

1. 质量准则

不要说你认为是虚假的话。不要说你缺乏证据的话。

2. 数量准则。

使你的贡献所提供的信息既不超过也不少于所需的信息。

例如:

问题:"你怎么样?"

回答:"嗯……"(信息量不足)

回答:"我昨天便秘了,鉴于我的乳糖不耐受症没有消失,我不确定今天是否应该多吃奶酪……"(信息量过多)

3. 关联准则

话语要相关。

这一点更难控制和研究,因为文化是相关性的基础。听话人会假定说话人在说一些相关的话,说话人会假定听话人会寻找相关性。共同的文化价值观至关重要。所察觉到/假定/构建的相关性不一定是字面意义上存在的,因为特定文化知识和交流的文化性质会填补这些空白。

例如:

问题:"你的父母到了吗?"

回答:"母亲病了。"

听话人会推断出母亲的病情与父母是否到达的问题相关。如果在这种情况下,一个说话人声称他的母亲病了,那么由于这一定与问题相关,所以父母一定还没到。或者:

问题:"你的父母到了吗?"

回答:"河里有鱼。"

这有点牵强,河里的鱼群怎么会和某人的父母是否到达有任何关系呢?实际上,它们没有关系。但是听话者会再次认为答案中存在与问题相关的内容,因此会按照这样的思路思考:"也许有一条河,他的父母需要开车经过一座桥之类的东西,而当那条河的那个区域有大量鱼群时,这座桥就无法使用了。"

对话是另一种形式的舞蹈,每位舞者都假设他的舞伴也在跳同样的舞。然而,相关性和合作性受文化影响,并由个人决定(亨里奇和亨里奇,2007)。相关性不仅体现在我们这里使用的文化意义上,还包括每个舞伴作为自我构建的个体在特定时间选择关注什么、如何互动等方面。

4. 方式准则

要清晰,避免晦涩,避免歧义,并且只说必要的内容。

这些不是语法规则。听话者期望这些准则作为更容易理解说话者意思的手段。例如,如果有人问你:"你认为堕胎应该是非法的吗?"期望的答案是"是"或"否"。因此,如果像政治辩论中的候选人那样,我的竞选活动一直强调有些问题很复杂,那么听者会认为这是一个糟糕的答案,一个出于某种原因藐视格言的答案。(所有的格言都可能被推翻)这并不意味着冒犯的答案是没有意义的,只是说话者想说一些超出预期的东西。(所有准则都可能被违反)这并不意味着冒犯性的答案没有意义,只是说话者意图说一些与预期不同的东西。翻译也是对理解晦涩内容的重要测试,因为能否翻译告诉我们关于共享概念的信息。概念对于我们的解释学和翻译至关重要。它们常常被作为理论知识与技能知识的最终例子。

近年来,关于概念最有影响力和原创性的讨论之一见于苏珊·凯里的作品,特别是她于 2009 年出版的《概念的起源》。她在这本书中的论点包括:(1)人类生来就具有丰富的概念表征结构(追溯到巴斯蒂安);

(2)人类的感知能力帮助我们识别先天概念;(3)我们先天的表征结构/系统永远不会改变,因此,会有跨文化的概念普遍性;(4)我们有超越核心认知的机制。我们可以创造受文化影响的表征,这些表征与我们生来就有的固定集合不兼容。凯里的论点与布兰顿的论点形成对比。同样,布兰顿在他最近的所有作品中都认为,概念不是被给予的,而是通过推导、展示和推理学习其意义而"获得的"。只有布兰顿最终提供了一个关于共享概念的令人满意的解释——这些概念是通过互动和个人感知建立起来的,在不同的文化和家庭之间差异巨大。

在前面讨论的各个部分中形成的暗物质理论对概念的"先天论"观点(如凯里的观点)持怀疑态度。我们大脑中的某些价值观和情感中枢是有生物来源的,尽管"避免痛苦""避免死亡""快乐"等价值观的表达和概念化有当地的文化解释。

在提出先天概念之前,我们必须对世界文化进行调查,解释差异,评估关于普遍性的建议,并了解学习概念的范围和类型,因为即使是凯里的概念理论也承认许多概念(如"美国总统")必须是学习得来的。然而,一旦我们理解了跨文化学习是如何、为什么以及哪些概念被学习,除了标准的刺激匮乏论之外,先天论还剩下什么呢?毕竟,"刺激匮乏"在实践中除了意味着我们想不出一个对特定概念、行为或其他学习负责的刺激之外,还意味着什么呢?正如许多人过去所说,仔细观察,"刺激匮乏"这个表述在实践中与"想象力匮乏"是可以互换的。

翻译中的问题

关于翻译的章节或许应该包含更多关于奎因(1960)所提到的"彻底翻译"之困难的例子。回想一下,奎因对彻底翻译以及翻译的"不确定性"的讨论,源于他对这样一种情形的关注:一位语言学家面对一个使用与他所熟悉的任何语言都毫无关联的语言的语言社群——派克称之为

"单语环境"。奎因（根据我对奎因 1985 年著作的解读）提出了这个例子，我认为是通过他与派克（我的第一位语言学教授）的接触。这个想法大致是，我们无法确切知道一个给定术语的所指对象是什么。那么，这一部分是对早期可互译性问题的扩展。

去皮拉哈的游客最先问我的一个问题是"在皮拉哈怎么说'你好'"或者"我怎么说'谢谢'"。这些曾经是我的问题。皮拉哈人如何打招呼、告辞、表示感谢等等？答案很简单——一般情况下，人们不会这样做。这种语言的用法被称为"寒暄语"，而皮拉哈语以及其他一些语言群体根本没有这种类型的语言。人们可以把"再见"说成"我要走了"，或者把"谢谢"说成"你给了我这个"，等等。但通常人们什么也不会说。一个人离开，一个人到达，一个人接受，一个人给予，在文化上不需要特别的声明，毕竟这些行为都是显而易见的，但这意味着，没有办法把感谢、再见、你好等准确地翻译成皮拉哈语，所以，就像我把《新约圣经》的部分内容翻译成皮拉哈语一样，我可能会翻译成"比！你接受这个，我会还给你的"。然而，虽然皮拉哈人可能会说这种话，但他们根本不使用公式化的语言。这就是"有类别与无类别"的翻译问题。

当我第一次尝试将一些皮拉哈语单词翻译成英语时，我使用了在我当时的基督徒心目中最接近的英语等价词，这让我的读者感到困惑，最终也让皮拉哈人在接受我的翻译尝试时感到困惑，例如，我最难理解的一个词是"krofbogf"，字面意思是"快速"。

傍晚时分，有时整夜都能听到从丛林中传入村子的假男声。除其他事项外，它还会建议人们去哪里打猎、避开哪些外国人或如何度过第二天。它可能会谈论死人在地下生活是什么样子，可能会讲述美洲虎的故事，也可能会赤身裸体地走进村子，开始装粗俗，说粗俗的话。人们会兴致勃勃地说："这里来了一个快嘴。"当我回答说："但那看起来就像某某人。"他们回答说："是的，快嘴看起来就像皮拉哈人，但你可以看到他们不是皮拉人：他们赤身裸体，而皮拉哈人不是，他们说话高亢［用假声］，皮拉哈人不会高声说话。"

首先,"考艾博吉"(Kaoaibogis)是物质的;其次,它们在更大的(例如宗教)信仰体系中不起作用——无论如何,它们在皮拉哈社会中的作用不亚于美洲虎或鱼。它们是真实的、有形的。它们与人相似,但并不完全相同,它们与人相似,但缺乏正常的文化禁忌,皮拉哈人对它们的信仰:它们做什么;它们如何生活;它们是好人还是坏人,或者两者都不是。

考艾博吉并不完全符合事实或虚构。皮拉哈人喜欢它们并看到它们,但它们是边缘生物,既非平凡也非超凡脱俗。它们可以被看到、听到、闻到、触摸到等等。然而,它们也很有趣,即使在试图严肃的时候也是如此,就好像人们对"与丛林实体玩耍"的人感到尴尬。同时,所有皮拉哈人都发誓考艾博吉是真实的。与它们相似的人(非信徒可能称之为"演员")会拒绝承认当考艾博吉在场时他在场(从来不是女人,即使考艾博吉穿着像女人、说话像女人,并被声称是女性),并且会补充说他从未见过考艾博吉。

"快嘴"标签只是一系列非人类、类人的身份之一。还有"大牙齿"(xaitoii)和"美洲豹"(kagaihiai)等等。一只卡盖希亚伊(kagaihiai)不是真正的美洲豹,它只是看起来像(并且可以像美洲豹一样行动、捕杀和进食等),等等。这些生物只是皮拉哈人遇到的众多丛林实体类型中的一部分,并且像其他实体一样,每个个体可能都有一个个人名字。我不清楚它们是否像皮拉哈人一样改变个人名字,但我怀疑它们会。

在这种背景下,我们看到"kaoáibógi has/have"没有简单的一个单词或短语翻译成英语。这些实体在我们的意义上既不是事实也不是虚构,既不是朋友也不是敌人。在某种意义上,引用菲利普·德斯科拉(2013)的话,它们"超越自然与文化"。我们不应该将这些术语翻译为精灵、小妖精、恶魔、被附身的人或任何其他现成的英语单词。事实上,关键不是没有一个单词的翻译,而是根本没有翻译。我们最多只能描述它们,但皮拉哈人对他们世界中有感知的实体的概念和分类与我们的不匹配(当然,反之亦然)。同样,皮拉哈人没有"上帝"的概念,因此如果不大量了解巴西文化等,他们甚至无法接近准确理解我们所说的至高神的含义。以前的传教士试图将上帝翻译为"baixi hiooxio",即"高高在上的父亲"。我也试图用这个作为上帝的翻译。但这个术语,就像它试图传达的概念一样,在皮拉哈人中没有被接受。他们在对世界的信仰中没有至高无上的存在,没有创造者,也没有救世主。

另一方面,皮拉哈人确实有关于自然组织的信仰。例如,他们认为他们所能看到的宇宙是分层结构的。有一层是我们行走和呼吸的地方,也就是我们的生物圈,他们称之为 xoi。如果你问皮拉哈人"mato"(葡萄牙语中"丛林"的意思)用皮拉哈语怎么说,他们会说"xoí"。但 xoí 指的是生活丛林、环境、个人空间等。例如,在独木舟上,当你准备向水面下游动的鱼儿射箭时,你会说:"Xoí kabaoxaabaati!""生物圈"是最接近的英语翻译,但这是不够的,因为这个英语单词缺少一个中心,而丛林是皮拉哈人"xoí"(生物圈)的中心。

这种对皮拉哈自然词语的探索开始让我们看到,简单地将词语和概念对号入座的翻译观是不充分的。正如德斯科拉(Descola)所言,文化与自然是相互形成的,因此文化—语言—自然的三位一体是独一无二的。翻译不可能是直译,因为直译就是胡言乱语,翻译需要一定的自由度,以传达与特定的、情景的、文化—语言—性质映射相关的意义方面。

再比如,皮拉哈语中的"比吉"(bigi),看似是"天空"的意思,但也有"地面"的意思,同一个词怎么会既有"天空"的意思又有"地面"的意思呢?因为皮拉哈人认为,天空和地面都是我们的"xoí"(生物圈)和其他世界的"xoí"——在天空之上或地面之下——之间的自然分界线,是不同的可渗透屏障。因此,"bigi"一词只能按照我们对皮拉哈宇宙学的理解进行有效翻译。此外,其他语言认为理所当然的一些亲属关系术语,如母亲、父亲、祖父母、侄女、叔叔、兄弟、姐妹、表亲等,也没有从皮拉哈语译成英语的译文。正如我(D. 埃弗里特,2005 年 A 卷和 2008 年)

指出的那样，皮拉哈语拥有有史以来最简单的亲属系统，只有 xoogii，意为"大"（用于"父母"或"祖父母"或"兄妹"）；baixi，意为"父母或在特定情况下对你有权力的人"；xahaigi，意为"与自我同辈的人"；hoisi 或 hoaagi，意为"儿子"；kaai，意为"女儿"。

皮拉哈语还缺少所有数词（这一事实已在弗兰克等人[2008]、埃弗里特[2005a]、埃弗里特和马多拉[2012]中得到充分证明，但令人惊讶）。因此，不可能将一、二、一百万或任何其他精确的数字概念翻译成皮拉哈语。皮拉哈语也缺乏量词（如：all、each、every、some、many），因此量词的翻译（如数字）最多只能近似翻译（D. 埃弗里特，2005a）。他们也不谈论"责任"或"救赎"或"牺牲"或"赎罪"等等。我并不是说将这些概念翻译成皮拉哈语是不可能的，但这项任务不仅仅是语言上的，而是需要将1世纪犹太文化中的文化概念与当代皮拉哈文化联系起来，并通过当代美国文化和几千年的神学进行中介。

但是，除了缺乏便于翻译的术语外，我在与皮拉哈人合作时还遇到了一个更加困难的翻译问题：所有讲皮拉哈语的人（至少在我上次访问时是这样）都是单语者。当皮拉哈语助手给你一个单词或短语时，他们很少能将其翻译成葡萄牙语。有人可能会告诉我一些事情，而他们使用的动词形式可能有 7 个或更多的后缀。然后，其他人（甚至是原来的说话者）可能会重复所说的话，而所用的动词可能有相同的词根，但只有 3 个词缀，或者没有词缀，或者词缀与第一次说话时非常不同。至于故事，除了用葡萄牙语简要概括故事大意外，不可能有更多的信息，而这只能从我最"双语"的语言教师那里获得。那么，如何将故事、短语和动词从一种自己几乎不会说的语言中翻译出来，而这种语言又没有会说任何你能听懂的语言的人呢（我早期在皮拉哈人中的情况）？

我的方法是使用释义。我买了几款小巧、便宜但质量尚可的盒式录音机，此外还有一个更贵的、高质量的数字录音机，配有一个专业质量的头戴式麦克风。我用更高质量的设备来录制文本。然后我会把数字录音机里的文本录制到一个较小的模拟盒式录音机上。(盒式录音机是用来播放给皮拉哈人听的,不过不是用于分析,分析是数字设备的工作)。然后我会为一个没有参与过文本最初讲述的皮拉哈人播放盒式录音中的文本(既不是讲述者也不是无意中听到讲述的人)。接着,在第二个录音机运行的情况下,我会让他给我解释这个文本。当这个文本由这位语言老师解释时,第二位讲述者常常只是重复第一位讲述者的话。但通常情况下,频率各不相同,第二位讲述者会改变第一位讲述者所说的内容,插入对文本内容或形式的价值判断,也许还会对第一位讲述者发表一些评论(例如,"他说得不好""他不知道")。他可能会使用不同的动词形式、不同的动词和名词、不同的语调及手势等等。通常在第二位讲述者之后,我会找第三位讲述者合作,让他们"告诉我他们说了什么",这里指的是前两位讲述者。我会播放第一位讲述者的一句话,然后是第二位讲述者对那句话的评论,最后记录第三位讲述者的评论。

有了这些注释和原文,我就会回到高质量的原文录音中,(尽我所能)对其进行转录和翻译。我会详细抄录所有内容——音素、语调、重音、语素断句、句子分界线等等。然后,我会向其他皮拉哈人朗读我的转录内容,有时是连续朗读,有时是集体朗读,在朗读完我的解释后,征求他们对我的发音、解释等的意见、批评和纠正。就这样,他们通过对文本的解读,提供了录音中的公开材料,即他们自己的黑暗翻译。通过这种方式,我在艰苦的对话过程中学习到了文化内涵——外在语言和个人性格。

总　结

本章探讨了基于文化的语义学概念,其基础是对特定语言语义领域的学术理解。通过对圣经研究中的翻译争议的研究,我们探讨了意义和文化的不同方法所产生的影响。然后,我们看到了不同的方法是如何在翻译流派中体现出来的。特别是,我们考虑并接受了"意义协商"这一概念,将其视为一种舞蹈,在这种舞蹈中,每个对话者都要配合其交流伙伴的意义动作。我们从文化在意义的基础和归属中的作用中得出结论,并非所有东西都可以跨文化或跨语言地互译,也许根本就没有多少东西。

最后,我们讨论了奎因(1960)称之为"激进翻译"的翻译方法。

第三部分
含 义

第九章　超越本能

> 我们相信,文明是在生活压力的迫使下创造出来的,是以牺牲本能的满足为代价的。
>
> ——弗洛伊德《讲座导论》

没有"罐装人"

有一种观点认为,人类通过一套先天的、系统发育的概念和/或本能,在心理上形成了一个统一体,这些概念和/或本能在本体上展开,并在很大程度上确定了我们的身份、我们的"人性"的参数,这就是我所说的认知科学中的"罐装人"观点。我不仅认为这种观点是简单化、反直觉、反人类学和反进化论的,我还认为在"罐中人"假设下取得的研究成果——例如,研究通用语法的语言学家和心理学家,或者研究进化心理学的心理学家——是不令人印象深刻的,是我们人类知识发展过程中一个不幸的死胡同。

因此,在本章中,我提出了反对本能的案例,研究并拒绝了几种关于本能的建议——尤其是那些在文献中提出的涉及"原生概念"的建议,所有这些建议都比较受科学家和/或普通大众的欢迎。

我们在本书的开头提出了一些问题,其中包括:如果你进行演讲,你如何从人们的表情中了解他们是否理解了你?当你使用一个概念时,你为什么认为自己理解了它?你为什么喜欢自己喜欢的音乐?你怎么区分你听到的哭声是自己孩子发出的?人们如何不用看就辨别有人在楼上还是楼下跑?你怎么知道你妈妈长什么样?豆腐是什么味道?为什么说"红、白、蓝"而不是"白、蓝、红"?我提出这样的观点:周围文化的统觉、价值观、可违反的价值等级体系以及知识结构,与每个个体的特殊心理共同作用,导致了暗物质的形成,并且这种暗物质是这些问题中每一个问题的答案,具体取决于个体的历史。

进化与本能的最小化

也许更好的说法是,暗物质理论意味着本能的最小化,这并不是说本能与文化或暗物质不相容,而是说它们与讨论的相关性变小了。例如,如果我们确实从周围的一切中学习,并参与文化和语言,从而通过这些活动构建我们自己,那么我们想要解释的很多东西就都解释清楚了(W. 普林茨,2012、2013)。问题是,为什么要把自我的其他方面留给本能,而不是继续寻找证据,证明我们的高级认知活动是学来的?一个密切相关的问题是,科学家首先是如何谈论本能的?(这里的答案是"不太"了解)当然,本能的概念在有关动物行为、进化心理学和乔姆斯基语言学等领域的文献中很常见。本能在目前的讨论中之所以引人关注,是因为如果本能被认为代表了与生俱来的知识,那么它们将支持柏拉图—巴斯蒂安的暗物质传统,而不是我所主张的亚里士多德观点。然而,从这里的知识概念的角度来看,先天暗物质的存在将代表我们这个物种在感知和培养之外的另一个知识来源。既然我们知道知识是在出生后获得的,而且一般的学习在很大程度上决定了人们如何构建自我意识和群体认同感,那么我们就可以合理地认为,本能会使人类发展的图景变得复杂,违背了人类固有的认知和大脑可塑性。

本节的部分目的是论证并不存在强有力的证据,在(认识论)本能的假设和令人信服的论证之间存在着巨大的差距,作为预览,以下是我对关于人类知识的重要方面是与生俱来的(如道德、语言)的建议感到困扰的一些事情:(1)基因型与表型的非线性关系。(2)未能将"本能"与环境联系起来。一旦我们更多地了解环境对获取某些知识的压力,今天的本能往往就是明天的学习。(3)关于先天性的定义存在问题。(4)在提出本能之前未能排除学习的可能性。(5)对本能的剩余部分的认识不清。(6)缺乏对本能起源的进化论解释。

了解了一个人的基因组,我们就很难知道这个人的基因将如何与环境相互作用。正如我们在第二章讨论荷兰人身高时看到的那样,大致相同的基因可以产生比平均水平矮的人,也可以产生地球上最高的人,这取决于他们与环境的相互作用。因此,如果认为任何物种的新生儿只有在出生时才开始从环境中学习,那就大错特错了。他们的细胞在父母结婚之前就已经在环境中得到了彻底的洗礼——这种洗礼的特性是由父母的行为、周围的生态环境等因素决定的。从这个意义上说,环境对发育的影响是如此之多,未经研究和检验,以至于我们现在完全没有可靠的依据来区分环境和先天预感或本能。

对"本能"和"先天"这类术语的实用性存疑,另一个原因在于:我们认为属于本能的许多行为,在环境发生剧烈变化时——甚至是在我们认为不相关的环境因素变化时——可能会发生根本性改变。例如,2004年,凯瑞·沃尔顿带领的科研团队(沃尔顿、贝纳维德斯等,2005)对老鼠在低重力环境下自我纠正的能力展开实验。他们发现,许多人曾以为属于本能的自我纠正行为模式(即老鼠恢复站立的方式)在低重力环境中失效了。但老鼠并未单纯地无法自我纠正,而是"发明"了一种在失重状态下可行的新策略,展现出此前未被预料到的行为灵活性。正如研究者所言(同上,第593页):"出生后的运动系统发育,与动物成长所处的引力场相适应。"如此一来,这一能力不太可能是先天的,而更像是身体(参照 J. J. 吉布森 1966、1979 年的理论)与环境"协调"的结果。或许,先天因素仅局限于肌肉组织和生理机能,为自我纠正提供一种非概念化的能力——这种能力通常在地球重力环境中发育形成。

进一步考虑一下"先天论"(也称"本土主义")与语言学的相关性。19 世纪 60 年代,语言学家、心理学家、哲学家和其他人对乔姆斯基以最常见的"通用语法"假说的形式大胆而出色地复兴了笛卡尔理性主义感到兴奋和着迷。在此后的几十年里,受乔姆斯基启发的研究者即使不下成千上万,也有数百人在先天论(通常是乔姆斯基的先天论假设)的基础上对人类语言进行了研究。然而,当我们盘点在这项工作中投入的数以万计的工时时,我却没有发现任何一项心理学分析与"通用语法"假说有因果关系。在我所见过的分析中,没有一个分析是没有"通用语法"假说不能解决问题的。事实上,对任何语言事实的预测和分析,"通用语法"假说都是至关重要的。当我们考察自乔姆斯基最早的通用语法研究以来出现的有关本能的文献时,我们会发现人们强烈希望找到"设计"而不是"进化",尤其是在人类认知的本质方面。虽然有人称之为"设计师诉求",但我更喜欢"巴斯蒂安诉求"。

我们在乔姆斯基语言学中发现了这种诉求,该学派对复兴奄奄一息的理性主义哲学流派,特别是笛卡尔的二元理性主义负有首要责任,它将心灵与肉体分离开来,但我们也在受其启发的理论中发现了这种诉求,如进化心理学、先天道德论、自然语义元理论和其他许多理论。人们渴望找到柏拉图式的先验概念,认为我们是基因的产物,而不是与社会一起塑造了我们的表型。

在一个领域否定本能并不意味着否定一个明显的事实,即我们的基因对我们施加了强大的限制。显然存在诸如先天特征之类的东西,如眼睛颜色、脂肪细胞浓度、血型、身高等等。然而,这里的问题是是否存在像巴斯蒂安式的先天概念结构。卡鲁瑟斯、劳伦斯和斯蒂奇认为存在：

> 尽管他们（进化心理学家）总体上赞同社会生物学家对文化现象进行进化解释的尝试，但进化心理学家坚持认为社会生物学对行为的关注及其对心理学的忽视是错误的。他们认为，当基因影响行为时，它们是通过构建具有大量专门心理模块的大脑来实现的。行为是这些心理模块与环境相互作用的结果。（2007）

此外，托比和科斯米德斯（1992，第91页）甚至声称存在一种单一的人类元文化——换句话说，就是一种文化普遍语法——它是由经验"唤起"的。卡鲁瑟斯、劳伦斯和斯蒂奇（2007，第11页）声称这意味着"就像乔姆斯基参数的情况一样，处理手头问题所需的信息是先天的，而环境只是触发适当的信息包"。这包括例如在群体层面内的食物共享。

科斯米德斯和托比的人类元文化（HM）或许是自《美诺篇》以来所提出的巴斯蒂安主义或柏拉图式先验知识的最激进形式（如果认知组织完全不同的动物也有文化，那么作为一种关于人性的主张，这在很大程度上已被证伪——见拉兰德等人2009年的著作以及怀特黑德和伦德尔2014年的著作）。在接下来的内容中，我想论证所有形式的先天概念论——柏拉图式先验知识，所有的巴斯蒂安主义都是理解的障碍，已经过时且存在严重缺陷。我们准备超越这些关于设计和本能的原始观念，转向对人类行为、知识以及在文化与个人交会处产生的暗物质进行更具经验性、科学性的理解。

首先，我想探讨一下我所认为的哲学家路德维希·维特根斯坦从柏拉图的先验论到亚里士多德的约定论的转变。由于科斯米季斯、图比、三卷本《先天之心》的编者们以及其他大多数本位主义者都以乔姆斯基的语言学著作作为灵感来源，因此我将以维特根斯坦为出发点，讨论为什么本能在讨论语言时其实并无多大用处。然后我认为，本能在更广泛地理解文化或暗物质方面也用处不大。最后，在下一章中我将回过头来展示对暗物质的学习如何需要构建自我以及与文化和语言的关系,从而消除对诸如人性这样的概念的需求。

在前面的讨论中,我已经提出暗物质通过将文化、语言、解释和记忆联系起来,帮助我们理解个体与其文化之间的关系。我的观点是,亚里士多德的思想路线倾向于社会而非柏拉图主义或理性主义的先天、永恒知识,这与这里的事实和讨论最为契合。我进一步认为,作为理解人类认知的基础,经验主义在很多方面优于理性主义。在接下来的讨论中,我提议研究本土主义认知科学中关于思维和本能的标准模型,然后转向不同的视角,引出我自己的观点。我想从"维特根斯坦转向"开始。

没有句法本能

路德维希·维特根斯坦(1889—1951)是 20 世纪哲学界最伟大的人物之一。他最初从伯特兰·罗素和戈特洛布·弗雷格等人的作品中获得了对语言进行思考的灵感。然而,当他开始形成自己的观点时,所有人——尤其是罗素很早就清楚地认识到,他要说的话是独一无二的。维特根斯坦在一定程度上受到尊敬,是因为他不让自己过去的状态,无论是来自个人生活还是早期的哲学承诺,来支配自己未来的方向或当前的想法。

例如,在个人层面上,尽管他出生在维也纳最富有的家庭之一,但他决心不让自己的物质财富对自己的智力目标产生不利影响。因此,他干脆把遗产送给了兄弟姐妹,全身心地投入哲学中。后来,他甚至放弃了在剑桥大学的教学职位,去过一种像梭罗那样的生活,以便更好地专注于自己的思考(不一定是写作,因为与许多现代哲学家相比,他发表的作品非常少)。在他的思考和写作中,维特根斯坦同样准备修剪或摧毁过去以服务现在。

维特根斯坦的第一本书是《逻辑哲学论》(1922 年从 1921 年的德语

原版翻译成英语），在这本书中，他提出了一种柏拉图式的、形式化的语言观，即语言是一组代表事态的命题。正如他所说（[1922]1998,3;3)："只有命题才有意义，只有在命题的语境中，名称才有意义。"根据《逻辑哲学论》中早期的维特根斯坦的观点，语言的形式和范围是由逻辑给出的。逻辑（即先验的东西）是所有语言的基础；意义只在指称性项目（名称）在逻辑上形式良好的命题中相联系的语境中产生。除此之外的任何东西——即逻辑上形式不良的命题，或包含缺乏（可经验验证的）指称对象的名称的命题（例如独角兽、上帝、圣诞老人、真理）——都是无意义的。这种语言观实际上使语言成为世界的仲裁者（至少在对维特根斯坦的一些阐释中是这样）。在维特根斯坦的早期著作中，真理和先验概念的重要性促使我将这个阶段称之为"柏拉图时代"。他的这种哲学版本导致了逻辑实证主义学派的产生，这个学派主张构建一种纯粹用于思维的逻辑语言，一种自足的语言，其使用方式由其形式决定或与之正交。

后来，随着他的思想朝着一个非常不同的方向发展，维特根斯坦批评《逻辑哲学论》中把语言视为"教条主义"的观点，即每个命题都有一种独特、真实的解释。他的反教条主义观点开始渗透到他的思想中，他对语言的功能而非形式（我的解释）越来越感兴趣，从而发生了我称之为从形式到用法的"亚里士多德式转变"。

他死后出版的著作《哲学研究》（[1953]2009）的论点，或许最好地体现在他的这句话中："对于大量的情况——虽然不是所有情况——在我们使用'意义'这个词的时候，可以这样来定义：一个词的意义就是它在语言游戏中的用法。而一个名称的'意义'有时是通过指向其承载者来解释的。"(43)就这样，"日常语言哲学"学派（艾耶尔，1940；奥斯汀，1975；塞尔，1970——"牛津学派"等）从《哲学研究》中脱颖而出，就如同逻辑实证主义从《逻辑哲学论》中兴起一样。《哲学研究》中的观点在他1933年的《蓝皮书》（维特根斯坦[1958,1965,4]）中已有预示："如果我们必须给作为符号生命的任何东西命名，我们就得说它是它的用法。"

(原文强调)维特根斯坦将语言的哲学研究从演绎哲学转变为归纳科学。他坚持认为,要知道一个句子的意义,我们必须看它的用法,而不是分析它的逻辑形式——有些人忽视了这一信息,许多人更喜欢他早期的观点而不是他后来的观念。

也许维特根斯坦后期关于语言的著作中最著名的表述是"语言游戏"。他认为任何词都没有核心意义,而是一个用途的"网络"。换句话说,语言是"语言的,就像文化是'文化'的一样"。这就是派克所说的语言的"动态"和"场"的观点,而早期的维特根斯坦对意义采取了派克所描述的"静态"观点。此外,维特根斯坦认为语言是一种社会活动,因此排除了"私人语言",语法是一种活动,而不是一种本能,从而得出了"我能知道别人在想什么,但不知道我在想什么"([1953]2009,第222页)的奇怪论断。只有当语言本身具有社会性,而意义产生于社会使用时,这句箴言才有意义。

维特根斯坦对意义和语言研究的影响在20世纪持续不断,通过诸如奎因(1960)、奥斯汀(1975)、塞尔(1970)、罗蒂(1981)、布兰顿(1998)、格莱斯(1991)以及斯珀伯和威尔逊(1995)等哲学家,他们都同意语言是一种工具的观点,或者用哲学家马塞洛·达斯卡尔(2002)的话说,是一种"认知技术"。当然,这项工作的某些方面在早期作家的作品中已有预示,尤其是实用主义者的作品(例如,詹姆斯,1907;皮尔士,1992、1998)。这些著作对于这里的论点很重要,即暗物质在个体中通过他们对自己在社会中的经验、存在和言说的解释,以及通过他们基于记忆构建的自我概念而产生。

这种关于语言的推理,一方面与语言是否是天生的问题正交。毕竟,有可能基因提供语法和文化约束,这些约束作为参数,在其中用法塑造意义和形式。许多哲学家,即使是那些同情维特根斯坦意义观的人,也发现他们的工作与普遍语法兼容,因此会同意这种大致的描述。但是,另一方面,一旦精灵从瓶子里被放出来,一旦我们同意用法可以对意义和形式负责,为什么不探究这种责任的范围呢?像普遍语法这样的天生知识还有多少事情要做呢?

在 D. 埃弗里特(2012a)文中,我认为几乎没有什么,也许什么都没有留下。信息流、词序、句子大小、词汇、如何编码概念——例如,像许多美洲印第安语言那样作为词缀,或者像汉语和英语这样截然不同的语言中的单词——有助于创造语言形式,并且可以经济而敏锐地归因于文化历史、价值观、实践、知识结构等等,正如我们在前面关于语法出现的讨论中所看到的那样。这让我想起了贝克尔(第 2000 页,第 3 行)关于翻译挑战的一句话:"如果你从一种语言中拿走语法和词汇,还剩下什么?……一切!"

这种巴斯蒂安假说只有在通过普遍语法的陈述以可测试的方式明确语法的特定知识及其可证伪条件时才能得到检验,而且至关重要的是,只有当所涉及的生物学也能得到解释时才行(伦内伯格[1967]仅仅是最初步的开始)。我(D. 埃弗里特,2012a)和其他许多人已经对特定的不变属性、缺乏可证伪性等等提出了无数反对意见。有趣的是,除了普遍的观点认为普遍语法的提议缺乏可证伪性(一些捍卫者强烈主张这是错误的,但我觉得他们的论点没有说服力)之外,实际上没有任何声称基于普遍语法的分析会在语言源自功能或其他一些非普遍语法基础时发生改变。这些分析缺乏具有因果关系的生物学。一般来说,生物学甚至在解释中都没有被用到。因此,除非它在特定分析中有因果关系,否则普遍语法只是一种咒语;它没有任何意义。尽管有普遍语法,但当前语言的出现或起源的可能性可以通过以下方式阐明:

1. 语言相似性是单一起源的结果——所有语言都起源于非洲,因此它们都是原始母语的子语言;所以语言之间会有其他物理、外部属性或过程的相似性。

2. 语言是先验的,它从基因、大脑的物理结构或这些的某种组合中产生。

3. 语言形式和意义共生发展,并且有许多关系,包括象似性(iconicity)(即一个概念越复杂,其语言表达就越复杂)。所以介词"to"比介词"around"短,因为后者表达更多信息。

4. 语言是一个数学系统,与生物学的联系并不比与数学的联系多。二加二等于四,无论你是人类还是植物。按照这个推理,短语在所有可能的世界中都是向心的。

5. 语言、文化、生物学等等都相互影响,因此将它们区分开来很难。

6. 我们不知道语言的"原因",也不是特别关心——我们只是想知道它是如何运作的。

7. 如果不对世界上大约七千种语言进行更多的实地研究,我们永远不会知道其中任何一个问题的答案,而我们对这些语言仍然知之甚少。

8. 独立的原则(如物理学、语音学和语义学)保证了一定程度的组织性,而无需诉诸先天或文化知识

这些可能性中没有一个是不可信的,它们中没有一个完全排除其他的可能性。没有充分的经验依据就将其中任何一种可能性排除在考虑之外都是不明智的举动。因此,任何研究者——乔姆斯基、我自己、其他任何人——都必须问问自己:"我的模型是否在没有正当理由的情况下排除了其中一些或其他的可能性?"我早期的一篇论文(D. 埃弗里特,2010a)的目的就是强调这一点:"语言学中不断缩小的乔姆斯基之角。"即普遍语法的支持者在没有证据的情况下排除了其他可能性,从而使自己陷入了困境,尽管这本身并不是普遍语法研究的必然结果(就像对任何其他理论一样)。

就我而言,最好的假设是第5、7和8项。在我有生之年,可能没有人会对第1和2项有太多了解。第4和6项一起产生了重要的结果,例如卡茨(1972)和波斯塔(2009)在柏拉图语言学方面的工作。另一个例

子来自形式模型,如中心语驱动短语结构语法以及杰弗里·普勒姆在形式语义学和句法学方面的几部作品,这两种可能性都源自数理语言学。第 7 项是我们发现大多数实地语言学家的地方,因为他们面临着所有语言学中最复杂的任务:弄清楚研究甚少的语言是如何运作的。在这一切中,普遍语法并没有提供很大的启示。

如果有任何对语言至关重要的本能,它们与平克(1995)所说的"语言本能"几乎没有相似之处。就我们目前对语言的了解而言,唯一可能被称为"本能"的是一些人(李等人,2009;若阿基姆和舒曼,2013)所说的"互动本能",或者我(D. 埃弗里特,2012a 及以上)所说的"社会本能"(关于所谓的"语音本能"的详细讨论见下文)。

用乔姆斯基的话说,将知识归因于基因或本能是完全安全的,只要我们意识到这种说法没有实质内容。或者,正如布隆伯格(2006,205)所说:"先天论者和进化心理学家披着科学的外衣,但说到底,他们只是在给成年人讲睡前故事。"

没有语音学本能

至少从 1908 年萨丕尔在弗朗兹·博厄斯指导下完成的关于塔克尔马语的博士论文开始,人们就认识到,音系学——对说话者如何组织和感知他们的声音的研究——是洞察人类心理的一个有趣来源。萨丕尔主要的塔克尔马语老师托尼·蒂洛哈什帮助萨丕尔认识到音位的心理现实性。这项工作进一步影响了萨丕尔对心理学、认知和文化之间联系的认识,包括这种关系中可以公开看到的方面以及那些融入说话者"暗物质"中的方面。

因此,当代语音学家和心理学家探索母语使用者的直觉和行为,以发现语音系统和暗物质之间更多有趣而深刻的联系,这是很自然的事情。近年来我所知道的最好的研究之一是卡特勒(2012)关于语音识别的深刻研究——《母语聆听:语言经验与口语词汇识别》。然而,有许多语音学家似乎想要更深入地探索,以寻找所有智人天生就具有的关于语音系统的更具吸引力的本能的"内在内容"。显然,由于本书的一个论点是,智人没有天生知识的必要,也没有令人信服的证据,因此这里应该讨论一些更详细、论证更好的主张。

然而,与其重述 D. 埃弗里特(2012a)反对普遍语法的论点,不如让我们简要探讨另外两种本土主义者关于人类语言意义和形式的提议①。一个是艾里斯·贝伦特(2013a、2013b)关于声音系统知识的研究。下一节将讨论的是维泽比卡(1996)的普遍语义知识理论,即她的自然语义元语言(NSM)。在结束这部分讨论之前,我想研究一下这些关于语言本土主义论知识的主张,因为乔姆斯基的研究集中在句法知识上,而这些关于语音知识和语义知识的提议从本土主义论的角度涵盖了语言的其余部分。

首先,让我们考虑贝伦特的论点。尽管下面的评论大多是负面的,但贝伦特的研究值得用相对较大的篇幅来反驳它。这是因为它是对语言天赋论最清晰阐述的论点之一,有大量的实验和一个详细、精心构建的案例。即使我的批评都切中要害,她的作品也值得一读,并且是天赋论计划历史上的一个里程碑。可以说,没有哪个支持天赋论句法的论点像她支持天赋论音系学的论点那么详细和布局精心。贝伦特声称,音位结构(音段组成音节的组织方式,例如,[bli]是英语中可能的音节而[bli]不是这一事实中可以看出的)是一种"本能",是声音组织功能原则的"语法化",它已进入普遍语法,并且在其中,原来的功能原则对于由此产生的本能不再直接相关。

在贝伦特(2013a)的《语音思维》中,我们发现了一个持续的论证,支持存在先天语音知识这一命题,该论证围绕着对口语和手语中的声音、

---

① 译者注:"nativist proposals"(先天论提案),指的是基于先天论立场提出的一些建议或方案,可能涉及经济、政治、文化等各个方面,旨在维护本土的权益、促进本土的发展或保持本土的特色等。

第九章 超越本能

声音序列以及符号和符号序列的偏好展开。我在这里的批评仅限于贝伦特专著的一小部分,特别是她在《贝伦特专著》(2013b)中重点关注的部分。正如我们所看到的,贝伦特的语音思维概念存在许多严重问题,其中最重要的是"起源问题"——语音知识从何而来?如果没有对本能的进化进行解释,提出这样的先天假设纯粹是猜测。相反,我们最多可以将非进化证据作为被解释项而不是解释项来对待本能。但其他问题也很严重,特别是对观察结果如"奇迹"一般的过度解读;将一个被证伪的提议作为本能的基础;没有对她所研究的声音序列进行语音研究;以及没有独立研究音位组合的基础,只是简单地接受一个"原则"作为既定事实,并进行不仅没有说服力而且有些循环论证的实验。贝伦特得出结论,她从英语、西班牙语、法语和韩语中获得的实验结果支持了她的观点,即存在一种音强排序原则(SSG),这种通则是所有智人天生就有的。

为了理解她的论点,我们必须首先理解她所使用的术语,从"响音度"开始。响音度只是一种声音本质上比另一种声音更响亮的特性。例如,当任何语言中的元音[a]被发出时,嘴巴比其他元音张得更开,并且与其他元音一样,[a]对从我们的肺和嘴中流出的空气的流动阻碍很小。这使得[a]相对来说是英语所有音素中最响亮的声音。具有较低固有响度的声音(例如[k])被认为响音度较低。贝伦特的几项实验表明,她所测试的所有语言的使用者——儿童和成人——都更喜欢根据音强排序原则的单词。音强排序原则的理念是,最不响亮(响音度最低)的音段位于音节的最边缘,而最响亮的音段则更靠近音节的核心。

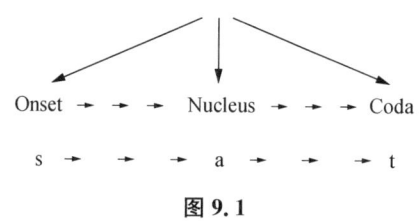

图 9.1

onset:起始音;nucleus:中部音;coda:尾音

为了更清楚地理解其含义,考虑一个单音节词(单音节),如 sat,其结构如图 9.1 所示。由于 [a] 是最响亮的元素,它处于核心位置。[s] 和 [t] 位于边缘——起始音和韵尾,这是它们应处的位置。现在考虑前面提到的假设音节,[bli] 和 [lb]。[bli] 和 [lb] 都有音系学家所说的 "复杂起始音"(见图 9.2 和 9.3):单个起始音中有多个音素(韵尾也可能出现同样的情况,如 pant,其中 [n] 和 [t] 形成一个复杂韵尾)。现在,根据音强排序原则,由于 [b] 的响度小于 [l],它应该在起始音中排在前面。这意味着 [bli] 是一个结构良好的音节。换句话说,它在响度上向核心上升,然后从核心下降到结尾。

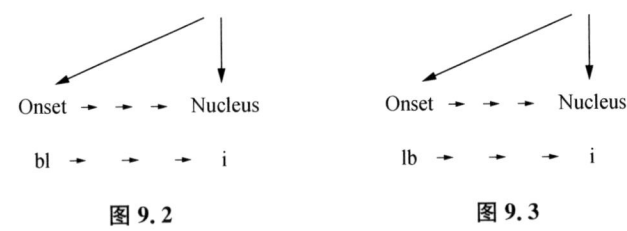

图 9.2   图 9.3

即使说话者的母语在其他方面允许违反音强排序原则的语法字符串,这种偏好也会出现。由于响度顺序原则对语音本能的研究非常重要,我们需要更仔细地研究它。为了使其更具体,让我们考虑一个关于所谓响度层级的提议(正如我们将看到的,不仅许多语音学家认为这个层级是一种虚假的观察结果,而且它也不足以解释许多音位结构的一般性规律,这表明贝伦特的实验结果背后不是响度而是其他原则)。这个层级如下所示(塞尔柯克,1984,116),从最响亮的在左边到最不响亮的在右边:

$$[a]>[eo]>[iu]>[r]>[l]>[mn?]>[zve]>[sf\theta]>[bdg]>[ptk]$$

这种层级结构经常被提议作为音强排序原则的基础,这也可以被认为是将音节从左到右组织成一个响度的渐强、峰值和渐弱,从最不响亮

(内在响度最小)到最响亮(内在响度最大),然后再以相反的顺序回到最不响亮(事实上,我自己曾经也是响度顺序原则的支持者;见 D. 埃弗里特,1995,其中对这种层级结构在组织巴瑙语音节结构中的有效性进行了持续的尝试)。在不回顾她所有实验结果(这些结果大致都显示了同样的事情——在某些条件下受试者对音强排序原则的偏好)的情况下,考虑一下贝伦特提出的以下证据:

> 证据来自知觉错觉。具有不良起始音的音节(例如,lba)往往会被系统地错误识别(例如,识别为 leba)——音节的起始音越差,错误识别的可能性就越大。因此,错误识别在 lba 中最有可能发生,其次是 bda,在 bna 中发生的可能性最小。至关重要的是,即使参与者的语言中没有这样的起始音,对音节结构的敏感性也会出现,并且在成年人年龄段为 [64,67—70,73] 和幼儿中都很明显。(2013b,322)

同样,如我们所见,一个正当的音节应该从最不响亮的音到最响亮的音,然后再回到最不响亮的音,贯穿其起始音、核心音和尾音。这意味着虽然 [a] 是英语的理想音节核心,但像清塞音 [p、t、k] 这样的音是最不理想的(尽管在许多语言中——例如柏柏尔语——这个等级经常被违反)。因此,像 [pap] 这样的音节会遵循这个等级,但不应该有像 [opa] 这样的音节(尽管当然有一个非常好的德语双音节词 opa "爷爷")。对于后一个词,音节结构语法只会允许它被划分成两个音节,[o] 和 [pa],每个元音都是自己的音节核心。这是因为 [o] 和 [i] 都比 [p] 更响亮,所以 [p] 必须是一个以这两个元音之一为核心的音节的尾音或起始音。此外,根据音节结构语法,像 [psap] 这样的音节应该比像 [spap] 这样的音节更受青睐。这就引出了一个明显的问题,为什么韩国人在 bna 中最不可能出现"错误识别"(尽管韩语本身没有这样的序列);因为,根据贝伦特的说法,所有智人生来就有掌握音强排序原则的本能。

我认为没有任何类似的情况发生。我对贝伦特的结论的批评采取以下形式。首先，我认为在语音、语法甚至功能上都不存在音强排序原则。根本就没有任何东西可以让人有一种本能。其次，即使诉诸其他比音强排序原则更好（尽管尚未被发现）的原则，语音本能的论点也不成立，正如我对她的结果提出的替代解释中所看到的那样。第三，我对她从工作中得出的每一个结论都提出了详细的反对意见，得出的结论是不存在"语音思维"这种东西。

首先，让我们探讨一下为什么会有人声称音强排序原则不是音位结构的一种解释。原因有三：(1)这种概括缺乏语音或功能基础；(2)贝伦特所引用的音强排序原则太弱——它未能捕捉到重要的、近乎普遍的音位结构概括；(3)这种音强排序原则太强，它排除了自然语言（例如英语）中常见的违反它的模式。但是，如果音强排序原则在语音学或音系学中没有经验基础，而仅仅是一种虚假的观察结果，那么它就不能用于语法化（即被纳入为语法原则），也不能作为本能进化的基础（当然，可能有其他概念或原则可以；见下文）。有人可能会回应说，如果音强排序原则无法解释所有的音位结构限制，那并不意味着我们应该抛弃它。也许我们可以简单地用其他原则来补充音强排序原则。但是，正如我们所看到的，为什么要接受一组不连贯的"原则"来解释可能有一个基于语音学和感知更可靠的更简单解释的东西呢？不过，在我们能够看到这一点之前，让我们更详细地看看音强排序原则。

音强和音强排序的概念已经存在了几个世纪。奥哈拉（1992）声称，第一次提到音强层级是在1765年。当然，在19世纪和20世纪早期也有对此的提及。然而，正如奥哈拉所观察到的，将音强排序原则（SSG）作为音节结构的解释是循环的、描述上不充分的，并且与其他语音和音系现象没有很好地结合在一起。

根据奥哈拉的说法，音强排序原则和音节本身都缺乏普遍认可的理论构建。对于这两者肯定都没有完全的语音理解——这一事实使得在讨论它们时容易出现循环。如果我们取一个像"alba"这样的序列,大多数音系学家会认为这个词有两个音节,并且音节边界必须落在/l/和/b/之间,因为音节划分[a.lba]会产生音节[a],这没问题,但也会产生音节[lba],这违反了音强排序原则(/l/比/b/响亮,因此应该比/b/更接近核心)。另一方面,如果音节边界是[al.ba],那么两个音节都符合音强排序原则:[al]是因为[a]是一个有效的核心,[l]是一个有效的韵尾,[ba]是因为[b]是一个有效的节首,[a]是一个有效的核心。通过这种分析,/l/和/b/在不同的音节中意味着没有违反音强排序原则,而在[a.lba]中则有违反。因此,音强排序原则指导音节的分析。然而,如果由音强排序原则分析的序列再次被用作音强排序原则的证据,这就会严重地陷入循环。

音强排序原则在描述上也不够充分,因为它同时既太弱又太强。例如,大多数语言强烈不喜欢诸如/ji//wu/等序列,或者,正如奥哈拉(1992,321)所说,在 F2 和 F3 频率降低的辅音之后,出现 F2 和 F3 频率降低的滑音(offglides)是不受欢迎的。奥哈拉在这里的概括对于跨语言的音位配列来说至关重要;然而,它不在音强排序原则的范围内,因为音强排序原则允许所有这样的序列。这意味着,如果能找到奥哈拉在他的文章中探索的那种类型的单一概括或原则,能够解释音强排序原则的经验范围以及其他数据,那么它将是更可取的。此外,音强排序原则那时几乎不会成为一种本能的基础,而贝伦特的实验将仅仅是在真正概括的边缘徘徊。正如我们所看到的,这确实是她的工作中似乎正在发生的事情。音强排序原则根本无法允许像单词侏儒"dwarf"中的[dw]序列或 twin 中的[tw]序列,同时却禁止[lbw]。然而,根据奥哈拉的说法,[dw]和[tw]比[lbw]常见得多(尽管在一些外来词中观察到了这个序列,例如 bwana),这些事实完全被音强排序原则忽略了。

不幸的是,贝伦特既没有注意到这样的序列给音强排序原则"本能"

带来的问题,也没有基于对相关语音学的错误理解对音强排序原则进行实验测试。相反,她认为既然音强排序原则已经"语法化"并且现在是一种本能,那么语音学就不再重要了。但这完全是循环论证。在这里,贝伦特在语音学经验和语音分析背景方面的欠缺似乎导致她在没有仔细研究其经验充分性的情况下,基于少数语音学家的工作接受了音强排序原则。在某些方面,这并不是一个问题——毕竟,她的结果仍然表明说话者确实更喜欢某些序列而不喜欢(disprefer)其他序列——但正如我们下面看到的,当将这些行为归因于"核心知识"(假设所有人类生来就具有的知识)时,这是一个关键的缺点,而这种知识必须是进化而来的。然而,几乎无需提及的是,少数语音学家的虚假观察不太可能是一种本能。

对于音节起始的咝音序列来说,音强排序原则还面临另一个明显的问题。涉及音节起始的咝音序列在不同语言中都很常见,尽管它们违反了音强排序原则。因此,音强排序原则理论在解释英语单词如"spark"(火花)或"start"(开始)时遇到了问题。由于[t][k][p]——清塞音——不像[s]那么响亮/有响亮度,它们应该在音节的复杂起始部分中排在首位。根据音强排序原则理论,也就是说,[psark]和[tsart]应该是英语中的语法单词(错误),而[spark]和[start]应该是不符合语法的(也是错误的)。因此,音强排序原则理论过于严格(错误地禁止了[spark]),又过于宽松(错误地预测了[psark]),无法解释英语的音位结构。将这些观察结果与我们之前的观察结果结合起来,我们不仅看到音强排序原则允许像/ji/这样的非法序列,同时禁止像/sp/这样完全合理的序列,而且总体而言,它根本无法胜任解释英语音韵结构(phonotactics)的任务。尽管许多音系学家已经注意到了这样的例外情况,但如果一个人的音位结构理论基础是音强排序原则,那么除了通过辅助假设(想想"本轮")之外,没有其他方法来处理这些例外情况。

我的结论是,贝伦特的音系本能不能基于音强排序原则,因为后者并不存在。她可能会声称,她所追求的本能是基于一个相关的原则,或者音强排序原则从未打算解释所有的音位组合规则,而只是一个较小的子集,并且更广泛的音位组合规则需要一套原则。或者我们可能会提出,音韵结构背后的原则根本不是音系学的,而是语音学的,与相对共振峰关系有关,正如奥哈拉(1992)所概述的那样。但尽管这样的替代方案可能更好地适应她所提议的事实,一个新的原则或一组原则无法拯救她的提议。这是因为无论她可能诉诸什么原则,她为本能所提供的证据都站不住脚。要了解原因,请考虑贝伦特(2013b,第 320 页)不恰当地称之为"语音学的七大奇迹"的内容。她将所有这些视为"语音核心知识"的证据。我认为它们都是红鲱鱼,只是强调了错误的推理,而不是任何语音学心智或本能的证据。

1. 音系学采用代数规则。
2. 音系学显示出普遍的约束或规则(例如,SSG)。
3. 音系学显示出所有音系系统的共同设计。
4. 音系学为其他人类能力提供有用的支撑。
5. 音系学显示再生——新创造的音系系统(例如,手语)总是依据相同的原则;它们永远不会无中生有地出现。
6. 像 SSG 这样的音系约束显示出早期个体发生的开始。
7. 音系学显示出一种独特的设计,与其他认知领域不同。

我认为,这些"奇迹"中的每一个都微不足道,对我们的语言没有任何启示,无论单独还是放在一起,都没有为"语音思维"提供任何证据。

"代数规则"不过是自帕尼尼(公元前 4 世纪)以来语言学家一直在使用的标准规则。例如,贝伦特举了一个这类规则的例子,她将其称为闪米特语语音学中的"AAB 规则"。因此,在闪米特语系中,辅音和元音标记单词的形态—句法功能，根据词形变化，即"binyanim"①（辅音和插入元音的顺序），使用不同的间距和顺序（在单词主位）来排列辅音（C）或元音（V）。下面举例说明这些变量。

在其他语言中，这种功能最常用后缀、前缀、后缀等来标记。因此，很明显，仅从这一个常见的例子来看，变量确实存在于语音规则中。

现在，在贝伦特的 AAB 规则中（更准确地说，应该表述为一个约束"＊AAB"，其中表示序列 AAB 是不符合语法规则的），概括一个词的首辅音不能重复的规则：一个单词的首字母不能相同。因此，像＊sisum 这样的单词是不符合语法规则的，因为前两个辅音是/s/和/s/，违反了这个约束。这个约束是代数性的，因为 A 和 B 是在不同语音特征中取值的变量（尽管 A 必须是一个辅音）。但是将其称为代数规则并以此作为本能的证据是没有意义的。这样的规则通常是被学习到的，并且在人类认知的几乎每个领域都起作用。例如，可以对餐桌座位安排采用一种约束类型 G, G, X——也就是说，餐桌的前两把椅子不能被同性别的人（G）占据，即使在椅子之间可能有花瓶之类的东西。人类学会在不同的实例中进行概括，经常使用变量。关于本能，这并没有得出任何结论。

贝伦特呼吁普遍性作为进一步证据，支持一种语音学本能。但是，正如任何语言学家可以证实的（特别是在确定某事物是否普遍存在的现代语理论争议中），在语言学中，普遍性这一术语有许多定义、用途和滥用。例如，一些语言学家，如约瑟夫·格林伯格（Joseph Greenberg，1966）和埃文斯与莱文森（N. Evans and Levinson, 2009）认为要使某事物具有意义的普遍，它实际上必须在每种语言中都能观察到。也就是说，普遍性是一个具体的实体。如果它没有在所有语言中找到，那么它就不是普遍的。这很简单。但是，一些语言学家，如贝伦特、杰肯多夫

---

① 译者注："binyanim"（希伯来语发音为 /bi. niˈjaːmim/，单数形式为"binyan"）是闪米特语系（如希伯来语、阿拉伯语等）中描述动词词形变化模式的核心概念，其本质是通过辅音框架与元音插入的组合规则来体现动词的语法功能（如语态、时态、语气、及物性等）。

(Jackendoff，2003)和乔姆斯基(Chomsky，1986)更倾向于一种更抽象的普遍性概念，即对于某事物要成为普遍的，它只需要对人类语言认知可用。这一系列普遍的适应性被称为"工具箱"。

我在许多地方都反对过这种方法，因为它不精确且常常是循环的(特别是 D. 埃弗里特，2012a、2012b)。但无论如何，贝伦特显然遵循了乔姆斯基和杰肯多夫等人所倡导的"普遍性"概念。这样的普遍性不必在所有语言中观察到。因此，贝伦特会声称音强排序原则是普遍的，不是因为它在每种语言的所有细节上都得到遵守——像我一样，她会认识到英语允许违反音强排序原则——而是因为她的实验显示，来自不同语言的说话者在偏好和感知错觉等方面似乎都受到音强排序原则的指导，即使他们自己的母语不遵循音强排序原则或拥有简单的音节结构，这种结构按定义无法在实验中指导他们的行为。例如，如果一个韩语说话者对某些起始辅音群表现出偏好或感知错觉，尽管在韩语中不存在这样的辅音群(因此他们显然无法学到它们)，那么这就显示了音强排序原则的普遍性(作为语言工具的一部分)。但是，从这种行为推断出音节结构的先天限制存在，是一个巨大且不合理的推理跳跃。例如，韩语(或任何)说话者更喜欢或更容易感知[bna]序列而不是[lba]序列，即使这两种序列在韩语中都不存在，这有语音上的原因。

我想到了一个简单的解释(语音学家强调了这个解释，但许多语音学家忽视了这个解释)，那就是[bna] 音序比[lba]音序更容易感知，因为前一个音节的起始音中的辅音间转换比后一个音节的起始音中的辅音间转换能产生更好的声音提示。贝伦特试图排除这种解释，她认为在阅读中也会出现同样的限制。首先，我们对口语和阅读之间的认知关系知之甚少，无法得出任何关于它们之间相似或不相似的结论，尽管这方面的研究越来越多。其次，在观察新单词时，说话者往往试图在头脑中创建语音，因此这种"无声发音"可能会指导说话者的选择。

每个人(排除病理情况)大致都有相同的耳朵，与之相匹配的也大致是相同的发音器官。因此,尽管音系学(phonologies)可以将违反功能上更优的音韵结构约束的违规现象语法化,但人们会预期,在那些明确将实验数据与说话者自己的语言分离的实验中,结构的功能性(例如,更容易在听觉上区分)将作为决定性因素出现,解释说话者对尊重或违反响度序列的非母语序列的反应等等。实际上,在最优理论音系学中(普林斯和斯莫连斯基,[1993] 2004;麦卡锡和普林斯,1994),这有一个名称,尽管侧重点略有不同:"未标记状态的出现"。所以,我看不出这些偏好普遍性有什么特别之处。首先,正如我们所见,音强排序原则并不是这里所涉及的原则,因为根本就没有这样的原则。这是一个虚假的概括。其次,局部音系可能会基于文化偏好来构建,产生对更优的音韵序列的违规现象,但听者并不是这些偏好的奴隶。假设一种语言有一个像[lbap]这样的词。尽管如此,语音预测将是,在实验情境中,说话者可能会更倾向于选择[blap]并拒绝[lbap],因为前者在语义上、语用上或文化上中立的环境中更容易清晰区分。换句话说,在实验中被要求对抽象序列作出判断时,一些结构的功能优越性作为决定性因素出现并不令人惊讶。这样的动机反映了耳朵和发音器官是一起进化的事实。因此,布伦特认为是语法和认知普遍性的,既不是前者也不是后者,而是一个关于感知能力的事实,绝对没有显示出任何关于音系本能的迹象。

接下来,贝伦特谈到了"共享设计"。这仅仅是指所有已知的音系系统都源于相似的音系特征。但这并不是任何形式的"奇迹"。使用相同的发声器官和听觉系统,特别是利用更基于语音学的音段序列成分来构建新的音系系统,并没有内在的本能性。

另一个所谓的"奇迹"是贝伦特所说的"脚手架"。这只不过是我们的音系被重复使用的观点。它们有双重用途——在语法中以及作为我们阅读和写作(以及其他相关技能)的基础。在某些书写系统中,这在很大程度上是错误的(例如,埃皮-奥尔梅克象形文字,其口语和书写基于几乎不重叠的原则)。事实上,在认知或生物系统中,"重复使用"是可以预期的,以避免不必要的重复努力。它不仅是大脑功能的一个关键特征(安德森,2014),而且人类重复使用技术是很常见的——例如,将切割工具用于各种目的,从打开罐头到雕刻象牙。因此,重复使用是认知、进化、资源管理等方面的常见策略,并且与本能问题无关。

接下来,贝伦特谈到了"再生",即相同(显然)的音系原则在新语言中的出现,特别是当口语音系原则(例如,根据贝伦特的说法是音强排序原则)出现在手语系统中时。其观点是,当人类从头开始生成一个新的音系系统时,音强排序原则就会出现。但即使在这里,假设我们可以用一个有效的原则来取代无效的音强排序原则,在将"原则"归因于他人作为先天知识时,我们也必须谨慎。毕竟,我们刚刚已经看到,贝伦特所称的特定语音偏好音强排序原则是如何在没有本能的情况下出现的。

但即使我们接受她的主张、结果和表面价值,"重生"仍然是一个转移注意力的话题。在口语中,这个概念只是掩盖了一种更大的概括或概括,即人们总是在感知上喜欢最健全的序列,即使他们的文化影响覆盖了这些。贝伦特再次试图通过对手语符号序列的研究来反驳这种情况。然而,在手语和口语之间没有基于声音的发音——根据定义,因为一个完全没有声音,另一个没有符号(见第七章)。当然,两者都会发现组织单词主位的符号或声音是很有用的,但没有人成功地证明手语与口语具有相同的"音系"。事实上,我长期以来一直认为,尽管组织原则大致相似,但视觉语言和口语中的符号组织是基于完全不同的特征集(例如,手语中的特征"高音"或F2转换的相关性在哪里),因此,把它们都称为"音位"只不过是一种误导性的隐喻。

贝伦特呼吁的另一个"奇迹"以证明音系学是一种本能,是普遍的刺激贫乏论证,或者她所说的"早期开始"。孩子们很早就表现出复杂的语言行为——事实上,如此之早,以至于特定的研究者可能无法想象它是如何被学会的,得出结论它一定不是被学会的,而是从儿童的天赋禀赋中自然出现的。然而,贝伦特在讨论早期开始时所展示的只是一个完全不引人注目的事实,即孩子们迅速学会并偏好那些他们的听觉和发音器官共同进化出最容易识别和产生的声音序列。这种共同性并非语言本身。它是物理的,就像不用仅凭双臂的力量去搬动一吨砖头,或者更恰当地说,不用人们听不见的声音(例如,只有狗能听到的频率)。

最后,贝伦特基于她所谓的"独特设计",主张"核心语音学知识"。这意味着语音学有其自身独特的属性。但这并未显示任何先天禀赋。制作墨西哥卷饼有其独特的特点,数学也是如此,两者都极易学习(就像语音学一样)。而贝伦特的讨论未能解释为什么这些独特特点不能被学习,也没有解释为什么会有任何进化优势,以至于自然选择会偏好它们。

然而,尽管到目前为止我提出了所有的反对意见,接受"语音心灵"这一概念还存在一个更为严重的障碍。这就是布龙伯格(Blumberg,2006)所指的"起源问题",我们已经提及过,并且在几本近期的书籍中进行了详细讨论(布尔,2006;R. 理查生,2007)。这是一个贝伦特完全忽视的障碍,也是行为自然主义支持者们常见的疏漏。换句话说,这种核心知识是如何进化的?更严重的是,相对于音强排序原则,基于任何相关原则的本能又是如何进化的?正如我们所见,为了回答起源问题,贝伦特需要解释(正如丁贝根[1963年]等其他人详细讨论的)在有效音韵约束进化时的生存压力、人口压力、环境等;如果这个特征作为一个突变出现在某个人的思维中,是什么导致它在种群中遗传给其他人——它的适应性优势是什么?实际上,即使对于音强排序原则来说,这个问题甚至没有意义,因为没有这样的原则。但是,即使能找到一个更合理的概括,提出任何关于该原则起源的合理故事都是一个巨大的挑战,就像定义先天和本能一样,以及整个基于先天知识、内在暗物质的推理线——正如我们在第一章中看到的。

因此,我拒绝了贝伦特关于语音心智的提议。此外,我相信这样的提议强调了心理学的问题(格尔茨,1973),即无论实验结果多么清晰,它们并不比其基础假设的质量更有用。作为一名心理学家而非语言学家,贝伦特似乎混淆了问题。

没有语义本能

其他本土语言理论也面临类似问题,比如澳大利亚国立大学安娜·维兹比卡(Anna Wierzbicka,1996)及其追随者提出的自然语义元语言(NSM)理论。该理论认为所有人类语言中都存在一套普遍的概念集合。这些被称为所谓的"不可约简"的语义原语。提出的列表包括像这样的事物:

实词:我、你、某人等。

关系词:种类、部分等。

限定词:这个、相同的等。

评价词:好的、坏的等。

量词:一、二、所有、每个、每一个等。

逻辑概念:不、也许、如果、能够等。

维兹比卡认为(约翰·科拉平托,2007年私人通信),这些语义原语支持人类心理的统一性,因此,她的研究计划与巴斯蒂安的研究计划明确地联系在一起(尽管她可能并未意识到这一点)。但是,除了她对巴斯蒂安的偏见之外,自然语义元语言的实证支持是什么呢?这些原语的来源可能在哪里呢?考虑这些问题时,正如我们在贝伦特的理论中看到的那样,布龙伯格(2006,第33页)的观察浮现在脑海中:"当我们询问起源问题时,我们就打败了设计者思维。"换句话说,如果我们问一个本能的支持者:"本能从哪里来"或者"本能在进化方面究竟是如何产生的",我们很可能会被告知:"没人知道。"(在提出一个先天原则之前,一位作者对先天论的替代方案考虑得有多好呢?)

然而,在讨论这个问题之前,我们应该注意到,自然语义元语言(NSM)的经验证据很薄弱。例如,在 D. 埃弗里特(2005a、2012a、

2012b)中明确指出,皮拉哈语的数据是许多这些自然语义元语言基本语义要素的反例。皮拉哈语缺乏数字、量词、布尔运算符(连词、析取词、条件标记等)、自然语义元语言列表中的许多实词以及其他要素(另见 D. 埃弗里特和马多拉 2012 年以及 M. 弗兰克等人 2008 年的后续确证研究数字)。

撇开该理论在经验方面的弱点不谈,维兹比卡和贝伦特一样,没有说明该理论所提出的基本原理的来源。这是一个严重的弱点。例如,如果有人想声称自然语义元语言的原语是与生俱来的,那么他就必须论证为什么原语在交流中会有明显的效用,而先天论的解释却是有道理的。由于其实用性,这些"基元"会独立地出现在许多语言(如果不是大多数语言的话)中;然而,它们却在特定的语言中得以实现。例如,数字和量词非常有用,以至于有人(错误地)认为,没有它们,就没有人类语言(戴维森,1967)。但是,至少数字和量词的实用性使我们完全不会对世界上许多或大多数语言中都有这些范畴感到惊讶。因此,把它们作为先验的、普遍的知识的愿望是没有必要的,尤其是因为皮拉哈人的数据(Pirahadata)显示,它们并不总是在每种文化中都有用,这对人类学家来说几乎不是一个令人惊讶的事实。

此外,尽管贝伦特和维兹比卡的研究在许多方面无疑是正确的,但他们大致都以如下方式阐述了自己的问题:"这里有一些关于语言方面的(近乎)普遍事实。这些事实在婴儿身上和实验中也得到了证明。因此,它们是与生俱来的暗物质。"

然而,在进一步阐述我对先天论解释的反对意见之前,我想先探讨最后一个关于心灵先天"模块"的例子,即是否存在一种道德本能或道德的先天基础(除了之前提到的情感、生存或其他生物学价值之外)的提议。

天生道德观念的想法出现在保罗·布鲁姆(Paul Bloom, 2013)和马克·豪泽(Marc Hauser, 2006)等人的作品中。布鲁姆和豪泽都是先天认识论的直言不讳的支持者。布鲁姆甚至进一步声称,人们对道德的最大误解是"道德是人类的发明"(S.哈里斯,2013)。为了支持这些说法,布鲁姆转向了对人类婴儿的研究,声称"我们和其他研究人员在婴儿身上发现的强大能力,有力地证明了生物学的作用"。他认为"道德能力不是通过学习获得的"(同上)。布鲁姆及其同事的研究在媒体上被突出报道,并概述在他的畅销书《只是婴儿:善与恶的起源》(2013)中,以及众多同行评审的科学期刊中。布鲁姆工作之所以受到公众欢迎的原因似乎归结为三:(1)设计者偏见;(2)常春藤联盟偏见;(3)对复杂问题的简单答案。

我们之前讨论的设计偏见,即对公众和许多科学家的强烈吸引力,认为人类之所以成为现在的样子,是因为他们无法控制的原因——因为我们的基因严格地限制了我们。有许多关于艺术本能、宗教本能、道德本能、语言本能等的极受欢迎的书籍。这些作品之所以受欢迎,是因为它们与公众产生了共鸣。许多人——无论是科学家还是普通民众——合理地更喜欢一个简单的故事而不是一个混乱的故事。本能是简单明了的,试图去理解它们。但是,人类的知识、文化、身份和自我可能源于大脑的一般属性与世界以多种方式互动的组合的想法,实在是太复杂了,无法具有同样的吸引力。因此,本能扮演了一个简化角色。在这个意义上,它们类似于墨西哥和埃及的金字塔都是由外星人设计的想法。

另一方面,"常春藤联盟"或地位偏见在问题复杂或有争议时是有帮助的。这种偏见为确定谁是正确的提供了一条更简单的途径——只需假设来自最负盛名的大学的人是正确的。这种偏见在美国文化以及许多其他高文化素养的社会中相当强烈。这使我们能够避免基于推理来权衡问题,提供了一个更快的"模仿名人或权威人物"的替代方案。这很像我们根据名人的穿着来选择衣服、模仿知名人物的举止,或者穿着印有我们的英雄/最喜欢的体育明星号码的运动衫时所做的事情。替代性思维比实际思考所需的努力更少。总的来说,正如博伊德和里奇森

(2005)所主张的,地位偏见是一种理性、低风险、省力的策略。

这些偏见本身并没有什么错。毕竟"听信某人的话"可以节省时间,尤其是当所涉及的那个人在其所在领域很杰出的时候。而且,毕竟哈佛大学、耶鲁大学、普林斯顿大学以及其他常春藤盟校在大学排名中名列前茅,是因为它们的教师队伍整体都非常优秀。这就是某些文化背景下的人会产生这类偏见的原因之一。"本能凌驾于文化之上"这一观点常常(尽管并非总是如此)与常春藤盟校出身的学者联系在一起,因此在公众中强化了这种本能的观念,同时也助长了"设计者偏见"以及"简单与复杂的偏见"。

另一种偏见有着悠久且值得尊重的哲学传统作为支撑,即当面对同一现象的两种解释时,倾向于选择更简单的那一种。在实际的科学实践中,这并不一定意味着"选择在概念上更简单的理论",而是选择在符号串方面更简短的答案。然而,就普通大众的普遍应用而言,这种偏见意味着"选择更容易理解的论证,选择变量更少的论证等等"。这有助于解释这些观点在大众中具有部分吸引力的原因。但指出这一点并非是对该理论的批评,仅仅是强调了一种普遍存在的文化价值观,正是这种价值观促成了该理论的流行。

没有道德的本能

然而,对于天赋观念,尤其是关于道德方面,利伯曼(2013)和帕特里夏·丘奇兰德(2012)是其中两位最具洞察力的批评者。让我们开始评估我所谓的"单一道德观念"——即道德是天赋的观念——审视这一理论的方法论。我的批评不仅适用于布鲁姆的研究成果,也适用于豪泽《道德之心》(2006)以及大多数关于婴儿认识论的其他研究。

研究婴儿是非常困难的。婴儿不会说话,行动能力也欠佳。他们容易受到"聪明的汉斯"效应的影响,也就是说,他们会从实验者那里捕捉到关于期望得到何种反应的微妙暗示。而且,最为关键且令人惊讶的是,大多数关于婴儿认知的研究都基于一种略有变化的单一技术方法。正如布龙伯格(2006,第 167 页)所说:"令人惊奇的是,先天论者几乎每一项有关婴儿非凡且出人意料的能力以及核心知识的主张,都基于将眼睛作为洞察心灵之窗口的实验。然而,很少有人意识到,先天论的复兴在很大程度上不过是基于一个大胆的决定,即随意使用一种自 20 世纪 60 年代以来就被用于解答有关婴儿感知的合理问题的实验程序。"

以下是这种方法的运作方式(实际上,几乎每一位研究婴儿认知的实验者都采用了这种方法):其原理是婴儿会从熟悉的事物转移注意力到新事物上,表现为视线从熟悉事物移向新事物。所以,一个婴儿盯着某事物 x 看了一段时间后,接触 x 的时间越长,对它的注意力就会越来越少,无论 x 是一种颜色、一个人、一个事件等等。然后如果展示事物 y,婴儿就会把目光从 x 转移到 y 上。这就是婴儿的"新奇偏好"。人们很容易就能看出存在怎样的问题。例如,走进一个房间,里面有个婴儿正和他的母亲坐在一起,朝着婴儿的母亲连放六声非常响亮的空包弹,让母亲尖叫着倒在地上,然后装死。婴儿很可能会转移注意力并盯着看!这是否意味着婴儿存在一种"不要谋杀"的偏好呢?(当然,这里先不考虑伦理道德问题。)

这种研究方法确实明确地展示了婴儿在感知上区分事物 x 和事物 y 的能力。所以,如果 x 是"绿色",y 是"红色",而且在我们看来婴儿没有机会学习绿色和红色之间的区别,那么我们得出结论说孩子对这些颜色的区分是天生的,难道不合理吗?正如布龙伯格(2005,第 168 页)所说,是的,只要我们既不考虑简约性,也不考虑可证伪性就行。克利尔菲尔德和米克斯(2001)指出,实际上这类实验忽略了众多变量。其中一个变量是,婴儿所依据的信息是否与研究人员所考虑的信息不同。克利尔菲尔德和米克斯提出的一个典型例子是,在有关数字的研究中,有时婴儿关注的是他们所看到的东西的长度,而不是他们所看到的具体数字或数量。他们认为,事实上,孩子们所关注的刺激因素与实验所设想的不同,因此这些实验存在缺陷。当整个研究领域的很大一部分都基于这样一种观点,即能够完美地解读婴儿的注视情况来理解婴儿的道德观念、数字认知等时,那么由此得出的结论充其量也是值得怀疑的。

除了方法论方面的问题,还存在其他问题。我一直主张,在不同的社会之间,以及在同一社会的不同个体之间,存在着多套价值观,且这些价值观有着不同的排序方式。布鲁姆的研究主要基于情感,探讨了其中一两种价值观,也就是我之前所说的"基于生物学的"价值观。例如,目前根本没有足够数量的关于道德的跨语言研究来支持相关结论。在某些社会中(D. 理查森,2005),有人声称在很多情况下不诚实比诚实更受推崇。在其他一些社会里,盗窃通常不是什么大问题。还有一些社会中,婚姻不忠也无关紧要。因此,尽管有些禁忌,比如乱伦,可能具有普遍性,但不同社会之间以及同一社会主位的差异足以使任何先天论的解释显得无力,并且实际上几乎没有什么价值。比如,想想"坏"意味着什么。假设这是一个天生的概念。从维特根斯坦"意义即使用"的意义观来看,它又意味着什么呢?如果不了解这个概念被使用的情境,一个人又怎么能理解其中所包含的细微含义呢?又或许,天生的只是一个小的模式,其中以偷食物为例,而这个模式的每一种延伸意义都必须通过后天学习获得。在怎样的进化情境下,这种模式才可能得以进化呢?也就是说,当时的人口状况如何、食物的可获取性怎样、在进化时期盗窃的本质是什么,才能解释为什么这会成为21世纪婴儿的一种行为模式呢?而且,这种模式会在大脑的哪个部位编码呢?

人们怎么知道5个月大甚至1个月大的婴儿没有经历过并讨厌自私行为,或者讨厌别人扣留他们想要的东西(比如母亲的乳头)呢?在排除经验因素之前,为什么要诉诸模糊的先天论呢?心灵的暗物质理论认为,我们知识的来源包括统觉、一般意义上的推理(很可能是贝叶斯推理)以及文化。在这三大广泛的知识可能来源被排除之前,在道德判断的语义得到梳理之前,在进化历程被合理阐释之前,声称婴儿朝某个方向看就是某种先天知识的证据,这是没有说服力的。

语义普遍性、先天音系知识以及道德本能的支持者,和其他关于人类认识论的先天论观点一样,都未能系统地评估除他们的先天论解释之外的其他可能性。更重要的是,他们的理论撞上了三块巨大的"礁石":"奥卡姆剃刀原则"(该原理的核心是"如无必要,勿增实体")、实证结果(这些理论是错误的或者未经检验的),以及进化理论(在缺乏对进化起源的严肃解释的情况下,这些理论不过是些"想当然"的故事)。

关于第一个问题,即"奥卡姆剃刀原则",或者说"如无必要,勿增实体"(这是对奥卡姆的威廉观点的总结,1852 年由威廉·汉密尔顿爵士首次以此名称提出),问题是显而易见的。每个人都认同,除了本能之外,我们还需要学习——学习计算平方根,学习品尝优质威士忌,学习饲养牲畜等等。如果学习可以涵盖人类的所有知识,也就是说,如果每一种知识(包括语法结构、技能和概念)都能够通过学习获得,那么显然我们就不需要本能了。只有当我们清楚地证明一种动物从其基因组中带来了无法通过学习获得的知识或技能时,本能的存在才是有意义的。如果不能清晰且毫无争议地证明学习某种特定技能或其他形式的知识是不可能的,那么提出存在一种本能,就是在提出一个不必要的实体,这就违背了奥卡姆剃刀原则。然而,支持"刺激匮乏"或本能的论点,尤其是在不考虑起源相关论据的情况下,不过是基于沉默的论证(指没有充分证据的论证)。它们提出了一些引人深思的问题,却没有解决任何问题。那些认为学习相较于基因决定知识的观点更有说服力的人,仅仅因为这一个原因而对先天论不以为然,或许是可以被理解的。

但这并非是拒绝先天论的唯一原因。除了奥卡姆剃刀原则之外,先天论的认识论主张在实证方面也缺乏说服力。例如,从来就不存在毫无例外的情况。如果你声称某些知识是天生的,然而我们却找到了相反的证据,那么这就是一个实证问题。D. 埃弗里特(2012a)的研究中满是与先天论有关语言的主张相悖的反例。当然，对于提出的任何被认为存在的实证缺陷，都可能有相应的解释。不过，任何这样的解释都会引出一个问题，即需要多少辅助性假设。我们在上面已经看到了先天论在语言学和道德方面的一些实证问题。相关文献中还有更多这样的问题（例如，布勒，2006；R. 理查森，2007；戈普尼克，2010；V. 埃文斯，2014；布龙伯格，2006；利伯曼，2013）。刚刚提到的这些著作都针对各种各样的先天论解释提出了更多不同且详细的实证问题。

但即便奥卡姆剃刀原则和实证方面的缺陷对于任何有关人类知识的先天论解释来说都不是问题，进化问题，也就是起源问题，却是致命的。在更详细地讨论了乔姆斯基的普遍语法之后，我会直接回到这个问题上来。

没有普遍语法

在继续往下探讨之前，我想先总结一下到目前为止我们关于普遍语法的讨论。有趣的是，在生成语言学60多年的发展历程中，从未有过任何一项分析能在因果关系上表明普遍语法（UG）的作用。我这样说，并不是指没有语言学家在进行分析时假定自己所提出的内容具有普遍性，因为它是普遍语法的一部分。我的意思是，从来没有对某个现象进行过这样的分析，即如果不假定语法是天生的，就无法提出该分析。关于普遍语法可能是什么样子，有很多种理论，但却没有任何预测，也没有对任何一种普遍语法起关键作用的句法结构进行过分析。

然而，在开始对普遍语法进行详细批评之前，我们应该注意到，对于普遍语法有好几种定义。下面是乔姆斯基在2006年4月8日给我的一封电子邮件中提到的一种定义："普遍语法是构成语言习得和使用基础的遗传成分的正确理论。"这看起来似乎没什么问题。实际上，它很容易被理解为大脑皮层本身就是普遍语法。但如果再去查找其他定义，就会发现其含义远不止于此。例如,在接受维克托·奥夏茨基的采访时,乔姆斯基给出了一种较少从生物学角度,而更多从认识论角度,或者说是从巴斯蒂安的观点出发的定义:

> 我认为,目前正在进行的最重要的研究工作,与探寻有时被称为普遍语法的那些极为普遍且抽象的特征有关,即语言的一般属性,这些属性反映的是一种生物学上的必然性,而非逻辑上的必然性;也就是说,这些语言属性对于这样一个语言系统而言,并非在逻辑上是必需的,但却是人类语言中至关重要的不变属性,而且是无需学习就已知晓的。我们了解这些属性,但却不是通过学习获得的。我们只是将对这些属性的认识当作学习的基础。(乔姆斯基,1984,第 96 页)

然而,事实上,"天生的"和"本能"这两个概念既不精确又被过度使用,缺乏科学或哲学上的严谨性。哲学家马泰奥·马梅利在一系列论文中揭示了这些术语普遍存在的不精确性,布勒(2006)、R. 理查森(2007)以及布龙伯格(2006)等人也从更实证的角度指出了这一点。在此,我想审视一下他们的批评意见,然后解释为什么我认为基于本能对人类行为的解释,比不上我到目前为止一直在阐述的"暗物质"理论解释。

本能问题:定义与起源

本能是一个难以确切定义的概念。动物似乎生来就具备一些它们没有机会去学习的能力——小海龟能找到大海;狗会指示猎物方向或放牧;小鸭会对它们的鸭妈妈产生印刻行为;人类婴儿在生命早期就能发出世界上大多数语言中的语音,随后会经历一个大量筛选的过程,逐渐专注于他们母语中妈妈所发出的语音;诸如此类。

人们常常认为,动物所拥有的本能数量远比人类多。在达尔文所处的时代(布龙伯格,2006,第 13 页),本能被视为"上帝赋予那些在其他方面缺乏理性的动物以理性智能行为的方式"。正如布龙伯格接着所说的那样,"'本能'这个术语常常只是为了方便用来指代那些复杂的、具有物种典型特征的行为,而这些行为似乎不知从何神秘地产生"(出处同上,第14页)。无论如何,从科学思维中摒弃"本能"和"天生的"这些术语的最有力理由,就在于细节方面的棘手问题,这些问题表明它们充其量也是不必要的。

但同时也存在一个定义上的问题,也就是说,如何清晰地表达"天生的"这个术语在实际操作中的真正含义。例如,以下是"天生的"可能定义的部分列表:

> 如果一种特征不是后天获得的,那么它就是天生的;如果一种特征在出生时就存在,那么它就是天生的;如果一种特征在生命中某个特定且明确界定的阶段必然出现,那么它就是天生的;如果一种特征是由基因决定的,那么它就是天生的;如果一种特征受到基因影响,那么它就是天生的;如果一种特征是由基因编码的,那么它就是天生的;如果一种特征的发展不涉及从环境中提取信息,那么它就是天生的;如果一种特征不是由环境诱发的,那么它就是天生的;如果无法通过环境调控产生另一种特征,那么这种特征就是天生的;如果所有能够产生另一种特征的环境调控都是异常的,那么这种特征就是天生的;如果所有能够产生另一种特征的环境调控在统计学意义上是异常的,那么这种特征就是天生的;如果所有能够产生另一种特征的环境调控在进化意义上是异常的,那么这种特征就是天生的;如果一种特征具有高度遗传性,那么它就是天生的;如果一种特征不是通过学习获得的,那么它就是天生的;如果(1)一种特征在心理层面是本原的,并且(2)这种特征是正常发育的结果,那么它就是天生的;如果一种特征在某种适应性特征的设计中是根深蒂固的,那么它就是天生的;如果一种特征在对一定范围的环境变化不敏感的意义上是受环境限定的,那么它就是天生的;如果一种

特征是某一物种所特有的典型特征，那么它就是天生的；如果一种特征在功能形成之前就存在，那么它就是天生的；等等。（马梅利，2008；另见马梅利和贝特森，2006）

马梅利和贝特森（2006）极为详尽地表明，所有这些定义都是不充分的。

但让我们假设，尽管存在这个棘手的问题，我们仍能找到一个可行的"本能"或"先天的"定义。然而，即便如此，我们仍然无法使用这些术语。原因是，如果没有关于某种特征如何在人类基因中形成的进化解释，我们就无法令人信服地将其归因于人类基因型。而这样的解释需要提供一个该特征如何被选择的设想。为此，我们需要有关祖先形态变异的程度和特征，以及这些形态在生存和繁殖上的差异的信息。然而，要知道某种特征是如何被选择的，我们需要了解选择发生时的生态环境，比如要能回答诸如"在生物、社会或其他非生物环境中，是什么生态因素解释了这种先天特征"之类的问题。其次，要使用"本能"或"先天的"这些术语，我们需要知道这些特征是如何传递给后代的。父母和后代的表型特征之间应该存在一种非偶然的相关性。然后我们需要了解选择发生时期的种群情况。任何进化生物学家都知道，我们必须掌握有关种群压力、基因流动以及导致该特征扩散的环境的信息。我们不知道这些问题的答案。目前我们无法知道答案。而且我们永远也无法知道其中的一些答案。因此，"本能"和"先天的"这些术语实际上没什么用处。

加州大学伯克利分校的心理学教授艾莉森·高普尼克（Alison Gopnik）的研究强调的是儿童的学习能力，而非天生的本能。她对先天论也给出了类似的评价：

> 无论是在科学著作还是大众读物中，谈论人类的先天特质、"固定模式"的行为，或者是从酗酒到智力等一切事物的"相关基因"，都是很常见的现象。有时，这些特质被认为是人类认知的普遍特

征;有时,它们又被看作是特定个体的独特特征。先天与后天的区别仍然主导着人们对个体发展的认知。但现在是时候摒弃"天生"这一概念了。(高普尼克,2014)

她给出了一个恰当的例证:

[研究人员]选取了两种不同但基因完全相同的小鼠品系,它们通常会发展出不同程度的智力,然后对它们进行交叉抚养——聪明小鼠的母鼠养育笨小鼠的幼崽。结果是,笨小鼠发展出了与聪明小鼠类似的解决问题的能力,而且这种能力甚至遗传给了下一代。那么,这些小鼠到底是天生笨还是天生聪明呢?这个问题本身就毫无意义。(出处同上)

最后:

人类学习的贝叶斯模型影响力日益增大,这些模型已经在近期关于人类认知的阐述中占据主导地位,它们也从不同角度对"天生"这一观念提出了挑战。至少从乔姆斯基时代起,就一直存在着关于我们是否拥有先天知识的争论。贝叶斯模型将知识描述为一组关于世界的潜在假设。起初,我们认为一些假设的可能性较小,而另一些假设的可能性较大。随着我们收集到新的证据,我们可以合理地更新这些假设的可能性。我们可以摒弃那些起初看似很有可能的想法,最终接受那些一开始可能性极小的观点。(出处同上)

综上所述,反对进化心理学和大规模模块性的证据不仅包括我们之前提到的观点,还包括以下几点:

1. 进化心理学与大脑和心理的可塑性不相容。

2. 进化心理学混淆了先天论和模块性之间的论点——即如果某事物是天生的,那就成了支持模块性或高度特定的认识论认知的论据,而不是支持非常普遍的感知或情感偏见的论据。

3. 进化心理学未能对所谓由模块导向的行为中受文化深刻影响的显著变异性给出任何严肃的解释（甚至没有进行太多实地研究来考察跨文化的变异性），比如在与外界接触很少的非印欧文化中。

4. 大脑中没有任何一个物理部分是专门用于某一个模块的——甚至对于五种感官来说也是如此——没有哪个部分不能被用于其他用途。

5. 进化心理学的"大规模模块性"理论大多基于乔姆斯基、福多尔、平克等人在论证语言本能和语言模块时所使用的推理方法。但正如我在 D. 埃弗里特（2012a）的研究中所表明的，以及我们在上面所看到的，没有令人信服的证据证明存在这样的本能或模块。语言的任何一个组成部分都可以通过以下三种情况之一来解释：(1)交际任务的性质；(2)文化的影响；(3)人类所受到的一般生物限制。（另见达斯卡尔，2012；恩菲尔德，2013a；D. 埃弗里特，2013a）

人们常常提出"解决方案空间"这一问题，以此作为支持普遍语法（UG）及其他先天知识的论据。如果普遍语法是正确的，那么儿童在学习母语时所面临的任务就会轻松得多。按照这种说法，如果一个孩子在没有先天指导的情况下，不得不随机地去寻找语言的规律，那他可能永远也学不会母语。当然，虽然解决方案空间很重要，但学习动机同样重要。普遍语法对于学习动机只字未提，它假定所有孩子都能同样出色地学会母语，而这一点根本就不明确（D. 埃弗里特，2012a）。但解决方案空间可能来自意象（可参考 V. 埃文斯 2014 年的著作以及许多其他相关作品）、文化意义、语言的数学特性、人类面对许多任务时共有的贝叶斯通用学习机制所能轻松获取的非常基础的输入信息等。先天论绝不是唯一能够解释儿童知识习得的观点。戈德史密斯（2015）对解决方案空间的需求进行了详细评估，他支持自己所称的"新经验主义"，而非先天论，认为解决方案空间不一定是天生固有的。

在讨论了不同领域中有关先天知识观点所存在的一些问题之后，我想探讨一下,从进化的角度来论证本能的存在需要满足哪些条件。下面讨论的许多观点都来自 R. 理查森(2007)的研究。这些观点对于任何先天知识理论来说都是至关重要的,因为如果无法对某些特征是如何进化而来的作出合理的解释,那么认为这些特征是天生的观点就会站不住脚。

1. 选择:我们需要有关祖先形态变异的程度和特征的信息,以及这些形态在生存和繁殖方面的差异信息。

2. 生态环境:在生物、社会或其他非生物环境中,有哪些生态因素可以解释这种先天特征呢?

3. 遗传性:必须清楚地了解基因传递的机制。父母和后代的表型特征之间应该存在一种非偶然的相关性。

4. 种群结构:必须掌握有关种群结构、基因流动以及导致该特征扩散的环境的信息。

5. 特征极性:哪些特征是原始的?哪些是衍生的?众所周知,适应性特征本身并不一定就是为了适应环境而产生的(例如,头骨缝线对人类分娩的作用——然而,这些缝线并不是为了这个目的而进化出来的,尽管它们很有用)。

在接受自然界中任何有关本能或先天论对特征的解释之前,还需要回答以下问题(同样来自 R. 理查森,2007):

6. 一个物种典型的特征在发育过程中以及发育完成后,在何种频率和何种情况下会受到环境限定(对环境不敏感)?

7. 一个物种典型的特征在何种频率和何种情况下会在生成过程中根深蒂固(因为与其他特征紧密相连而不易受到干扰)?

8. 一个物种典型的特征在何种频率和何种情况下是稳定发育序列的结果?

9. 发育过程中和发育完成后的环境限定在何种频率和何种情

况下会同时出现？

10. 自然选择在何种频率和何种情况下会导致发育过程中或发育完成后的环境限定？

11. 自然选择在何种频率和何种情况下会导致生成过程中的根深蒂固现象？

12. 自然选择在何种频率和何种情况下会导致稳定的发育序列？

13. 自然选择在何种频率和何种情况下会导致适应性、可塑性？

14. 负责适应性、可塑性的机制在何种频率和何种情况下会导致发育过程中或发育完成后的环境限定？

15. 负责适应性、可塑性的机制在何种频率和何种情况下会导致生成过程中的根深蒂固现象？

16. 负责适应性、可塑性的机制在何种频率和何种情况下会导致稳定的发育序列？

17. 一个物种典型的特征在何种频率和何种情况下是由适应性、可塑性机制导致的？

18. 稳定的发育序列在何种频率和何种情况下是由进化而来的起限定作用的机制产生的（而不是由发育限制等因素产生的）？

在任何有关先天论知识的阐述中，都没有尝试去回答上述这些问题，也没有回答本章中提出的其他任何问题。因此，本能对于我们理解人类是如何获得那些未明言的或无法言说的知识并无助益。我们必须超越对本能的依赖，转而寻求一种基于文化以及心灵暗物质发展的实证认识论。一旦我们摒弃了布龙伯格（2006，第 205 页）所称的先天论者的"睡前故事"，我们就能够跨越理解人类物种的又一障碍，即"人性"的观念。

在结束这篇关于暗物质的论文之前，我认为有必要在下一章中说明，是时候超越人类本性的观念，将这类观念留给宗教和迷信，它们本应属于那个领域。

在本章中，我们考虑并否定了从音系学和语义学到道德等众多关于本能的主张。诚然，我们所探讨的那些被提出的本能观点，需要更多的实验和研究，才能确凿地证明非本能的替代方案在各方面都更具优势。但仅仅基于简洁性原则，我们能够适度地解释核心主张的事实本身就应当引起对本能是否必需的担忧。

当然，有大量支持本能的研究工作。但是，似乎只有少数研究计划能够避免本章中提出的批评。这些研究包括查尔斯·杨（Charles Yang，2015）和丽莎·皮尔（Lisa Pearl，2013）及其同事们的工作。不出所料，这些研究人员虽然明显倾向于先天能力，但并没有完全得出先天概念知识的主张。他们每个人都合理地认为，儿童在学习其语法等知识时需要一个解决方案空间——它需要能够搜索分析问题的答案或解决方案（例如，确定它正在学习的语言的语法），在一个可行的空间内，使其能够在合理的时间内找到答案（特别是在我们实际观察到的年轻语言学习者所用的时间内）。

然而，需要说明的是，对于解决方案空间问题以及先天论者提出的其他问题也存在非先天伦的解释。例如，布莱恩·麦克维尼（Brian MacWhinney，2004）的竞争模型和戈德史密斯（Goldsmith，2015）的新经验主义都为研究提供了很有前景的方向。

因此，尽管已经有并且还在不断有关于先天概念性知识（按照一些通俗的说法即"本能"）的有趣假设被提出，但这些假设无一能克服在简约性、起源以及实证充分性方面的共同问题。

第十章　超越人性

> 那些人(伟大的艺术家和其他以创造性天赋闻名的人)的独特优势在于,他们能够跨越意识与无意识之间的界限。
>
> ——卡尔·荣格《无意识心理学》

是否存在人性是一个重要问题。本章从生物学和行为学的角度表明,确实存在人性,但并非人们通常理解的那种。另一种观点认为,人类天生具有一种共同的知识,为我们的物种提供了精神上的统一性。然而,在本章中,我们否定了这种观点,并认同前者。

人类的本性是什么?

将一条鲑鱼、一只鹰、一只猿、一个随机的人类和一个机器人排成一排,你能找出人类吗?很可能可以。那么,这是否意味着人类有其本性呢?从某种层面上看,显然我们是一个物种,且与其他物种一样具有独特性,因此存在人性——任何使我们成为物种的因素都是我们的本性。如果存在人性,它体现在我们的能力上——如卓越的记忆力、较高的智力、创造符号和文化的能力以及强大的统计学习能力。然而,我们的高级认知能力主要源于大脑皮层,这些能力较为普遍,并无神经物理学或进化方面的证据——甚至行为证据也不多——表明存在天生固定的专门化特征。关于人性的概念,已有大量讨论(德格勒,1992;史蒂文森,2000;唐斯和马谢里,2013;恩菲尔德和莱文森,2006)。

在伊斯兰教中,人性被称为"菲特拉"(fitrah)。教义认为,所有人出生时都处于顺从真主安拉的自然状态,尽管他们可能会偏离这一状态。"我创造我的仆人时,他们本是遵循正道的,但恶魔使他们误入歧途。"(《穆斯林圣训实录》)然而,伊斯兰教的教义似乎也假设人们会偏离正道,且偏离并不困难。与某些版本的基督教类似,由于伊斯兰教相信真主安拉是全知全能、无所不见的(即全知的),所以每个人都命中注定会下地狱或升天堂。

因此,伊斯兰教对人性的看法似乎与基督教的看法截然不同。伊斯兰教认为人生来本应如此,而福音派或原教旨主义的基督教则认为人生来有缺陷,需要救赎。根据这种神学观点,当人们信奉耶稣时,他们的灵魂将得救,人生也会找到方向。然而,从核心来看,在耶稣降世前,所有人都被视为与上帝为敌的恶人。

基督教中的"人性全然败坏"教义,部分源于《马太福音》19:16—17:"有人问耶稣:'老师,我该做什么善事才能得永生?'耶稣回答:'你为什么称我是良善的? 只有神是良善的。'"这反映了所有人天生有罪,因始祖亚当和夏娃的罪而无法靠自身赢得上帝的青睐。

从广泛概念上看,基督教和伊斯兰教对人性的看法与笛卡尔的二元论一致,因为它们都相信灵魂是永恒的,可以达到道德完美,而身体是暂时的,是罪恶的主要来源。这些宗教观点更多的是精神存在与物质存在的对立,而非心与身的二元对立。

另一方面,印度教认为人性分为两个层面(库珀曼,2012,第1页),即"命我"(jiva)和"阿特曼"(atman)。"命我"是"表面的自我",包括身体、个性和社会身份等。"阿特曼"则是更深层次的自我,是无个人色彩的精神存在。《奥义书》阐述了这种自我观,并规定了一种带来解脱和终极满足的生活方式,"自我无生无死,不从任何事物中产生。"(《唱赞奥义书》第2篇第18节)或者"智者知道自我在肉体中却无形体,在变化的事物中却始终不变,伟大且无所不在,因此从不悲伤"(第22节),或者"但如果一个人没有首先摒弃自己的恶行,没有做到内心平静、自我克制,或者他的内心没有得到安宁,那么即使凭借知识,他也永远无法获得自我"。

在佛教《法句经》的第一章中,我们看到一种与三大宗教及多数其他宗教截然不同的观点。佛教认为"我们现在的一切都是思想的结果,以思想为基础,由思想构成"。佛教摒弃了印度教中的永恒"自我",代之以"无我"或"非我"(anātman)。我们的身份基于"五蕴":色(物质形态)、受(感受)、想(知觉)、行(心理构造/诠释)和识(意识)。物质形态有六种基本形式(所闻、所见、所嗅、所尝、所触和所想)。感觉包括看、听、尝、嗅、触和想。知觉是这些感觉的表现形式。基于此,我们构建心理活动,如注意力、意志、决心、信心、专注力、智慧、精力、欲望、嗔恨、无明、我慢、自我幻觉等(米切尔,2002)。除了佛教,其他宗教观点主要围绕人类道德本性构建,认为人天生道德或不道德。佛教不参与这种二元评判,提出人是自我塑造的观点。生命结束时,我们是经历和记忆的产物,与皮拉哈人的世界观相似。

然而,宗教并非提供有关人性观点的唯一来源。许多科学家也提出了他们对人性的看法。在第一章中,我们简要探讨了弗洛伊德、荣格等人的观点。此外,还有一些更新颖且深入的关于"人性"的辩护尝试。E. O. 威尔逊凭借《论人性》一书(1978)获得普利策奖。根据威尔逊(第3页)的观点,任何宗教观点都值得怀疑,因为"宗教和其他人类社会制度一样,会不断演变,以增强其践行者的延续性和影响力"。威尔逊认为,人类是数百万年进化的产物,除了我们自己设定的目标外,没有其他既定目标。我们像受控于进化而来的心理和情感机制的机器,这些机制赋予我们相似的动机——暴力、嫉妒、自我保护、女性对一夫一妻制的渴望、男性与多位女性发生性关系的欲望等。虽然将人类视为生物机器的进化概念必须接受,因为我们确实是某种进化过程的产物,但威尔逊在其9个章节中分别讨论了他认为的人类固有特征,却未能令人信服地阐述文化和心理学在塑造人性方面的作用。在这方面,他并非个例。史蒂文·平克及其进化心理学家同行们也坚定地从进化角度探讨人性。

在深入探讨更多细节之前,我想强调,我们试图回答的问题是:是否存在"人性"这种东西,如果存在,它究竟是怎样的。自人类开始思考这个世界以来,人性一直是科学家、哲学家、神学家等各界人士关注的焦点。然而,关于人性的观点往往仅部分建立在我们今天称之为科学的基础上。E.O.威尔逊值得称赞,他是最早提出基于科学观点的人之一,认为人性源于进化,这一观点在其著作《社会生物学:新的综合》(威尔逊,1975)中得到阐述。与他的其他作品一样,这本书的观点基于多年的辛勤研究。威尔逊认为,如同基因在很大程度上决定了非人类动物的行为,我们也应预期基因在很大程度上决定了人类行为。根据社会生物学的观点,人性存在,并且很大程度上是人类基因组的表现。人类和其他动物的行为受进化历程影响的观点如此自然且明显,以至于难以理解为何会引起强烈反感。尽管如此,威尔逊曾因这一无害假设在一次演讲中被泼水,收到恶意信息,并成为学术界内外许多人嘲笑的对象。

人性与进化

在一定程度上,我认同威尔逊的观点,即由于人类也是动物,进化对我们的生物构成至关重要,如同对其他动物一样。然而,正如我们在研究中所见,生物进化只是影响人类思想和价值观的因素之一,文化进化同样重要,而威尔逊对此未予重视。实际上,达尔文([1874] 1998)早在威尔逊之前就提出了类似观点,但他也忽视了社会和文化对人性的影响。另一方面,不可否认,人类许多心理特征与其他动物相似,特别是我们的情感结构(参见潘克塞普和比文2012年的研究)。

当一个大胆的观点倾向于将人类某些行为或倾向归因于先天或后天的某一方时,总会引起争议,社会生物学及其衍生的进化心理学便是如此,尤其是在这些观点挑战了"自由意志""尊严"等传统观念时。许多人出于宗教、社会或哲学原因,不愿接受人类缺乏"完全自由"的观点,也不愿承认我们生活中一些最重要的选择更多地受到远古时期心智进化环境的影响。然而,另一些人则认为,将行为追溯至基因层面颇具吸引力。

他们认为,从某种程度上来说,相较于行为主义者、一些人类学家、哲学家以及其他人士所倡导的关于文化塑造人类个性的那些复杂、微妙且往往不够精确的概念,这种(将行为追溯到基因层面的)观点能更好地解释我们人类。此外,甚至可能有些人认为,如果"是我的基因让我这么做的",那么我们就不应对自己的行为真正负责(就如同也有一些人认为,如果"是文化让我这么做的",同样不应被指责)。

然而,尽管威尔逊的社会生物学具有内在的科学吸引力,但我对其仍有几点异议。首先,正如我们所看到的,通常所呈现的"本能"这一概念,即便从最好的情况来看,得到的支持也很薄弱,用来确立这些概念的推理同样如此。在一些社会生物学或进化心理学的主要支持者手中,关于人类一定有本能的推理采用了一种粗略的三段论形式:"所有动物都有本能。人类是动物。因此人类有本能。"人们同样可以很容易地朝截然不同的方向进行论证:"所有动物都缺乏用于更高认知功能的本能。人类是动物。因此人类缺乏用于更高认知功能的本能。"或者,更保守一点说:"人类似乎缺乏本能。人类是动物。因此也许所有动物都缺乏本能。"与某些人的观点相反,这些前提或论证都没有得到压倒性的支持。对于所有物种的本能(或本能的缺失),有大量实证研究的空间。

然而,本能这个概念本身并不是我反对提出本能概念的模型(比如社会生物学、进化心理学之类)的原因。事实上,我相信有证据表明,人类和其他动物可能生来就具有一些本能(可能的例子包括抓握、呼吸、发声——这些都不属于认知层面的本能)。相反,我的异议在于,绝大多数关于人类本能的研究找错了方向。它在寻找知识,而不是更基本的能力,比如情感。潘克塞普和比文(2012)以及其他许多人的研究表明,我们的情感是本能性的,情感由一系列少量的人类基本内驱力或需求组成,这些内驱力或需求是在数十万年的时间里进化而来的。情感在进化上具有古老性的证据来自跨物种比较、智人和许多其他物种大脑中情感相关区域的位置、通过电极探针可直接观察到的无条件反应等等。我们对周围世界的情感反应在动物王国的很大范围内是共通的,并且对我们大脑皮层的发育、智力发展、社交以及文化发展都有重大影响。举一个生理与情感相互关联的例子,我们来看看血压和愤怒情绪之间的关系。

例如,根据潘克塞普和比文的观点:

> 情感感受与生理唤起之间的大量相互交融,很可能是因为初级情感加工系统所处的大脑区域,同样也负责调节我们内脏的活动、激素的分泌,以及我们的注意力和行动能力……血压……会对情感产生影响,因为任何能使血压升高的化学物质,都会让愤怒的人或动物感觉更加暴怒。(2012,第 31 开本内容)

如果生理机能会影响我们的情感,那么从先验的角度来看,我们没有理由认为它不会影响我们的认知。然而,生理机能、情感和认知之间的相互作用相当复杂。由于控制中心的位置接近、相互联系以及激素关系(一个控制中心产生的激素会作用于另一个),我们可以更有把握地说情感是天生的。另一方面,情感的认知解读、表达和推理在不同文化中存在差异。因此,我认为"认知革命"是一场虚幻的革命,因为它过于依赖这样的观点:心灵如同一台数字计算机,处理着由大脑在共时或历时层面形成的"表征"。当我们质疑这种类比如何导致"认知进化"并影响人性时,会发现其推理存在明显漏洞。

本能及"认知演变"

为了理解这一点,让我们回顾一下50年前诞生的标准认知理论,该理论在过去几十年中一直主导着对人类思维的研究。通过分析史蒂文·平克(Steven Pinker,2003,第31页及以后内容)对认知理论的总结,我们可以更准确地评估其主要观点。他列出了标准理论的五个关键论点:

1. 心理世界可以通过信息、计算和反馈等概念建立在物理世界的基础之上。
2. 心灵不可能是一块白板,因为白板什么也产生不了。
3. 心灵中的有限组合程序能够产生无限多样的行为。
4. 普遍的心理机制可以作为不同文化间表面差异的基础。
5. 心灵是一个由许多相互作用的部分组成的复杂系统。

在此基础上,我们或许还可以补充以下几点:

6. 任何学习者都需要一个解决方案空间。
7. 简单地将先天因素与后天因素进行二元划分是错误的。
8. 研究的关键重点在于学习者在掌握所有特定任务和一般任务的能力方面所做的努力。

让我们逐一审视这些观点。首先,我将列出对每个观点的主要反对意见,然后深入分析。

观点1存在根本性问题,这是认知科学的主要错误(潘克塞普和比文,2012;保罗·丘奇兰德,2013;塞尔,1980b;以及其他学者)。心灵由物质世界塑造,并建立在物质基础上。认为心灵基于计算,忽视了进化意义、情感作用以及生理因素和激素的影响。大脑不仅是计算器官,还执行许多其他功能。若心灵仅通过计算建立,我们将失去人类特性。事实上,这一观点只是笛卡尔二元论的重复,达马西奥(2005)及其他学者(如帕特里夏·丘奇兰德,2013)正确指出这是错误的。

观点 2 并未提供新信息。人类大脑出生时已具备某些能力,使我们区别于其他动物。人类能做其他动物无法做到的事,这一观点早已被认可(如笛卡尔和《圣经》)。因此,人类生理结构必然不同于其他动物,否则不会有认知和身体差异。此观点未带来任何革命性内容。从未有人否认,包括"白板"隐喻的主要提出者洛克和亚里士多德,人类心灵具有先天特征。问题在于,对于高级认知功能,心灵在多大程度上是预设的;或者说,出生及出生前几个月,心灵的空白部分在哪里?

观点 3 同样未提供实质内容。在乔姆斯基和认知革命前,语言学家已知人类语言无上限,这种能力源于有限心灵(尽管有些语言学家认为是有限心灵和特定文化的结果)。伦纳德·布龙菲尔德(1933)、爱德华·萨丕尔(1921)、弗朗茨·博厄斯([1940] 1982)、肯尼斯·派克(1967)等语言学家,在这场革命前就持有相同观点。

关于观点 4,"普遍的心理机制可以作为不同文化间表面差异的基础",除了"机制"这个词外,这一表述究竟在多大程度上代表了与过去观点的决裂,尚不清楚。很难想象有科学家会认为不同人群的大脑存在根本差异,就像他们不会认为人类身体会有不同(如长三只或四只手臂、两个脑袋等)。"机制"这个词可能有所不同,因为它源于计算隐喻(这再次体现了认知革命的根本错误)。大脑有一定的生理和进化基础。甚至可以设想,由于近期的文化或生物压力改变了特定人群主位的相对适应度,现代人群中大脑的古老基础可能在细微或显著方面发生了变化。因此,我对这一论点的主要异议在于,它强化了将心灵比作计算机这一根本错误(达马西奥,2005;D. 埃弗里特,2012a),而非将其视为生物实体。认知革命在很大程度上通过类似沃尔夫式的障眼法回避对大脑的提及,其支持者将通过大脑及其生理功能理解认知的方式称为"还原论",但实际上,将心灵的探讨描述为"附加论"更为恰当。

因此，所谓的认知革命这一观点颇具趣味，但从平克（2003）的总结来看，难以看出它提出了与我们已知的不同观点。然而，在我补充到平克列表中的"解决方案空间"特征中，可以发现认知革命与以往关于认知能力和心智的理论存在重大分歧。这场革命的一些主要人物（尤其是米勒和乔姆斯基）认为，人类的认知能力具有高度专门化的先天解决方案空间，即天生的"模块"（福多尔[1983年]之后称之为）。然而，也有其他不同观点，如戈德史密斯（2015）的看法。关键问题是解决方案空间有多大，大脑中有多少这样的空间等。在我的讨论中，我一直认为解决方案空间是可以逐步构建的。除了人类的身体特征使他们在脊椎动物中脱颖而出外，"人性"这一概念在实际应用中并无特别有趣的意义。

从第6点到第8点，在认知进化出现之前，这些观点已被多数认知科学的研究人员和研究人类能力的学者所接受。这些观点对于理解人类认知并推动该领域的发展至关重要，也表明我们仍需深入了解人类思维和心智能力，这是研究人员早已认识到的。关于第6点，没有人认为学习者是随机探索的。在学习语言和其他智力发展的重要里程碑之前，他们必须在某种先验的解决方案空间内学习。但这并不意味着这个解决方案空间是天生的或具有革命性。它意味着理解学习者如何限制他们的解决方案空间（即在学习任务中寻找答案）一直是研究人员面临的问题。第7点指出，无论人类认知在特定领域呈现何种状态，人类的生理因素和环境会以复杂多样的方式相互作用，形成这种认知。第8点认为，学习者需要在所有与周围环境（包括社会、语言和物理环境）健康互动至关重要的领域中掌握相关知识。

我们的行为和言语如何揭示塑造和实践我们道德观念的"暗物质"？从对嚼口香糖的反应，到条件反射式的反对，再到深思熟虑的判断，我们对不同情况的反应和判断根源是什么？要提出关于"人性"的观点，必须研究大量不同人类的本性。例如，玛格丽特·米德（Margaret Mead）因研究反驳当时基因决定论而闻名。她的导师弗朗茨·博厄斯及其他同事基于实地研究、哲学理念和理论,认为基因决定论严重错误。米德([1928] 2001)发现,萨摩亚人的性行为与其他地区截然不同,更健康,由当地较弱的社会环境导致并促进,这与基因决定论相悖——正如她后续研究及多年其他研究继续反驳基因决定论一样。我们之前讨论了美国文化和巴西卡博克洛文化中对贫穷和财富的道德观念对比。许多美国基督徒认为财富是上帝赐福的象征,或至少是奉献精神和精明能干("聪明地工作")的结果;而卡博克洛人则认为财富象征着不诚实、懒惰和贪婪。道德由文化决定,其基础在于情感和价值观排序。

关于上述第8点,考虑拿破仑·沙尼翁在南美洲亚诺马米人中的研究。沙尼翁的工作是另一种试图支持人性的尝试。他声称展示了人类天性中自然的、基因驱动的暴力。然而,他未能理解类似亚马孙社会,拥有相似的物质环境和短缺,却基于非常不同的文化—感知—暗物质历史和排名,过着非常不同的生活。一旦我们理解了该物种的基本生物和认知基础,我们需要执行的任务,以及我们所处的文化,就很容易明白,根本无需本能或人性的概念。

与此相关的还有我们对人类基因组的理解,即人类的基因数量比玉米还少。我认为,玉米拥有更多基因是因为其选择较少且不具备学习能力。人类基因数量较少,并非因为我们有更多的模块和本能,而是因为我们模块和本能较少。我们天生具有灵活性。在已知的宇宙中,我们是拥有最大"自由"意志的生物。这是我们在进化过程中传承下来的特性,也是我们作为物种的最大希望。

那么,"人性的本质"究竟是什么呢?它真的存在吗?它是知识吗?是先验知识吗?上述观点认为,如果"人性"指的是与生俱来的知识或概念(概念不过是知识的一种特殊形式),那么人性是不存在的。或许存在一种可以接受的、较为单薄的"人性"概念,即人类与非人类之间在生物学上的差异,无论这些差异具体是什么——不过,如果本书的观点正确,这些差异不会涉及任何由生物因素决定的知识。

结　论

我们在书中以一些关于知识和学习的启发性论断开始探讨：(1) 心灵不学习；(2) 大脑不学习；(3) 社会不学习；(4) 文化不学习。只有个体才学习。个体所学的内容在很大程度上以文化解释的"暗物质"形式存在。

我们提出的三元论点：(1) 所有人类的无意识分为未言明的和难以言表的两类；(2) 所有人类的无意识由个体认知与基于语言、具有价值排序的文化模式共同塑造；(3) 无意识在塑造认知和自我意识中的作用并非源于本能或人性，而是作为文化存在的我们通过学习来表达的。在上述讨论中，我们提出并捍卫了将无意识视为"暗物质"的新概念，其定义如下：

> 心灵的暗物质是指那些通常未被明确表达的程序性知识或陈述性知识。它可能难以言表，但并非总是如此。在学习各种惯例、知识组织方式、价值属性和排序的过程中，它通过行动、语言运用和文化实践显现出来。这种知识既具有共享性，也具有个人性，通过主位化、认知和记忆形成，进而塑造我们的自我意识。

我们发现，文化通过主位化，以及对各种程序性知识和陈述性知识的学习、价值排序、知识结构，以及不同群体间的社会关系和角色构建，来解释无意识。通常，高度主位化的部分更深入无意识层面，而客位部分则融入了具体情境中。因此，我们既有意识也有无意识，但无意识并非如巴斯蒂安、乔姆斯基、弗洛伊德等所认为的那样，具有先天结构。相反，它是通过行动、思考、交流和体验，并对这些体验进行自我解读而形成的结构。这涉及学习社会规范及其背后的含义（价值排序）。这并不是关于表征的主张。若要探讨表征问题，保罗·丘奇兰德的最新研究提供了一种思路。

我们通过研究暗物质概念的历史、哲学发展，以及它如何被用来解释一系列不再被广泛接受的现象，探究了关于暗物质的理论。但在明显的历史传统之间存在的冲突究竟是什么？我们研究了一种新的、分层的价值体系，它兼具语言性与文化性，并主张这一模型能够解释其他理论难以说明的一系列现象（比如哈里斯关于印度种姓制度的讨论）。由此出发，讨论转向儿童如何了解周围世界，从对母亲的依恋，到语言学习，再到更广泛的联系，形成一系列同心圆。我们说明了依恋如何先于语言，却又为文化建构中发挥重要作用的深度认知、文化接触和自我意识提供了多种形式。接下来，我们通过对二维图形的"皮拉哈感知"(Pirahã perception)进行详细研究，考察我们的理论如何得到视觉、文本和对周围世界的一般解读的支持。由此，我们转向所谓的柏拉图式暗物质观最成功的例证，指出乔姆斯基的普遍语法几乎肯定是多余的，无法解释语法从个体与文化联系中产生的过程，这些联系由情感需求、"互动本能"和文化因素驱动。然后，我们研究了超语法中常被忽视的一个领域——语言中手势的使用。我们详细探讨了最全面的手势研究项目，即大卫·麦克内尔及其同事的研究，认为麦克内尔的所有工作都可以融入对与文化相关概念的自然主义描述中，为文化主义提供有力支持。特别是，我们思考并否定了戈尔丁－梅多及其同事的观点，他们认为所研究的手势为暗物质的柏拉图式观点（即它是大脑的一部分）提供了支持，而反对更符合亚里士多德观点（即它是习得的）的看法。由此，我们得出本书的最后两个观点：这些概念、本能和人性阻碍了我们对人类行为、社会和认知的理解，促使我们超越"设计偏见"——这种偏见常常让我们出于非理性原因作出选择。

因此，我们已然明白：我们通过从出生到离世的种种经历来学习事物。我们的某些学习始于对"客位体验"的有意识参与，最终通过"主位化"过程融入意识的"暗物质"——即从局部的外部视角，构建对整体的内部认知。通过解读自身经历，将一系列客位记忆整合成一个完全建构的整体（一种格式塔存在），我们塑造了自我。正如佛教对思想总和的理解，我们也通过哲学、视觉感知、文化、语言学、翻译和诠释学的迂回路径，形成了这样的认知：我们的心理与社会体验催生了不断发展的自我；而所谓"神秘的、先天预设的知识"这一主张，只会模糊和阻碍我们对文化中个体的研究，根本无法阐释上述认知。因此，若想理解社会生活、个体结构如何运作以形成规范，以及我们在价值、知识体系中的真正位置，就必须超越本能，超越人性的范畴。

接着，我们探讨了我们的论点如何通过视觉、文本及一般性解读得到支持，详细分析了皮拉哈人对二维图形的认知。随后，我们转向乔姆斯基的普遍语法理论，认为这一模型可能是错误的，并在解释语法如何从个体与文化的联系中产生时几乎是多余的，因为这种联系由情感需求、互动本能和文化因素驱动。

我认为，萨丕尔和派克的语言学理论，特别是派克提出的客位、主位、空位和填充成分等概念，为我们研究与文化之间的共生关系提供了深刻模型。

我们的讨论特别审视了不同认识论领域，旨在证明我所说的作为心灵潜意识的无意识阐释具有广泛影响力。

参考文献

Adelson, E. H. 1993. "Perceptual Organization and the Judgment of Brightness." *Science* 262:2042–44.

Aikhenvald, Alexandra Y. 2003. *Language Contact in Amazonia*. Oxford University Press.

Albahari, Miri. 2006. *Analytical Buddhism: The Two-Tiered Illusion of Self*. Palgrave-Macmillan, New York.

Anderson, Michael L. 2014. *After Phrenology: Neural Reuse and the Interactive Brain*. Cambridge, MA: MIT Press.

Andrén, Mats. 2010. "Children's Gestures from 18 to 30 Months." PhD diss., Centre for Languages and Literature, Cognitive Semiotics, Lunds Universitet, Sweden.

Arbib, Michael A. 2005. "From Monkey-Like Action Recognition to Human Language: An Evolutionary Framework for Neurolinguistics." *Behavioral and Brain Sciences* 28 (2): 105–24.

———. 2012. *How the Brain Got Language: The Mirror System Hypothesis*. Oxford University Press.

Aristotle. 2007a. *Metaphysics*. Great Books of the Western World, edited by Mortimer Adler, Clifton Fadiman, and Philip W. Goetz. Volume 7, *Aristotle I*, 499–630. Chicago: Encyclopedia Britannica.

———. 2007b. *On the Soul*. Great Books of the Western World, edited by Mortimer Adler, Clifton Fadiman, and Philip W. Goetz. Volume 7, *Aristotle II*, 631–72. Chicago: Encyclopedia Britannica.

———. 2007c. *Politics*. Great Books of the Western World, edited by Mortimer Adler, Clifton Fadiman, and Philip W. Goetz. Volume 8, *Aristotle II*, 445–552. Chicago: Encyclopedia Britannica.

———. 2007d. *Posterior Analytics*. Great Books of the Western World, edited by Mortimer Adler, Clifton Fadiman, and Philip W. Goetz. Volume 7, *Aristotle I*, 97–142. Chicago: Encyclopedia Britannica.

Austin, John L. 1975. *How to Do Things with Words*. Cambridge, MA: Harvard University Press.

Ayer, Alfred Jules. 1940. *The Foundations of Empirical Knowledge*. London: Macmillan.

Bakhtin, Mikhail. 1982. *The Dialogic Imagination: Four Essays*. Austin: University of Texas Press.

———. 1984. *Problems of Dostoevsky's Poetics*. Edited and translated by Caryl Emerson. Minneapolis: University of Minnesota Press.

Bateson, Gregory. 2000. *Steps to an Ecology of Mind: Collected Essays in Anthropology, Psychiatry, Evolution, and Epistemology*. Chicago: University of Chicago Press.

Becker, Alton L. 2000. *Beyond Translation: Essays towards a Modern Philology*. Ann Arbor: University of Michigan Press.

Bedney, Marina, Alvaro Pascual-Leone, David Dodell-Feder, Evelina Fedorenko, and Rebecca Saxe. 2011. "Language Processing in the Occipital Cortex of Congenitally Blind Adults." *Proceedings of the National Academy of Sciences of the USA (PNAS)* 108 (11): 4429-34. doi:10.1073/pnas.1014818108.

Benedict, Ruth. 1934. *Patterns of Culture*. New York: Houghton Mifflin.

Berent, Iris. 2013a. *The Phonological Mind*. Cambridge: Cambridge University Press.

———. 2013b. "The Phonological Mind." *Trends in Cognitive Sciences* 17 (7): 319-27.

Berkeley, George. (1709) 2011. *Essay towards a New Theory of Vision*. London: Aeterna.

———. (1710) 1990. *A Treatise Concerning the Principles of Human Knowledge*. Great Books of the Western World, edited by Mortimer Adler, Clifton Fadiman, and Philip W. Goetz. Chicago: Encyclopedia Britannica.

———. (1721) 1990. *De Motu*. Great Books of the Western World, edited by Mortimer Adler, Clifton Fadiman, and Philip W. Goetz. Chicago: Encyclopedia Britannica.

Berlin, Brent, and Paul Kay. 1969. *Basic Color Terms: Their Universality and Evolution*. Berkeley: University of California Press.

Bloom, Paul. 2013. *Just Babies: The Origins of Good and Evil*. New York: Crown.

Bloomfield, Leonard. 1933. *Language*. New York: Holt, Rinehart, and Winston.

Blumberg, Mark S. 2006. *Basic Instinct: The Genesis of Behavior*. New York: Basic Books.

Boas, Franz. (1911) 1991. *Introduction to Handbook of American Indian Languages*. Lincoln: University of Nebraska Press.

———. 1912a. *Changes in Bodily Form of Descendants of Immigrants*. New York: Columbia University Press.

———. 1912b. "Changes in the Bodily Form of Descendants of Immigrants." *American Anthropologist* n.s. 14 (3): 530-62.

———. (1940) 1982. *Race, Language, and Culture*. Chicago: University of Chicago Press.

Boden, Margaret. 2006. *Mind as Machine: A History of Cognitive Science*. New York: Oxford University Press.

Bolinger, Dwight. 1985. *Intonation and Its Parts: Melody in Spoken English*. Stanford, CA: Stanford University Press.

———. 1989. *Intonation and Its Uses: Melody in Grammar and Discourse*. Stanford, CA: Stanford University Press.

Bourdieu, Pierre. 1977. *Outline of a Theory of Practice*. Cambridge: Cambridge University Press.

Bourdieu, Pierre, and Loïc J. D. Wacquant. 1992. *An Invitation to Reflexive Sociology*. Chicago: University of Chicago Press.

Bowlby, J. 1969. *Attachment*. Vol. 1 of *Attachment and Loss*. New York: Basic Books.

Boyd, Robert, and Peter J. Richerson. 1988. *Culture and the Evolutionary Process*. Chicago: University of Chicago Press.

———. 2005. *The Origin and Evolution of Cultures*. Oxford: Oxford University Press.

Brandom, Robert B. 1998. *Making It Explicit: Reasoning, Representing, and Discursive Commitment*. Cambridge, MA: Harvard University Press.

Brennan, Geoffrey, Lina Ericksson, Robert E. Goodin, and Nicholas Southwood. 2013. *Explaining Norms*. Oxford: Oxford University Press.

Broadbent, D. 1958. *Perception and Communication*. London: Pergamon Press.
Bruner, Jerome. 1979. *On Knowing: Essays for the Left Hand*. Cambridge, MA: Belknap Press of Harvard University Press.
———. 1987. *Actual Minds, Possible Worlds*. Cambridge, MA: Harvard University Press.
———. 1993. *Acts of Meaning: Four Lectures on Mind and Culture*. Cambridge, MA: Harvard University Press.
———. 1997. *The Culture of Education*. Cambridge, MA: Harvard University Press.
Bruusgaard, J. C., I. B. Johansen, I. M. Egner, Z. A. Rana, and K. Gundersen. 2010. "Myonuclei Acquired by Overload Exercise Precede Hypertrophy and Are Not Lost on Detraining." *Proceedings of the National Academy of Sciences of the USA (PNAS)* 107 (34): 15111–16. doi:10.1073/pnas.0913935107.
Buller, David J. 2006. *Adapting Minds: Evolutionary Psychology and the Persistent Quest for Human Nature*. Cambridge, MA: MIT Press / A Bradford Book.
Buller, Barbara, Ernest Buller, and Daniel Everett. 1993. "Stress Placement, Syllable Structure, and Minimality in Banawá," *International Journal of American Linguistics*, 59 (3): 280–93.
Calvin, John. (1536) 2013. *The Institutes of the Christian Religion*. Grand Rapids, MI: William B. Eerdmans.
Campbell, Joseph. 2003. *The Hero's Journey: Joseph Campbell on His Life and Work*. Novato, CA: New World Library.
Carey, Susan. 2009. *The Origin of Concepts*. Oxford: Oxford University Press.
Carruthers, Peter, Stephen Laurence, and Stephen Stich, eds. 2005. *The Innate Mind: Structure and Contents*. Oxford: Oxford University Press.
———. 2007. *The Innate Mind: Culture and Cognition*. Oxford: Oxford University Press.
———. 2008. *The Innate Mind: Foundations and the Future*. Oxford: Oxford University Press.
Cashdan, Elizabeth. 2013. "What Is a Human Universal? Human Behavioral Ecology and Human Nature." In *Arguing about Human Nature: Contemporary Debates*, edited by S. M. Downes and E. Machery. New York: Routledge.
Chagnon, Napoleon A. 1984. *Yanomamo: The Fierce People*. New York: Holt McDougal.
Chemero, Anthony. 2011. *Radical Embodied Cognitive Science*. Cambridge, MA: MIT Press.
Chomsky, Noam. 1956. "Three Models for the Description of Language." *IRE Transactions on Information Theory* IT-2 (3): 113–124.
———. 1959. "A Review of Skinner's *Verbal Behavior*." *Language* 35 (1): 26–58.
———. 1965. *Aspects of the Theory of Syntax*. Cambridge, MA: MIT Press.
———. 1967. "A Review of B. F. Skinner's *Verbal Behavior*." In *Readings in the Psychology of Language*, edited by Leon A. Jakobovits and Murray S. Miron, 142–43. Englewood Cliffs, NJ: Prentice-Hall.
———. 1972. *Language and Mind*. Enlarged edition. New York: Harcourt Brace Jovanovich.
———. 1984. "On Language and Culture." In *Contrasts: Soviet and American Thinkers Discuss the Future*, edited by Wiktor Osiatyński, 95–101. New York: MacMillan.
———. 1986. *Knowledge of Language: Its Nature, Origins, and Use*. New York: Praeger.
———. 1995. *The Minimalist Program*. Cambridge, MA: MIT Press.
———. 2010. "Against the Tide." Interview about D. Everett's work in article dedicated to Everett's research on language and culture. *GEO Magazine*, Indian edition, July 2010, 52.
———. 2012. *The Science of Language: Interviews with James McGilvray*. Cambridge: Cambridge University Press.
———. 2014. "Minimal Recursion: Exploring the Prospects." In *Recursion: Complexity in Cogni-

tion, edited by Margaret Speas and Tom Roeper, 1–15. Cham: Springer International Publishing.

Churchland, Paul. 2013. *Plato's Camera: How the Physical Brain Captures a Landscape of Abstract Universals.* Cambridge, MA: MIT Press.

Churchland, Patricia S. 2012. *Braintrust: What Neuroscience Tells Us about Morality.* Princeton, NJ: Princeton University Press.

———. 2013. *Touching a Nerve: The Self as Brain.* New York: W. W. Norton.

Clark, Herbert H., and B. C. Malt. 1984. "Psychological Constraints on Language: A Commentary on Bresnan and Kaplan and on Givón." In *Method and Tactics in Cognitive Science*, edited by W. Kintsch, J. R. Miller, and P. Polson, 191–214. Hillsdale, NJ: Erlbaum.

Clearfield, M., and K. S. Mix. 2001. "Amount versus Number: Infants' Use of Area and Contour Length to Discriminate Small Sets." *Journal of Cognition and Development* 2 (3): 243–60.

Collins, Harry. 2010. *Tacit and Explicit Knowledge.* Chicago: University of Chicago Press.

Corballis, Michael C. 2002. *From Hand to Mouth.* Princeton, NJ: Princeton University Press.

———. 2007. "Recursion, Language, and Starlings." *Cognitive Science* 31 (4): 697–704.

Costandi, Moheb. 2012. "Microbes Manipulate Your Mind: Bacteria in Your Gut May Be Influencing Your Thoughts and Moods." *Scientific American Mind* 23 (3): 32–37.

Coulter, Jeff. 1979. *The Social Construction of Mind: Studies in Ethnomethodology and Linguistic Philosophy.* London: Rowman and Littlefield.

Coulter, Jeff. 1983. *Rethinking Cognitive Theory.* London: Palgrave Macmillian.

Croft, William. 2001. *Radical Construction Grammar: Syntactic Theory in Typological Perspective.* Oxford: Oxford University Press.

Culicover, Peter W., and Ray Jackendoff. 2005. *Simpler Syntax.* Oxford: Oxford University Press.

Cutler, Anne. 2012. *Native Listening: Language Experience and the Recognition of Spoken Words.* Cambridge: MA: MIT Press.

Damasio, Anthony. 2005. *Descartes' Error: Emotion, Reason, and the Human Brain.* London: Penguin.

D'Andrade, Roy. 1995. *The Development of Cognitive Anthropology.* Cambridge: Cambridge University Press.

———. 2008. *A Study of Personal and Cultural Values: American, Japanese, and Vietnamese.* London: Palgrave Macmillan.

Darwin, Charles. (1874) 1998. *The Descent of Man.* Great Minds Series. Amherst, NY: Prometheus Books.

Dascal, M. 2002. "Language as a Cognitive Technology." *International Journal of Cognition and Technology* 1 (1): 35–89.

Dascal, Marcelo, ed. 2012. "Culture, Language, Cognition." *Pragmatics and Cognition* 20 (2). Twentieth anniversary special edition (entire issue dedicated to a discussion of *Language: The Cultural Tool*).

Davidson, Donald. 1967. "Truth and Meaning." *Synthese* 17 (1): 304–23.

———. 1973. "On the Very Idea of a Conceptual Scheme." *Proceedings and Addresses of the American Philosophical Association* 47 (1973–1974): 5–20.

———. 2004. *Problems of Rationality.* Vol. 4. Oxford: Oxford University Press.

Deacon, Terrence W. 1998. *The Symbolic Species: The Co-evolution of Language and the Brain.* New York: W. W. Norton.

Degler, Carl N. 1992. *In Search of Human Nature: The Decline and Revival of Darwinianism in American Social Thought.* Oxford: Oxford University Press.

Deleuze, Gilles, and Felix Guattari. 1996. *What Is Philosophy?* New York: Columbia University Press.

Deloache, J. S. 1997. "The Credible Shrinking Room: Very Young Children's Performance with Symbolic and Nonsymbolic Relations." *Psychological Science* 8 (4): 308–13.

———. 2000. "Dual Representation and Young Children's Use of Scale Models. *Child Development* 71 (2): 329–38.

De Ruiter, J. P., and D. Wilkins. 1998. "The Synchronization of Gesture and Speech in Dutch and Arrernte (an Australian Aboriginal Language)." In *Oralité et Gestualité*, edited by S. Santi, I. Guaïtella, C. Cavé, and G. Konopczynski, 603–07. Paris: L'Hamattan.

Descartes, Rene. 2007. *Meditations*. Great Books of the Western World, edited by Mortimer Adler, Clifton Fadiman, and Philip W. Goetz. Volume 28, *Bacon, Descartes, Spinoza*, 295–330.

Descola, Philippe. 2013. *Beyond Nature and Culture*. Chicago: University of Chicago Press.

Dolan, R. J., G. R. Fink, E. Rolls, M. Booth, A. Holmes, R. S. Frackowiak, et al. 1997. "How the Brain Learns to See Objects and Faces in an Impoverished Context." *Nature* 389: 596–99.

Donadio, Rachel. 2013. "When Italians Chat, Hands and Fingers Do the Talking." *New York Times*, July 1. http://www.nytimes.com/2013/07/01/world/europe/when-italians-chat-hands-and-fingers-do-the-talking.html.

Downes, Stephen M., and Edouard Machery, eds. 2013. *Arguing about Human Nature: Contemporary Debates*. New York: Routledge.

Dreyfus, Hubert L. 1965. *Alchemy and Artificial Intelligence*. Santa Monica, CA: Rand.

———. 1994. *What Computers Still Can't Do: A Critique of Artificial Reason*. Cambridge, MA: MIT Press.

Duncan, Susan. 2002. "Gesture, Verb Aspect, and the Nature of Iconic Imagery in Natural Discourse." *Gesture* 2 (2): 183–206.

———. 2006. "Co-expressivity of Speech and Gesture: Manner of Motion in Spanish, English, and Chinese." *Proceedings of the Berkeley Linguistics Society* 27:353–70.

Dutton, Denis. 2010. *The Art Instinct: Beauty, Pleasure, and Human Evolution*. Bloomsbury Press.

Eberhardt, Jennifer L., Valerie J. Purdie, Phillip Atiba Goff, and Paul G. Davies. 2004. "Seeing Black: Race, Crime, and Visual Processing." *Journal of Personality and Social Psychology* 87 (6): 876–93.

Eckert, Penelope. 2008. "Variation and the Indexical Field." *Journal of Sociolinguistics* 12 (4): 453–76.

Efron, David. (1942) 1972. *Gesture, Race and Culture: A Tentative Study of the Spatio-Temporal and "Linguistic" Aspects of the Gestural Behavior of Eastern Jews and Southern Italians in New York City, Living under Similar as Well as Different Environmental Conditions*. The Hauge: Mouton.

Ehrlich, Paul. R. 2001. *Human Natures: Genes, Cultures, and the Human Prospect*. New York: Penguin.

Ellwood, Robert. 1999. *The Politics of Myth: A Study of C. G. Jung, Mircea Eliade, and Joseph Campbell*. New York: State University of New York Press.

Elster, Jon. 2007. *Explaining Social Behavior: More Nuts and Bolts for the Social Sciences*. Cambridge: Cambridge University Press.

Enfield, Nick J. 2013a. "Language, Culture, and Mind: Trends and Standards in the Latest Pendulum Swing." Review of *Language: The Cultural Tool*, by Daniel Everett. *Journal of the Royal Anthropological Institute* (N.S.) 19 (1): 155–69.

———. 2013b. *Relationship Thinking*. Oxford: Oxford University Press.
Enfield, Nick J., ed. 2002. *Ethnosyntax: Explorations in Grammar and Culture*. Oxford: Oxford University Press.
Enfield, Nick J., and Stephen C. Levinson, eds. 2006. *Roots of Human Sociality: Culture, Cognition, and Interaction*. New York: Berg.
Epps, Patricia. 2011. "Phonological Diffusion in the Amazonian Vaupés." Talk at CUNY Phonological Forum Conference on Phonology of Endangered Languages.
Ericksen, Kristen. 2015. "Dark Energy, Dark Matter." National Aeronautics and Space Administration (NASA) website, last updated June 15, 2015. http://science.nasa.gov/astrophysics/focus-areas/what-is-dark-energy/.
Evans, Nicholas, and Stephen C. Levinson. 2009. "The Myth of Language Universals: Language Diversity and Its Importance for Cognitive Science." *Behavior and Brain Sciences* 32:429–92. doi:10.1017/S0140525X0999094X
Evans, Vyvyan. 2014. *The Language Myth: Why Language Is Not an Instinct*. Cambridge: Cambridge University Press.
Everett, Caleb, Damián E. Blasi, and Seán G. Roberts. 2015. "Climate, Vocal Folds, and Tonal Languages: Connecting the Physiological and Geographic Dots." *Proceedings of the National Academy of Sciences of the USA (PNAS)* 112 (5): 1322–27. doi:10.1073/pnas.1417413112.
Everett, Caleb D. 2013a. "Evidence for Direct Geographic Influences on Linguistic Sounds: The Case of Ejectives." *PLOS ONE* 8 (6): e65275. doi:10.1371/journal.pone.0065275.
———. 2013b. *Linguistic Relativity: Evidence across Languages and Cognitive Domains*. Berlin: De Gruyter Moutin.
Everett, Caleb, and Keren Madora. 2012. "Quality Recognition among Speakers of an Anumeric Language." *Cognitive Science* 36:130–41.
Everett, Daniel L. 1979. "Aspectos da Fonologia do Pirahã." Master's thesis, Universidade Estadual de Campinas. http://ling.auf.net/lingbuzz/001715.
———. 1982. "Phonetic Rarities in Pirahã." *Journal of the International Phonetics Association* 12:94–96.
———. 1983. "A Lingua Pirahã e a Teoria da Sintaxe." PhD diss., Universidade Estadual de Campinas. Published as *A Lingua Pirahã e a Teoria da Sintaxe*, Editora da UNICAMP, 1992.
———. 1985. "Syllable Weight, Sloppy Phonemes, and Channels in Pirahã Discourse." *Proceedings of the Berkeley Linguistics Society* 11:408–16.
———. 1986. "Pirahã." In *Handbook of Amazonian Languages I*, edited by Desmond Derbyshire and Geoffrey Pullum, 200–326. Berlin: Mouton de Gruyter.
———. 1988. "On Metrical Constituent Structure in Pirahã Phonology." *Natural Language and Linguistic Theory* 6:207–46.
———. 1994. "The Sentential Divide in Language and Cognition: Pragmatics of Word Order Flexibility and Related Issues." *Journal of Pragmatics and Cognition* 2 (1) : 131–66.
———. 1995. "Optimality Theory and Arawan Prosodic Systems." Unpublished paper. http://roa.rutgers.edu/files/121-0496/121-0496-EVERETT-0-0.PDF.
———. 2001. "Monolingual Field Research." In *Linguistic Fieldwork*, edited by Paul Newman and Martha Ratliff, 166–88. Cambridge: Cambridge University Press.
———. 2004. "Coherent Fieldwork." In *Linguistics Today*, edited by P. van Sterkenberg, 141–62. Amsterdam: John Benjamins.
———. 2005a. "Cultural Constraints on Grammar and Cognition in Pirahã: Another Look at the Design Features of Human Language." *Current Anthropology* 76:621–46.

———. 2005b. "Periphrastic Pronouns in Wari'." *International Journal of American Linguistics* 71 (3): 303–26.

———. 2008. *Don't Sleep, There Are Snakes: Life and Language in the Amazonian Jungle*. New York: Pantheon.

———. 2009a. "Pirahã Culture and Grammar: A Response to Some Criticisms." *Language* 85:405–42.

———. 2009b. "Wari' Intentional State Construction Predicates." In *Investigations of the Syntax-Semantics-Pragmatics Interface*, edited by Robert D. Van Valin Jr., 381–409. Amsterdam: John Benjamins.

———. 2010a. "The Shrinking Chomskyan Corner in Linguistics: A Final Reply to Nevins, Pesetsky, Rodrigues." Response to the criticisms Nevins, Pesetsky, and Rodrigues raise against various papers of Everett on Pirahã's unusual features, published in *Language* 85 (3). http://ling.auf.net/lingbuzz/000994.

———. 2010b. "You Drink. You Drive. You Go to Jail. Where's Recursion?" Paper originally presented at the 2009 University of Massachusetts Conference on Recursion. http://ling.auf.net/lingbuzz/001141.

———. 2012a. *Language: The Cultural Tool*. New York: Pantheon Books.

———. 2012b. "What Does Pirahã Have to Teach Us about Human Language and the Mind?" *WIREs Cognitive Science* 3:555–63. doi:10.1002/wcs.1195.

———. 2013a. "A Reconsideration of the Reification of Linguistics." Paper presented at The Cognitive Revolution, 60 Years at the British Academy, London.

———. 2013b. "The State of Whose Art?" Reply to Nick Enfield's review of *Language: The Cultural Tool* in *Journal of the Royal Anthropological Institute* 19 (1).

———. 2014a. "Concentric Circles of Attachment in Pirahã: A Brief Survey" In *Different Faces of Attachment: Cultural Variations of a Universal Human Need*, edited by Heidi Keller and Hiltrud Otto, 169–86. Cambridge: Cambridge University Press.

———. 2014b. "The Role of Culture in Language Emergence." In *The Handbook of Language Emergence*, edited by Brian MacWhinney and William O'Grady, 354–76. Hoboken, NJ: Wiley-Blackwell.

———. 2015. "A Cultural Context." *Edge. What Do You Think about Machines That Think?* Annual Question Series. http://edge.org/response-detail/26103.

———. Forthcoming. *How Language Began* (working title). New York: W. W. Norton / Liveright.

Everett, Daniel L., and Keren Everett. 1984. "On the Relevance of Syllable Onsets to Stress Placement." *Linguistic Inquiry* 15:705–11.

Everett, Keren M. 1998. "The Acoustic Correlates of Stress in Pirahã." *Journal of Amazonian Languages* 1 (2): 104–62.

Faller, Martina. 2007. "The Cusco Quechua Reportative Evidential and Rhetorical Relations." *Linguistische Berichte Sonderheft Special Issue on Endangered Languages* 14:223–51.

Feyerabend, Paul. 2010. *Against Method*. 4th ed. London: Verso.

Fillmore, Charles J. 1988. "The Mechanisms of 'Construction Grammar.'" *Proceedings of the Berkeley Linguistics Society* 14:35–55.

Fitch, W. Tecumseh. 2010. *The Evolution of Language*. Cambridge: Cambridge University Press.

Flanagan, Owen. 2013. *The Bodhisattva's Brain: Buddhism*. Cambridge, MA: MIT Press / A Bradford Book.

Fleming, Amy. 2014. "What Does Meat Taste Of?" *Guardian*, June 3. http://www.theguardian.com/lifeandstyle/wordofmouth/2014/jun/03/what-does-meat-taste-of-flavours.

de Fockert, J., J. Davidoff, J. Fagot, C. Parron, and J. Goldstein. 2007. "More Accurate Size Contrast Judgments in the Ebbinghaus Illusion by a Remote Culture." *Journal of Experimental Psychology: Human Perception and Performance* 33 (3): 738–42.

Fodor, Jerry A. 1983. *The Modularity of the Mind: An Essay on Faculty Psychology*. Cambridge, MA: MIT Press.

———. 1998. *Concepts: Where Cognitive Science Went Wrong*. Oxford: Oxford University Press.

———. 2003. *Hume Variations*. Oxford: Oxford University Press.

Foley, William A. 1997. *Anthropological Linguistics: An Introduction*. London: Wiley-Blackwell.

———. 2007. "Reason, Understanding and the Limits of Translation." In *Language Documentation and Description*, edited by Peter K. Austin, vol. 4, 100–19. London: SOAS.

Frank, Michael, Daniel L. Everett, Evelina Fedorenko, and Edward Gibson. 2008. "Number as a Cognitive Technology: Evidence from Pirahã Language and Cognition." *Cognition* 108, 819–24.

Frank, Stefan L., Rens Bod, and Morten H. Christiansen. 2012. "How Hierarchical Is Language Use?" *Proceedings of the Royal Society B*. doi:10.1098/rspb.2012.1741.

Frankl, Viktor E. (1946) 2006. *Man's Search for Meaning*. Beacon Press. Boston.

Freedman, David A. 2010. *Statistical Models and Causal Inference: A Dialogue with the Social Sciences*. Edited by David Collier, Jasjeet S. Sekhon, and Philip B. Stark. Cambridge: Cambridge University Press.

Frege, Gottlob. 1980. *Philosophical Writings: Translations*. Edited by P. T. Geach and Max Black. London: Blackwell.

Freud, Sigmund. (1916) 2009. *A General Introduction to Psychoanalysis*. Eastford, CT: Martino Fine Books.

Freyd, J. J. 1983. "Shareability: The Social Psychology of Epistemology." *Cognitive Science* 7:191–210.

Futrell, Richard, Steve T. Piantadosi, Laura Stearns, Daniel L. Everett, and Edward Gibson. Forthcoming. "A Corpus Analysis of Pirahã Grammar: An Investigation of Recursion." *PLOS ONE*.

Gallagher, Tom. 2001. "Understanding Other Cultures: The Value Orientations Method." Paper presented at the Association of Leadership Educators Conference, Minneapolis, MN.

Gardner, Howard E. 1987. *The Mind's New Science: A History of the Cognitive Revolution*. New York: Basic Books.

Garfinkel, Harold. 1991. *Studies in Ethnomethodology*. Cambridge, UK: Polity.

———. 2002. *Ethnomethodology's Program: Working out Durkheim's Aphorism*. Edited by Anne Rawls. Lanham, MD: Rowman and Littlefield.

Gascoigne, Neil, and Tim Thornton. 2013. *Tacit Knowledge*. London: Routledge.

Geertz, Clifford. 1973. *The Interpretation of Cultures*. New York: Basic Books.

Gellatly, Angus. 1986. *The Skillful Mind*. London: Open University Press.

Gentner, T. Q., K. M. Fenn, D. Margoliash, and H. C. Nubaum. 2006. "Recursive Syntactic Pattern Learning by Songbirds." *Nature* 440:1204–07.

Gibbs, Raymond G. 2005. *Embodiment and Cognitive Science*. Cambridge: Cambridge University Press.

Gibson, E., S. Piantadosi, K. Brink, L. Bergen, E. Lim, and R. Saxe. 2013. "A Noisy-Channel Account of Cross-Linguistic Word Order Variation." *Psychological Science* 4 (7):1079–88. doi:10.1177/0956797612463705.

Gibson, J. J. 1966. *The Senses Considered as Perceptual Systems*. Boston: Houghton Mifflin.

———. 1979. *The Ecological Approach to Visual Perception*. Boston: Houghton Mifflin.

Gil, David. 1994. "The Structure of Riau Indonesian." *Nordic Journal of Linguistics* 17:179–200.

Giorgolo, Gianluca. 2010. "A Formal Semantics for Iconic Spatial Gestures." In *Logic, Language and Meaning*, edited by M. Aloni, B. Harald, T. de Jager, and K. Schulz, 305–14. Berlin: Springer.

Givón, Talmy. 1979. *On Understanding Grammar*. New York: Academic Press.

Givón, Talmy, ed. 1983. *Topic Continuity in Discourse: A Quantitative Cross-Language Study*. Amsterdam: John Benjamins.

Golani, Ilan. 2012. "Recursive Embedding in mouse free exploration?" Paper presented at conference on *Language: The Cultural Tool*, by Daniel Everett, Tel Aviv University.

Gold, Joel. 2012. "The Dark Matter of the Mind." *Edge. What Is Your Favorite Deep, Elegant, or Beautiful Explanation? Annual Question Series*. http://edge.org/response-detail/11095.

Gold, Joel, and Ian Gold. 2014. *Suspicious Minds: How Culture Shapes Madness*. New York: Free Press.

Goldberg, Adele. 1995. *Constructions: A Construction Approach to Argument Structure*. Chicago: University of Chicago Press.

———. 2006. *Constructions at Work: The Nature of Generalization in Language*. Oxford: Oxford University Press.

Goldin-Meadow, S. 2015. "Studying the Mechanisms of Language Learning by Varying the Learning Environment and the Learner." *Language, Cognition, and Neuroscience* 30 (8): 899–911. doi:10.1080/23273798.2015.1016978.

———. Forthcoming. "Homesign." In *Encyclopedia of Language Development*, edited by P. Brooks, V. Kempe, and J. G. Golson, Sage Publications.

Goldsmith, John. 2015. "Towards a New Empiricism for Linguists." In *Empiricism and Language Learnability* by Nick Chater, Alexander Clark, John Goldsmith, and Amy Perfors, 58–105. Oxford: Oxford University Press.

Gonçalves, M. A. 2005. Comment on "Cultural Constraints on Grammar and Cognition in Pirahã," by D. L. Everett. *Current Anthropology* 46, 636.

Goodenough, Ward H. 1981. *Culture, Language, and Society*. Menlo Park, CA: Benjamin-Cummings.

Gopnik, Alison. 2010. *The Philosophical Baby: What Children's Minds Tell Us about Truth, Love, and the Meaning of Life*. Picador: New York.

———. 2014. "Innateness." *Edge. What Scientific Idea Is Ready for Retirement? Annual Question Series*. http://edge.org/response-detail/25360.

Gopnik, Alison, Andrew N. Meltzoff, and Patricia K. Kuhl. 2001. *The Scientist in the Crib: Minds, Brains, and How Children Learn*. Reprint edition. New York: William Morrow Paperbacks.

Gordon, Peter. 2004. "Numerical Cognition without Words: Evidence from Amazonia." *Science* 306, 496–99.

Graeber, David. 2001. *Toward an Anthropological Theory of Value: The False Coin of our Own Dreams*. New York: Palgrave.

Green, Jennifer. 2014. *Drawn from the Ground: Sound, Sign and Inscription in Central Australian Sand Stories*. Cambridge: Cambridge University Press.

Green, Leslie, ed. 2013. *Contested Ecologies: Dialogue in the South on Nature and Knowledge*. Cape Town: Human Sciences Research Council Press.

Greenberg, Joseph H. 1966. *Universals of Language*. Cambridge, MA: MIT Press.

Greenberg, Michael. 2012. "The Problem of the New York Police." *New York Review of Books*, October 25. http://www.nybooks.com/articles/2012/10/25/problem-new-york-police/.

Gregory, R. L. 1970. *The Intelligent Eye*. London: Weidenfeld and Nicolson.

———. 2005. "The Medawar Lecture 2001: Knowledge for Vision: Vision for Knowledge." *Philosophical Transactions of the Royal Society B: Biological Sciences* 360 (1458): 1231–51.

Grice, Paul. 1991. *Studies in the Way of Words*. Cambridge, MA: Harvard University Press.

Grimes, Joseph Evans. 1975. *The Thread of Discourse*. Berlin: Walter de Gruyter.

Grunbaum, Adolf. 1985. *The Foundations of Psychoanalysis: A Philosophical Critique*. Berkeley: University of California Press.

Hacking, Ian. 2000. *The Social Construction of What?* Cambridge, MA: Harvard University Press.

Haidt, Jonathan. 2013. *The Righteous Mind: Why Good People Are Divided by Politics and Religion*. New York: Vintage.

Hall, Edward T. (1959) 1973. *The Silent Language*. Reissue ed. New York: Anchor Books.

———. 1976. *Beyond Culture*. Garden City, NY: Anchor Press.

———. 1990. *The Hidden Dimension*. New York: Anchor Books.

Halliday, M. A. K., and Ruqaiya Hasan. 1976. *Cohesion in English*. English Language Series. London: Routledge.

Harman, Gilbert, and Ernie Lepore, eds. 2014. *A Companion to W. V. O. Quine*. London: Wiley-Blackwell.

Harris, Marvin. 2001. *Cultural Materialism: The Struggle for a Science of Culture*. Walnut Creek, CA: AltaMira.

———. 2006. *Cultural Anthropology*. Boston: Allyn and Bacon.

Harris, Sam. 2013. "The Roots of Good and Evil: An Interview with Paul Bloom." *Sam Harris: The Blog*, November 12. http://www.samharris.org/blog/item/the-roots-of-good-and-evil.

Harris, Zellig. 1951. *Methods in Structural Linguistics*. Chicago: University of Chicago Press.

Haugeland, John. 1998. *Having Thought: Essays in the Metaphysics of Mind*. Cambridge, MA: Harvard University Press.

Hauser, Marc D. 2006. *Moral Minds: How Nature Designed Our Universal Sense of Right and Wrong*. New York: Ecco.

Hauser, Marc, Noam Chomsky, and Tecumseh Fitch. 2002. "The Faculty of Language: What Is It, Who Has It, How Did It Evolve?" *Science* 298: 569–1579.

Hefner, Robert W. 1993. *Conversion to Christianity: Historical and Anthropological Perspectives on a Great Transformation*. Berkeley: University of California Press.

Heine, Steven J. 2011. *Cultural Psychology*. New York: W. W. Norton.

Helmholtz, H. 1878. *Selected Writings of Hermann Helmholtz*. Translated by R. Kahl. Middletown, CT: Wesleyan University Press.

Henrich, Natalie, and Joseph Henrich. 2007. *Why Humans Cooperate: A Cultural and Evolutionary Explanation*. Oxford: Oxford University Press.

Hewes, Gordon W. 1973. "Primate Communication and the Gestural Origins of Language." *Current Anthropology* 14:5–24.

Ho, Karen. 2009. *Liquidated: An Ethnography of Wall Street*. Raleigh, NC: Duke University Press.

Hopfield, J. J. 1982. "Neural Networks and Physical Systems with Emergent Collective Computational Abilities." *Proceedings of the National Academy of Sciences of the USA (PNAS)* 79 (8): 2554–58.

Hopper, Paul. 1988. "Emergent Grammar and the A Priori Grammar Postulate." In *Linguistics in Context: Connecting Observation and Understanding*, edited by Deborah Tannen, 117–34. New York: Ablex.

Hsieh, P. J., E. Vul, and N. Kanwisher. 2010. "Recognition Alters the Spatial Pattern of FMRI Activation in Early Retinotopic Cortex." *Journal of Neurophysiology* 103 (3): 1501–07.

Hume, David. (1739–40) 1978. *Treatise of Human Nature*. 2nd ed. Oxford: Oxford University Press.

Hymes, Dell. 1974. *Foundations in Sociolinguistics: An Ethnographic Approach*. Philadelphia: University of Pennsylvania Press.

Ingmire, Jann. 2014. "Gesturing with Hands Is a Powerful Tool for Children's Math Learning." *UChicagoNews*, March 10. http://news.uchicago.edu/article/2014/03/10/gesturing-hands-powerful-tool-children-s-math-learning.

Iverson, Jana M., and Susan Goldin-Meadow. 1997. "What's Communication Got to Do with It? Gesture in Congenitally Blind Children." *Developmental Psychology* 33:453–67.

Jackendoff, Ray. 2003. *Foundations of Language: Brain, Meaning, Grammar, Evolution*. Oxford: Oxford University Press.

Jackendoff, Ray, and Eva Wittenberg. 2012. "Even Simpler Syntax: A Hierarchy of Grammatical Complexity." Unpublished paper. https://depts.washington.edu/lingconf/abstracts/Jackendoff andWittenberg.pdf.

———. Forthcoming. *A Hierarchy of Grammatical Complexity*.

Jakobson, Roman. 1990. *On Language*. Edited by Linda R. Waugh and Monique Monville-Burston. Cambridge, MA: Harvard University Press.

James, William. (1900) 2001. *Talks to Teachers on Psychology and to Students on Some of Life's Ideals*. Clear Spring, MD: Dorley House Books.

———. (1906) 1996. *Essays in Radical Empiricism*. Omaha: University of Nebraska Press.

———. 1907. *Pragmatism: A New Name for Some Old Ways of Thinking*. London: Longmans, Green.

Joaquim, Anna Dina L., and John H. Schumann. 2013. *Exploring the Interactional Instinct*. Oxford: Oxford University Press.

Jones, R. K., and M. A. Hagen. 1980. "A Perspective on Cross-cultural Picture Perception." In *The Perception of Pictures*, edited by M. A. Hagen, vol. 2, 193–226. New York: Academic Press.

Jung, Carl G. (1916) 2003. *Psychology of the Unconscious*. Mineola, NY: Dover Publications.

Kant, Immanuel. (1903) 2007. *Critique of Pure Reason*. A-ed. Great Books of the Western World, edited by Mortimer Adler, Clifton Fadiman, and Philip W. Goetz. Volume 39, *Kant*, 1–252. Chicago: Encyclopedia Britannica.

———. (1904) 2007. *Critique of Pure Reason*. B-ed. Great Books of the Western World, edited by Mortimer Adler, Clifton Fadiman, and Philip W. Goetz. Volume 39, *Kant*, 291–364. Chicago: Encyclopedia Britannica.

Katz, Jerrold J. 1972. *Linguistic Philosophy: The Underlying Reality of Language and Its Philosophical Import*. London: Allen and Unwin.

Keller, Heidi. 2007. *Cultures of Infancy*. Sussex: Psychology Press.

Kendon, Adam. 2004. *Gesture: Visible Action as Utterance*. Cambridge: Cambridge University Press.

Khazan, Olga. 2014. "How We Get Tall." *Atlantic*, May 9. http://www.theatlantic.com/health /archive/2014/05/how-we-get-tall/361881/.

Kinsella, Anna R. 2009. *Language Evolution and Syntactic Theory*. Cambridge: Cambridge University Press.

Kita, Sotaro. 2000. "How Representational Gestures Help Speaking." In *Language and Gesture*, edited by David McNeill, 162–85. Cambridge: Cambridge University Press.

Kohler, W. 1929. *Gestalt Psychology*. Oxford: Liveright.

Kohn, Eduardo. 2013. *How Forests Think: Toward an Anthropology beyond the Human*. Berkeley: University of California Press.

Koster, Jan. 1992. "Against Tacit Knowledge." In *Language and Cognition 2: Yearbook 1992 of the Research Group for Linguistic Theory and Knowledge Representation of the University of Groningen*, edited by D. Gilbers and S. Looyenga, 193–204. Groningen: The Group.

Kovacs, I., and M. Eisenberg. 2004. "Human Development of Binocular Rivalry." In *Binocular Rivalry*, edited by D. Alais and R. Blake, 101–16. Cambridge, MA: MIT Press.

Kroeber, Alfred L., and Clyde Kluckhohn. 1952. *Culture: A Critical Review of Concepts and Definitions*. Harvard University Peabody Museum of American Archeology and Ethnology Papers 47.

Kuhn, Thomas. 1996. *The Structure of Scientific Revolutions*. 3rd ed. Chicago: University of Chicago Press.

Kuper, Adam. 2000. *Culture: The Anthropologists' Account*. Cambridge, MA: Harvard University Press.

Kupperman, Joel J. 2012. *Human Nature: A Reader*. Indianapolis: Hackett.

Kurzweil, Ray. 2012. *How to Create a Mind: The Secret of Human Thought Revealed*. New York: Viking.

Ladefoged, Peter, and Daniel Everett. 1996. "The Status of Phonetic Rarities." *Language* 72 (4): 794–800.

Ladefoged, Peter, Jenny Ladefoged, and Daniel L. Everett. 1997. "Phonetic Structures of Banawá, an Endangered Language." *Phonetica* 54:94–111.

Laland, Kevin N., Bennett G. Galef, Kim Hill, and Kristin E. Bonnie, eds. 2009. *The Question of Animal Culture*. Cambridge, MA: Harvard University Press.

Lakoff, George. 1977. "Linguistic Gestalts." In *Papers from the Thirteenth Regional Meeting of the Chicago Linguistic Society*. Chicago: University of Chicago.

Lakoff, George, and Mark Johnson. 1980. *Metaphors We Live By*. Chicago: University of Chicago Press.

Lakoff, George, and Rafael Nuñez. 2001. *Where Mathematics Comes From: How the Embodied Mind Brings Mathematics into Being*. New York: Basic Books.

Langley, Pat, Herbert A. Simon, Gary L. Bradshaw, and Jan M. Zytkow. 1987. *Scientific Discovery: Computational Explorations of the Creative Processes*. Cambridge, MA: MIT Press.

Lende, Daniel H., and Greg Downey. 2012. *The Encultured Brain: An Introduction to Neuroanthropology*. Cambridge, MA: MIT Press.

Lenneberg, Eric. 1967. *Biological Foundations of Language*. New York: John Wiley and Sons.

Latour, Bruno. 1986. *Laboratory Life: The Construction of Scientific Facts*. Princeton, NJ: Princeton University Press.

———. 2007. *Reassembling the Social: An Introduction to Actor-Network-Theory*. Oxford: Oxford University Press.

LeDoux, Joseph. 2015. *Anxious: Using the Brain to Understand and Treat Fear and Anxiety*. New York: Viking.

Lee, Namhee, Lisa Mikesell, Anna Dina L. Joaquin, Andrea W. Mates, and John H. Schumann. 2009. *The Interactional Instinct: The Evolution and Acquisition of Language*. Oxford: Oxford University Press.

Leibowitz, H., R. Brislin, L. Perlmutter, and R. Hennessy. 1969. "Ponzo Perspective Illusion as a Manifestation of Space Perception." *Science* 166:1174–76.

Levi-Strauss, Claude. (1949) 1969. *The Elementary Structures of Kinship*. Boston: Beacon Press.

———. (1978) 1995. *Myth and Meaning: Cracking the Code of Culture*. New York: Schocken.

Levine, Robert A. 2013. "Attachment Theory as Cultural Ideology." In *Different Faces of Attachment*, edited by Heidi Keller and Hiltrud Otto, 50–65. Cambridge: Cambridge University Press.

Levinson, Stephen C. 2006. "On the Human 'Interaction Engine.'" In *Roots of Human Sociality: Culture, Cognition, and Interaction*, edited by Nick J. Enfield and Stephen C. Levinson, 399–460. New York: Berg.

Levinson, Stephen C., and Pierre Jaisson. 2005. *Evolution and Culture: A Fyssen Foundation Symposium*. Cambridge, MA: MIT Press.

Levinson, Stephen C., and Asifa Majid. 2014. "Differential Ineffability and the Senses." *Mind and Language* 29 (4): 407–27.

Lewis, David. 2002. *Convention: A Philosophical Study*. London: Blackwell.

Lieberman, Philip. 1967. *Intonation, Perception, and Language*. Cambridge, MA: MIT Press.

———. 2007. "The Evolution of Human Speech: Its Anatomical and Neural Bases." *Current Anthropology* 48 (1): 39–66.

———. 2013. *The Unpredictable Species: What Makes Humans Unique*. Princeton, NJ: Princeton University Press.

LiPuma, Edward, and Benjamin Lee. 2004. *Financial Derivatives and the Globalization of Risk*. Raleigh, NC: Duke University Press.

Lobina, David J., and José E. Garcia-Albea. 2009. "Recursion and Cognitive Science: Data Structures and Mechanisms." In *Proceedings of the 31st Annual Conference of the Cognitive Science Society*, edited by Niels A. Taatgen and Henk van Rijn, 1347–52. Austin, TX: Cognitive Science Society.

Longacre, Robert E. 1964. *Grammar Discovery Procedures*. The Hague: Mouton.

———. 1976. *An Anatomy of Speech Notions*. Peter de Ridder Publi and Co cations in Tagmemics. Lisse: Peter de Ridder Press.

Ludmer, R., Y. Dudai, and N. Rubin. 2011. "Uncovering Camouflage: Amygdala Activation Predicts Long-Term Memory of Induced Perceptual Insight." *Neuron* 69 (5): 1002–14.

MacWhinney, Brian. 2004. "A Multiple Process Solution to the Logical Problem of Language Acquisition." *Journal of Child Language* 31 (4): 883–914.

———. 2005. "A Unified Model of Language Acquisition." In *Handbook of Bilingualism: Psycholinguistic Approaches*, edited by J. Kroll and A. De Groot, 49–67. New York: Oxford University Press.

———. 2006. "Emergentism—Use Often and With Care." *Applied Linguistics* 27 (4): 729–40. doi:10.1093/applin/amlo35.

Majid, Asifa, and Stephen C. Levinson. 2011. "The Senses in Language and Culture." *Senses in Society* 6 (1): 5–18.

Mameli, Matteo. 2008. "On Innateness: The Clutter Hypothesis and the Cluster Hypothesis." *Journal of Philosophy* 105:719–36.

Mameli, Matteo, and Patrick Bateson. 2006. "Innateness and the Sciences." *Biology and Philosophy* 21:155–88.

Marcus, Gary. 2015. "Face It, Your Brain Is a Computer." *New York Times,* June 27. http://www.nytimes.com/2015/06/28/opinion/sunday/face-it-your-brain-is-a-computer.html.

Matthews, G. H. 1965. *Hidatsa Syntax*. Berlin: Mouton.
McCarthy, John. 1979. "Ascribing Mental Qualities to Machines." Stanford University Computer Science Department.
McCarthy, John, and Alan Prince. 1994. "The Emergence of the Unmarked: Optimality in Prosodic Morphology." In *Proceedings of the North Eastern Linguistic Society*. Amherst, MA: GLSA, University of Massachusetts.
McCawley, James D. 1982. "Parentheticals and Discontinuous Constituent Structure." *Linguistic Inquiry* 13 (1): 91–106.
McDowell, John. 2013. *The Engaged Intellect: Philosophical Essays*. Cambridge, MA: Harvard University Press.
McLaughlin, Brian, and Karen Bennett. 2011. "Supervenience," *Stanford Encyclopedia of Philosophy*, first published July 25, 2005, revised November 2, 2011. http://plato.stanford.edu/archives/win2011/entries/supervenience.
McNeill, David. 1992. *Hand and Mind: What Gestures Reveal about Thought*. Chicago: University of Chicago Press.
———. 2005. *Gesture and Thought*. Chicago: University of Chicago Press.
———. 2012. *How Language Began: Gesture and Speech in Human Evolution*. Cambridge: Cambridge University Press.
McNeill, David, ed. 2000. *Language and Gesture*. Cambridge: Cambridge University Press.
McQuown, Norman A. 1957. "Review of *Language in Relation to a Unified Theory of the Structure of Human Behavior* by Kenneth L. Pike." *American Anthropologist* 59 (1): 189–92. doi:10.1525/aa.1957.59.1.02a00640.
Mead, George Herbert. 1974. *Mind, Self, and Society from the Standpoint of a Social Behaviorist*. Edited by C. W. Morris. Chicago: University of Chicago Press.
Mead, Margaret. (1928) 2001. *Coming of Age in Samoa*. New York: Perennial Classics.
Messing, Joachim. 2001. "Do Plants Have More Genes Than Humans?" *TRENDS in Plant Science* 6 (5): 195.
Millikan, Ruth Garrett. 1998. "Language Conventions Made Simple." *Journal of Philosophy* 95 (4): 161–80.
Mitchell, Donald W. 2002. *Buddhism*. Oxford: Oxford University Press.
Mooney, C. M. 1957. "Closure as Affected by Viewing Time and Multiple Visual Fixations." *Canadian Journal of Psychology* 11 (1): 21–28.
Nagel, Thomas. 1974. "What Is It Like to Be a Bat?" *The Philosophical Review* LXXXIII (4): 435–50.
Nevins, Andrew, David Pesetsky, and Cilene Rodrigues. 2009. "Pirahã Exceptionality: A Reassessment." *Language* 85 (2): 355–404.
Newell, Allen, J. C. Shaw, and Herbert A. Simon. 1958. "Elements of a Theory of Human Problem Solving." *Psychological Review* 65 (3): 151–66.
Newson, Lesley, Peter J. Richerson, and Robert Boyd. 2007. "Cultural Evolution and the Shaping of Cultural Diversity." In *Handbook of Cultural Psychology*, edited by Shinobu Kitayama and Dov Cohen, 454–76. New York: Guilford Press.
Nida, Eugene A. 1964. *Toward a Science of Translating: With Special Reference to Principles and Procedures Involved in Bible Translating*. Leiden: Brill Academic Publishing.
Ochs, Elinor, and Lisa Capps. 2002. *Living Narrative: Creating Lives in Everyday Storytelling*. Cambridge, MA: Harvard University Press.
Ogden, C. K., and I. A. Richards. (1923) 1989. *The Meaning of Meaning*. San Diego: Harcourt Brace Jovanovich.

Ohala, John. 1992. "Alternatives to the Sonority Hierarchy for Explaining the Shape of Morphemes." *Papers from the Parasession on the Syllable*, 319–38. Chicago: Chicago Linguistic Society.
Olson, Randy. 2014. "Why the Dutch Are So Tall." *Randal S. Olson*, June 23. http://www.randalolson.com/2014/06/23/why-the-dutch-are-so-tall/.
Otto, Hiltrud, and Heidi Keller. 2014. *Different Faces of Attachment: Cultural Variations on a Universal Human Need*. Cambridge: Cambridge University Press.
Panksepp, Jaak, and Lucy Biven. 2012. *The Archaeology of Mind: Neuroevolutionary Origins of Human Emotions*. New York: W. W. Norton.
Parsons, Talcott. 1970. *Social Structure and Personality*. New York: Free Press.
Paul, Annie Murphy. 2011. *Origins: How the Nine Months before Birth Shape the Rest of Our Lives*. New York: Free Press.
Pearl, Lisa. 2013. "Evaluating Learning Strategy Components: Being Fair." Forthcoming in *Language*. http://ling.auf.net/lingbuzz/001940.
Peirce, C. S. 1977. *Semiotics and Significs*. Edited by Charles Hardwick. Bloomington: Indiana University Press.
———. 1992. *The Essential Peirce: Selected Philosophical Writings (1867–1893)*. Indiana University Press. Bloomington, IN.
———. 1998. *The Essential Peirce, Volume 2: Selected Philosophical Writings, 1893–1913*. Indiana University Press. Bloomington, IN.
Pelli, D. 1999. "Close Encounters: An Artist Shows That Size Affects Shape." *Science* 285:844–46.
Pepperberg, Irene M. 1992. "Proficient Performance of a Conjunctive, Recursive Task by an African Gray Parrot (Psittacus erithacus)." *Journal of Comparative Psychology* 106:295–305.
Perfors, Amy, Josh B. Tenenbaum, Edward Gibson, and T. Regier. 2010. "How Recursive Is Language? A Bayesian Exploration." In *Recursion and Human Language*, edited by Harry van der Hulst, 159–75. Berlin: DeGruyter Mouton.
Perfors, Amy Francesca, and Daniel Joseph Navarro. 2012. "What Bayesian Modelling Can Tell Us about Statistical Learning: What It Requires and Why It Works." In *Statistical Learning and Language Acquisition*, edited by Patrick Rebuschat and John N. Williams, 383–408. Boston: De Gruyter Mouton.
Piaget, J. 1926. *The Language and Thought of the Child*. New York: Harcourt, Brace, Jovanovich.
Piantadosi, Steve T., Laura Stearns, Daniel L. Everett, and Edward Gibson. 2012. "A Corpus Analysis of Pirahã Grammar: An Investigation of Recursion." Accessed May 10, 2013; last accessed January 2016. https://colala.bcs.rochester.edu/papers/piantadosi2012corpus.pdf.
Piatelli-Palmarini, Massimo. 1980. *Language and Learning: The Debate between Jean Piaget and Noam Chomsky*. Cambridge, MA: Harvard University Press.
Pica, P., S. Jackson, R. Blake, and N. F. Troje. 2011. "Comparing Biological Motion Perception in Two Distinct Human Societies." *PLOS ONE* 6 (12): e28391.
Pike, Kenneth L. (1943) 1945. *Tone Languages: The Nature of Tonal Systems, with a Technique for the Analysis of Their Significant Pitch Contrasts*. Rev. ed. Glendale, CA: Summer Institute of Linguistics.
———. 1945. *The Intonation of American English*. University of Michigan Publications in Linguistics 1. Ann Arbor: University of Michigan Press.
———. 1952. *Grammatical Prerequisites to Phonemic Analysis*. Word 3:155–72.
———. 1962. *With Heart and Mind: A Personal Synthesis of Scholarship and Devotion*. Grand Rapids, MI: Eerdmans.

———. 1967. *Language in Relation to a Unified Theory of the Structure of Human Behavior*. 2nd rev. ed. Janua Linguarum, series maior, 24. The Hague: Mouton.

———. 1978. "Particularization versus Generalization, and Explanation versus Prediction." In *The Teaching of English in Japan*, edited by Ikuo Koike et al., 783–85. Tokyo: Eichosha.

———. 1998. "Semantics in a Holistic Context: With Preliminary Convictions and Approaches." In *Papers from the Fourth Annual Meeting of the Southeast Asian Linguistics Society 1994*, edited by Udom Warotamasikkhadit and Thanyarat Panakul, 177–97. Tempe: Program for Southeast Asian Studies, Arizona State University.

Pike, Kenneth L., and Evelyn G. Pike. 1976. *Grammatical Analysis*. Summer Institute of Linguistics Publications in Linguistics 53. Dallas: Summer Institute of Linguistics and the University of Texas at Arlington.

Pinker, Steven. 1995. *The Language Instinct: How the Mind Creates Language*. New York: W. W. Norton.

———. 2003. *The Blank Slate: The Modern Denial of Human Nature*. New York: Penguin Books.

Polanyi, Michael. (1966) 2009. *The Tacit Dimension*. Chicago: University of Chicago Press.

———. 1974. *Personal Knowledge: Towards a Post-Critical Philosophy*. Chicago: University of Chicago Press.

Postal, Paul M. 2009. "The Incoherence of Chomsky's 'Biolinguistic' Ontology." *Biolinguistics* 3 (1): 104–23.

Pratt, Scott. 2002. *Native Pragmatism: Rethinking the Roots of American Philosophy*. Bloomington: Indiana University Press.

Prince, Alan, and Paul Smolensky. (1993) 2004. *Optimality Theory: Constraint Interaction in Generative Grammar*. Malden, MA: Blackwell.

Prinz, Jesse J. 2002. *Furnishing the Mind: Concepts and Their Perceptual Basis*. Cambridge, MA: MIT Press / A Bradford Book.

———. 2011. *The Emotional Construction of Morals*. Oxford: Oxford University Press.

———. 2014. *Beyond Human Nature: How Culture and Experience Shape the Human Mind*. New York: W. W. Norton.

Prinz, Wolfgang. 2012. *Open Minds: The Making of Agency and Intentionality*. Cambridge, MA: MIT Press.

———. 2013. *Action Science: Foundations of an Emerging Discipline*. Cambridge, MA: MIT Press.

Quine, Willard Van Orman. 1951. "Two Dogmas of Empiricism." *Philosophical Review* 60:20–43.

———. 1960. *Word and Object*. Cambridge, MA: MIT Press.

———. 1985. *The Time of My Life: An Autobiography*. Cambridge, MA: MIT Press / A Bradford Book.

Quinn, Naomi. 2005. *Finding Culture in Talk: A Collection of Methods*. Culture, Mind, and Society. London: Palgrave Macmillan.

Read, Dwight W. 2011. *How Culture Makes Us Human: Primate Social Evolution and the Formation of Human Societies*. Walnut Creek, CA: Left Coast Press.

Reinbold, Julia Ulrike. 2004. "Intonation and Information Structure in Banawá." Master's thesis, Manchester University, Linguistics.

Rey, A., Perruchet, P., and Fagot, J. 2011. "Centre-Embedded Structures Are a By-Product of Associative Learning and Working Memory Constraints: Evidence from Baboons (Papio Papio)." *Cognition* 123 (1): 180–4.

Richardson, Don. 2005. *Peace Child*. 4th ed. Ventura, CA: Regal Books.

Richardson, Robert C. 2007. *Evolutionary Psychology as Maladapted Psychology*. Cambridge, MA: MIT Press / A Bradford Book.

Richerson, Peter J., and Robert Boyd. 2005. *Not by Genes Alone: How Culture Transformed Human Evolution*. Chicago: University of Chicago Press.

Rizzolatti, Giacomo, and Michael A. Arbib. 1998. "Language within Our Grasp." *Trends Neuroscience* 21:188–94.

Rock, I., S. Hall, and J. Davis. 1994. "Why Do Ambiguous Figures Reverse?" *Acta Psychologica* 87 (1): 33–59.

Rogers, Carl. (1961) 1995. *On Becoming a Person: A Therapist's View of Psychotherapy*. New York: Houghton Mifflin.

Rogoff, Barbara. 2003. *The Cultural Nature of Human Development*. Oxford: Oxford University Press.

———. 2011. *Developing Destinies: A Mayan Midwife and Town*. Oxford: Oxford University Press.

Rokeach, Milton. 1973. *The Nature of Human Values*. New York: Free Press.

Rorty, Richard. 1981. *Philosophy and the Mirror of Nature*. Princeton, NJ: Princeton University Press.

Rosenbaum, David A. 2014. *It's a Jungle in There: How Competition and Cooperation in the Brain Shape the Mind*. Oxford: Oxford University Press.

Ryle, Gilbert. (1949) 2002. *The Concept of Mind*. Chicago: University of Chicago Press.

———. 1968. *The Thinking of Thoughts*. Saskatoon: University of Saskatchewan.

Sakel, Jeanette. 2012a. "Acquiring Complexity: The Portuguese Spoken by Pirahã Men." *Linguistic Discovery* 10:75–88.

———. 2012b. "Transfer and Language Contact: The Case of Pirahã." *International Journal of Bilingualism* 16:307–40.

Sakel, Jeanette, and Daniel L. Everett. 2012. *Linguistic Field Work: A Student Guide*. Cambridge: Cambridge University Press.

Sakel, Jeanette, and Eugenie Stapert. 2010. "Pirahã—In Need of Recursive Syntax?" In *Recursion and Human Language*, edited by Harry van der Hulst, 3–16. Berlin: Mouton de Gruyter.

Sapir, E. 2001. "Why Cultural Anthropology Needs the Psychiatrist." *Psychiatry: Interpersonal and Biological Processes* 64 (1): 2–10.

Sapir, Edward. 1921. *Language: An Introduction to the Study of Speech*. New York: Harvest Books.

———. 1928. "The Unconscious Patterning of Behavior in Society." In *The Unconscious: A Symposium* by C. M. Child et al., with an introduction by Ethel S. Dummer, 114–42. New York: A. A. Knopf.

———. 1929. "The Status of Linguistics as a Science." *Language* 5 (4): 207–14.

———. 1934. "The Emergence of the Concept of Personality in the Study of Cultures." *Journal of Psychology* 5:408–15.

———. 1985. *Selected Writings in Language, Culture, and Personality*. Edited by David G. Mandelbaum. Berkeley: University of California Press.

———. 1993. *The Psychology of Culture: A Course of Lectures*. Edited by Judith Irvine. Berlin: Mouton de Gruyter.

de Saussure, Ferdinand. (1916) 2012. *A Course in General Linguistics*. Chicago: Open Court.

Saville-Troike, Muriel. 1982. *The Ethnography of Communication: An Introduction*. Malden, MA: Wiley-Blackwell.

Schama, Simon. 1997. *The Embarrassment of Riches: An Interpretation of Dutch Culture in the Golden Age*. New York: Vintage.

Schegloff, Emanuel A. 1984. "On Some Gestures' Relation to Talk." In *Structures of Social Action*, edited by J. M. Atkinson and J. Heritage, 266–98. Cambridge: Cambridge University Press.

Scheper-Hughes, Nancy. 2013. "Family Life as *Bricolage*: Reflections on Intimacy and Attachment in *Death without Weeping*." In *Different Faces of Attachment*, edited by Hiltrud Otto and Heidi Keller, 230–62. Cambridge: Cambridge University Press.

Schönpflug, Ute, ed. 2008. *Cultural Transmission: Psychological, Developmental, Social, and Methodological Aspects*. Cambridge: Cambridge University Press.

Searle, John. 1970. *Speech Acts: An Essay in the Philosophy of Language*. Cambridge: Cambridge University Press.

———. 1972. "Chomsky's Revolution in Linguistics." *New York Review of Books*, June 29, 16–24.

———. 1978. "Literal Meaning." *Erkenntnis* 1:207–24.

———. 1980a. "'Las Meninas' and the Paradoxes of Pictorial Representation." *Critical Inquiry* 6 (3): 477–88.

———. 1980b. "Minds, Brains and Programs." *Behavioral and Brain Sciences* 3 (3): 417–57. doi:10.1017/S0140525X00005756.

———. 1983. *Intentionality: An Essay in the Philosophy of Mind*. Cambridge: Cambridge University Press.

———. 1997. *The Mystery of Consciousness*. New York: New York Review of Books.

———. 2006. "What Is Language?" Unpublished paper. http://socrates.berkeley.edu/~jsearle/whatislanguage.pdf.

———. 2010. *Making the Social World: The Structure of Human Civilization*. Oxford: Oxford University Press.

Segall, M. H., D. T. Campbell, and M. J. Herskovits. 1966. *The Influence of Culture on Visual Perception*. Indianapolis: Bobbs-Merrill.

Selkirk E. 1984. "On the Major Class Features and Syllable Theory." In *Language and Sound Structures: Studies in Phonology*, edited by Mark Aronoff and Richard T. Oehrle, 107–36. Cambridge, MA: MIT Press.

Shannon, Claude E. 1949. "A Mathematical Theory of Communication." *The Mathematical Theory of Communication*. Urbana, IL: University of Illinois Press.

Shapiro, Lawrence. 2010. *Embodied Cognition*. London: Routledge.

Sherzer, Joel. 1991. *Verbal Art in San Blas: Kuna Culture through Its Discourse*. Cambridge: Cambridge University Press.

Shipman, Pat. 2015. *The Invaders: How Humans and Their Dogs Drove Neanderthals to Extinction*. Cambridge, MA: Harvard University Press.

Silverstein, Michael. 1979. "Language Structure and Linguistic Ideology." In *The Elements: A Parasession on Linguistic Units and Levels*, edited by R. Cline, W. Hanks, and C. Hofbauer, 193–247. Chicago: Chicago Linguistic Society.

———. 2003. "Indexical Order and the Dialectics of Sociolinguistic Life." *Language and Communication* 23:193–229.

———. 2004. "Cultural Concepts and the Language-Culture Nexus." *Current Anthropology* 45 (5): 621–52.

Silverstein, Michael, and Greg Urban, eds. 1996. *Natural Histories of Discourse*. Chicago: University of Chicago Press.

Simon, Herbert A. 1962. "The Architecture of Complexity." *Proceedings of the American Philosophical Society* 106(6): 467–82.

———. 1990. *Reason in Human Affairs*. Stanford, CA: Stanford University Press.

———. 1991. *Models of My Life: The Remarkable Autobiography of the Nobel Prize Winning Social Scientist and Father of Artificial Intelligence.* New York: Basic Books.
———. 1996. *The Sciences of the Artificial.* Cambridge, MA: MIT Press.
Skinner, B. F. 1957. *Verbal Behavior.* New York: Appelton-Century-Crofts.
Skipper, Jeremy I., Susan Goldin-Meadow, Howard C. Nusbaum, and Steven L. Small. 2009. "Gestures Orchestrate Brain Networks for Language Understanding." *Current Biology* 19 (8): 661–67.
Slatkin, Montgomery, and Laurent Excoffier. 2012. "Serial Founder Effects during Range Expansion: A Spatial Analog of Genetic Drift." *Genetics.* 191 (1): 171–81.
Soames, Scott. 2010. *What Is Meaning?* Princeton, NJ: Princeton University Press.
Sommer, Barbara. 1992. "Cognitive Performance and the Menstrual Cycle." In *Cognition and the Menstrual Cycle,* edited by John T. Richardson, 39–66. New York: Springer-Verlag.
Sontag, Susan. 2013. *Susan Sontag: Essays of the 1960s and 70s.* New York: Library of America.
Spelke, E. S. 1990. "Principles of Object Perception." *Cognitive Science* 14 (1): 29–56.
Spelke, Elizabeth S. 2013. "Developmental Sources of Social Divisions." In *Neurosciences and the Human Person: New Perspectives on Human Activities.* Pontifical Academy of Sciences, *Scripta Varia* 121, edited by A. M. Battro, S. Dehaene, and W. J. Singer. Vatican City. www.casinapioiv.va/content/dam/accademia/pdf/sv121/sv121-spelke.pdf.
Sperber, Dan, and Deidre Wilson. 1995. *Relevance: Communication and Cognition.* 2nd ed. Oxford: Blackwell Publishing.
Stanovich, Keith E. 2005. *The Robot's Rebellion: Finding Meaning in the Age of Darwin.* Chicago: University of Chicago Press.
Steels, L. 2005. "The Emergence and Evolution of Linguistic Structure: From Lexical to Grammatical Communication Systems." *Connection Science* 17:213–30.
Stenzel, Kristine. 2005. "Multilingualism in the Northwest Amazon, Revisted." *Memorias del Congresso de Idiomas Indigenas de Latinoamerica, II.* AILLA, University of Texas, Austin.
Sterelny, Kim. 2014. *The Evolved Apprentice: How Evolution Made Humans Unique.* Cambridge, MA: MIT Press / A Bradford Book.
Stevenson, Leslie. 2000. *The Study of Human Nature: A Reader.* Oxford: Oxford University Press.
Stivers, Tanya, N. J. Enfield, Penelope Brown, Christina Englert, Makoto Hayashi, Trine Heinemann, Gertie Hoymann, Frederico Rossano, Jan Peter de Ruiter, Kyung-Eun Yoon, and Stephen C. Levinson. 2009. "Universals and Cultural Variation in Turn-Taking in Conversation." *Proceedings of the National Academy of Sciences of the USA (PNAS)* 106 (26): 10587–92.
Tedlock, Dennis, and Bruce Mannheim. 1995. *The Dialogic Emergence of Culture.* Urbana: University of Illinois Press.
Tinbergen, Niko. 1963. "On Aims and Methods of Ethology." *Zeitschrift fur Tierpsychologie* 20:410–33.
Tomasello, Michael. 1999. *The Cultural Origins of Human Cognition.* Cambridge, MA: Harvard University Press.
———. 2008. *Origins of Human Communication.* Cambridge, MA: Harvard University Press.
———. 2014. *A Natural History of Human Thinking.* Cambridge, MA: Harvard University Press.
Thomason, Sarah Grey. 2008. "Does Language Contact Simplify Grammars?" Plenary address at the annual meeting of the Deutsche Gesellschaft für Sprachwissenschaft, Bamberg, Germany, February 29.
Tooby, Joel. 2014. "Learning and Culture." *Edge.* What Scientific Question Is Ready for Retirement? Annual Question series. http://edge.org/response-detail/25343.

Tooby, John, and Leda Cosmides. 1992. "The Psychological Foundations of Culture." In *The Adapted Mind: Evolutionary Psychology and the Generation of Culture*, edited by J. Barkow, L. Cosmides, and J. Tooby, 19–136. New York: Oxford University Press.

Treisman, A. 1991. "Search, Similarity and the Integration of Features between and within Dimensions." *Journal of Experimental Psychology: Human Perception and Performance* 17:652–76.

Trudgill, Peter. 2011. *Sociolinguistic Typology: Social Determinants of Linguistic Complexity*. Oxford: Oxford University Press.

Turing, Alan M. 1952. "The Chemical Basis of Morphogenesis." *Philosophical Transactions B* 237:37–72.

Turner, Stephen P. 2013. *Understanding the Tacit*. London: Routledge.

Twain, Mark. (1916) 1995. *The Mysterious Stranger*. Literary Classics. Amherst, NY: Prometheus Books.

Tylor, Edward. (1871) 1920. *Primitive Culture*. Vol. 1. New York: J. P. Putnam's Sons.

Unger, Peter. 2014. *Empty Ideas: A Critique of Analytical Philosophy*. Oxford: Oxford University Press.

Urban, Greg. 2000. *A Discourse-Centered Approach to Culture*. Austin: University of Texas Press.

Van Valin, Robert D., Jr. 2005. *Exploring the Syntax-Semantics Interface*. Cambridge: Cambridge University Press.

———. 2006. "Semantic Macroroles and Language Processing." In *Semantic Role Universals and Argument Linking: Theoretical, Typological and Psycholinguistic Perspectives*, edited by Ina Bornkessel, Matthias Schlesewsky, Bernard Comrie, and Angela D. Friederici, 263–302. Berlin: Mouton de Gruyter.

Van Valin, Robert D., Jr., and Randy LaPolla. 1997. *Syntax: Structure, Meaning, and Function*. Cambridge: Cambridge University Press.

Vogt, Evon Z., and Ethel M. Albert. 1966. *People of Rimrock: A Study of Values in Five Cultures*. Cambridge, MA: Harvard University Press.

Vygotsky, Lev S. 1978. *Mind in Society: The Development of Higher Psychological Processes*. Edited by Michael Cole. Harvard University Press.

Wallace, Anthony F. C. 1970. *Culture and Personality*. New York: Random House.

Walton, Kerry D., L. Benavides, N. Singh, and N. Hatoum. 2005. "Long-Term Effects of Microgravity on the Swimming Behaviour of Young Rats." *Journal of Physiology* 565 (2): 609–26. doi:10.1113/jphysiol.2004.074393.

Walton, Kerry, C. Hefferman, D. Sulica, and L. Benavides. 1997. "Changes in Gravity Influence Rat Postnatal Motor System Development: From Simulation to Space Flight." *Gravitational and Space Biology Bulletin* 10 (2):111–18.

Watson, Duane, and Edward Gibson. 2004. "The Relationship between Intonational Phrasing and Syntactic Structure in Language Production." *Language and Cognitive Processes* 19 (6): 713–55.

Webster, Richard. 1996. *Why Freud Was Wrong: Sin, Science, and Psychoanalysis*. New York: Basic Books.

Weinreich, Uriel, William Labov, and Marvin I. Herzog. 1968. "Empirical Foundations for a Theory of Language Change." In *Directions for Historical Linguistics*, edited by W. Lehmann and Y. Malkiel, 95–189. Austin: University of Texas Press.

Wells, Rulon S. 1947. "Immediate Constituents." *Language* 23:81–117.

Whitaker, D., and P. V. McGraw. 2000. "Long-Term Visual Experience Recalibrates Human Orientation Perception." *Nature Neuroscience* 3 (1): 13.

White, Douglas R. and Ulla C. Johansen. 2006. *Network Analysis and Ethnographic Problems: Process Models of a Turkish Nomad Clan*. Lanham, MD: Lexington Books.

White, Leslie A. 1949. *The Science of Culture*. New York: Grove Press.

Whitehead, Hal, and Luke Rendell. 2014. *The Cultural Lives of Whales and Dolphins*. Chicago: University of Chicago Press.

Wierzbicka, Anna. 1996. *Semantics: Primes and Universals*. Oxford: Oxford University Press.

Wilke, Andreas, John M. C. Hutchinson, Peter M. Todd, and Daniel J. Kruger. 2006. "Is Risk Taking Used as a Cue in Mate Choice?" *Evolutionary Psychology* 4:367–93.

Wilkins, David P. 1999. "Spatial Deixis in Arrernte Speech and Gesture: On the Analysis of a Species of Composite Signal as Used by a Central Australian Aboriginal Group." Paper 6 in *Proceedings of the Workshop on Deixis, Demonstration and Deictic Belief in Multimedia Contexts, held on occasion of ESSLI XI*, edited by Elisabeth André, Massimo Poesio, and Hannes Rieser, 31–45. Workshop held in the section "Language and Computation" as part of the Eleventh European Summer School in Logic, Language and Information, August 9–20, 1999, Utrecht, The Netherlands.

Wilson, E. O. 1975. *Sociobiology: The New Synthesis*. Cambridge, MA: Harvard University Press / Belknap Press.

———. 1978. *On Human Nature*. Cambridge, MA: Harvard University Press.

Winawer, J., N. Witthoft, M. C. Frank, L. Wu, A. R. Wade, and L. Boroditsky. 2007. "Russian Blues Reveal Effects of Language on Color Discrimination." *Proceedings of the National Academy of Sciences of the USA (PNAS)* 104 (19): 7780–85.

Wittgenstein, Ludwig. (1922) 1998. *Tractatus Logico-Philosophicus*. Mineola, NY: Dover Publications.

———. (1953) 2009. *Philosophical Investigations*. Edited by P. M. S. Hacker and Joachim Schulte. Chichester: Wiley-Blackwell.

———. (1958) 1965. *The Blue and Brown Books: Preliminary Studies for the Philosophical Investigations*. New York: Harper Torchbooks.

Yang, Charles. 2015. "Negative Knowledge from Positive Evidence." *Language* 91 (4): 938–53.

Yoon, J. M. D. 2012. "Vision and Revision: Cue-Triggered Perceptual Reorganization of Two-Tone Images in U.S. Preschool Children and Adults." PhD diss., Stanford University.

Yoon, J. M. D., N. Whitthoft, J. Winawer, M. C. Frank, D. L. Everett, and E. Gibson. 2014. "Cultural Differences in Perceptual Reorganization in US and Pirahã Adults." *PLOS ONE* 9 (11): e110225. doi:10.1371/journal.pone.0110225.

Yoon, J. M. D., J. Winawer, N. Witthoft, and E. M. Markman. 2007. "Striking Deficiency in Top-Down Perceptual Reorganization of Two-Tone Images in Preschool Children." *Proceedings of the 6th IEEE International Conference on Development and Learning*, 181–86.

Zlatev, Jordan. Forthcoming. "The Emergence of Gestures." In *The Handbook of Language Emergence*, edited by Brian MacWhinney and William O'Grady. Hoboken, NJ: Wiley.

译后记

翻译丹尼尔·埃弗里特教授的《心灵的暗物质：文化表达的无意识》期间，我认真地斟酌每一个词的表述，同时转换为英文的行文逻辑，力求语言流畅，最大程度地去除"翻译腔"，以符合中文表达习惯。又因为是文化人类学田野调查作品，所以每每遇到心理学、人类学及语言学等专业术语时，我都会一一查证，补充了详细的"译者注"。关于本书，关于译书这件事，我想用这样几个词语概括：机缘巧合、感同身受、历历在目、逻辑自洽。

感谢几次"机缘巧合"，我接手了这本书。首先，在某次聚会上，酒酣后受一位博士朋友的请托，欣然开启了翻译之旅。其次，与涂湘莹教授多年的友谊，此君为人温婉敦厚，治学严谨，对学术有着无比的热忱。在翻译过程中，涂教授也给予了我诸多宝贵的建议，让我得以更准确地把握原著的精神内核。每一次与他的交流，仿佛是一次心灵的洗礼，让我对翻译工作有了更深的理解和感悟。

知识为梯还引志，心灵作烛且调形。书中关于"地位偏见"的观点有："毕竟'听信某人的话'可以节省时间，尤其是当所涉及的那个人在其所在领域很杰出的时候。"译后感同身受，但面对现实生活、面对身边的家庭成员时,需要更多的思考和体悟。这一年虽然艰难,我和爱人一起在教育女儿问题上达成了共识:教育是一场漫长而细腻的旅程,需要我们以极大的耐心和细心去陪伴孩子成长。在这个过程中,我们不仅仅是知识的传授者,更是孩子心灵的引路人。我和爱人深知,面对即将迈入青春期的女儿,我们的教育方式和方法需要不断地调整和优化。我们学会了倾听,尝试理解她的内心世界,尊重她的想法和选择,同时也给予必要的引导和帮助。

且怀热望寻佳景,心光不灭梦犹存。闲暇时喜淘书、读书充实自己,为译书积累语感,为课堂教学提供语言素材,译书可以提升自己的语言表达能力,语言流畅又可以提高教学水平,而译书获得的新知又可以在课堂上分享给学生。此外,从译书开始,我渐渐在心灵的花果山里找到了领地"逻辑自洽",怡然自得之情,历历在目。

最后,本书中文版得以顺利问世,要感谢所有参与翻译、编辑、印刷以及营销推广的江苏人民出版社的工作人员,本书的翻译由涂湘莹、孙业圣和李莉三位译者共同担纲完成,特别要感谢张凉编审认真细致的编辑工作。

我手写我口,古岂能拘牵。想要表达的,都写了出来,就到这里吧!

孙业圣

2025 年 4 月